Leopold von Ranke

Deutsche Geschichte im Zeitalter der Reformation

Dritter Band

Leopold von Ranke

Deutsche Geschichte im Zeitalter der Reformation

Dritter Band

ISBN/EAN: 9783959138178

Auflage: 1

Erscheinungsjahr: 2018

Erscheinungsort: Treuchtlingen, Deutschland

Literaricon Verlag UG (haftungsbeschränkt), Uhlbergstr. 18, 91757 Treuchtlingen. Geschäftsführer: Günther Reiter-Werdin, www.literaricon.de. Dieser Titel ist ein Nachdruck eines historischen Buches. Es musste auf alte Vorlagen zurückgegriffen werden; hieraus zwangsläufig resultierende Qualitätsverluste bitten wir zu entschuldigen.

Printed in Germany

Cover: Johann Michael Rottmayr, Ein Engel verbrennt die häretischen Schriften Martin Luthers, Fresko Karlskirche Wien, Lizenz Creative Commons Share Alike 3.0 Unported

RANKES MEISTERWERKE

DRITTER BAND

Deutsche Geschichte im
Zeitalter der Reformation
Dritter Band

DUNCKER & HUMBLOT
MÜNCHEN UND LEIPZIG 1914

RANKES MEISTERWERKE WURDEN IN DER PIERERSCHEN HOF-BUCHDRUCKEREI STEPHAN GEIBEL & CO. IN ALTENBURG IN ZEHN BÄNDEN FÜR DIE VERLAGSBUCHHANDLUNG DUNCKER & HUMBLOT IN MÜNCHEN UND LEIPZIG GEDRUCKT. — AUSSER DER WOHLFEILEN WURDE EINE VORZUGSAUSGABE AUF REINEM HADERNPAPIER ABGEZOGEN, VON DER 200 IM ERSTEN BANDE VON 1—200 NUMERIERTE EXEMPLARE IN DEN HANDEL KOMMEN. IHRE AUSSTATTUNG ÜBERNAHM HANS VON WEBER IN MÜNCHEN. DIE KARTONAGEN, HALBFRANZ- UND GANZLEDERBDE. DIESER AUSGABE WURDEN VON DER HANDBUCHBINDEREI VON H. FIKENTSCHER IN LEIPZIG HERGESTELLT. — DIE EINBANDENTWÜRFE DER WOHLFEILEN AUSGABE STAMMEN VON MINNA VOLLNHALS IN MÜNCHEN.

Vorrede.

(Zur ersten Ausgabe, 1840.)

Im Fortgange der Arbeit wurde ich inne, daß ich aus den mir zu Gebote stehenden Sammlungen noch immer nicht zu einer sicheren Anschauung der allgemeinen europäischen Verhältnisse in meiner Epoche gelangen könne.

Und doch zeigt mir jeder Tag aufs neue, welch einen weitgreifenden Einfluß diese Verhältnisse so damals wie fast immer auf den Gang unserer inneren Angelegenheiten ausgeübt haben.

Wie hätte es auch anders sein können, in einer Zeit, wo ein Kaiser regierte, dem so viele andere Länder gehorchten und dessen Politik bei weitem mehr von den Gesichtspunkten bestimmt ward, die ihm seine persönliche, allgemeine Lage an die Hand gab, als von deutschen Interessen? Bei der ins einzelne gehenden Darstellung, die ich unternommen, mußte ich wünschen, seine Beziehungen zu den mächtigeren Fürsten von Europa in jedem Moment so genau wie möglich zu kennen.

Um nun dem Mangel, den ich empfand, abzuhelfen, besuchte ich im Herbst 1839 Brüssel. Hier, in einem Hauptsitz der burgundischen Macht, durfte ich hoffen,

Denkmale nicht allein seiner provinziellen, sondern auch seiner allgemeinen Staatsverwaltung zu finden.

Glücklicherweise hatte mir ein durch germanischen Eifer ausgezeichneter Beamter des dortigen Archivs auf das trefflichste vorgearbeitet. Eine Reihe vergessener Papiere aus dem sechzehnten Jahrhundert war vor kurzem aufgefunden, in Ordnung gebracht und unter dem Titel: Documents relatifs à l'histoire de la réforme religieuse in 25 prächtigen Bänden aufgestellt worden. Da fanden sich nun Korrespondenzen zwischen Karl V. und seinem Bruder, zwischen den beiden Brüdern und ihrer Schwester Maria, Regentin der Niederlande, die auf alle europäischen Angelegenheiten Bezug nahmen; Anweisungen an ihre Bevollmächtigten in Deutschland, Dänemark, der Schweiz, der Türkei und deren Berichte; Aufsätze, zuweilen von Granvella in der Mitte der Geschäfte entworfen; eine Fülle von mehr oder minder wichtigen Literalien über die Beziehungen der niederländischen Regierung, wie zu ihren übrigen Nachbarn, so denn auch zu deutschen Fürsten und Feldhauptleuten. An vielen Stellen, wo mir noch Zweifel übrig geblieben, sah ich die Notizen, die wir Bucholtz verdanken, oder meine eigenen älteren Sammlungen auf das erwünschteste ergänzt. Wie hätte ich aber vollends hoffen dürfen, die in Weimar unterbrochene Arbeit in Brüssel fortsetzen zu können? — Als Karl V. den Kurfürsten Johann Friedrich bei Mühlberg gefangen nahm, fielen auch dessen Papiere in seine Hände, und er nahm sie nach den Niederlanden mit. Sie bilden jetzt den 7., 8. und 9. Band der bezeichneten Sammlung. Ich durchlief die mir wohlbekannten Schriftzüge der Kanzlei Johann Friedrichs mit um so größerer Genugtuung, da ich unerwartet zwar sehr einfachen, aber doch unentbehrlichen Aufschlüssen über die Katastrophe des schmalkaldischen Bundes begegnete.

Neben dem Kaiser wirkte aber auch dessen Nebenbuhler, der König von Frankreich, der ihm einst die Krone streitig gemacht, unaufhörlich auf Deutschland ein. So nahe bei Paris, konnte ich unmöglich versäumen, mein Glück auch in den dortigen Sammlungen zu versuchen.

Was man in Deutschland von jeher in die Archive verschlossen, hat man früherhin in Frankreich, wie in Italien, nicht selten den Bibliotheken anvertraut.

Die königliche Bibliothek in Paris ist für die neuere Geschichte so gut wie für so viele andere Zweige der Literatur und Gelehrsamkeit eine noch lange nicht erschöpfte Fundgrube. Nur sind die Aktenstücke, die sich in dem Archiv vielleicht in chronologischer Ordnung beieinander finden würden, in der Bibliothek in verschiedene Handschriftensammlungen zerstreut. Die Sammlungen: Dupuis, Bethune, Brienne, Mélanges de Colbert, Colbert Cinq Cent, mußten für den kleinen Zeitraum, den ich im Auge hatte, sämtlich durchgegangen werden. Die Ausbeute war in der Regel nur fragmentarisch, aber immer sehr willkommen.

Dann und wann boten sich auch zusammenhängende Korrespondenzen dar, z. B. Castillons von dem englischen Hofe, Marillacs von dem kaiserlichen, die man mit ebensoviel Vergnügen wie Belehrung studiert. Von Marillac fand ich auch zuletzt noch eine Art Finalrelation.

Bei diesem Reichtum der Bibliothek können nun aber die Archive für jene Zeiten nicht so ergiebig sein, wie man sonst erwarten dürfte. Der Vorsteher des Archives der auswärtigen Angelegenheiten versicherte mich, daß sich für meinen Zweck nichts von Belang darin finde. In den dem allgemeinen Gebrauche zugänglichen Archives de royaume war auch wirklich für die deutsch-französischen Angelegenheiten nur eine Nachlese zu halten. Dagegen gibt es dort andere Dokumente von unschätzbarem Wert. Es ist bekannt, daß ein Teil des Archives von Simancas einst nach Frankreich wandern mußte. Nach dem Frieden ist das Meiste davon zurückgegeben worden, anderes jedoch, namentlich alles, was sich unmittelbar auf Frankreich bezieht, daselbst zurückgeblieben. Das hat nun wenigstens den Vorteil, daß man es leichter benutzen kann. Ich fand hier zu dem, was aus Wien bekannt geworden und was Brüssel mir selbst dargeboten, gleichsam den dritten Teil: — Eingaben von Gelehrten und Staatsmännern, Aufzeichnungen der an dem spanischen Hofe über die Geschäfte gepflogenen Deliberationen, Vorschläge des geheimen Rates und kurze Entscheidungen, mit der großen und etwas unleserlichen Handschrift

Karls V. an den Rand gezeichnet. Die Hauptsache ist aber auch hier der gesandtschaftliche Verkehr, und es machte mir nicht geringes Vergnügen, mit den Briefen der französischen Gesandten vom kaiserlichen Hofe die des kaiserlichen vom französischen Hofe zu vergleichen: St.-Mauris gewann mir nicht geringere Teilnahme ab als Marillac.

Wer auch sonst nicht eine natürliche Neigung zur Unparteilichkeit hätte, müßte sich doch durch diese nahe Zusammenstellung des Entgegengesetzten aufgefordert fühlen, einem jeden sein Recht angedeihen zu lassen.

Indem ich nun den Reichtum dieser Sammlungen preise sowie die Bereitwilligkeit, mit der sie mir eröffnet wurden, brauche ich wohl kaum hinzuzufügen, daß mir doch damit noch lange nicht alle Schwierigkeiten gehoben, alle Zweifel gelöst worden sind; immer aber fühlte ich mich wesentlich gefördert und konnte nun mit um so größerer Zuversicht zu den deutschen Studien zurückkehren.

Auch für diese fand ich in dem reichen und wohlgeordneten Archive zu Düsseldorf, namentlich für die klevisch-kölnischen Sachen, neue und gern mitgeteilte Ausbeute.

Denn bei aller Einwirkung von außen her kommt doch noch bei weitem mehr auf die selbständige innere Entwickelung der deutschen Angelegenheiten an, in der sich eigentümliche Kräfte in ihren ursprünglichen Trieben erheben und geltend machen. Der Zeitraum ist überhaupt einer von denen, in welchen der große Impuls, der Europa beherrschte, nicht, wie sonst öfter, von außen her auch in Deutschland vordrang, sondern wo er vielmehr von Deutschland ausging, und zwar von der echten, reinen Tiefe und eingeborenen Macht des deutschen Geistes; von unserem Vaterlande aus ergriff die religiöse Bewegung Europa.

Inhalt.

	Seite
Fünftes Buch. Bildung einer katholischen Majorität. 1527—1530	1
Rückblick	3
Erstes Kapitel. Allgemeine politische Verhältnisse 1527, 1528	11
Zweites Kapitel. Zeiten der Packischen Händel in Deutschland	35
Drittes Kapitel. Reformation in der Schweiz	54
Anfänge Zwinglis	55
Emanzipation der Stadt Zürich von dem Bistum Konstanz	66
Verhältnis zu Luther. Abendmahlsstreitigkeit	78
Verteidigung. Ausbreitung	91
Viertes Kapitel. Politik des Jahres 1529	104
Fünftes Kapitel. Reichstag zu Speier im Jahre 1529	147
Sechstes Kapitel. Spaltungen unter den Protestanten	167
Siebentes Kapitel. Die Osmanen vor Wien	193
Achtes Kapitel. Karl V. in Italien	217
Neuntes Kapitel. Reichstag zu Augsburg im Jahre 1530	234
Augsburgische Konfession	249
Konfutation. Bedrohungen	257
Widerstand	266
Vermittelungsversuch von seiten der Stände	283
Verhandlungen des Kaisers	289
Sechstes Buch. Emporkommen des schmalkaldischen Bundes. 1530—1535	311
Rückblick und Ausblick	313
Erstes Kapitel. Grundlegung des schmalkaldischen Bundes	316
Zweites Kapitel. Fortschritte der Reformation in der Schweiz	334
Drittes Kapitel. Versuch einer Vermittelung zwischen den beiden protestantischen Parteien	352

		Seite
Viertes Kapitel. Katastrophe der Reformation in der Schweiz		364
Fünftes Kapitel. Reformation in den niederdeutschen Städten		387
Vollziehung des schmalkaldischen Bündnisses		401
Sechstes Kapitel. Angriff der Osmanen. Erster Religionsfriede. 1531—1532		410
Aufbruch der Osmanen		412
Verhandlungen mit den Protestanten		424
Feldzug gegen die Osmanen		437
Siebentes Kapitel. Einwirkung von Frankreich, Restauration von Württemberg. 1533—1534		447
Achtes Kapitel. Fortschritt der Kirchenreformation in den Jahren 1532—1534		481
Neuntes Kapitel. Wiedertäufer zu Münster		518
Blick auf die Wiedertäufer im allgemeinen		518
Emporkommen der Wiedertäufer in Münster		531
Entwickelungen des münsterischen Anabaptismus		541
Belagerung und Eroberung von Münster		561
Zehntes Kapitel. Der Bürgermeister Wullenweber in Lübeck		583

Fünftes Buch.

Bildung einer katholischen Majorität.
1527—1530.

In der Einleitung zu dieser Geschichte suchten wir einen Überblick über die früheren Schicksale der deutschen Nation, besonders in bezug auf den Kampf der geistlichen und der weltlichen Macht, zu gewinnen. Wir bemerkten, wie das Papsttum nicht allein den Sieg in diesem Kampfe davontrug, sondern sich zu einer wahrhaften Gewalt im Reiche, und zwar zur mächtigsten von allen erhob, wie aber dann, selbst als es sich mit dem überwundenen Kaisertum verständigt und verbündet hatte, das Reich nicht mehr regiert werden konnte, im Inneren in Verwirrung und Anarchie geriet, sein Ansehen nach außen von Jahr zu Jahr mehr verlor, bis endlich das Nationalgefühl, von allen Sphären eines wesentlichen Einflusses zurückgedrängt, sich nur noch in der allgemeinen Überzeugung kundgab, daß dieser Zustand unhaltbar und verderblich sei.

Hierauf beobachteten wir in unserem ersten Buche, wie die Nation in den letzten Dezennien des fünfzehnten und in den ersten des sechzehnten Jahrhunderts den ernstlichen Versuch machte, zunächst von der weltlichen Seite her diesen Zustand zu verbessern. Die Absicht wurde gefaßt, eine zugleich auf kaiserlichen und ständischen Berechtigungen beruhende, vornehmlich aber auf die Mitwirkung der Stände gegründete Reichsgewalt zu erschaffen, nicht etwa, um eine Zentralisation im Sinne späterer Zeiten hervorzubringen, sondern nur, um die dringendsten Bedürfnisse zu erledigen, Frieden und Recht einzuführen, sich gegen die Nachbarn zu verteidigen. Aber man kam damit nicht zum Ziele. Einige Formen der Verfassung, welche für die folgenden Zeiten von noch größerer Bedeutung gewesen sind als für die damaligen, wurden aufgestellt; wir sahen jedoch, wie wenig sie zu Wirksamkeit gelangten. Der Erfolg war vielmehr, indem so tiefgreifende Umwandlungen versucht wurden und mißlangen, daß die Nation in allgemeine Aufregung geriet. Da ein jeder nur die Beschränkungen fühlte, die man ihm zumutete, aber von den Wohltaten der öffentlichen Ordnung nichts gewahr wurde, so erhob sich noch einmal der alte Geist der Gewaltsamkeit und Selbsthilfe, jedoch mit dem Unterschiede gegen früher, daß er jetzt eine lebendige Beziehung zu dem Gemeinwesen in sich aufgenommen und sich mit einem Widerwillen gegen die obwaltenden Mißbräuche erfüllt hatte, der an Ingrimm streifte.

Und in dieser Stimmung nun warf sich der nationale Geist, wie wir in unserem zweiten Buche sahen, da es ihm mit einer Umbildung der weltlichen Verhältnisse nicht gelungen, auf die kirchlichen Angelegenheiten, die Attribute des Papsttums, das einen so großen Teil der öffentlichen Gewalt im Reiche besaß. Hier aber traf er mit noch umfassenderen Regungen des allgemeinen Lebens zusammen. War das

Papsttum noch immer in strengerer Ausbildung des Partikularismus seiner Dogmen und Dienste und gewaltsamer Handhabung derselben begriffen, so regten sich doch auch innerhalb seines Kreises Tendenzen der Wissenschaft, die sich dem herrschenden System der Schulen entgegensetzten, und Bedürfnisse des religiösen Geistes, welche in der Werktätigkeit der gebotenen Dienste keine Befriedigung fanden. Das wunderbare Geschick war, daß eben, als der Mißbrauch am ärgsten geworden, dagegen auch die reine Idee des Christentums, infolge eines neuen Studiums der heiligen Bücher in ihrer Ursprache, aus langer Verdunkelung wieder hell hervorleuchtete. Ein Mann trat auf, der in inneren Bedrängnissen des Gemütes, in denen sich die Heilmittel, welche die Kirche anzuwenden pflegte, unkräftig an ihm erwiesen, einen der bisher am meisten verdunkelten christlichen Gedanken mit ganzer Seele ergriff und dessen Wahrhaftigkeit und rettende Kraft an sich selber erprobte, so daß er sich denselben nicht wieder entreißen ließ, sondern ihn auf Leben und Tod verfocht. In dem Streite, der sich darüber entspann, zog er auch die anderen Elemente der Opposition an sich, mit einem Zusammenhang, einer Tiefe und Verständlichkeit, welche die ganze Nation für ihn gewannen; niemals hat ein anderer Mensch eine ähnliche Teilnahme bei ihr gefunden. Indem er der religiösen Idee neue Bahn machte, eröffnete er zugleich die Aussicht auf eine nationale Wiedergeburt. Man fühlte, daß das Papsttum nicht durch Verfassungsformen zu beschränken war: wollte man der Übergriffe desselben sich erledigen, so mußte man den geistigen Grund bestreiten, aus dem sie hervorgingen.

Der junge Kaiser zwar, der in dem Beginn dieser Unruhen gewählt worden war, blieb dem alten System treu; da er aber Deutschland nach kurzer Anwesenheit verließ und nun jene ständische Regierung, welche man früher beabsichtigt hatte, zur Ausführung gelangte, so kam es bei weitem weniger auf ihn an, als auf sie.

Wir sahen im dritten Buche, wie das Reichsregiment nach kurzem Schwanken sich doch unzweifelhaft für Luther entschied.. Als in der Versammlung der Stände die Rede davon war, die Prediger auf die Schriften der vier ältesten kanonischen Lehrer der lateinischen Kirche zu verpflichten, wußte das Regiment selbst dies zu verhüten; noch viel weniger wäre es ihm beigekommen, ein Festhalten der im Laufe der späteren Jahrhunderte hinzugekommenen Lehrsätze zu verlangen. Diese Regierung faßte überhaupt die großartigsten Ansichten. Durch den Ertrag einer nicht immer wieder von den einzelnen Ständen beizutreibenden Reichsauflage hoffte sie eigentümliche Lebenskräfte zu gewinnen. Dann würde sie die Verwaltung der allgemeinen Angelegenheiten, der geistlichen sowohl wie der weltlichen, kraftvoll in die Hand genommen haben. Welch ein Erfolg müßte aus einem Nationalkonzilium, wie ein solches bereits an=

gesetzt war, unter ihrer Leitung hervorgegangen sein!
Allein zu lange schon war man in Deutschland der
Ordnung entwöhnt. Weder die Ritterschaft noch die
Fürsten, noch auch die Stände wollten eine regel=
mäßige Gewalt emporkommen lassen, der sie hätten
gehorchen müssen. Den Beschlüssen der Reichstage
zum Trotz vereinigten sich einige Fürsten auf das
engste mit dem Papste; von Spanien her verbot der
Kaiser jenes Nationalkonzilium; die ganze Regierung
ward gesprengt. Der Bauernkrieg war das Symptom
der allgemeinen Auflösung, die hieraus erfolgte. Auch
ist er nicht durch die Reichsgewalt besiegt worden,
sondern durch die angegriffenen Fürsten und Stände
in ihren besonderen Vereinigungen. An allgemeine
umfassende kirchlich=nationale Maßregeln war hier=
auf nicht mehr zu denken. Die einzelnen Stände
mußten für sich selber sorgen.

Diesen Tendenzen konnte sich auch der Kaiser in
diesem Augenblick nicht widersetzen; bedurfte er doch
vielmehr selbst ihres Beistandes. Bei dem Versuche,
die Rechte des Reiches in Italien herzustellen, den er
anfangs im Einverständnis mit der päpstlichen Ge=
walt unternommen, geriet er, wie wir im vierten
Buche erörtert haben, allmählich in die bittersten
Irrungen mit derselben, in denen er, bei der Gering=
fügigkeit der Mittel, die er aufwenden konnte, nie
etwas ausgerichtet haben würde, wäre ihm nicht jene
populäre Entrüstung wider das Papsttum, die von
Jahr zu Jahr anwuchs, zu Hilfe gekommen. Um sie

aber zu benutzen, mußte er ihr Zugeständnisse machen. Es war ein feierlicher Reichstagsschluß, wodurch den Fürsten und Ständen in ihren Gebieten eine fast unbedingte religiöse Autonomie gewährt wurde. Hierauf ging alles Hand in Hand. Während ein deutsches Heer in Italien vordrang, Rom eroberte, den Papst selbst zum Gefangenen machte, richtete sich diesseit der Alpen eine große Anzahl fürstlicher und städtischer Gebiete nach den Grundsätzen Luthers ein: sie sagten sich auf immer von den römischen Satzungen los und gründeten ihre eigenen kirchlichen Organisationen.

Auf diese Weise geschah, daß der Kreis jener Hierarchien, welche die Welt umfaßten, durchbrochen, in der kraftvollsten und entwickeltsten derselben eine neue Bildung versucht ward, deren Sinn es war, die religiöse Überzeugung aus den reinsten und ersten Quellen zu schöpfen und das bürgerliche Leben von dem Übergewicht einengender, eine bevorzugte Frömmigkeit vorgebender geistlicher Institute zu befreien.

Ein Unternehmen, für die Fortentwickelung des menschlichen Geschlechts von der größten Bedeutung und Aussicht, das sich immer aber zunächst in Deutschland durchsetzen mußte.

Wenn in dem Reiche, das sich alle die Jahrhunderte daher unter dem Einflusse des römischen Stuhles entwickelt hatte, ein neues, der hergebrachten hierarchischen Ordnung der Dinge widersprechendes Element auftrat, so ist es keine Sache der Willkür, sondern tief in der Natur der menschlichen Dinge begründet, daß sich dasselbe nicht ohne die schwersten und verschiedenartigsten Kämpfe behaupten ließ.

Wenn wir zuerst **die** beachten, welche sich der Neuerung anschlossen, wie sollte es möglich sein, Verschiedenheiten der Auffassung, Entzweiungen unter ihnen zu vermeiden? — Durfte man ferner voraussetzen, daß die tatkräftigen Fürsten, welche die Neuerung vollzogen, sich in dem ungewohnten Verhältnis ohne Tadel, ohne die Gewaltsamkeiten, die dem Zeitalter so natürlich geworden, bewegen würden?

Wenden wir aber unsern Blick nach der anderen Seite, so ließ sich nimmermehr erwarten, daß der Geist der Alleinherrschaft, der in der römischen Kirche von jeher vorgewaltet, kraft dessen sie eine höchste Autorität über die Welt in Anspruch nahm, einen Abfall wie diesen dulden, daß er nicht alle seine Kräfte anstrengen sollte, die Abgewichenen wieder herbeizubringen.

Der Sinn der deutschen Nation wäre gewesen, daß der Kaiser seine in Italien erworbene Macht behauptet, ihr selbst dagegen gestattet hätte, die kirchliche Reform, mit der sie den Willen und das Geheiß Gottes zu vollziehen überzeugt war, auszuführen. Dazu hätte aber gehört, daß der Kaiser persönlich einen lebendigen und über die Berechnungen der Politik erhabenen Anteil an ihren Ideen genommen hätte. War dies nicht der Fall, wie sich denn davon keine Spur zeigt, so stand seine eigne Gewalt in viel zu engen und mannigfaltigen Beziehungen zu dem Papsttum, als daß er lange im Kriege mit demselben hätte verharren können.

Da es ferner mit dem Versuch, eine Regierung zu gründen, welche, wiewohl in Opposition gegen Rom, doch auch wieder die geistlichen Stände geschützt hätte, nicht gelungen war, so erfolgte, daß diese, die von der Neuerung nur Verluste erlitten, sowohl in ihren Einkünften als in ihrem Ansehen, und noch größere, ja ihr volles Verderben befürchteten, sich gegen dieselbe zur Wehre setzten.

Und so war wohl nicht zu vermeiden, daß Kaiser und Reich noch einmal die Sache der Hierarchie ergriffen; dann aber mußten die bittersten Streitigkeiten und die gefährlichsten Kämpfe eintreten.

Noch war nicht von weiterer Ausbreitung die Rede; zuerst mußte sich zeigen, ob es der unternommenen evangelischen Organisation nicht ebenso ergehen würde, wie allen den früheren Bildungen, welche den Versuch gemacht hatten, von Rom getrennt zu bestehen, aber entweder vernichtet oder doch auf sehr enge Grenzen beschränkt worden waren.

Die Gründung haben wir wahrgenommen; sehen wir nun, ob sie fähig sein wird, sich zu behaupten.

Wir heben von den auswärtigen Verhältnissen an, durch welche die allgemeine Stellung des Kaisers und damit auch die Einwirkung auf die deutschen Angelegenheiten bestimmt ward.

Erstes Kapitel.
Allgemeine politische Verhältnisse.
1527, 1528.

Das spanisch=deutsche Heer hatte Rom erobert, und wie auch das Bezeigen des Kaisers äußerlich gewesen sein mag, als er die Nachricht von diesem Ereignis empfing, so ist doch gewiß, daß er anfangs die weitaussehendsten politischen Entwürfe daran knüpfte.

Vor kurzem ist die Instruktion bekannt geworden, mit welcher er einen seiner Hofleute, Pierre de Veyre, an den Vizekönig von Neapel sendete. Er bemerkt darin, daß er wohl wünschte, entweder selbst unverzüglich nach Italien zu gehen oder den Papst nach Spanien kommen zu lassen, um alle Streitigkeiten persönlich und mündlich auszugleichen. Und noch immer würde ihm das Liebste sein, wenn der Vizekönig den Papst sicher nach Spanien zu bringen wüßte; nur schrecke ihn die Gefahr, daß derselbe unterwegs etwa einem feindlichen Geschwader in die Hände fallen möchte. Unter diesen Umständen erklärt er für das Beste, den Papst in seine Freiheit, auf seinen Stuhl wieder herzustellen. Aber hören wir, unter welchen Bedingungen. Diese Freiheit, sagt der Kaiser ausdrücklich, sei nur zu verstehen von der geist=

lichen Amtsführung, und auch in dieser Hinsicht müsse man, ehe man sie ihm gebe, hinreichende Sicherheit haben, daß man nicht von ihm betrogen werde. Er gibt an, wodurch er sich gesichert haben würde: es ist die Überlieferung der Städte Ostia und Civitavecchia, Parma und Piacenza, Bologna und Ravenna, endlich auch von Civitacastellana. Er fordert, wie man sieht, alle wichtigeren Plätze des damaligen Kirchenstaates. Denn der Grundsatz des Kaisers ist, daß, falls auch der Papst jemals wieder Willens sein sollte, ihm zu schaden, er doch das Vermögen dazu nicht haben dürfe. Die genannten Plätze will er in seinen Händen behalten, bis der Papst ein Konzilium beruft, um eine Reformation der Kirche zu bewirken.

Absichten, welche mit den Ideen der deutschen Nation noch eine gewisse Übereinstimmung haben. Die Kirchenreform, die der Kaiser forderte, war allerdings nicht die lutherische, namentlich nicht doktrineller Natur; er wollte nur die Mißbräuche der Verwaltung abgestellt wissen, wie das frühere Könige und Kaiser so oft verlangt, Glapio noch zuletzt in Worms geraten; aber augenscheinlich ist doch, daß die beiden Gedanken sich gegenseitig unterstützten. Überdies aber, welch eine neue Aussicht für die weltliche Macht des Kaisers, wenn er den Kirchenstaat bis auf ein so fernes, unbestimmtes Ziel in Händen behielt! So hatte Ferdinand vor kurzem das Bistum Brixen bis auf eine künftige Vereinbarung besetzt und die Meinung erweckt, er wolle es auf immer behalten.

So überließ in eben diesem Jahre der Bischof von Utrecht, durch seinen kriegerischen geldrischen Nachbar verjagt, alle Rechte der weltlichen Herrschaft über sein Bistum gegen eine jährliche Geldzahlung an die niederländische Regierung des Kaisers. Nicht anders schien es jetzt der größten geistlichen Pfründe, dem Kirchenstaate selbst, gehen zu müssen. Man glaubte, der Kaiser werde seinen Sitz in Rom nehmen, die Weltlichkeit des Kirchenstaates für sich behalten und den Papst absetzen oder wegführen. Was sollte man auch denken, wenn Karl den Herzog von Ferrara einmal ohne Rückhalt aufforderte, die Herstellung der verjagten Dynasten im Kirchenstaat zu unternehmen, der Sassatelli in Imola, der Bentivogli in Bologna. Der Vizekönig von Neapel hat wirklich dem spanischen Obersten Alarcon, dem die Bewachung des Papstes in der Engelsburg übertragen war, den Vorschlag gemacht, denselben nach Gaeta zu bringen. Alarcon schlug es jedoch ab: „nicht aus bösem Willen," bemerkt der Berichterstatter, „sondern weil er Gewissensangst empfand." „Gott wolle nicht," sagte der tapfere Oberst, „daß ich den Leib Gottes gefangen führe."

Es ist nicht allemal nötig, daß die Pläne einer Macht genau bekannt seien, um Widerstand zu erwecken: dieselbe Möglichkeit, welche auf der einen Seite den Gedanken einer Unternehmung hervorbringt, erzeugt auch auf der anderen Besorgnisse und entgegengesetzte Bestrebungen.

Karl V. hatte, wie wir uns erinnern, noch mit den mächtigsten Feinden zu kämpfen. Die Liga lag noch in ungebrochener Macht gegen ihn zu Felde. Und soeben näherte sich derselben der König von England, der sich ihr schon eine Zeit daher zugeneigt, auf eine entschiedene Weise. Daß Karl sich weigerte, denselben an den Vorteilen des Sieges von Pavia teilnehmen zu lassen, oder die Vermählung zu vollziehen, welche zwischen ihm und der englischen Prinzessin Maria verabredet worden — eine Weigerung, die sogar, wofür Heinrich sehr empfindlich war, einen pekuniären Nachteil einschloß; denn eine alte Schuld des Kaisers hatte als Mitgift angerechnet werden sollen —, schien dem Könige Grund genug, sich gänzlich von dem alten Verbündeten zu trennen. Schon am 30. April war ein Bund zwischen Heinrich VIII. und Franz I. zustande gekommen, als dessen Motiv sie die gegenseitige Zuneigung nennen, welche ihnen die Natur, die sie an Geist und Körper ähnlich geschaffen, eingepflanzt habe und die durch die letzte Unterbrechung guter Verhältnisse nur um so mehr gewachsen sei. Sie vereinigen sich darin, den Kaiser durch gemeinschaftliche Gesandte zur Freigebung der französischen Prinzen unter annehmbaren Bedingungen und zur Befriedigung der englischen Geldansprüche aufzufordern, wenn er aber ihrem Vorschlage kein Gehör gebe, ihm ohne Verzug den Krieg anzukündigen. Wieviel mehr aber mußte nun ihr Kriegseifer durch die Eroberung Roms entflammt werden!

Heinrich VIII. sagt in der Vollmacht zu neuen Traktaten, die er dem Kardinal Wolsey erteilt: die Sache des heiligen Stuhles sei eine gemeinschaftliche aller Fürsten; nie aber sei demselben eine größere Schmach zugefügt worden als jetzt; und da diese nun durch keine Art von Beleidigung veranlaßt sei, sondern lediglich in ungezähmter Herrschsucht ihren Grund habe, so müsse man solchem seiner selbst nicht mächtigen Ehrgeiz bei Zeit mit gemeinschaftlichen Kräften begegnen. Seine erste Idee war, daß die noch freien Kardinäle sich in Avignon versammeln möchten, wo auch Wolsey erscheinen werde; er riet gleichsam einen neuen Mittelpunkt für die Kirche zu erschaffen. Da aber die Kardinäle nicht darauf eingingen, so versprachen die beiden Könige einander wenigstens, in keine Ankündigung eines Konziliums zu willigen, solange der Papst nicht frei sei, sich überhaupt jeder im Interesse des Kaisers versuchten Anwendung der kirchlichen Gewalt gemeinschaftlich zu widersetzen. Jetzt endlich beseitigten sie definitiv die alten Streitigkeiten zwischen den beiden Reichen. Wolsey, der zu Amiens erschienen war, gab in seines Königs Namen alle Ansprüche desselben auf die französische Krone auf. Als Entschädigung wurde eine Geldzahlung festgesetzt, welche dem Könige Heinrich und allen Nachfolgern desselben zu leisten sei, „ohne Unterlaß, bis zu dem Ablauf der Jahre, welche die göttliche Vorsicht dem menschlichen Geschlecht gesetzt hat". Früher hatten sie ihren Angriff vornehmlich gegen die Niederlande zu richten gedacht; jetzt kamen sie überein, alle ihre Kräfte nach Italien zu wenden. Heinrich ließ sich geneigt finden, Hilfsgelder zu zahlen: er hoffte, durch eine immerwährende Pension, die dem Herzogtum Mailand aufzuerlegen sei, reichlich dafür entschädigt zu werden. Die Vorschläge, die der Kaiser in diesem Augenblick machte, so billig sie lauteten, wurden zurückgewiesen. Im August 1527 erschien ein neues französisches Heer unter Lautrec in Italien, nahm Bosco, Alessandria und das feste Pavia, an dem jetzt der Widerstand grausam gerächt wurde, den es vor dritthalb Jahren geleistet; im Oktober 1527 überschritt Lautrec den Po; er wollte nur noch einige Verstärkungen abwarten, um alsdann in den Kirchenstaat vorzudringen.

Es wäre schon an und für sich dem Kaiser sehr unangenehm gewesen, wenn der Papst, mit ihm noch unversöhnt, durch dieses Heer aus dem Kastell befreit worden wäre, was so unmöglich nicht schien, da die deutschen Truppen infolge ihrer Unordnungen und durch die Krankheiten des italienischen Sommers große Verluste erlitten hatten und niemals ganz zufrieden waren; — aber noch besonders verdrießlich und unbequem wäre ihm dies durch einen Gedanken geworden, den König Heinrich VIII. gefaßt hatte und mit Eifer, ja mit Heftigkeit verfolgte.

Heinrich war mit Katharina von Aragonien, die früher die Gemahlin seines Bruders Arthur gewesen, einer Tante des Kaisers, verheiratet. Diese Ehe hatte nicht ohne Dispensation des Papstes geschlossen werden können. Julius II. hatte dieselbe gegeben „kraft apostolischer Autorität, jener höchsten ihm verliehenen Macht, welche er verwalte, wie Zeit und Umstände es erfordern". Allein in der Nation, ja in der nächsten Umgebung des Königs waren wohl nie alle Skrupel verschwunden. Da ein Spruch im dritten Buch Moses den mit Kinderlosigkeit bedroht, der das Weib seines Bruders nimmt, so machte es vielen Eindruck, daß eben dem Könige die Söhne, welche ihm Katharina brachte, einer nach dem anderen wieder starben. Ob der Papst von einem Gesetz der Schrift entbinden könne, war selbst bei Thomas von Aquino zweifelhaft; wieviel mehr aber mußten die Reformationsideen, welche auch in England eindrangen und von verwandten Fragen ausgegangen waren, diesen Zweifel verstärken! Der Beichtvater des Königs sagte schon lange seinen Freunden, jene Ehe des Herrn werde nicht bis ans Ende bestehen.

Da geschah nun, daß Kardinal Wolsey, der Vertraute des Königs, sich mit dem Kaiser entzweite. Der Kaiser hatte ihm einst in Windsor angetragen, ihn zur päpstlichen Würde zu befördern, und dann, als der Fall eintrat, wenig oder nichts für ihn getan. In Spanien hat man immer behauptet, Wolsey habe dem Kaiser dafür ewige Rache geschworen; er habe sich vermessen, einen solchen Umschwung in den Geschäften hervorbringen zu wollen, wie seit 100 Jahren nicht stattgefunden, sollte auch das Königreich England darüber zugrunde gehen. Nun wirkten bei seinem Herrn, wie wir sahen, noch andere mannigfaltige Beweggründe zusammen, um ihn in diesem Augenblicke mit dem Kaiser zu verfeinden. Sollte dies aber nachhaltig und auf immer geschehen, so mußte vor allem die Ehe aufgelöst werden, durch welche einst Ferdinand der Katholische und Heinrich VIII. die Verbindung beider Familien zu verewigen gedacht hatten. Wir können es Wolsey glauben, wenn er später vor Gericht behauptete, er sei es nicht, der zuerst von der Ehescheidung geredet; aber ebenso gewiß ist, daß er dieselbe zuerst ernstlich in Vorschlag gebracht hat, und zwar in der bezeichneten Absicht; er selbst hat das dem französischen Gesandten, Jean du Bellay, mit der größten Bestimmtheit versichert.

Die Leidenschaft, welche der König indes für ein Hoffräulein seiner Gemahlin, Anna Boleyn, faßte, kam Wolsey zustatten; doch lag sie nicht in seinem Plan. Er hätte lieber eine französische Verwandtschaft an die Stelle der spanischen gesetzt. Als er in Amiens war, sagte er der Mutter des Königs Franz, wenn sie noch ein Jahr lebe, werde sie eine ewige Verbindung Englands mit der einen Seite, der französischen, und eine ebenso vollkommene Trennung von der anderen erleben. Er drückte sich noch geheimnisvoll aus; er bat sie, seine Worte im Gedächtnis zu behalten: er werde sie zu seiner Zeit daran erinnern.

In dieser Stimmung konnte ihm nichts erwünschter

sein, als die Irrungen des Papstes mit dem Kaiser; in der einmal gefaßten Absicht beförderte er die neue Allianz und die italienische Unternehmung.

Es ist begreiflich, wie ein Plan, ein Verfahren dieser Art auf den Kaiser zurückwirken mußte, und eine Bemerkung drängt sich uns auf, die wohl sehr paradox lautet, aber, wenn wir nicht irren, eine einleuchtende Wahrheit hat.

Jedermann weiß, und wir werden öfter davon zu handeln haben, wie so höchst verderblich für die Fortdauer des Papsttums in England der Gedanke jener Ehescheidung geworden ist. Stellen wir uns aber auf einen höheren Standpunkt, fassen wir die allgemeinen Verhältnisse ins Auge, so können wir uns dagegen auch wieder nicht verhehlen, daß die Absicht Heinrichs VIII. in Beziehung auf das übrige Europa der päpstlichen Herrschaft in diesem entscheidenden Augenblicke sogar Vorteil gebracht hat. Der Kaiser, der eine so gebieterische, ja gewaltsame Haltung gegen den Papst angenommen, ward nun doch inne, daß derselbe auch noch in seinem Gefängnis etwas zu bedeuten habe und ihm eine empfindliche Beleidigung zufügen könne.

Der Kaiser scheint gegen Ende Juli 1527 von der Sache gehört zu haben. In jener Instruktion für Vehre findet sich, wenn wir uns auf die bekannt gewordenen Auszüge verlassen können, noch keine Spur davon; vom 31. Juli aber haben wir einen Brief des Kaisers, der sich ausdrücklich damit beschäftigt.

Er trägt darin dem Vizekönig auf, mit dem Papste von der Sache zu reden, aber vorsichtig, damit sie dieser nicht als „Mittel zu unheilvollem Verständnis mit dem König" ergreife. Karl hätte gewünscht, daß der Papst den Plan durch ein paar verbietende Breven an den König und den Kardinal sofort niedergeschlagen hätte.

Es springt in die Augen, welch ein bedeutendes Gewicht zugunsten des Papstes dadurch in die Wagschale geworfen wurde, daß der Kaiser in einer so wichtigen häuslichen Angelegenheit desselben bedurfte.

Dazu kam, daß das Gefangenhalten des obersten Priesters in Spanien keinen günstigen Eindruck machte. Die Großen des Reiches, die sich am Hofe befanden, sowohl weltlichen wie geistlichen Standes, nahmen Gelegenheit, mit dem Kaiser darüber zu sprechen, ihn an die Ergebenheit der spanischen Nation gegen den römischen Stuhl zu erinnern. Der Nuntius durfte den Gedanken hegen, die kirchlichen Funktionen in Spanien einstellen zu lassen; die Prälaten sollten, in Trauer gekleidet, vor dem Kaiser erscheinen, um die Freiheit des Stellvertreters Christi von ihm zu fordern. Es gehörte ein unmittelbares Einschreiten des Hofes dazu, um eine Kundgebung so auffallender Art zu verhindern.

Unter diesen Umständen konnte der kaiserliche Staatsrat nicht mehr so schlechtweg bei jenen ersten Instruktionen stehen bleiben. Gattinara meinte, man dürfe den Papst nicht gefangenhalten, wenn man anders in ihm den wahren Papst sehe. De Praet machte darauf aufmerksam, daß man die in Rom liegenden Truppen zur Verteidigung des Königreiches Neapel brauche und sie nur dann wegführen könne, wenn man den Papst befreit habe; er riet, die Ausführung der Instruktionen nur mit dem vielbedeutenden Zusatz „so viel als tunlich" zu befehlen. Der Staatsrat faßte hierauf den Beschluß, daß der Papst auf jeden Fall befreit werden müsse.

Dazu nötigte auch die Lage der Dinge in Italien. Wie ganz anders fand sie Vehre, bei seiner allerdings sehr verspäteten Ankunft, als man sie sich in Spanien gedacht hatte: die Freunde, auf die der Kaiser zählte, unzuverlässig oder feindselig; das Heer unbezahlt und von entgegengesetzten Einwirkungen aufgeregt; die Franzosen in der Lombardei vordringend, Papst Klemens hierüber wieder gefaßten Mutes und hartnäckig. In diesem Augenblick starb der Vizekönig Lannoy, und der Franziskanergeneral degli Angeli übernahm die Unterhandlung mit Klemens VII. Leider besitzen wir keine näheren Nachrichten über den Gang derselben. Am 26. November 1527 kam der Vertrag zustande, kraft dessen der Papst nicht allein in seine geistliche Amtsführung, sondern auch in seine weltliche Gewalt wiederhergestellt werden sollte. Der Kaiser begnügte sich mit der Überlieferung einiger weniger festen Plätze, Ostia, Cibitavecchia, Cibitacastellana. Der Papst versprach, ein Konzilium zur Einigung und Re=

formierung der Kirche zu berufen und zur Befriedigung des Kriegsvolkes so viel wie möglich beizutragen. Die Bezahlung desselben sollte hauptsächlich durch eine große Veräußerung geistlicher Güter im Neapolitanischen bewirkt werden.

Auch noch über einen anderen Punkt, dessen die Traktate nicht gedenken, soll hier verhandelt worden sein. Der Papst soll gleich damals dem Kaiser versprochen haben, nicht in die Ehescheidung des Königs von England zu willigen.

Hierauf ward Klemens VII. wieder frei. Er besetzte die Engelsburg mit seinem eigenen Volke, ließ alle Glocken läuten und ernannte aufs neue die Beamten der Kammer und der Stadt.

Doch fehlte noch viel, daß er dem Kaiser oder den Beamten desselben getraut, daß er sich im Frieden mit ihnen zu befinden geglaubt hätte. Man war übereingekommen, daß er sich nach Orvieto begeben solle. Aber er besorgte, Hugo Moncada werde sich seiner Person auf dem Wege bemächtigen und ihn nach irgendeiner kaiserlichen Festung abführen. Er entschloß sich, in der Nacht vor dem bestimmten Tage durch die Pforte des vatikanischen Gartens verkleidet zu entfliehen. So kam er nach Orvieto, 10. Dezember 1527.

Hier gelangte er nun wohl wieder zu dem Gefühl einer Möglichkeit von Selbstbestimmung; allein sowie er seine Augen erhob, fand er sich doch allenthalben von Gefahr umgeben.

Auf der einen Seite sah er sein Land größtenteils in den Händen des Siegers, der ihn mißhandelt hatte. Während des Winters ward seine Hauptstadt von den kaiserlichen Truppen, die noch immer nicht vollständig besoldet worden, erst recht zugrunde gerichtet. Auf der andern Seite waren aber auch seine Freunde, welche die Miene angenommen, ihn zu beschützen, ihm widerwärtig und verderblich. Florenz, welches das Haus Medici aufs neue verjagt hatte und eine Republik im Sinne Savonarolas zu gründen versuchte, fand Schutz bei Frankreich. Die Venezianer hatten sich der Städte Ravenna und Cervia bemächtigt, welche Julius II. wieder erworben zu haben sich zu so hoher Ehre gerechnet.

Klemens fürchtete jetzt die eine wie die andere Partei. Es schien ihm höchst gefährlich, daß der Kaiser zugleich Mailand und Neapel besitzen solle: dann werde er doch „Herr aller Dinge" sein; jede Begünstigung der Feinde des Kaisers werde des Papstes Haupt unter das Beil bringen. Aber fast noch mehr verstimmten ihn die Schritte der Liga. Als ihn die Franzosen aufforderten, dieselbe, wie sie nunmehr war, zu bestätigen, entgegnete er, es sei ein sonderbarer Vorschlag, daß er dem beitreten solle, was gegen ihn getan sei; in Florenz habe man seine Familie zugrunde gerichtet, Ferrara befehde ihn jeden Augenblick; — dennoch solle er sich mit ihnen verbünden.

Die Franzosen sagten ihm, sie seien entschlossen,

dem Kaiser nicht allein Mailand, sondern auch Neapel zu entreißen; sie wollten wissen, ob er sich wenigstens alsdann für sie erklären werde, wenn sie in Neapel eingedrungen und die Spanier von dort verjagt seien. Klemens vermied, ein bestimmtes Versprechen zu geben; schwerlich glaubte er, daß sie ihm, wie sie ankündigten, die freie Verfügung über Neapel anheimstellen würden; nach seinen Mienen zu urteilen, war sein Sinn, sich noch zu bedenken und nach den Umständen Bedingungen zu machen.

Alles hing davon ab, welchen Ausgang die französische Unternehmung haben, wohin das Glück der Waffen sich neigen werde.

Noch im Januar 1528 drang Lautrec in das Königreich Neapel ein. Das deutsche Heer, welches der Prinz von Oranien nicht ohne große Mühe endlich aus Rom weggeführt hatte, stellte sich ihm bei Troja in den Weg und wünschte eine Feldschlacht. Aber Lautrec erwartete venezianische Verstärkungen und begnügte sich indes, die Kaiserlichen das Übergewicht seines Geschützes fühlen zu lassen. Schon diese Haltung bewirkte, daß sich im ganzen Reiche eine nicht geringe Hinneigung zugunsten Frankreichs offenbarte. Als nun auch jene Verstärkungen angekommen, hielten es die Kaiserlichen, die ohnehin kein Geschütz mit sich führten, für notwendig, aus dem Felde zu weichen und sich nach Neapel zurückzuziehen, vor allem dies zu verteidigen; sie meinten, das Haupt folge nicht den Gliedern, sondern die Glieder dem Haupte.

Lautrec eilte ihnen auf dem Fuße nach; gegen Ende des April schlug er sein Lager zu beiden Seiten der Heerstraße von Capua auf und eröffnete die Belagerung von Neapel. Es schien fast unmöglich, daß die volkreiche, für den Mangel an Nahrungsmitteln besonders empfindliche Stadt sich einem siegreichen Heere gegenüber lange würde halten können. In England berechnete man bereits die Zeit, wo Neapel gefallen, wo alles beendigt sein würde. Denn schon waren die Provinzen des Königreiches zum größten Teil in die Hände der Verbündeten geraten. Die Venezianer nahmen die apulischen Häfen in Besitz: Filippo Doria brachte den Kaiserlichen in den Gewässern von Amalfi eine Niederlage bei. Wenn der Kaiser vor kurzem den Papst in eine Festung abzuführen, ihn seiner weltlichen Gewalt zu berauben gedacht hatte, so faßte man jetzt dagegen den Gedanken eines allgemeinen Umsturzes der kaiserlichen Macht. Wolsey meinte einmal, man müsse den Papst vermögen, den Kaiser wegen der schweren Beleidigungen, die er von ihm erfahren habe, geradezu abzusetzen; er möge nur erklären, daß den Kurfürsten wieder das Recht zustehe, zu einer Wahl zu schreiten, und sie ermahnen, einen aus ihrer Mitte zu wählen. Damit werde man nicht allein sie gewinnen, sondern zugleich werde ein solcher Zwiespalt zwischen dem Kaiser und dem Papst entstehen, daß dann niemals mehr an eine Aussöhnung zwischen ihnen zu denken sei. Es ist in der Tat dem Papste hierüber eine Eröffnung gemacht worden. Klemens hielt nur für notwendig, daß beide Könige sich über den zu Wählenden bereinigen möchten, damit nicht wieder ein ähnlicher Irrtum geschehe, wie bei der Wahl Karls V.; er meinte, auf vier Kurfürsten zählen zu können.

Allein auch diesmal blieben dem Kaiser seine glücklichen Gestirne getreu.

Vor allem gelang es ihm, eines der mächtigsten Häupter von Italien, den Genuesen Andrea Doria, für sich zu gewinnen. Schon längst war darüber unterhandelt worden, schon ehe Doria zuletzt in die Dienste der Liga trat, aufs neue während einer Anwesenheit des kaiserlichen Kanzlers Gattinara in Oberitalien im Mai 1527; ein Augustiner-Eremit, mit einem Diener Dorias, namens Erasmo, einverstanden, war das eine wie das andere Mal der geheime Vermittler. Man kann sich nicht wundern, wenn unter diesen Umständen der König von Frankreich die Wärme und den Eifer in Doria vermißte, die man wohl sonst von ihm hätte erwarten dürfen. Auch Doria seinerseits führte mancherlei Beschwerden über persönliche Kränkungen sowie über die Behandlung seiner Vaterstadt, der man ihre alten Rechte auf Savona streitig machte. In England, wo damals viele Genuesen lebten und man alle diese Dinge auf das genaueste kannte, war man höchlich betroffen darüber. Wolsey meinte, man solle dem Doria so viel Geld geben, so viel Ehre erweisen, als er nur irgend verlange, Savona lieber sechsmal fahren lassen, nur sich diesen Mann nicht entfremden in einer Zeit, wo man seiner am meisten bedürfe. Allein die französische Politik ward nicht so streng aus einem herrschenden Gesichtspunkte geleitet, daß man diesen Verlust in aller seiner Bedeutung erwogen hätte. Dagegen unterschrieb der Kaiser alle Bedingungen, die Doria vorschlug: er stellte das Schicksal von Genua sowie das persönliche Dorias vollkommen sicher; von freien Stücken fügte er noch einige Gnadenerweisungen, z. B. ein nicht unbedeutendes Geschenk an Land im Neapolitanischen, hinzu. Er wußte sehr wohl, was er tat. Gar bald pflanzte Andrea Doria die Fahnen, welche Filippo in jener Seeschlacht den Kaiserlichen abgenommen, im Dienste des Kaisers auf seiner Flotte auf. Sein Übertritt allein reichte hin, um das Übergewicht in den spanisch-italienischen Gewässern an den Kaiser zu bringen. Aber überdies war es ein großer Vorteil, daß sich eine Stadt wieder an den Kaiser anschloß, welche eine unmittelbare Verbindung zwischen Spanien und Mailand möglich machte.

Und in diesem Moment hatte sich auch das Schicksal von Neapel entschieden.

Einst, in der größten Bedrängnis, stellte der neue Vizekönig, Philibert von Oranien, den deutschen Truppen vor, es bliebe ihnen allerdings nichts übrig, als Brot, Wasser und guter Wille; er denke, den würden sie auch jetzt dem Kaiser bewahren. Die Antwort war, man solle von den Deutschen nicht sagen, daß sie wegen Mangels an Wein eine Stadt wie Neapel aufgegeben; alle, Deutsche, Italiener und Spanier, schwuren, einander nicht zu verlassen, sondern bis zum Ausgang beieinander zu verharren. Indem sie nun demgemäß sich zum hartnäckigsten Widerstande anschickten, ereignete sich, daß ansteckende Krankheiten, wie sie immer im Gefolge verwüstender Kriege entstehen, in dem französischen Heere vor Neapel ausbrachen und auf das verderblichste um sich griffen. „Gott schickte unter sie", sagt ein deutscher Bericht, „eine solche Pestilenz, daß von 25 000 nicht über 4000 übrig blieben". Lautrec selbst erlag; Vaudemont, dem man die Krone zugedacht, kam vor den Toren um, in die er als König einzuziehen gehofft hatte. Bald fühlten die Belagerten ihre Überlegenheit und machten glückliche Ausfälle. Die kaiserlichen Deutschen suchten wie bei Pavia vor allem ihre Landsleute auf, welche unter dem Grafen von Lupfen den Franzosen dienten, und brachten deren Fähnlein als Siegeszeichen in die Stadt zurück; — endlich sah der Rest der französischen Armee sich genötigt, auf seinen Rückzug Bedacht zu nehmen; in diesem Augenblick aber wurde er angegriffen und vollends zugrunde gerichtet, 29. August 1528.

Die Kaiserlichen, die soeben verloren geschienen, blieben vollkommen Sieger und nahmen das Königreich wieder ein.

Wie glücklich war der Papst, daß er sich diesmal

neutral gehalten! „Wäre das nicht," schrieb sein Staatssekretär Sanga, jetzt sein vornehmster Minister, „in welchem Abgrund vom Verderben würden wir sein"! Es war in einer Konferenz zwischen Klemens VII. und Sanga, am 6. September, daß die ernstliche Absicht gefaßt wurde, sich dem Kaiser zu nähern.

Schon öfter hatten die Kaiserlichen den Papst ersucht, nach Rom zurückzukommen, wo man ihn gegen jedermann verteidigen werde. Jetzt entschloß er sich dazu. Am 6. Oktober finden wir ihn wieder in Rom.

Darum durfte er aber noch keineswegs als ein Verbündeter des Kaisers betrachtet werden. Noch im November 1528 ermunterte er Franz I., die Bewegungen in Deutschland, durch welche Karl in seiner kaiserlichen Würde gefährdet werde, zu unterhalten, den Woiwoden von Siebenbürgen zu unterstützen. Im Dezember 1528 versichert der französische Gesandte, wie ganz anders die Sache auch scheinen möge, der Papst sei den Franzosen so geneigt wie jemals; es mißfalle ihm in seinem Herzen, daß die Unternehmung auf Neapel so schlecht gegangen: hätte man seinen Rat befolgt, so wäre es nicht dahin gekommen. „Ich wage zu behaupten," fügt der Gesandte hinzu, „daß dabei keine Täuschung obwaltet". Wenigstens sagte einer seiner Vertrauten, Kardinal Campeggi, der nach England gegangen, um den Prozeß über des Königs Ehescheidung zu führen, jedem, der es hören wollte, mit dürren Worten, der Kaiser sei von bösem

Willen erfüllt und werde so viel Übles tun, als er nur könne: ihm ernstlich zu Leibe zu gehen, sei der wahre Weg, ihn zur Vernunft zu bringen; könnte man ihm nur in Spanien wehe tun! aber sehr zu loben sei auch eine Unternehmung in Deutschland wider ihn, möge sie nun geführt werden, wie sie wolle.

Da hätte noch niemand einen baldigen Frieden weissagen sollen. Zwischen dem Kaiser und dem Könige von Frankreich kam es im Jahre 1528 zu einer förmlichen Herausforderung, und es lag in der Tat nicht an dem Kaiser, daß nicht ein wirklicher Zweikampf erfolgte.

In Oberitalien schwankte das Kriegsglück noch immer: eher der König, als der Kaiser, war im Übergewicht. Die nämlichen Krankheiten, welche bei Neapel das französische Heer zerstörten, ergriffen auch die deutschen Truppen, welche im Sommer 1528 unter Heinrich von Braunschweig und Marx Sittich von Ems dem Kaiser zur Hilfe über die Alpen stiegen und in der Lombardei erschienen. Herzog Heinrich war ohnehin nicht der Mann, eine Unternehmung zu Ende zu führen, bei welcher er mit der Eifersucht seiner Verbündeten, der Abneigung des Landvolks, dem Klima und den Feinden zugleich zu kämpfen hatte. Gar bald sah man ihn mißmutig über die Alpen zurückkehren; seine Haufen lösten sich auf und traten zum Teil in venezianische Dienste.

Hierauf erschien ein neues französisches Heer unter St.-Pol in Jvrea, dem die Venezianer Geld und

Truppen entgegensandten, so daß die Verbündeten Pavia, das wieder verloren gegangen, aufs neue eroberten und gar bald die größten Hoffnungen faßten. St.-Pols Meinung wäre gewesen, sogleich nach dem Neapolitanischen vorzubringen, wo noch eine Anzahl fester Plätze sich in den Händen der Franzosen befand; er zweifelte nicht, das ganze Königreich werde ihm dann zufallen. Die französische Regierung dagegen hielt es für nötiger, zuerst einen Versuch gegen Genua und Andrea Doria zu machen. Obwohl es damit nicht gelang, beherrschte doch das Heer den größten Teil der Lombardei, und in England hoffte man noch, daß es in kurzem Mailand einnehmen, ja durch die Besetzung von Parma und Piacenza sich wieder Einfluß auf den Papst verschaffen werde.

Und in nicht minderer Verwirrung war das östliche Europa.

Solange Ferdinand selbst in Ungarn anwesend war, wurde die Ordnung einigermaßen erhalten. Sobald er sich aber entfernte, brach die Entzweiung wieder hervor. Schon seine eigenen Anhänger konnten sich nicht untereinander verstehen. Der Bischof von Erlau klagte über Andreas Bathory, der ihn schmähe und ihn zerreiße: „kein Sokrates habe mehr Geduld üben müssen als er." Franz Batthyany konnte die Schlösser nicht erlangen, die Ludwig Pekry für ihn in Besitz genommen. Ein allgemeines Geschrei erhob sich gegen die Gewalttätigkeit des deutschen Heeres unter Katzianer, welches seinen Sold unmittelbar von dem

Lande eintrieb und dann doch gegen die Johannisten nur sehr langsamen Schrittes vorrückte; Katzianer antwortete energisch und rauh. Schon die Behauptung, wenn sie auch nicht wahr sein sollte, daß man den Deutschen mit Kalk gemengtes Brot gebe, um sie zu vergiften, zeugt von der starken nationalen Antipathie, welche sich ausgebildet hatte. Wie viel weniger konnten da die Anhänger Zapolyas im Zaum gehalten werden! Auf dem Reichstage von Ofen im Januar 1529 unterschied man drei Klassen derselben: geheime, welche dem Eide zu Trotz, den sie dem Könige Ferdinand geleistet, die Getreuen desselben zu verführen trachteten; zweifelhafte, welche um sicheres Geleit nachgesucht, um dem Könige zu huldigen, dann aber nicht erschienen waren; endlich ganz offene, welche Plünderungen vollzogen und das Land unsicher machten. Es findet sich nicht, daß gegen die einen oder die andern etwas Nachdrückliches geschehen sei. Dagegen versäumte Johann Zapolya nichts, um Ungarn auch von seinem Exil zu Tarnow aus in Bewegung zu erhalten.

Ein Paulinermönch, Georg Martinuzzi, der früher im Dienste der Mutter Zapolyas gewesen, besaß Hingebung genug, sich dreimal zu Fuß nach Ungarn zu wagen. Er rühmt die gute Aufnahme, die er bei Jakob von Thornaly, Stephan Bathory von Somlyo, Paul Arthandy gefunden. Er wanderte von Schloß zu Schloß, belebte die alten Verbindungen, bereitete alles zur Aufnahme seines Herren vor. Die Haupt=

sache war, daß er die Versicherung osmanischer Hilfe brachte. Schon im Anfange des Jahres 1528 war nämlich eine Übereinkunft zwischen Zapolya und Suleiman geschlossen worden. Sie war nicht der Erfolg von Geschenken, deren der Gesandte Hieronymus Lasky überhaupt keine mitgebracht, noch auch des Versprechens, zinsbar zu werden, wozu er sich nicht verstand, sondern lediglich der Politik. Zapolya hatte erklärt, mit allen Kräften seines Reiches, mit seinen Erbgütern, ja mit seiner Person dem mächtigen Sultan unaufhörlich dienen zu wollen. „Ich dagegen," sagte Suleiman in der feierlichen Abschiedsaudienz, „will deinem Herrn ein wahrer Freund und Verbündeter sein, ihm mit allen meinen Kräften gegen seine Feinde beistehen: bei dem Propheten, bei dem großen, von Gott geliebten Mohammed, bei meinem Schwert". Gewiß konnte für den Fortschritt der türkischen Macht nichts nützlicher sein als die entschiedene Verbindung mit einem angesehenen Häuptling. Suleiman betrachtete sich als den vornehmsten Gegner des Hauses Österreich, als das natürliche Oberhaupt der Opposition gegen dasselbe, zu welcher er Frankreich, Venedig, Polen und den Papst selbst rechnete, „diesen armen Priester, von welchem der Glaube der Christen ausgeht, und den sie doch so schonungslos mißhandeln." Er war überzeugt, er müsse sich beizeiten der Macht Kaiser Karls V. entgegensetzen, denn sie sei, sagte er, „wie ein aus kleinen Bächen und schmelzendem Schnee zusammenströmendes Gewässer, das zuletzt das feste Haus in der Bergkluft untergrabe". Die österreichischen Gesandten behaupten, der König von Polen habe den Sultan noch im Oktober 1528 durch eine eigene Botschaft auffordern lassen, den Krieg gegen den Kaiser im nächsten Jahre zu unternehmen; da werde auch er ihm zu Hilfe kommen. Suleiman war wohl schon ohnehin entschlossen dazu. Dem Gesandten Ferdinands, Habordancz, der nach Konstantinopel gekommen war, um die Zurückgabe von 24 altungarischen Plätzen zu fordern und dafür nichts als eine Geldentschädigung anzubieten, antwortete er: er werde in eigener Person mit aller seiner Macht sich erheben, um die Festungen zurückzustellen. Man kann denken, welch eine Gärung bei dieser Kriegsaussicht in Ungarn entstand. Schon im September 1528 schrieb Andreas Bathory dem Könige Ferdinand, er stehe in Mitte der Rebellen und habe den Tod vor Augen. Es war noch in demselben Jahre, daß der Hospodar der Moldau, Peter Rarefch, lange Zeit ein Fischer, aber jetzt als wahrer Dragoschide vom Hause des großen Stephan anerkannt, in die Szekler Stühle verwüstend einbrach. Alles ließ sich zu einer großen Entscheidung an.

Und war nun dergestalt Ost und West in allgemeiner Gärung, wie wäre es möglich gewesen, daß nicht auch das ohnehin durch und durch aufgeregte Deutschland davon ergriffen worden?

Zweites Kapitel.
Zeiten der Packischen Händel in Deutschland.

Die Herzöge von Bayern finden wir immerfort in mehr oder minder enger Beziehung zu den auswärtigen Fürsten, welche mit Österreich im Kampf waren, dem Könige von Fankreich, dem Woiwoden, vor allem dem Papst.

Noch immer hatten sie das Kaisertum nicht aufgegeben. Sie unterhandelten unaufhörlich mit den leitenden Kurfürsten und machten ihnen die weitaussehendsten Versprechungen; auch den König von Frankreich suchten sie noch einmal dazu in Bewegung zu setzen.

Es ist ein Plan in unseren Händen, den sie zur Erreichung ihres Zweckes dem französischen Hofe eingaben. Französische Gesandte, von lothringischen und englischen unterstützt, sollten an dem nächsten Reichstag erscheinen, den Ständen in Erinnerung bringen, wie viele Verluste Kirche und Reich erlitten habe, seit das Haus Österreich das Kaisertum besitze: — da sei Konstantinopel, Rhodus und nunmehr Ungarn der Christenheit, Basel und Kostniz dem Reiche verloren gegangen; die einzige Absicht der österreichi=

schen Brüder sei, das Reich erblich zu machen und sich
auf alle Weise zu vergrößern, wie denn Don Ferdi=
nand vor kurzem Salzburg an sich zu ziehen ge=
sucht; — hierauf sollten sie dieselben auffordern, zur
Wahl eines neuen Kaisers zu schreiten, einen Mann
dazu zu erheben, der Gerechtigkeit handhabe und das
deutsche gemeine Wesen wieder in seinen alten Zu=
stand bringen könne, der zugleich gut katholisch ge=
sinnt und fähig sei, die Ketzereien zu vertilgen. Der
König von Frankreich soll versprechen, mit einem
solchen Kaiser sich auf das engste zu verbinden.

Wurden diese Unterhandlungen nicht auch weiter
fortgesetzt? Wenigstens hoffte man in Bayern, Pfalz
und Trier, durch französische Verwendung den Kur=
fürsten von Brandenburg, vielleicht durch bestechliche
Räte selbst den Kurfürsten von Sachsen zu gewinnen.
Dahin deuten die Äußerungen des Papstes und seines
Legaten sowie des Kardinals Wolsey, deren wir ge=
dachten.

Merkwürdig aber, indessen hatte sich auch die ent=
gegengesetzte Partei, die evangelische, den Opposi=
tionsmächten genähert.

Auch einen Gesandten des Landgrafen von Hessen,
Dr. Walter, finden wir in Frankreich. Einen anderen
sehen wir den Weg zu Johann Zapolya einschlagen.
Wir begleiten ihn — es ist Doktor Pack — auf seiner
ganzen Reise. In der Karwoche 1528 finden wir ihn
in Senftenberg, wo er sich für einen meißnischen
Domherrn ausgibt, Ostern in Breslau, wo er sich

mit einem Diener versieht, der polnisch spricht, am 18. April in Krakau. Hier, in der Kirche St.-Barbara, hat er seine erste Zusammenkunft mit einem Angehörigen des Woiwoden; sie finden nötig, daß er diesen selbst besuche. Sobald nun Pack in die Nähe von Tarnow kommt, wo der Woiwode sich aufhält, steigt er von seinem Wagen ab und geht zu Fuß in die Stadt, um nicht bemerkt zu werden. Am 26. und 27. April finden wir ihn mit dem Woiwoden in Unterhandlung; es ward ein förmlicher Vertrag entworfen, dem nur noch die Ratifikation des Landgrafen fehlte. Der Landgraf hatte Geld gefordert, um Ferdinand in Deutschland angreifen zu können. Der Woiwode versprach, 100 000 Gulden von seinem Schwager, dem Könige von Polen, aufzubringen. Wenn wir hören, Polen habe dem Sultan versprochen, König Ferdinand mit deutschen Truppen anzugreifen, so mag sich das auf diese Unterhandlungen beziehen.

Was hätte es für Folgen haben müssen, wenn diese Dinge weitergeführt worden wären, die eine Partei sich wirklich gegen die kaiserliche Würde Karls V. aufgelehnt, die andere Ferdinand in seinen Erblanden angegriffen hätte, — und zwar eben in jenen Zeiten, wo auch alle anderen Verhältnisse erschüttert waren?

Indessen war dafür gesorgt, daß dies nicht geschah. Die Herzöge von Bayern und der Landgraf von Hessen wußten nichts davon, daß sie Verbündete waren. Vielmehr traten zwischen den verschiedenen deutschen Fürsten so starke Antipathien hauptsächlich religiösen Ursprungs hervor, daß eine der seltsamsten Verwickelungen, die wohl jemals vorgekommen sind, unter ihnen selbst entstand.

Daß sich so viele evangelische Fürsten von der geistlichen Jurisdiktion losgerissen, mußte notwendig Klagen am kaiserlichen Hofe veranlassen, und bei dem Zustande und dem Rechtsbegriff der kaiserlichen Kanzleien konnte es gar nicht fehlen, daß solche Gehör fanden; es ist ganz richtig, daß dort von Bestrafungen, selbst von der Acht die Rede war. Schon suchte sich Nassau, das in alten Territorialstreitigkeiten mit dem Landgrafen von Hessen lag, für diesen Fall durch Mandate sicherzustellen.

Davon drang nun ein dunkles Gerücht auch nach Deutschland. Der Landgraf ward gewarnt von einem Manne großen Ansehens, wie er sagt, „den er nicht nennen könne, der aber gut Wissens darum trage, es sei etwas im Werke, eine merkliche Praktika gegen die Lutherischen."

Der Landgraf suchte jedoch den Ursprung der Gefahr nicht so in der Ferne: er faßte nur die Feindseligkeiten ins Auge, welche in Bayern und ganz Oberdeutschland gegen die Bekenner der Lehre ausgeübt wurden, — die heftigen Drohungen, welche Herzog Georg von Sachsen gegen seinen Vetter, den Kurfürsten, ausstieß, mit dem er seine Zwistigkeiten nicht austragen wolle, wenn derselbe nicht von der lutherischen Sekte ablasse, gegen den er nur einen

Zeiten der Packischen Händel in Deutschland. 39

Befehl des Kaisers erwarte; es war ihm verdächtig, daß einige eifrig katholische Fürsten im Mai 1527 den König Ferdinand in Breslau besucht und ihm dann Hilfe in Ungarn geleistet hatten; er glaubte nicht anders, als daß ein Bund seiner Nachbarn wider ihn im Werke sei.

Da geschah es nun, daß der Kanzleiverweser des Herzogs Georg, Otto von Pack, derselbe, der jene Reise nach Tarnow unternahm, wohl noch im Laufe des Jahres 1527 zu dem Landgrafen nach Kassel kam, um ihm in der nassauischen Sache rechtlichen Rat zu erteilen. Der Landgraf eröffnete demselben seine Befürchtungen und drang in ihn, ihm zu sagen, ob er nichts davon wisse. Pack seufzte und schwieg. Um so eifriger redete der Landgraf ihm zu. Pack erklärte endlich, es sei allerdings ein Bündnis wider die Lutherischen nicht allein im Werke, sondern bereits geschlossen. Er versprach, dem Landgrafen das Original der Urkunde zu schaffen; der sagte ihm dafür seinen Schutz und eine Belohnung von 1000 Gulden zu; Landgraf Philipp war nun Feuer und Flamme geworden. Im Februar 1528 finden wir ihn in Dresden; und in der Tat brachte hier Pack zwar nicht die Urschrift des Bündnisses — denn diese habe der Kanzler weggelegt —, aber eine Kopie desselben zum Vorschein, die auch alle äußeren Zeichen der Authentie hatte. Der schwarzseidenen Schnur, welche die Schrift durchzog, war an beiden Seiten das sächsische Kanzleisiegel aufgedrückt; unter dem hing das Siegel des Handringes, den Herzog Georg trug und den der Landgraf sehr wohl kannte, mit seinen drei Schildern, in dem oberen der Rautenkranz, in den unteren zwei Löwen. Pack gestattete, daß der landgräfliche Sekretär eine Kopie davon nahm, und empfing 4000 Gulden.

In dieser Urkunde war nun aber das Allergefährlichste und Feindseligste zu lesen. Danach hatten sich die Kurfürsten von Mainz und Brandenburg, die Herzöge von Sachsen und Bayern, die Bischöfe von Salzburg, Würzburg und Bamberg mit dem Könige Ferdinand verbündet, um zuerst den Kurfürsten von Sachsen, wenn er sich nach erneuerter Aufforderung weigere, Luther und dessen Anhänger auszuliefern, mit vereinigten Kräften zu bekriegen und sein Land zu teilen, demnächst auch den Landgrafen anzugehen und, wenn er nicht widerrufe, ihn aus seinem Lande zu verjagen, das dann an Herzog Georg fallen solle. Auch die Stadt Magdeburg solle ihrem Erzbischof unterwürfig gemacht werden. Die Art und Weise sowie die Stärke des Angriffs waren genau bestimmt.

Der Landgraf, schon längst erfüllt mit Vermutungen dieser Art, zweifelte keinen Augenblick an der Authentic des ihm vorgelegten Aktenstückes; stürmisch eilte er, um auch dem Kurfürsten davon Nachricht zu geben, nach Weimar; auch hier wirkte das überraschende, Bestimmte, Dringende der Gefahr betäubend und fortreißend; am 9. März kam ein Bund zwischen den beiden Fürsten zustande, worin sie ein=

Zeiten der Packischen Händel in Deutschland.

ander versprachen, zu gegenseitigem Schutz 6000 Mann zu Fuß, 2000 Mann zu Pferde zusammenzubringen. Man faßte die Absicht, den Angriff nicht lange zu erwarten, sondern ihm zuvorzukommen. Der Landgraf selbst reiste nach Nürnberg, nach Ansbach. Unter diesen Umständen war es, daß er den Otto Pack, den er nun näher an sich gezogen, an den Woiwoden schickte. Unverweilt begannen die Rüstungen. Die hessischen Truppen versammelten sich bei Herrenbreitungen, die sächsischen am Thüringer Walde. Ganz Deutschland geriet in Bewegung.

Die Lage der Dinge in dem evangelischen Deutschland war aber nicht so beschaffen, daß es allein auf den raschen Mut eines oder des anderen Fürsten angekommen wäre. Auch die Theologen, vor allen Luther, hatten eine Stimme zu führen; und es fragte sich erst, was sie dazu sagen würden.

Luther zweifelte so wenig wie die Fürsten an der Echtheit des Vertrages, den man ihm vorlegte; allein er fand, man werde dadurch noch nicht berechtigt, sofort zu den Waffen zu greifen. Dies stürmische Zuschlagen widerstritt seinen Begriffen von Recht und Sitte. Er meinte, man müsse den Fürsten ihr Vorhaben vorhalten und sie bitten, davon abzustehen; man müsse sie verklagen und ihre Antwort vernehmen. Sonst könnte ein Fürstenaufruhr entstehen, der zur Freude des Satans Deutschland verwüste. Luther ist von allen, die sich jemals an die Spitze einer Weltbewegung gestellt haben, vielleicht derjenige, der am

wenigsten von Gewalt und Krieg hat wissen wollen.
Er hielt dafür, man könne sich verteidigen, namentlich gegen Fürsten, wie die genannten, welche als die Gleichen seines Herrn nicht dessen Obrigkeit seien; aber daß man die Waffen zuerst in die Hand nehme, zu einem Angriff schreiten solle, das war über seine Vorstellung. Er wandte den Spruch: Selig sind die Sanftmütigen, die Friedfertigen, auch auf die politischen Verhältnisse an. „Wer das Schwert nimmt, soll durch das Schwert umkommen." Der Krieg, sagt er, wagt alles, gewinnt wenig und verliert gewiß; aber „Sanftmut verliert nicht, wagt wenig und gewinnt alles."

Davon war nun Kurfürst Johann leicht zu überzeugen, der das Evangelium ebenso verstand wie Luther und von ganzem Herzen liebte; er war nur durch den heftigen Verbündeten mit fortgerissen worden. Jetzt stellte er demselben vor, ein Angriff könne dem Evangelium Unehre bringen und man müsse davon abstehen. Der Landgraf erwiderte, das Bündnis der Feinde, von ihnen versiegelt und beschworen, sei so gut wie der Angriff selbst; er machte auf die Vorteile aufmerksam, die ein rasches Vorschreiten mit sich bringe: das würde manchen aufwecken, der jetzt schlafe; auf diese Weise werde man zu sicherem Vertrage gelangen. Der Kurfürst war aber nun nicht mehr vorwärts zu bringen. Er sendete seinen Sohn, von einem zuverlässigen Rat, namens Wildenfels, begleitet, nach Kassel, mit so bestimmter Anweisung, daß der Landgraf sich endlich entschließen mußte, Luthers Rat zu befolgen und vor allem das Bündnis bekannt zu machen, die darin genannten Fürsten zur Verantwortung aufzufordern. Zunächst schickte er es seinem Schwiegervater zu.

Man kann das Erstaunen nicht schildern, das die deutschen Höfe bei dem Erscheinen dieser Anklage, dieses Aktenstückes ergriff.

Auf der Stelle antwortete Herzog Georg; er bezeichnete den, der das Original eines solchen Bündnisses gesehen zu haben behauptete, als einen ehrlosen und meineidigen Bösewicht. Kurfürst Joachim drang wie Herzog Georg auf die Nennung des verlogenen Mannes, der dies Bündnis erdichtet, damit man nicht glaube, der Landgraf selbst habe es ersonnen. So antworteten alle die anderen. Der Landgraf sah sich genötigt, seinen Gewährsmann festnehmen und gerichtlich verhören zu lassen.

Auch wir müssen hier wohl die Frage erörtern, die bis auf den heutigen Tag nicht erledigt scheint, was an dieser Sache, diesem Bündnis ist.

Vor allem enthält es in sich die größten Unwahrscheinlichkeiten. Kurfürst Joachim z. B. soll Hessen, auf das er kraft der Erbeinigung dieser Häuser ebenso viel Ansprüche hatte, dem Herzog von Sachsen überlassen und sich dagegen Beeskow und Storkow ausbedungen haben, die doch schon seit einigen Jahren ein Eigentum des Bistums Lebus geworden waren. Die Herzöge von Bayern sollen mit Ferdinand im

Bunde sein, um ihm Ungarn zu verschaffen, welches
sie ihm eben zu entreißen dachten. Auch der Kriegs=
plan ist höchst wunderlich, und es liegt eine gewisse
Wahrheit der Ironie darin, wenn Pack später, um sich
zu entschuldigen, den ganzen Entwurf als „närrisch
gestellt" bezeichnete.

Ferner aber, was für ein Mensch war doch dieser
Pack! Im Dresdener Archiv finden sich Akten über
ihn, in denen er höchst unzuverlässig, betrügerisch, ja
eigentlich als ein schlechtes Subjekt erscheint. Er be=
nutzte seine Stellung am Hofe, um Geld zu erpressen.
Dem Rate von Tennstädt z. B. borgte er unter sehr
glänzenden Vorwänden, hauptsächlich dem, daß er
seinen Fürsten bei der Auslösung von Weißensee
unterstützen müsse, ein paar hundert Gulden ab, deren
Wiedererstattung er dann von Termin zu Termin
verschob. In dem Verzeichnis seiner Gläubiger stehen
noch vier andere Landstädte, Pirna, Meißen, Oschatz
und Chemnitz. Aber noch viel mehr fällt ihm folgende
Geschichte zur Last. Als er einst in Geschäften seines
Herrn nach Nürnberg reiste — mehr als einmal
finden wir ihn als Reichstagsgesandten —, gab ihm
der Bischof von Merseburg seinen Anschlag für Re=
giment und Kammergericht mit, einen Betrag von
$103^{1}/_{2}$ Gulden. Der Reichstag war zu Ende, Pack
schon lange zurückgekehrt, als der Bischof eben wegen
jenes Anschlages von Reichswegen gemahnt ward.
Pack hierüber angegangen, erklärte ohne Verlegen=
heit, er habe das Geld einem Nürnberger Bürger,

namens Friedemann, eingehändigt, der es auch in
der Tat dem Regiment abgeliefert, aber von diesem
keine Quittung bekommen habe, weil noch alte unbe=
zahlte Reste daseien. Er legte hierüber Brief und
Siegel Friedemanns bei. Natürlich ging man nun
diesen selber an. Wie sehr mußte man aber er=
staunen, als der ehrsame Bürger erklärte, er kenne
Doktor Pack so gut wie gar nicht, habe nie mit ihm
Geschäfte gehabt, nie von ihm Geld empfangen; auch
würde ihm ja das Regiment eine Quittung für die
Summe, hätte er sie wirklich erlegt, wenngleich nicht
für die ganze Schuld, ausgestellt haben; Handschrift
und Siegel, welche der Doktor eingesandt, könne un=
möglich den seinen gleich sein. Dort im Archiv finden
sich beide Aktenstücke, und in der Tat ist die Hand=
schrift, welche Pack beigebracht, von der echten des
Friedemann gänzlich verschieden. Genug, Pack war
schon in Verfälschungen geübt, als sich ihm diese neue
Gelegenheit, grandioser als jemals, darbot, Geld zu
machen. Er benutzte sie, wie wir sahen, auf eine Weise,
daß Deutschland darüber beinahe in innerlichen Krieg
geraten wäre. Er selbst hat später nicht mehr auf
der Echtheit seines Machwerkes bestanden. Er ließ
die Behauptung, daß er ein mit den Siegeln aller
Fürsten bekräftigtes Original in Händen gehabt, am
Ende fahren und gab nur an, ein böhmischer Schrei=
ber, Wurisyn, habe ihm eine Kopie aus Schlesien
gebracht. Allein auch dies zeigte sich unwahr. Der
Schreiber bewies, daß er in der Zeit, welche Pack

bezeichnet, gar nicht nach Dresden gekommen war. Er war damals aus Furcht vor dem Gläubigern, die ihn verfolgten, auf flüchtigem Fuße gewesen.

Ein so mit Widersprüchen angefülltes, von einem so unzuverlässigen, betrügerischen Menschen dargebotenes Aktenstück muß ohne Zweifel völlig verworfen werden. Ich finde auch, daß die Meinung, Pack habe einen Betrug ausgeübt, sich damals sehr bald auch diesseits geltend machte. Melanchthon war davon sogleich überzeugt, als er die ersten Verhöre gelesen hatte. Kanzler Brück stellte eine genauere Untersuchung an und fand dasselbe. Der Landgraf Philipp hat es mehr als einmal unumwunden bekannt. Man warf ihm wohl später einmal vor, er habe da viel unternommen und wenig ausgerichtet. „Das geschah darum," sagte er, „daß wir fühleten, daß wir betrogen waren." „Wir befanden, daß wir zu milde" (d. i. falsch) „berichtet waren."

Und hätte er dieser Überzeugung nur noch früher Raum gegeben, als er wirklich tat!

Allein ehe noch die Nichtigkeit jenes Entwurfes vollkommen klar geworden, war er schon in das Würzburgische eingefallen und bedrohte die Gebiete von Bamberg auf der einen, von Mainz auf der anderen Seite. Von denen, welche durch ihre Drohungen seine Rüstungen veranlaßt hatten, forderte er jetzt die Kosten derselben. Da niemand gerüstet war, um ihm Widerstand zu leisten, so mußten unter Vermittelung von Pfalz und Trier die Bischöfe sich in der Tat zu Geldzahlungen und ungünstigen Verträgen verstehen.

So glücklich man in Wittenberg war, daß ein ungerechter Krieg vermieden wurde, so tief empfand man doch das Unzulässige eines gewaltsamen Verfahrens, die Übereilung, die in der ganzen Sache geherrscht hatte. „Es verzehrt mich fast," sagt Melanchthon, „wenn ich bedenke, mit welchem Flecken unsere gute Sache dadurch behaftet wird. Nur durch Gebet weiß ich mich aufrecht zu erhalten."

Auch der Landgraf war wohl späterhin selbst davon beschämt. „Wäre es nicht geschehen," sagt er einmal, „jetzt würde es nicht geschehen. Wir wissen keinen Handel, den wir unser Lebelang begangen, der uns mehr mißfiele."

Allein damit war die Sache doch nicht wieder gut gemacht. Sie zog vielmehr die ernstlichsten und gefährlichsten Folgen nach sich.

Man hatte kühne Pläne einer Teilnahme an den großen europäischen Verwickelungen gehegt, oder man hatte gesucht, einen Ausschlag in den inneren religiös=politischen Irrungen herbeizuführen. Es war nichts als ein grober Landfriedensbruch erfolgt, der auf alles Bestreben der religiösen Partei ein nachteiliges Licht warf.

Denn dagegen regte sich nun natürlich das Gefühl des Rechtes und des Reiches.

Vor allem war man im schwäbischen Bunde mißvergnügt, zu welchem sowohl der Landgraf als die

Bischöfe gehörten. Der Landgraf schickte entschuldigende Schreiben; er erbot sich, vor Kurfürst Ludwig zu Recht zu stehen. Der Bund antwortete (November 1528): es bedürfe keines Rechtens; er werde auf dem Buchstaben der Einigung verharren. „Ich wollte, daß der jüngste Tag hereinbräche," ruft ein Abgeordneter in seinem Eifer aus, „damit man nur dieser und anderer Gefahren überhoben würde."

War in den Oberhäuptern beider Parteien eine gewisse Tendenz, sich dem Hause Österreich entgegenzusetzen, der europäischen Opposition wider dasselbe sich anzuschließen, so sehen wir nun, wie die Bewegungen eine ganz andere Richtung nahmen, eigentlich durch einen Irrtum, einen Betrug, eine Übereilung alle gegenseitigen Leidenschaften aufgeregt wurden.

Freilich hätte das nicht geschehen können, wenn nicht die inneren Gegensätze sich jeden Augenblick mehr befestigt hätten.

Eben wie auf der evangelischen Seite Organisationen im Sinne der Neuerung unternommen wurden, so war man auf der anderen bedacht, die wankenden katholischen Überzeugungen neu zu begründen.

Hie und da brauchte man dieselben Mittel. In Österreich finden wir 1527 und 1528 Kirchenvisitationen, wie in Sachsen, aus geistlichen und weltlichen Mitgliedern zusammengesetzt, nur in einem ganz entgegengesetzten Sinne. Man suchte dadurch die Beobachtung des Regensburger Ediktes und der darauf gegründeten erzherzoglichen Mandate zunächst gütlich in Gang zu bringen; gar bald aber sah man, daß die neuen Meinungen schon sehr weit vorgedrungen waren, und schritt zu Strafen. Am 20. Juli 1528 ward verordnet, daß die Ketzer nicht nur gemein, sondern hochmalefizisch zu strafen seien; am 24. Juli wurden alle Drucker, ja alle Feilhalter sektiererischer Bücher bedroht, als Vergifter der Länder mit dem Tode im Wasser bestraft zu werden. Es ergingen Edikte, um die schon sehr herabgekommene geistliche Autorität herzustellen.

In Tirol legte man den Reichsschluß von 1526 zugunsten des Katholizismus aus und wollte an die im Jahre zuvor gemachten Zugeständnisse nicht mehr gebunden sein.

In Bayern war die Hauptsache schon getan, und man trug nur Sorge, die verhaßten Richtungen nicht aufs neue eindringen zu lassen. Die Straßen wurden bewacht, um diejenigen, welche zu den evangelischen Predigten in der Nachbarschaft gingen, zu fangen und zu strafen. Anfangs um Geld; da man aber wohl sagte, der Herzog tue das aus Geiz, so nahm er kein Geld weiter. Jetzt ließ er in Landsberg neun Männer zum Tode im Feuer, in München 29 Männer zum Tode im Wasser verdammen. Wer kennt nicht den Namen des unglücklichen Leonhard Kaiser? Er war nur darum von Wittenberg in seine Heimat nach Schärding gereist, um seinen totkranken Vater zu besuchen; hier aber ward er gar bald verraten und ergriffen, auf dem Schrammenplatz zu Passau verurteilt und bald darauf verbrannt.

So fuhr denn auch der schwäbische Bund in seinen Exekutionen fort. Die Bundeshauptleute bekamen im Februar 1528 Befehl, alle, welche der Wiedertaufe verdächtig, aus ihrer ordentlichen Gerichtsbarkeit abzuführen und ohne Prozeß vom Leben zum Tode zu bringen. Der Rat in Nürnberg protestierte hiegegen, — wahrhaftig nicht aus Hinneigung zu den Wiedertäufern, sondern weil er meinte, man gebe vor, die Wölfe zu jagen, fange aber die Schafe; man werde auf diese Weise auch die Bekenner und Prediger des Wortes verfolgen.

Der Bischof von Kostnitz brachte ein kaiserliches Mandat aus, durch welches alle, die in dem Kreise dieses Stiftes gesessen, angewiesen wurden, demselben „seine geistlichen Jurisdiktionen, Bannalen, Präsentationen, erste Frucht, andere Altherkommen und gute Gewohnheit" folgen zu lassen. Und sehr ernstlich verfuhr dieser Bischof gegen die Abtrünnigen. Johann Hüglin von Lindau ward in Mörsburg als „ein Gegner der heiligen Mutter Kirche" den weltlichen Gerichten und dem Feuer übergeben.

So ging es den Rhein hinab. Ein Prediger von Halle, der nach Aschaffenburg zitiert worden, wurde auf dem Rückwege ermordet; man trug kein Bedenken, diese Untat dem Kapitel von Mainz Schuld zu geben.

In Köln ward Adolf Klarenbach verurteilt, weil er

nicht glauben wollte, daß der Papst das Haupt der heiligen Kirche sei, zu zweifeln schien, ob nicht in den Konzilien zuweilen etwas festgesetzt worden sei oder doch festgesetzt werden könne, das dem göttlichen Wort entgegenlaufe, und was dem mehr ist. Die Überlegenheit, die Einsicht und der besonnene Mut, welchen der Angeklagte in seinem Verhöre bewies, sind wahrhaft bewundernswürdig. Auch zögerte der Rat zu Köln lange Zeit, in die Exekution zu willigen. Man behauptete, er sei dazu nur dadurch zuletzt vermocht worden, daß die Priester die Verwüstungen, welche der englische Schweiß in Köln anrichtete, als eine Rache Gottes über die Stadt, weil sie die Ketzerei nicht strafe, bezeichneten. „O Köln, Köln," rief Klarenbach aus, als er zum Hochgericht hingeführt ward, „was verfolgst du Gottes Wort? — Es ist noch ein Nebel in der Luft; aber er wird einmal reißen."

Zu so grausamen Exzessen priesterlicher Verfolgung kam es nun in dem nördlichen Deutschland wohl nicht mehr; allein noch immer ließ Herzog Georg die armen Leute, welche das Abendmahl nicht nahmen, weil sie es nicht unter beiderlei Gestalt empfangen durften, im schimpflichsten Aufzuge mit Staupenschlag von Scharfrichter und Büttel aus dem Lande bringen. In Brandenburg vereinigten sich auf dem Landtage Visitationis Mariä von 1527 noch einmal Kurfürst und Stände, mit allen ihren Kräften über die Beobachtung der alten Zeremonien zu halten, keinen Pfarrer ohne Zulassung des Ordinarius anzunehmen, die Geistlichen in ihrem Besitz zu schützen, gegen die Übertreter nach den Mandaten päpstlicher Heiligkeit und kaiserlicher Majestät zu verfahren. Jedoch war nicht das ganze Land wie Fürst und Stände gesinnt. Die erste namhafte Widersetzlichkeit erfuhr Joachim I. von seiner eigenen Gemahlin Elisabeth. Sie schloß sich lieber an das ernestinische Haus Sachsen, von dem sie stammte, an ihren Oheim Kurfürst Johann an, als an ihren Gemahl, gegen den sie manche andere Klage hatte; ihr Leibarzt Ratzenberger, Physikus zu Brandenburg, einer der eifrigsten Bekenner der neuen Lehre, vermittelte ihre Verbindung mit Dr. Luther, dessen Bücher sie längst bewunderte und verehrte: endlich wagte sie es, insgeheim, in ihren Gemächern auf dem Schlosse zu Berlin, das Abendmahl unter beiderlei Gestalt zu nehmen. Aber die Sache blieb nicht verborgen, und die ganze Heftigkeit ihres Gemahls erwachte; es schien, als wollte er die ergangenen Mandate auch an seiner Gemahlin ausführen: er ließ sie in ihr Zimmer einschließen und soll sie bedroht haben, sie einmauern zu lassen. Es gelang ihr jedoch, zu entkommen. Mit einem Kammerdiener und einer Jungfer als Bäuerin, auf einem Bauernwagen, langte sie am 26. März 1528 zu Nacht in Torgau bei dem Kurfürsten von Sachsen an. Sie erklärte ihm, wenn sie ihm lästig falle oder gar ihm Gefahr zuziehe, wolle sie weiter gehen, so weit ihre Augen sie weisen würden. Kurfürst Johann behielt sie jedoch bei sich und überwies ihr Lichtenburg, wo sie ganz ihrer frommen Überzeugung leben konnte.

So stand es damals in Deutschland: was man in einem Teile desselben für die Summe der Frömmigkeit hielt, bestrafte man in dem anderen als das abscheulichste Verbrechen; was man dort zu gründen trachtete, suchte man hier unter jeder Bedingung durch jedes Mittel auszurotten.

Die Irrungen, welche Pack veranlaßte, sind recht bezeichnend für die politischen Rückwirkungen, die aus dem geistlichen Streit entsprangen.

Und dies waren keineswegs die einzigen Feindseligkeiten, welche es in Deutschland gab.

Infolge der Entwickelung der schweizerischen Kirche waren vielmehr unter den Evangelischen selbst Zerwürfnisse ausgebrochen, die nach und nach schon zu politischer Bedeutung heranwuchsen.

Wir können keinen Schritt weiter gehen, ohne die religiöse Bewegung der Schweiz näher ins Auge zu fassen. Es liegt darin eines der wichtigsten Momente für den Fortgang des ganzen Ereignisses.

Drittes Kapitel.
Reformation in der Schweiz.

Obgleich die Schweiz ein eigentümliches Gemein=
wesen bildete und eine von dem Reiche unab=
hängige Politik verfolgte, so war sie doch von den=
selben geistigen Trieben durchdrungen, welche unter
den Deutschen, namentlich den Oberdeutschen, vor=
walteten.

Die antiklerikalischen Bestrebungen des Jahrhun=
derts hatten auch hier schon früh um sich gegriffen.
Man bestritt die Exemtionen der Geistlichkeit von
dem weltlichen Gericht, wie sie der Bischof von Chur,
oder von außerordentlichen Auflagen, wie sie die im
Thurgau grundbesitzenden Prälaten und Kapitel in
Anspruch nahmen.

Ebenso hatte das literarische Treiben der deutschen
Poetenschulen hier gar bald Eingang gefunden. In
Luzern, St. Gallen, Freiburg, Bern, Chur und Zürich
finden wir ähnliche Anstalten. Es entstand auch hier
ein ziemlich verbreitetes literarisches Publikum, für
welches Erasmus, seitdem er sich in Basel nieder=
gelassen, den lebendigen Mittelpunkt bildete.

Daher kam es nun auch, daß die ersten Schriften
Luthers in der Schweiz eine so große Teilnahme
fanden. In Basel hat man sie zum erstenmal zu=

sammengedruckt. Schon 1520 finden wir „ein kurz Gedicht Luthern zu Lob und seinen Widerwärtigen zu Spott" von einem thurgauischen Bauer. Diesen Geist nährten dann die von Wittenberg zurückkehrenden Studierenden. Man hat die Namen derjenigen aufgezeichnet, die dabei waren, als Luther die Bulle verbrannte. Von der Ebene und den Städten drang die Predigt ins Gebirge, nach Graubünden, Appenzell, Schwyz. Der Administrator von Einsiedeln, Geroldseck, wird von Zwingli als der Vater aller, welche Gott lieben, bezeichnet.

Wenn nun dennoch die Bewegung, die in der Schweiz eintrat, einen anderen Charakter, auch in bezug auf die religiösen Fragen, entwickelte als die deutsche, so hing das vor allem von der Sinnesweise und dem Bildungsgange desjenigen Mannes ab, der daselbst den Kampf über sich nahm und durchführte, Ulrich Zwinglis.

Anfänge Zwinglis.

Zwingli ist in der Gemeinde Wildenhaus in Toggenburg geboren, in deren Markung die Thur entspringt, in einer Höhe, wo keine Feldfrüchte noch Obstbäume mehr fortkommen, zwischen grünen Alpenwiesen, über welche die kahlen, kühnen Firsten emporstreben.

Seine Kindheit (er ist einige Wochen jünger als Luther, geboren am Neujahrstage 1484) fiel in Zeiten,

in welchen sich die Gemeinde von den drückendsten
feudalen Lasten, zu denen sie dem Abte von St. Gallen
verpflichtet war, nach und nach freimachte. Haupt=
sächlich unter der Leitung seines Vaters geschah dies,
welcher der vornehmste Mann, Ammann, im Orte
war, viele Wiesen und Alpen eigentümlich besaß und,
von einer großen Familie umgeben — er hatte acht
Söhne — patriarchalisch würdig haushielt.

Von so vielen Brüdern pflegte sich aber in jenen
Zeiten immer einer oder der andere dem geistlichen
Stande zu widmen: dazu ward unser Huldreich
Zwingli bestimmt; sein Oheim, welcher der erste
Pfarrer gewesen, den die Wildenhauser sich selbst ge=
wählt und der jetzt in Weesen stand, übernahm seine
Vorbereitung.

Unter den Zügen, die uns aus Zwinglis Jugend
überliefert worden, ist wohl der der merkwürdigste,
daß er von Natur einen besonders reinen Sinn für
die Wahrheit besaß. Er erzählt einmal, daß ihm
— bei dem ersten Erwachen des Denkens über öffent=
liche Dinge — der Gedanke aufgestiegen, ob nicht die
Lüge eigentlich härter zu bestrafen wäre als der Dieb=
stahl; denn Wahrhaftigkeit, fügt er hinzu, sei doch
die Mutter und Quelle aller Tugenden.

Mit diesem unverdorbenen Sinn, den er aus der
reinen Luft seiner Berge mitbrachte, trat er nun in
Literatur, öffentliches Leben und Kirche ein.

Er studierte auf den Schulen zu Basel und zu Bern,
der Universität zu Wien und wieder zu Basel. Eben

begann die Epoche, in welcher die klassischen Studien, im Gegensatz mit der Scholastik des Mittelalters, allenthalben in Aufnahme kamen. Zwingli schloß sich, wie seine Lehrer, alle seine Freunde, dieser Richtung an und hielt sie fest, auch als er noch sehr jung im Jahre 1506 Pfarrer in Glarus wurde. Alle Muße, die sein Amt ihm ließ, widmete er den Studien. Zuweilen hat er sich in schriftstellerischen Produktionen im Sinne der Latinisten jener Zeit versucht, doch ist es ihm nicht gelungen, sich unter den Meistern des Stiles eine Stelle zu erwerben. Hauptsächlich las und studierte er die Alten. Mehr noch ihr Inhalt, ihr großer Sinn für das Einfache und Wahre fesselten ihn, als ihn ihre Form zur Nachahmung reizte. Er meinte wohl, der göttliche Geist sei nicht auf Palästina beschränkt gewesen: auch Platon habe aus dem göttlichen Born getrunken; Seneca nennt er einen heiligen Mann; vor allen verehrt er Pindar, der so erhaben von seinen Göttern rede, daß ihm eine Ahnung von der einen heiligen Gotteskraft beigewohnt haben müsse; er ist ihnen allen dankbar, weil er von ihnen allen gelernt, weil sie ihn zur Wahrheit geführt. In diesen Studien begriffen, nahm er nun auch das griechische Neue Testament, in der Ausgabe von Erasmus, zur Hand und widmete ihm den größten Fleiß. Um sich mit den Episteln Pauli vertraut zu machen, ließ er sich die Mühe nicht verdrießen, sie mit eigener Hand sauber abzuschreiben; am Rande merkte er sich die Auslegungen der Kirchen=

väter an. Zuweilen störten ihn noch die theologischen Begriffe, die er von den Universitäten mitgebracht: aber bald faßte er den Entschluß, von allem andern abzusehen und die Meinung Gottes aus dessen lauterem, einfältigem Wort zu lernen. Es ward ihm heller, wenn er sich so unbedingt dem Texte hingab. Aber zugleich bildete sich in der Tiefe seiner Seele eine dem bisherigen Kirchenwesen widersprechende Überzeugung aus. In Einsiedeln, wohin er im Jahre 1516 gekommen, sagte er einst dem Kardinal Schiner unverhohlen, das Papsttum habe keinen Grund in der Schrift.

Was nun aber seiner Tätigkeit ihre charakteristische Richtung gab, war noch ein anderes Moment. Zwingli war ein Republikaner, in einem unaufhörlich bewegten bürgerlichen Gemeinwesen aufgewachsen; lebendige Teilnahme auch an den politischen Geschäften seines Vaterlandes war ihm Natur. In jenen Jahren brachten nun die italienischen Kriege alle Lebenskräfte der Eidgenossenschaft in Bewegung, erhoben sie zum Range einer großen Macht in Europa. Mehr als einmal hat Zwingli seine kriegerische Gemeinde ins Feld begleitet: er zog mit nach Marignano. Allein mit dem Kriege war zugleich das Unwesen des Reislaufens und der Jahrgelder eingerissen. Von dem Geiste des Volkes wurde es mißbilligt, wie die Bewegungen beweisen, die kurz hintereinander in Luzern, Solothurn, Bern, Zürich darüber ausbrachen; — die gemeinen Leute wollten von Bündnissen nichts wissen, durch welche ihre Brüder und Söhne in fremde Länder in den Tod geführt würden; sie forderten die Bestrafung der „Deutschfranzosen, der Kronenfresser"; zuweilen mußten die großen Räte wirklich „Miete und Gaben" verschwören, und nicht selten erklärten sich die Tagsatzungen gegen dieselben; aber allzustarke Vorteile der Machthaber in den Kantonen knüpften sich daran, als daß man sie aufgegeben hätte: eine kriegslustige Jugend fand sich immer, um den Werbungen Gehör zu geben, und das Übel wuchs von Tag zu Tage. Zwingli, der sich, wie der latinistischen gelehrten, so auch der deutschen populären Literatur anschloß, die, wie wir uns entsinnen, Angriffe auf obwaltende Mißbräuche gern zu ihrem Geschäfte machte, schrieb schon im Jahre 1510 eine ziemlich ausgesponnene Fabel, worin er der Eidgenossenschaft die Umtriebe vorstellt, deren Opfer sie sei, wie sie von listigen Katzen verführt, von getreuen Hunden vergeblich gewarnt werde, wie sie darüber ihre Freiheit verlieren müsse, die Freiheit, eine so hohe Gnade, daß man sie nach dem Beispiel der Altvordern mit Spieß und Streitaxt verteidigen sollte, nicht aber durch Verbindung mit Fremden gefährden; denn wo man Miete und Gaben nehme, da gehe alle Bundesbrüderschaft zugrunde. Bei alledem finden wir ihn selbst noch eine Zeitlang durch die Annahme einer päpstlichen Pension gebunden. Es schien ihm ohne Zweifel ganz etwas anderes, von dem Papste, der die geistliche Obrigkeit der Eidgenossenschaft war, eine kleine Besoldung zu ziehen, als von einem völlig fremden Fürsten, wie dem Könige von Frankreich, Geld zu nehmen, gegen dessen Anhänger sich sein Eifer zunächst richtete.

Im Jahre 1516 erblicken wir Zwingli mit der französischen Faktion in Glarus, wo sie, wie im größten Teile der Schweiz, eben emporkam, in vollem Kampfe. Er unterlag zwar, da der König die mächtigsten Eingeborenen gewonnen; er kann nicht genug klagen, wie viel er darüber habe aushalten müssen; er sah sich am Ende sogar genötigt, seine Pfarre vorläufig zu verlassen und eine untergeordnete Vikarstelle zu Einsiedeln anzunehmen. Allein eben das führte ihn zu einer vollständigen Ausbildung seiner ursprünglichen Gesinnung zurück. Da die französische Partei allmählich die herrschende wurde, so entwickelte sich der Widerstand gegen dieselbe in ihm zu einer Bekämpfung des Pensionswesens überhaupt. Das Entstehen einer über die ganze Eidgenossenschaft verbreiteten Verbindung von Familien und Oberhäuptern, in einem doch vorzüglich persönlichen Interesse, sah er mit Recht als ein Ereignis an, welches die allgemeine Freiheit gefährde. Die öffentliche Moral, die durch dies Unwesen beleidigt war, die Meinung des Volkes fanden in ihm ihren beredtesten Sprecher. Das Studium der Alten und der Schrift, im Gegensatz gegen die um sich greifende sittliche und religiöse Verwilderung, das Bewußtsein einer redlichen Vaterlandsliebe im Kampfe mit erkaufter

Dienstbeflissenheit gegen fremde Höfe bildeten in ihm eine Gesinnung aus, in der sich schon der zukünftige Versuch, die kirchlichen wie die weltlichen Zustände umzugestalten, ankündigte; es kam nur darauf an, daß er freien Raum bekam, an die rechte Stelle gelangte.

Die ward ihm im Jahre 1519 in Zürich zuteil.

Zürich war, wenn damals noch nicht der einzige, doch der vornehmste Ort in der Eidgenossenschaft, der sich nicht wieder zur Annahme französischer Jahrgelder überreden ließ. Ein Chorherr am Münster, Konrad Hofmann, der ein außerordentliches Ansehen genoß, hielt hier die vaterländischen Grundsätze gegen den Fremdendienst und die Pensionen aufrecht; er war ein Redner, welcher der Menge auch bittere Wahrheiten nicht ersparte. Durch diesen hauptsächlich geschah es, daß Zwingli manchen Einwendungen zum Trotz, aber eben wegen seiner politischen Gesinnung, zum Leutpriester am großen Münster gewählt wurde.

Und hier nahm nun Ulrich Zwingli sogleich nach beiden Seiten hin die Stellung ein, die er darnach behauptet hat.

Zunächst bekämpfte er alle jene Parteiverbindungen mit den auswärtigen Mächten, selbst mit dem Papst. Er soll gesagt haben: der Kardinal von Sitten, der für den Papst warb, trage nicht mit Unrecht roten Hut und Mantel; man dürfe sie nur winden, so würde man das Blut der nächsten Verwandten herausrinnen sehen. Er spottete darüber, daß man wider einen

Wolf stürme, der doch nur Tiere anfalle, gegen die Wölfe aber stille sitze, durch welche Menschen zugrunde gehen.

Dann drangen die Wirkungen der lutherischen Bewegung auch in die Schweiz. Niemand war vorbereiteter und eifriger, daran teilzunehmen, als eben Zwingli. Auch er hatte an seiner Stelle mit einem Ablaßverkäufer zu kämpfen und wußte ihn entferntzuhalten. Er schrieb gegen das Verfahren, welches der römische Hof gegen Luther beobachtete, und gab eine Apologie desselben gegen die Bulle heraus.

Eine ungemeine Wirkung hatten seine Predigten, zu denen er eine große natürliche Gabe besaß. Er griff die obwaltenden Mißbräuche mit einem Ernst an, der keine Rücksicht kannte. Er schilderte die Verantwortlichkeit der Geistlichen eines Tages so lebhaft, daß junge Leute unter seinen Zuhörern wohl auf der Stelle die Absicht fahren ließen, geistlich zu werden: „ich fühlte mich," sagt Thomas Plater, „wie an den Haaren emporgezogen". Zuweilen glaubte wohl einer und der andere, der Prediger zielte persönlich auf ihn, und Zwingli hielt es für notwendig, ein Wort darüber zu sagen: „Frommer Mann", rief er aus, „nimm dir's nicht an"; dann fuhr er in seinem Eifer fort, ohne der Gefahren zu achten, die zuweilen sein Leben bedrohten.

Hauptsächlich aber war sein Bemühen, den Sinn der Schrift seinen Zuhörern näherzubringen. Mit Erlaubnis des Stiftes erklärte er nicht mehr die

Perikopen allein, sondern die ganzen Bücher der Schrift, wie er sie studiert hatte; denn den Zusammenhang des göttlichen Gedankens suchte er zu ergreifen und mitzuteilen. Seine Lehre war, daß die Religion in Gottesfurcht, Gottesliebe und Unschuld bestehe. Er vermied alles, was fremdartig oder allzu gelehrt lautete: es gelang ihm, die allgemeine Verständlichkeit zu erreichen, nach der er strebte, und in einem weiten Kreise von Zuhörern eine Überzeugung hervorzubringen, die dann in den Tagen des Sturmes aushielt und ihm zu allen seinen Unternehmungen eine feste Grundlage gab.

In seinem täglichen Leben zeigte er sich bequem und heiter. In den republikanischen Gemeinden, dem Feldlager, jenem Zusammenfluß mannigfaltiger Fremden bei Einsiedeln hatte er mit Menschen umgehen, sie behandeln gelernt. Von Jugendfehlern, zuweilen widerwärtiger Art, ist er nicht frei gewesen; aber sein Briefwechsel zeigt, mit welchem Ernst er sich darüber anklagt und an sich arbeitet; nach einiger Zeit finden wir ihn ohne Tadel leben. Aufwallungen des Zornes wie andere Wallungen der Leidenschaft war er bemüht zu beherrschen; aufsteigende Grillen verscheuchte er durch Musik: denn auch er war ein großer Musikfreund und auf gar manchem Instrumente Meister: in Toggenburg ist das so gewöhnlich wie in Thüringen. Am liebsten lebte er häuslich eingezogen, auf die Weise seines Vaterlandes, etwa von Milchspeisen, wie dort herkömmlich; doch schlug er darum nie eine Einladung aus: er ging auf die Zünfte mit den Bürgern, man sah ihn auf den Gastereien der Bauern, die er mit munterem Geist und vergnügtem Gespräch erheiterte. So arbeitsam er war, so viel er auch unternahm und zustande brachte, wies er doch niemanden von sich; er wußte einem jeden etwas Zufriedenstellendes zu sagen. Ein wohlgestalteter, kerngesunder Mann, wohltätig und gutmütig, heiter, umgänglich, lebensfroh und dabei von den großartigsten Gedanken erfüllt: ein echter Republikaner.

Wollen wir ihn mit Luther vergleichen, so hatte er nicht so gewaltige Stürme zu bestehen, wie sie in Luther die geheimsten Tiefen des inneren Seelenlebens erschütterten. Da er sich nie so unbedingt dem bestehenden Kirchenwesen hingegeben, so hatte er sich auch jetzt nicht mit so gewaltsamer und schmerzlicher Anstrengung davon loszureißen. Was ihn zum Reformator machte, war nicht jenes tiefere Verständnis der Idee des Glaubens und ihres Verhältnisses zur Erlösung, von welchem Luther ausgegangen, sondern vor allem, daß er bei seinem wahrheitsuchenden Studium der Schrift Kirche und Leben mit dem allgemeinen Inhalt derselben in Widerspruch begriffen sah. Auch war Zwingli kein Universitätsgelehrter: die herrschenden Lehrmeinungen hatte er niemals ernstlich geteilt; eine hohe Schule umzubilden, festhaltend an allem, was sich erhalten ließ, und abweichend nur in den wesentlichsten Punkten, war nicht sein Beruf. Die Aufgabe seines Lebens sah er vielmehr darin, die Republik, die ihn aufgenommen, religiös und sittlich umzugestalten, die Eidgenossenschaft zu ihren ursprünglichen Grundsätzen zurückzurufen. Wenn Luther vorzugsweise eine Verbesserung der Lehre beabsichtigte, welcher Leben und Sitte dann von selbst nachfolgen müsse, so nahm Zwingli einen unmittelbaren Anlauf auf die Verbesserung des Lebens: er faßte vornehmlich die praktische Bedeutung des allgemeinen Inhalts der Schrift ins Auge: seine ursprünglichen Gesichtspunkte waren moralisch-politischer Natur: es ist kein Zweifel, daß auch sein religiöses Bestreben hiedurch eine eigentümliche Färbung empfing.

Und berühren wir hier auch mit einem Worte die Frage über die Priorität seiner Reformbestrebungen, so läßt sich nicht leugnen, daß er schon vor dem Jahre 1517 Gesinnungen entwickelt, Lehren ausgesprochen hatte, die dahin zielten. Indes waren Überzeugungen dieser Art damals vielen gemein. Worauf alles ankommt, das ist der Kampf mit der geistlichen Gewalt, die Trennung von derselben. Diesen Kampf hat Luther allein und zuerst ausgehalten; er hat der Lehre zuerst in einem namhaften deutschen Fürstentum freien Raum gemacht und die Befreiung begonnen. Als Luther von Rom verdammt wurde, bezog Zwingli noch eine Pension von Rom. Luther hatte schon vor Kaiser und Reich gestanden, ehe Zwingli eine Anfechtung erfuhr. Der ganze Kreis, in dem sich dieser bewegte, war ein anderer. Während wir dort immer die obersten Gewalten der Welt in Tätigkeit erblicken, ist hier zunächst von der Lossagung einer Stadt von ihrem Bistum die Rede.

Auch diese Seite des allgemeinen Ereignisses aber hat doch ihr Interesse: das Unternehmen erforderte ebenfalls Geist und Anstrengung; es ist sehr der Mühe wert, demselben eingehende Aufmerksamkeit zu widmen.

Emanzipation der Stadt Zürich von dem Bistum Konstanz.

Wie die übrigen schweizerischen Städte, behauptete auch Zürich dem Bistum Konstanz, zu dem es gehörte, gegenüber schon längst eine gewisse, hauptsächlich auf dem Kollegiatstift am Münster beruhende Selbständigkeit, deren Ausübung in den letzten Jahren durch besondere Umstände noch außerordentlich gewachsen war.

Der damalige Bischof, Hugo von Hohenlandenberg, sah den Ablaßhandel, der von römischen Kommissaren in seiner Diözese getrieben wurde, höchst ungern; er war ganz damit einverstanden, daß der Rat von Zürich den Ablaßverkäufer Samson, der schon bis an die Sihl, an ein zürcherisches Wirtshaus herangekommen, aus seinem Gebiete zurückwies. Zwingli bewahrte sorgfältig die Briefe auf, in denen er von seiten der geistlichen Behörde selbst aufgefordert worden, dem Bevollmächtigten der römischen Kurie Widerstand zu leisten.

Indessen bewirkten die politischen Verhältnisse, daß die Stadt auch von der Kurie mit großer Schonung behandelt ward.

Im Jahre 1520 ging Zwingli bereits sehr weit und erfreute sich einer nicht geringen Anzahl entschiedener Anhänger. Wirklich hat der Rat schon damals den Leutpriestern und Prädikanten in der Stadt und auf dem Lande die Erlaubnis gegeben, nach der göttlichen Schrift des Alten und Neuen Testamentes zu predigen, zufällige Neuerungen und Satzungen fahren zu lassen, eine Anordnung, welche schon den Abfall von der römischen Kirche in sich schließt. Man könnte nicht sagen, daß die Sache dem römischen Hofe unbekannt geblieben sei: es waren ein paar päpstliche Nuntien, ein Kardinal der Kirche anwesend; gleichwohl wagten sie nichts dagegen zu tun. Man lernt ihre Art, zu verfahren, an diesem Beispiel recht kennen. Sie versprachen Zwingli, seine Pension von 50 Gulden auf 100 Gulden zu erhöhen; doch sollte er nicht mehr gegen den Papst predigen. Zwingli hätte dieses Zuschusses wohl noch bedurft; aber er lehnte den Vorschlag ab. Sie boten ihm hierauf das Jahrgeld auch ohne diese Bedingung an; allein auch so wollte es Zwingli nicht mehr annehmen. Den Nuntien lag jedoch mehr an der Werbung der Mannschaft, mit der sie Mailand zu erobern gedachten, als an allen theologischen Fragen. Obwohl die Stadt bereits in vollem

Abfall begriffen war, so traten sie doch mit derselben in eben diesem Moment in Bund. „Wir wurden", sagt Zwingli, „nicht abgefallen, abtrünnig gescholten, sondern mit hohen Titeln gepriesen".

Und so hat denn der Ordinarius der Diözese die neuernde Predigt begünstigt, um den päpstlichen Eingriffen zu widerstehen; der römische Stuhl selbst hat sie geduldet, um in seinen politischen Unterhandlungen zum Ziele zu kommen: die neuen Lehren konnten jahrelang ungehindert verkündigt werden und in den Gemütern feste Wurzel schlagen.

Ernstliches Aufsehen machte die Sache, als endlich auch die äußerliche Kirchenordnung verletzt ward, als man im März 1522 in Zürich die Fasten brach und sich erlaubte, Eier und Fleisch zu genießen. Nun erst regte sich der Bischof, der sich überall in seinem Sprengel von ähnlichen Widersetzlichkeiten bedroht, seine Dispensationen verachtet sah: durch eine besondere Gesandtschaft forderte er den Rat zu Zürich auf, die bisherigen Zeremonien der Kirche aufrechtzuerhalten.

Sollte das aber überhaupt noch möglich sein? Sollten sich in dieser Epoche voll feurigen Religionseifers die von Grund aus umgewandelten Überzeugungen einfach dem Worte eines geistlichen Oberen unterwerfen?

In der Diskussion, die auf den Vortrag der Gesandtschaft vor dem großen Rate folgte, behauptete Zwingli, viele kirchliche Zeremonien seien eben solche,

welche Petrus einst für unerträglich erklärt habe.
Nicht einmal bei den Gesandten fand er nachhaltigen
Widerspruch hiegegen; einer von ihnen, der Prädikant
des Stiftes zu Kostnitz, Wanner, war in seinem Her=
zen der nämlichen Meinung. Der große Rat faßte
den in der Form ausweichenden, in der Sache sehr
deutlichen Beschluß, es solle niemand die Fasten
brechen „ohne merkliche Ursach", und ersuchte den
Bischof, bei den kirchlichen Gewalten oder bei den
Gelehrten eine Erläuterung anzubringen, wie man
sich in Hinsicht der Zeremonien zu verhalten habe,
um nicht zugleich gegen die Satzungen Christi zu ver=
stoßen. Der Bischof antwortete dadurch, daß er dem
Rat aufs neue die Notwendigkeit einschärfte, die
Ordnungen und guten Gewohnheiten der heil. Kirche
zu beobachten: das erachte er dem heil. Evangelio
gleichförmig. In einem noch lebhafteren Schreiben
an das Chorherrenstift gestand er wohl zu, daß sich
einiges eingeschlichen haben könne, welches der
Heiligen Schrift nicht sehr gemäß sei; aber der ge=
meinschaftliche Irrtum bilde ein Recht; auf keine
Weise dürfe man Lehren annehmen, die von Kaiser
und Papst verdammt seien; wer sich nicht zu den
Bischöfen halten wolle, möge denn auch ganz von
ihnen geschieden werden.

Noch waren einige Klöster in der Stadt, die von
jenem ersten Beschluß des großen Rates unberührt
geblieben; noch hielten sich gar manche, Vornehmere
oder Geringere, zu dem bisher Gebräuchlichen, und

so geschah, daß diese Anmahnung doch nicht ohne alle Wirkung blieb. Die heftigsten Widersacher der Mönche bekamen die Weisung, sich auf der Kanzel oder bei Disputationen zu mäßigen.

Allein es bedurfte nur eines im Grunde sehr zufälligen Ereignisses, um bald eine entgegengesetzte Entscheidung herbeizuführen.

In diesen Tagen erschien ein Franziskanermönch von Avignon, derselbe Franz Lambert, dessen wir bei der Synode von Homberg gedacht, in der Schweiz. In einem Kloster strengerer Observanz, in das er in frühen Jahren getreten war, hatte er statt der Ruhe und Frömmigkeit, die er suchte, nichts als geheime Laster, widerwärtigen Neid gefunden; da waren ihm einige Schriften Luthers zugekommen, und er hatte sich entschlossen, sein Kloster zu verlassen und Luther selbst in Wittenberg aufzusuchen. Dieser Mönch, noch immer in seiner Kutte, auf einem Esel reitend, erschien jetzt in Zürich. Seine katholische Rechtgläubigkeit war erschüttert, aber noch nicht völlig gebrochen: bis jetzt wollte er weder die Zeremonien fallen lassen, noch die Fürbitte der Heiligen aufgeben; in dem Chor des Fraumünsters, am Fronaltar sitzend, hielt er einige lateinische Predigten in diesem Sinn. Einmal fiel ihm Zwingli dabei ins Wort mit dem Ausruf: „Bruder, du irrst!" Die Altgläubigen meinten noch eine Stütze an Lambert zu finden, und da er sich gelehrt und sprachfertig zeigte, so veranstalteten sie eine Disputation zwischen ihm und

Zwingli. Am 17. Juli, einem Donnerstag, in der Trinkstube der Chorherren, ging dieselbe vor sich. Sie fiel aber anders aus, als man hoffen mochte. Dieser Franziskaner war ein Mensch, der die Wahrheit wirklich liebte und suchte. Er sah sehr bald ein, daß die entgegengesetzten Gründe die seinen überwogen: durch die Stellen der Schrift, die Zwingli ihm vorlegte, ward er vollkommen überzeugt. Er erhob die Hände, dankte Gott und gelobte, ihn allein anzurufen, allen Rosenkränzen zu entsagen. Hierauf verließ er Zürich auf seinem Tiere; wir finden ihn nach einiger Zeit in Eisenach, in Wittenberg, später, wie gesagt, in Homberg und endlich in Marburg wieder. Sein Versuch, der Kirchenverfassung in Deutschland eine andere Form zu geben als die lutherische, wird ihn für alle Zeiten unvergeßlich machen.

Diese Disputation hatte nun den größten Erfolg in Zürich. Am Donnerstag war sie gehalten worden; Montags darauf, am 21. Juli, rief der Rat die Lesemeister der Orden, die Chorherren und die Weltpriester noch einmal in der Probstei zusammen. Zwingli fühlte sich jetzt stark genug, mit Vorwürfen über die ungegründeten Predigten in den Klöstern zu beginnen. Der Bürgermeister schlug den beiden Teilen aufs neue vor, ihre Streitigkeiten der Entscheidung von Propst und Kapitel anheimzustellen. Aber Zwingli erklärte, er sei der Prediger, der Bischof der Stadt; er habe die Seelsorge derselben mit seinem Eid übernommen; er werde nicht dulden, daß in den

Klöstern, wo man ohnedies keinen rechten Beruf habe, wider Gottes Wort gepredigt werde, und sollte er an der Kanzel erscheinen und öffentlich widersprechen. Schon war jedermann auf seiner Seite; der Bürgermeister erklärte endlich im Namen des Rates: dessen Wille sei, daß das reine Gotteswort und nichts anderes in der Stadt gepredigt werde.

Früher war die schriftgemäße Predigt nur erlaubt, den Leutpriestern anempfohlen worden; jetzt ward sie geboten, und zwar auch den Mönchen.

Und fragen wir, auf welche Befugnis Zwingli bei diesem Verfahren sich gründete, als er den Anordnungen des Bischofs widersprach, so entspringt dies vor allem aus dem Begriff von der Gemeinde. Er ist der Meinung, daß alles, was die Schrift von der Kirche sage, eben hauptsächlich von den einzelnen Gemeinden gelte. Er scheint sogar angenommen zu haben, daß eine solche, sobald sie nur nichts neues aufzubringen suche, sondern sich damit begnüge, das Wort Gottes zu hören und darnach in streitigen Fällen zu urteilen, nicht irren könne. Schrieb er ihr nun schon eine so hohe Autorität in Glaubensstreitigkeiten zu, wie viel mehr mußte er das in Hinsicht der Verfassung tun! Das Recht der Gesamtheit sah er aber nicht minder kirchlich als politisch in dem großen Rate repräsentiert. Sein Verfahren war, wie er einmal ausdrücklich erläutert, jede Frage zuerst durch die Predigt so lange zu verhandeln, bis jedermann von der Sache überzeugt worden, alsdann sie

Emanzipation der Stadt Zürich vom Bistum Konstanz.

erst vor den großen Rat zu bringen; der treffe darnach im Verständnis mit den Dienern der Kirche die Einrichtung, welche notwendig sei. Der Rat, sagt er, hat die höchste Gewalt anstatt der Gemeinde.

Man sieht leicht, welch eine ganz andere Grundlage einer neu zu errichtenden kirchlichen Genossenschaft dies gab, als die war, auf die man in Deutschland baute. Faktisch ist der Unterschied am Ende so groß nicht: dort vereinigen sich die Prediger mit der fürstlichen Gewalt im Lande, hier mit der Behörde einer Stadt; aber daß man dort auf die Reichsabschiede angewiesen ist, hier dagegen die Souveränität schon durch die Tat besitzt und sie auch kirchlich geltend macht, bildet für die Theorie und die fernere Entwickelung einen ungemeinen Unterschied.

Es konnte nun nichts mehr helfen, daß der Bischof die Meinung, ein Christ sei nicht gehalten, nach menschlichen Kirchensatzungen zu leben, durch ein neues Dekret verdammte: an eben dieser Meinung hielt die freie Gemeinde fest, welche sich von ihm lossagte.

Die einzige wahre Schwierigkeit, welche sich dieser auf ihrem Wege entgegenstellte, lag in der Hartnäckigkeit einzelner abweichender Meinungen in ihrem Innern. Noch immer fanden sich Leute, welche Zwingli für einen Ketzer erklärten.

Um dem ein Ende zu machen und auf den Grund gestützt, daß die begehrte Erläuterung niemals von dem Bischof ausgebracht worden, veranstaltete der

Rat im Februar 1528 eine Disputation seiner Leutpriester, Seelsorger, Pfarrer und Prädikanten. Ohnehin entsprach das dem Begriffe Zwinglis. Er meinte, Gott werde einmal nicht fragen, was der Papst mit seinen Bischöfen, was Konzilien und Universitäten statuiert, sondern was in seinem Worte enthalten sei. Der Bischof, der noch nicht alle Hoffnung aufgegeben zu haben scheint, sendete auch einige Abgeordnete, unter ihnen seinen Generalvikar Faber, zwar nicht, um an der Disputation eigentlich teilzunehmen, aber um ihr beizuwohnen und den Zwist der Parteien zu schlichten. Die Disputation fiel jedoch vollkommen zugunsten Zwinglis aus. Was wollte man auch sagen, sobald man ihm seinen Grundsatz zugab, daß die Schrift, „die nicht lüge noch trüge", die einzige Richtschnur des Glaubens sei? Ich wundere mich, daß sich der kluge Faber auf diesen schlüpfrigen Boden wagte. Er rühmte sich, die Anrufung der Heiligen einem gefangenen Pfarrer aus der Schrift nachgewiesen zu haben; aber von Zwingli aufgefordert, diesen Beweis doch noch einmal zu führen, und zwar hier zur Stelle, konnte er, wie sich denken läßt, damit nicht zum Ziele kommen. Überhaupt gestanden selbst eifrige Gegner damals ein, und noch heute kann es niemand, der die Verhandlungen liest, in Abrede stellen, daß Zwingli vollkommen den Sieg behielt. Daraus folgte dann, daß der Rat ihn ausdrücklich ermächtigte, fortzufahren wie bisher, und die Geistlichkeit aufs neue anwies, nichts vorzunehmen oder zu lehren, was sie nicht aus dem Worte Gottes beweisen könne.

Bemerken wir wohl die Worte „vornehmen oder lehren"; sie schließen so gut eine Änderung der Zeremonien wie der Predigt ein.

Schon war die Umwandlung der Äußerlichkeiten des Kirchenwesens in vollem Gange. Die Geistlichen verheirateten sich; den Klosterfrauen ward freigestellt, auszutreten oder zu bleiben. — „Wisset, lieber Meister Ullrich", schrieb der Schaffner des Klosters Kappel an Zwingli, — „wir sind alle mit dem Abt einhellig geworden, anzunehmen das heilig Evangelium und göttlich Wort und dabei zu sterben". Obwohl im Stift am Münster noch sehr eifrige Anhänger des Alten lebten, so ward doch am Ende von den Chorherren selbst der Beschluß, dasselbe zu reformieren, gefaßt und in Verbindung mit einigen Abgeordneten des Rates ausgeführt. Die Stolgebühren wurden zum bei weitem größten Teil erlassen; über die Zehnten und übrigen Renten ward eine solche Verfügung getroffen, daß sich eine recht bedeutende und einflußreiche Lehranstalt dort entwickeln konnte. Noch mehr Aufsehen aber als alles andere machten die Zweifel über die Verehrung der Bilder und über die Messe, — zwei Fragen, die nun von Tag zu Tage stärker hervortraten. Schon erschienen Schriften gegen den Meßkanon; an den Heiligenbildern wurde Gewalt verübt. Der Rat hielt für notwendig, diese Fragen einer besonderen geistlichen Versammlung vorzulegen, die im Oktober 1523 stattfand.

Und schärfer konnte nun die Autonomie einer sich von dem großen hierarchischen Zusammenhange trennenden und sich selber konstituierenden Genossenschaft nicht zum Ausdruck kommen, als bei dieser Versammlung. Der Bischof von Kostnitz hütete sich wohl, abermals Gesandte zu schicken. Der alte Konrad Hofmann, früher Zwinglis Beförderer, wiederholte vergeblich, daß die Gemeinde nicht befugt sei, über Dinge dieser Art zu disputieren. Eben das war Zwinglis Prinzip, daß die Kirche nicht in Papst, Kardinälen, Bischöfen und deren Versammlungen bestehe, sondern die Gemeinde, die Kilchhöri, das sei die Kirche wie jene erste Kirche zu Jerusalem, Akta Apostolorum XV. Jetzt waren es in der Tat nur zürcherische Geistliche aus der Stadt und vom Lande, die mit wenigen Fremden, — wie einst dort, in Jerusalem, sagte man, Boten von Antiochien zugegen gewesen seien, — sich unter Leitung des Bürgermeisters Marx Röust auf dem Rathause versammelten, um über zwei der wichtigsten Fragen, welche die Christenheit beschäftigen konnten, zu Rate zu gehen. Meister Leu (Leo Judä), Leutpriester zu St.-Peter, und Zwingli stellten die Sätze auf, welche sie verteidigen wollten, der eine, daß man keine Bilder zum Gottesdienst machen dürfe, der andere, daß die Messe kein Opfer sei, und luden einen jeden, der diese Meinungen verwerfe, ein, sie aus der Schrift zu widerlegen.

Wohl erhob sich einer und der andere hiezu; doch waren ihre Gründe leicht beseitigt. Dann wurden die, welche sich den Neuerungen besonders eifrig entgegengesetzt und sie etwa ketzerisch gescholten, einzeln und bei ihrem Namen aufgerufen, ihre Widerrede zu beweisen. Einige waren nicht erschienen; andere schwiegen; noch andere erklärten sich zuletzt überzeugt und entschuldigten sich nur, daß sie den allgemeinen Irrtum geteilt. Es war ein Abt, jener Abt von Kappel, der zum Schluß die Herren von Zürich ermahnte, sich nun auch unerschrocken der Sache des Evangeliums anzunehmen. Hierauf ward den Seelsorgern befohlen, nicht wider die Artikel zu predigen, welche in der Disputation den Sieg behalten hatten. Zwingli verfaßte eine Anleitung für sie, die ihnen unter öffentlicher Autorität bekannt gemacht wurde und als das erste aller symbolischen Bücher der evangelischen Kirche betrachtet werden kann.

So riß sich Zürich von dem Bistum und damit von dem ganzen Komplex der lateinischen Hierarchie los und unternahm, eine neue Kirchenverfassung auf die Idee der Gemeinde zu gründen.

Wir müssen zwar anerkennen, daß diese Idee nicht vollkommen nach ihrem theoretischen Inhalt verwirklicht ward. Im Grunde trat sie nur insoweit hervor, als die politische Verfassung der Stadt es möglich machte. Aber unleugbar ist doch, daß die Einwohner in Stadt und Land selbst tätigen Anteil an der Umwandlung nahmen. Keine Neuerung ward ins Werk gesetzt, die nicht durch den ausgesprochenen Beifall der städtischen Gemeinde ihres Erfolges sicher gewesen wäre: der große Rat rief die Meinung nicht hervor, er folgte ihr nur nach. Schon früher hatte die Geistlichkeit des Züricher Kapitels die Beschlüsse der Stadt wiederholt. Später sprachen die einzelnen Gemeinden in eigenen Beitrittsurkunden ihre Übereinstimmung mit dem Vorgange der Bürgerschaft aus. Die ganze Bevölkerung erfüllte sich mit dem positiven evangelischen Geiste, der ihr seitdem eigen geblieben und der seine alte Spontaneität von Zeit zu Zeit auf das merkwürdigste kundgegeben hat.

Verhältnis zu Luther. Abendmahlsstreitigkeit.

Es leuchtet ein, daß hier keine Wiederholung der Wittenberger Doktrinen zum Vorschein gekommen war. Wie die persönliche Entwickelung der beiden Reformatoren, so waren auch die Verhältnisse der öffentlichen Gewalt, an die sie sich anschlossen, und die Gegensätze, welche sie zu bekämpfen hatten, sehr verschieden. Auch in der Richtung der Ideen und der Auffassung der Lehre zeigten sich bei aller Analogie doch sehr bald wesentliche Abweichungen.

Der vornehmste Unterschied ist, daß Luther an dem bestehenden geistlichen Institut alles festhalten wollte, was nicht durch einen ausdrücklichen Spruch der Schrift widerlegt werde, Zwingli dagegen alles abzuschaffen entschlossen war, was sich nicht durch die Schrift beweisen lasse. Luther blieb auf dem gewonnenen Grund und Boden der lateinischen Kirche stehen: er wollte nur reinigen, die Lehre außer Widerspruch mit dem Evangelium setzen; Zwingli hielt dagegen für notwendig, die ersten, einfachsten Zustände der christlichen Kirche soviel wie immer möglich herzustellen: er schritt zu einer totalen Umwandlung fort.

Wir wissen, wie weit Luther entfernt war, auf die Abschaffung der Bilder zu dringen: er begnügte sich, den Aberglauben zu bekämpfen, der sich daran geknüpft hatte. Zwingli dagegen betrachtete diesen Dienst schlechthin als Abgötterei und verdammte die Bilder selbst und an sich. Im Einverständnis mit ihm erklärte der Rat zu Pfingsten 1524, er wolle die Bilder abschaffen, er halte dies für ein göttliches Werk. Glücklich vermied man die Unordnungen, welche ein ähnliches Vorhaben an so manchen anderen Orten hervorgebracht hat. Die drei Leutpriester mit zwölf Ratsgliedern, einem aus jeder Zunft, begaben sich nach den Kirchen, um die Sache unter ihrer Aufsicht ausführen zu lassen. Die Kreuze bei den Fronaltären verschwanden. Die Bilder wurden von den Altären genommen, die Freskos an den Mauern abgepickt, die Tafeln weiß vertüncht. In den Landgemeinden hat man die köstlichsten Mauern hie und da wohl geradezu verbrannt, „Gott zu Lob und Ehre" Auch das Spiel der Orgeln fand keine Gnade, wegen der Superstition, die sich damit verbunden habe. Man wollte nur den ersten einfachen Dienst am Worte. In allen Kirchengebräuchen setzte man sich nun das nämliche Ziel. Es ward eine neue Formel der Taufe aufgestellt, ohne alle die Zusätze, „welche in Gottes Wort nicht Grund haben". Dann schritt man zu einer Veränderung der Messe. Luther hatte sich mit Weglassung der auf die Lehre vom Opfer bezüglichen Worte, mit der Herstellung des Kelches begnügt. Zwingli richtete — Ostern 1525 — ein förmliches Liebesmahl ein. Die Kommunikanten saßen in einer besonderen Abteilung der Stühle, zwischen Chor und Durchgang, rechts die Männer, links die Frauen; das Brot wurde in breiten hölzernen Schüsseln herumgetragen; ein jeder brach sich einen Bissen ab; dann trug man den Wein in hölzernen Bechern umher. So glaubte man sich der ursprünglichen Einsetzung am meisten anzunähern.

Und hier kommen wir noch auf eine tiefer liegende Differenz, die nicht allein die Anwendung, sondern auch die Auffassung der Schrift eben inbezug auf diese wichtigste aller geistlichen Handlungen betraf.

Es ist bekannt, wie mannigfaltig dies Mysterium auch in früheren Zeiten aufgefaßt worden ist, namentlich vom neunten bis zum elften Jahrhundert, ehe die Lehre von der Transsubstantiation die Alleinherrschaft errang. Kein Wunder, wenn nun, nachdem diese erschüttert worden, auch neue Verschiedenheiten der Auffassung erschienen.

Damals waren sie mehr spekulativer, jetzt der veränderten Richtung der Gelehrsamkeit gemäß mehr exegetischer Art.

Bald nachdem Luther das Wunder der Transsubstantiation verworfen, regte sich in mehreren Köpfen zugleich die Idee, ob nicht überhaupt, auch abgesehen davon, sich den Einsetzungsworten eine andere Deutung geben lasse.

Luther selbst bekennt, eine Anwandlung nach dieser Seite hin gehabt zu haben; aber da von jeher in äußeren und inneren Kämpfen der Grundtext, dessen wörtlicher Verstand, seine allezeit siegreiche Waffe gewesen war, so gab er seine Zweifel auch jetzt unter den Wortlaut gefangen und blieb dabei, die reale Gegenwart zu behaupten, ohne das Wie weiter bestimmen zu wollen.

Nicht alle aber waren so zurückhaltend, dem Wortverstande so unterwürfig, wie Luther.

Zuerst wagte sich Karlstadt, als er im Jahre 1524 aus Sachsen flüchten mußte, mit einer neuen Erklärung hervor, die nun freilich exegetisch unhaltbar, ja abenteuerlich ausfiel, die er auch zuletzt selber wieder aufgegeben hat, bei deren näherer Begründung er aber auch einige Argumente von besserem Gehalt vorbrachte, und mit der er überhaupt der diesem Punkte schon zugewandten Richtung der Geister einen großen Anstoß gab.

Der bescheidene Oekolampadius zu Basel, in dessen Kreise sich verwandte Ansichten geregt, fing an, sich zu schämen, daß er seine Zweifel so lange unterdrückt, Lehren gepredigt habe, von denen er nicht vollkommen überzeugt gewesen, und faßte sich das Herz, den Sinn der geheimnisreichen Einsetzungsworte, wie er ihn verstand, nicht länger zu verleugnen.

Von einer anderen Seite kam der junge Bullinger an diese Frage. Er studierte die Akten des Berengarischen Streites und urteilte, daß Berengar in jenem wichtigen Momente, wo die spätere Lehre sich festsetzte, Unrecht geschehen sei. Er glaubte Berengars Meinung schon bei Augustinus nachweisen zu können.

Die Hauptsache aber war, daß Zwingli das Wort ergriff. In dem Studium der Schrift, wie er es trieb, mehr im ganzen, als stellenweise, und nicht ohne unaufhörlich auf das klassische Altertum zurückzukommen, hatte er die Überzeugung gefaßt, daß das Ist der Einsetzungsworte nichts anderes heiße, als „bedeutet". Schon in einem Briefe vom Juni 1523 äußert er, der wahre Verstand der Eucharistie könne erst dann begriffen werden, wenn man Brot und Wein im Nachtmahl nicht anders betrachte als das Wasser bei der Taufe. Indem er die Messe angriff, hatte er schon die Absicht gefaßt, darnach auch die Eucharistie, wie er sagt, sich selber zurückzugeben. Da nun Karlstadt mit einer sehr nahe verwandten Meinung hervortrat, die er jedoch nicht mehr zu erhärten vermochte, so glaubte Zwingli, nicht länger schweigen zu können. Zuerst in einem gedruckten

Schreiben an einen Pfarrer in Reutlingen (November 1524), dann ausführlich in seiner Schrift von der wahren und falschen Religion trug er seine Erklärungsweise vor. So wenig er die Auslegung Karlstadts billigte, bediente er sich doch einiger Argumente, die derselbe gebraucht, z. B.: Christi Körper sei im Himmel und könne unmöglich auf Erden den Gläubigen so schlechthin, realiter, ausgeteilt werden. Hauptsächlich stützte er sich auf das sechste Kapitel im Evangelium St. Johannis, das ihm erst hiedurch volles Licht zu erlangen schien.

Welch ein Moment war der im Spätjahr 1524, in dem sich auf der einen Seite die Entzweiung zwischen einem katholischen und einem evangelischen Teile festsetzte und nun diese Meinung hervortrat, welche die Evangelischen wieder so gewaltsam trennen sollte!

Luther trug kein Bedenken, auch Zwingli für einen jener Schwärmer zu erklären, mit denen er so oft zu kämpfen gehabt; er nahm keine Rücksicht darauf, daß man in Zürich die Bilder unter öffentlicher Autorität abgeschafft und allerdings einen Punkt gefunden hatte, wo die weltliche Ordnung bestehen konnte, nur ein paar Schritte weiter von dem Hergebrachten als er; er hatte überhaupt von den schweizerischen Zuständen nur dunkle Begriffe. Mit großer Heftigkeit begann er den Krieg.

Es würde nun nicht hieher gehören, die Streitschriften aufzuführen, welche gewechselt, die Argumente, welche von beiden Seiten gebraucht worden:

es sei dem Betrachtenden nur erlaubt, eine Bemerkung zu machen.

Unleugbar scheint mir, daß die Sache durch das lediglich exegetische Verfahren nicht auszumachen war.

Daß das Ist einen tropischen Sinn haben könne, ist an sich nicht in Abrede zu stellen und stellt auch Luther im Grunde nicht in Abrede. Er gibt es bei Ausdrücken zu wie: Christus ist ein Fels, ein Weinstock: „darum weil Christus nicht sein kann ein natürlicher Fels". Er leugnet nur, daß das Wort diesen Sinn im vorliegenden Falle habe, ihn haben müsse.

Dadurch springt nun weiter ins Auge, daß der Grund der Streitigkeit in einer allgemeinen Auffassung lag.

Zwingli hat gegen die Gültigkeit der wörtlichen Erklärung vor allem eingewendet, daß Christus ja selbst gesagt habe, „ich werde nicht bei euch sein alle Tage", mithin auch im Abendmahl gar nicht gegenwärtig sein wolle; daß er sonst allenthalben sein müßte, eine lokale Allenthalbenheit sich aber nicht denken lasse. Luther, der eine angeborene Scheu hat, über den einfachen, klaren Wortsinn einer Stelle hinauszugehen, antwortet in der Regel, daß er sich an das untrügliche Wort halte, daß bei Gott kein Ding unmöglich sei. Es ist aber wohl nicht denkbar, daß er dabei stehen geblieben wäre, hätte er sich nicht durch eine höhere Auffassung über jene Einwürfe erhoben gefühlt. Indem er weiter gedrängt wird, tritt er doch am Ende auch mit dieser hervor: es ist die Lehre von der Vereinigung der göttlichen und der menschlichen Natur in Christo. Er findet, diese Vereinigung sei noch viel enger als die zwischen Leib und Seele; auch durch den Tod habe sie nicht aufgelöst werden können; die Menschheit Christi sei durch ihre Vereinigung mit der Gottheit über das Reich des Natürlichen, außer und über alle Kreatur erhoben worden. Wir haben hier einen Fall, der auch sonst wohl eintritt, wo Luther, selbst ohne es zu wissen, auf die vor der Entwickelung der hierarchischen Alleinherrschaft und der Ausbildung ihres Systems im Gang gewesenen Meinungen zurückkommt. Schon Johann Skotus Erigena, im 9. Jahrhundert, hat die Lehren vom Abendmahl und den zwei Naturen auf eine, wenn nicht völlig gleiche, doch sehr ähnliche Weise miteinander in Verbindung gebracht. Luthers Lehre ist nun, daß sich die Identität der göttlichen und der menschlichen Natur in dem Mysterium des Sakramentes darstelle. Der Leib Christi ist der ganze Christus, göttlicher Natur, über die Bedingungen der Kreatur erhaben und daher auch in dem Brote füglich mitteilbar. Die Einwendung, daß Christus gesagt, er werde nicht immer gegenwärtig sein, hebt er ohne Zweifel mit Recht durch die Bemerkung, daß Christus dort nur von seinem irdischen Dasein rede.

Es ist deutlich, warum Zwinglis Beweisführung nun weiter für Luther nichts Schlagendes hatte. Er konnte, wie er es liebte, bei dem Wortsinn bleiben, der ihm keinen Widerspruch darbot. Durch eine Auffassung, welche die höchsten Mysterien der Religion berührt, wiewohl er sie mit einer ehrwürdigen Scheu, das Geheimnisvolle in den Streit des Tages zu ziehen, nur dann und wann hervorhob, war er seiner Sache sicher.

Überhaupt erscheint uns Luther hier in seinem eigensten Wesen.

Wir haben oft bemerkt, er weicht nur so viel von dem Herkömmlichen ab, als die Worte der Schrift ihn unbedingt nötigen. Etwas Neues aufzubringen, oder Bestehendes, das der Schrift nicht geradezu ungemäß, umzustürzen, wären Gedanken, die seine Seele nicht kennt. Er würde die ganze Entwickelung der lateinischen Kirche behaupten, wenn sie nur nicht durch fremdartige, dem echten Sinn des Evangeliums widersprechende spätere Bildungen verunstaltet wäre; er würde die Hierarchie selbst anerkennen, wofern sie ihm nur das Wort freiließe. Da das aber nicht sein kann, so hat er das Amt der Reinigung notgedrungen selber übernommen. Er hat sich — denn seine Seele lebt und webt in den kirchlichen Überlieferungen — nicht ohne die heftigsten inneren Stürme von dem Zufälligen, dem unbegründeten Zusatz freigemacht. Aber um so unerschütterlicher hält er nun auch an dem Mysterium fest, insofern es mit dem Wortsinn der Schrift übereinstimmt und dadurch bewährt wird. Er weiß es mit alle dem Tiefsinn aufzufassen, der ihm

Verhältnis zu Luther. Abendmahlsstreitigkeit.

ursprünglich zugrunde gelegen; er ist empfänglich für die großartigste Mystik und davon ergriffen.

Es ist wahr, Luther fiel von der römischen Kirche ab, oder vielmehr er ward von ihr ausgestoßen und hat ihr mehr geschadet als ein anderer Mensch. Allein er verleugnet nie seinen Ursprung. Wenn wir die welthistorische Bewegung der Meinung und Lehre ins Auge fassen, so ist eben Luther das Organ, durch welches sich das lateinische Kirchenwesen zu einer freieren, minder hierarchischen, mit den ursprünglichen Tendenzen des Christentums wieder außer Widerspruch gesetzten Entwickelung umbildete.

Gestehen wir aber, daß seine Auffassung besonders in diesem Stück doch immer etwas Individuelles behielt, nicht einem jeden einleuchten konnte, wie denn auch sein Standpunkt keineswegs von allen geteilt wurde. Auch die tieferen und bedeutenderen Geister, die an der Tätigkeit des Jahrhunderts lebendigen Anteil nahmen, waren mit nichten alle so kirchlich gesinnt wie Luther. Wie Zwinglis Beweisführung Luther nicht überzeugen konnte, so ging die Auffassung Luthers an Zwingli vorüber, ohne auf ihn Eindruck zu machen.

Zwingli lebte, wie berührt, überhaupt nicht tief in dem Gefühl der allgemeinen Kirche, des Zusammenhanges mit den Doktrinen der verflossenen Jahrhunderte. Wir sahen schon, daß ihn, einen geborenen Republikaner, der Begriff der Gemeinde um vieles mehr beschäftigte, wie er denn auch jetzt bemüht war, seine zürcherische Gemeinde durch strengere Kirchenzucht zusammenzuhalten. Er suchte die öffentlichen Verbrecher zu entfernen, hob die Asyle auf, ließ unzüchtige Dirnen und Ehebrecherinnen aus der Stadt schaffen. Mit den Gesichtspunkten, die ihm entsprangen, verband er nun ein freies, von aller hergebrachten Dogmatik absehendes Studium der Schrift. Irre ich nicht, so bewies er in der Tat für den Zusammenhang des ursprünglichen Gedankens derselben einen feinen und treffenden Sinn. Wie der Ritus bezeugt, den er einführte, sah er das Abendmahl als ein Mahl des Gedächtnisses und der Liebe an. Er hielt sich an das Wort Pauli, daß wir ein Leib sind, weil wir von einem Brote essen. Denn ein jeder, sagt er, bekenne sich dadurch zu der Gemeinschaft, die in Christo ihren Heiland erkenne, in der alle Christen ein Leib seien: das sei die Gemeinschaft des Blutes Christi. Wenigstens er selbst wollte nicht Wort haben, daß er die Eucharistie für bloßes Brot halte. „Wenn Brot und Wein, die durch Gottes Gnade geheiligt sind, ausgeteilt werden, wird da," sagt er, „nicht der ganze Christus gleichsam fühlbar den Seinen dargeboten?" Es gereicht ihm zu besonderer Genugtuung, daß er durch diese Auffassung unmittelbar zu einer praktischen Wirkung gelangte. Denn wie sollte es nicht zu christlichem Leben und christlicher Liebe anleiten, wenn man wisse, daß man zu einem Leibe gehöre? Der Unwürdige werde schuldig an Christi Leib und Blut. Er erlebte die

Freude, zu sehen, daß sein Ritus und diese Ansicht zur Beilegung alter und verhärteter Feindschaften beitrugen.

Obgleich Zwingli gern das Übernatürliche hervorhebt, welches seine Auffassung noch darbot, so ist doch klar, daß dies nicht das Mysterium war, welches bisher den Mittelpunkt des Kultus in der lateinischen Kirche gebildet hatte. Man kann begreifen, welchen Eindruck es auf den gemeinen Mann machte, daß man ihm die sinnliche Gegenwart Christi entreißen wollte; es gehört ein gewisser Mut dazu, sich dazu zu entschließen; als das aber einmal geschehen, so zeigte sich, wie wenigstens Oekolampadius sagt, eine weit größere Empfänglichkeit dafür, als man hätte vermuten sollen. Auch dies ist auf der anderen Seite wohl zu erklären. Da man sich einmal im Abfalle von der römischen Kirche begriffen sah, so gewährte es eine gewisse Befriedigung des Selbstgefühls, welches sich dabei entwickelte, daß dies so vollständig wie möglich geschah, daß man in einen vollkommenen Gegensatz trat.

Luther war von dem römischen Hofe von dem ersten Augenblicke an mit großer Härte, Zwingli dagegen mit äußerster Schonung behandelt worden: noch im Jahre 1523 empfing er ein überaus gnädiges Breve Adrians VI., in welchem alle seine Neuerungen ignoriert wurden. Dessen ungeachtet liegt am Tage, daß Zwingli dem bisherigen Kirchenwesen bei weitem schärfer und unversöhnlicher entgegentrat als Luther.

Auf ihn machten Dienst und Dogma, wie sie im Laufe der Jahrhunderte sich gebildet, ganz und gar keinen Eindruck mehr: Abwandlungen, die an sich unschädlich waren, an die sich aber der Mißbrauch geknüpft hatte, verwarf er mit so entschlossener Raschheit wie den Mißbrauch selbst; die ältesten Formen, in denen sich das christliche Prinzip zuerst ausgesprochen, suchte er herzustellen: gewiß auch nur Formen, nicht das Wesen, aber die doch, wie die nächsten, so auch die reinsten und angemessensten waren.

Luther war bei allem seinem Eifer gegen den Papst, bei aller seiner Abneigung gegen die weltliche Herrschaft der Hierarchie, doch übrigens selbst in Lehre und Ritus so viel wie möglich konservativ, historisch gesinnt; er war tiefsinnig und von dem Mysterium durchdrungen; Zwingli war bei weitem durchgreifender im Verwerfen und Umbilden, den Bedürfnissen des täglichen Lebens zugewandt, nüchtern, verständig.

Wäre Luther mit seinen Schülern allein geblieben, so würde das reformierende Prinzip wohl sehr bald zur Stabilität gelangt sein, seine lebendig fortschreitende Kraft vielleicht bald eingebüßt haben. Daß Zwingli allein gewesen wäre, kann man sich so eigentlich nicht denken. Wäre aber eine Ansicht, wie die seine, ohne Luther emporgekommen, so würde die Kontinuation der kirchenhistorischen Entwickelung dadurch gewaltsam unterbrochen worden sein.

So war es, wenn wir uns zu diesem Gedanken erheben dürfen, von der göttlichen Vorsehung bestimmt, daß beide Auffassungen miteinander ihren Gang zu machen hatten. Sie waren nebeneinander, jede an ihrer Stelle, jede mit einer gewissen inneren Notwendigkeit entsprungen; sie gehörten zusammen, ergänzten sich wechselweise.

Aber seit den Zeiten der Inquisitionsgerichte, der festgesetzten intoleranten Herrschaft eines dogmatischen Systems war ein so starrer Begriff von Rechtgläubigkeit in die Welt gekommen, daß sich beide doch zunächst, ohne Rücksicht auf ihre gemeinschaftlichen Gegner, mit heftigem Eifer untereinander befehdeten.

Wir werden noch öfter der mannigfaltigen Bewegungen zu gedenken haben, die dieser Streit erregt hat; jetzt fassen wir ins Auge, wie Zwingli an seiner Stelle in Zürich, der Schweiz überhaupt, sich weiter Raum machte.

Verteidigung. Ausbreitung.

Obgleich Zwingli um vieles weitergegangen war, als Luther, erhob sich doch auch gegen ihn eine ihn überbietende Meinung: auch er hatte mit der Wiedertaufe zu kämpfen.

Man forderte ihn auf, eine Gemeinde von wahrhaft Gläubigen abzusondern: denn nur denen allein gelte die Verheißung. Er entgegnete, man könne ja doch den Himmel nicht auf Erden einführen; Christus habe gelehrt, das Unkraut mit dem Weizen aufwachsen zu lassen.

Man verlangte dann wenigstens, daß er die ganze zürcherische Gemeinde zu den Beratungen herbeiziehen, sich nicht mit dem großen Rate, der nur aus zweihundert Mitgliedern bestand, begnügen solle. Aber Zwingli fürchtete den Einfluß der geistvorgebenden leidenschaftlichen Demagogen auf eine größere Versammlung. Er hielt dafür, daß die Gemeinde in dem großen Rate kirchlich sowie politisch hinreichend repräsentiert sei. Das stillschweigende Einverständnis der Gemeinde hielt er für eine ganz genügende Sanktion der Beschlüsse des großen Rates: dieser übe die kirchliche Gewalt aus, aber unter der Bedingung, daß er die Regel der Heiligen Schrift nicht verletze, auch nicht im mindesten; denn das sei der Gemeinde von ihren Predigern verheißen worden. Zwingli hielt an dem Begriffe der Gemeinde fest, ohne ihn jedoch vollständig zu realisieren, ungefähr wie man in neueren Zeiten auf das Prinzip der Nationalsouveränität sich stützend, es gleichwohl vermieden hat, die Nation selbst tätig auftreten zu lassen.

Überhaupt wollte Zwingli die einmal eingeführte Ordnung der Dinge nicht erschüttern lassen. Um ihr einen Vorteil abzugewinnen, trugen die Widerstrebenden wohl darauf an, daß der Zehnte abgeschafft würde, der ja keineswegs von göttlichem Rechte sei. Zwingli entgegnete, der Zehnte sei entweder durch bürgerlichen Vertrag schon in die dritte Hand übergegangen, oder die Unterhaltung von Kirchen und Schulen sei darauf gegründet. Er stützte sich nicht so gewaltig wie Luther auf den Begriff der Obrigkeit; aber auch er war entschlossen, die einmal gebildete politische Welt nicht gefährden zu lassen. Irgendwo mußte die Bewegung einhalten, wenn nicht alles in Frage gestellt werden sollte. Er war an diesem Punkte angekommen, ließ sich keinen Schritt weiter bringen und hatte dabei den allgemeinen Willen, von dem in der Republik alles abhing, auf seiner Seite.

Hierauf erhob sich auch in Zürich die Wiedertaufe. Der Ritus der erneuerten Taufe ist nur das Wahrzeichen jener Lehre, die zur Bildung der Gemeinde volle Gleichheit der Gesinnung, wahrhafte Christlichkeit fordert. Allein es liegt in der Natur einer hierauf gegründeten Gemeinschaft, daß sie das Prinzip der geistlichen Beziehungen auch auf die weltlichen überträgt: sehr bald finden wir ihre Anhänger im Gegensatz mit allen bestehenden Gewalten. Wurden sie vor Gericht gestellt, so erklärten sie wohl, sie seien der irdischen Macht nicht untertan; Gott allein sei ihr Oberer. Sie behaupteten vielleicht nicht geradezu, daß man keine Obrigkeit dulden solle; aber sie lehrten, ein Christ könne solch ein Amt nicht verwalten, das Schwert nicht führen, so daß sie die Christlichkeit der weltlichen Gewalt nicht mehr anerkannten. Als das Ideal alles irdischen Zustandes, nach welchem man trachten müsse, stellten sie die Gemeinschaft der Güter dar. Da nun Ideen dieser Art eben in dem Bauernaufruhr so furchtbare Wirkungen hervorgebracht hatten und auch die Züricher Wiedertäufer, wie wenigstens Zwingli genau zu wissen behauptet, mit der Lehre hervortraten, daß man töten dürfe, die Pfaffen töten müsse, so erhob sich endlich, mit den Predigern einverstanden, die ganze Gewalt der bestehenden Ordnung der Dinge, um sich ihrer zu entledigen. Einige wurden verbannt, andere entflohen; einer und der andere der Hauptanführer wurde ohne Erbarmen ertränkt. Die neue Kirchenform setzte sich fest, ohne daß das Bestehen, die Einrichtungen der Stadt und des Staates dadurch erschüttert, gefährdet worden wären.

Mittlerweile hatte sich aber von einer anderen Seite her, aus politischen Motiven, welche die gesamte Eidgenossenschaft angingen, noch ein gefährlicher Widerspruch geregt.

Zwingli war in Zürich, wie mit seinen religiösen, so auch mit seinen patriotischen Ideen durchgedrungen: die Unordnungen des Reislaufens und der Jahrgelder hatte er mit vollständigem Erfolge bekämpft; die Priester mußten einst alle Pensionen feierlich verschwören; im Jahre 1521 nahm Zürich allein von allen Kantonen den neuen französischen Bund nicht an. Die Unglücksfälle, welche dieser Bund nach sich zog, suchte Zwingli dazu zu benutzen, um auch andere für sein System zu gewinnen. Man muß die „göttliche Vermahnung" lesen, die er nach der Schlacht von Bicocca „an die ältesten ehrenfesten Eidgenossen zu Schwyz" ergehen ließ, um den Zusammenhang zu bemerken, der seine religiösen und politischen Bestrebungen verband. Seine Überzeugung war, daß durch die heimlichen Gaben aus der Fremde Vernunft und Frömmigkeit verblendet, nichts als Zwietracht gestiftet werde. Er dringt darauf, daß man den Eigennutz verbannen müsse. Und frage jemand, wie dies möglich sei, da der Eigennutz in eines jeden Herzen wurzele, so sei die Antwort, man müsse dafür sorgen, daß das göttliche Wort gelehrt werde, klar und verständlich, ohne den Zwang menschlicher Weisheit; denn dadurch nehme Gott die Herzen ein. „Wo aber Gott in des Menschen Herzen nicht ist, da ist nichts als der Mensch selbst, und er gedenkt an nichts, als was ihm zu Nutzen und Wollust dient." Es ist ganz die höhere Moral, die zugleich Mystik und Religion ist und seine Ideen überhaupt belebt, was ihn auch in seiner politischen Tendenz durchdringt. In Schwyz, wo er eine Anzahl persönlicher Freunde hatte, machte sein Schreiben so viel Eindruck, daß die Landgemeinde am 18. Mai 1522 den französischen Bund abkündigte und auch andere davon abzustehen mahnte, „alle die, welche es zu mahnen habe". Es war sehr zu erwarten, daß Schwyz, wo Geroldseck und Zwingli und Leo Judä so lange gewirkt, nun auch in den eigentlich religiösen Angelegenheiten dem Beispiele von Zürich folgen werde.

Damit weckte er aber notwendig die mächtigsten Feinde gegen sich auf. Allenthalben hatten sich aus den Vorstehern der Gemeinden, welche die Jahrgelder empfingen, und den Hauptleuten, welche die Kriegslustige Jugend ins Feld führten, Faktionen gebildet, die ihren Vorteil nicht so leicht fahren zu lassen gemeint waren, — Oligarchien, die dann vereinigt die Tagsatzungen beherrschten. Er selber fand, es sei ein neuer Adel so gefährlich wie der alte. Und allerdings waren diese Machthaber stark genug, um zunächst die Schwyzer dahin zu bringen, daß sie ihren wider die fremden Dienste gefaßten Beschluß zurücknahmen. Besonders der Einfluß des Schultheißen Hans Hug in Luzern hielt die bisherige Politik in den Waldkantonen aufrecht. Auf der Tagsatzung von 1523 ward förmlich Klage gegen Zwingli erhoben; und es konnte nicht anders sein, als daß der Widerwille gegen seine politischen Tendenzen auch auf seine religiösen Unternehmungen zurückfiel. Und waren sie nicht wirklich auf das engste verbunden? In demselben Augenblicke waren beiderlei Ideen ergriffen, miteinander soweit durchgesetzt worden. Im Jahre 1524 forderte die Tagsatzung die Züricher auf, von ihren Neuerungen abzustehen. Da sie eine ausweichende Antwort gaben, drohte man ihnen, in Zukunft auf Tagen nicht mehr neben ihnen zu sitzen, ihnen die Bundesbriefe zurückzugeben. Wohl regten sich auch auf der Tagsatzung abweichende Meinungen, die zuweilen sogar durchdrangen: im Jahre 1525 kam ein sehr merkwürdiger Beschluß zustande, durch welchen man die geistliche Gerichtsbarkeit zu beschränken gedachte, nach Art und Weise der deutschen Reichstage. Wer aber so recht an Rom festhielt, wollte auch von keiner Beschränkung der geistlichen Gerichtsbarkeit wissen; im ganzen behielt doch diese strengere Meinung die Oberhand. Die Prälaten, die eine Zeit daher nicht wenig gefährdet gewesen, fühlten plötzlich wieder Boden unter ihren Füßen; sie traten in die engste Verbindung mit den Oligarchen. Wir stoßen hier auf die merkwürdige Tätigkeit des Generalvikars zu Kostnitz, Johann Faber, eines Mannes, der früher die literarische Richtung seiner oberdeutschen Zeitgenossen geteilt, Zwingli selbst zum Widerstand gegen den Ablaß ermuntert hatte, aber im Jahre 1521 ganz umgewandelt von Rom zurückgekommen war und es sich nun zum Beruf seines Lebens machte, die alte Religion aufrechtzuerhalten. Dessen Bemühen war es, jene Verbindung zustande zu bringen und wirksam zu machen. Das Gespräch zu Baden, im Mai 1526, bei welchem auch Eck erschien, war der Ausdruck des neuen Einverständnisses der Oligarchen und der geistlichen Gewalt. Trotziger und mit größerem Schein als jemals behaupteten die Altgläubigen, daß der Sieg auf ihrer Seite geblieben sei.

Aber eben dieses Gespräch sollte ihnen höchst verderblich werden.

Zwingli war nicht dazu erschienen: wahrscheinlich schreckten ihn die Exekutionen, welche man soeben im Kostnitzer Sprengel z. B. an Hans Hüglin vornahm; dagegen hatten Bern und Basel ein paar Vertreter der neuen Lehre, Berthold Haller und Oekolampadius, geschickt, die nun aber nicht allein weit davon entfernt waren, ihren Gegnern den Sieg zuzugestehen, sondern nach ihrer Heimkehr auch in ihren Mitbürgern ein patriotisches Mitgefühl für ihre Sache erregten. Bern und Basel forderten auch ihrerseits Teilnahme an der Herausgabe der Akten des Gesprächs und wollten sie der katholischen Majorität nicht ohne weiteres überlassen. Schon in der jurisdiktionellen Frage waren jene Städte mit derselben in Mißverständnis geraten, jetzt bahnte sich eine völlige Entzweiung an.

Sie zum Ausbruch zu bringen, trat aber noch ein politisches Moment hinzu.

Hatte die neue Lehre durch ihre Verbindung mit der Politik sich Feinde zugezogen, so hatte sie auch Freunde gewonnen. Jenen Oligarchien stand überall in den Städten ein mächtiges demokratisches Element in den großen Räten und Bürgerschaften entgegen. Wie sich die ersteren an die geistliche Macht anschlossen, so neigten sich die letzteren zur Reform. Zwei einander politisch und religiös entgegengesetzte Tendenzen bildeten sich aus; und lange schwankte der Sieg. Es ist wohl keine Frage, daß das reformatorische Element, das eine so gute Begründung hatte und die Meinung des Volkes immer stärker für sich gewann, am meisten dazu beitrug, in dem mächtigen Bern endlich der mehr demokratischen Partei das Übergewicht zu verschaffen. Die Irrungen über das Badener Gespräch trugen noch besonders dazu bei. Bei den neuen Wahlen des Jahres 1527 drang eine nicht geringe Anzahl von Anhängern der Reform, Gegner der Oligarchen, in den großen Rat ein. Die erste Folge hievon war, daß der große Rat alle seine alten Rechte zurückforderte. Zwanzig Jahre lang hatte er es sich gefallen lassen, daß der kleine Rat von Vennern und Sechzehnern gesetzt wurde; jetzt nahm er das Recht, das ihm zustand, denselben zu wählen, wieder an sich. Nachdem er dergestalt die Summe der bürgerlichen Gewalt der Verfassung gemäß in sich vereinigt, ging er an die religiösen Angelegenheiten. Die Mandate, den alten Glauben festzuhalten, wurden zurückgenommen; eine Disputation wurde veranstaltet, bei der auch Zwingli erschien, und die nun ganz zugunsten seiner Meinung ausfiel (Januar 1527); alle Einrichtungen, die er in Zürich getroffen, eignete man in Bern sich an. Im Jahre 1528 wurde noch vollends aus den beiden Räten entfernt, wer an dem alten Glauben festhielt. Die Gemeinde ward in der Kirche versammelt; Kopf bei Kopf, Herren, Meister und Knechte gelobten alle den beiden Räten Gehorsam. Dann griff man, nach dem zwiefachen Charakter dieser Reform überhaupt, die Jahrgelder an, welche in Bern auch unter den Evangelisch=Gesinnten mächtige Anhänger zählten. Nicht ohne lebhaften Kampf, und erst nachdem man aufs neue die Meinung des Volkes in Stadt und Land befragt, wurden die Jahrgelder aberkannt (24. August) und dem Könige von Frankreich aufgekündigt.

Einen Augenblick länger hielt sich die bisherige Regierung in Basel; sie schmeichelte sich noch, ein Gleichgewicht zwischen beiden Bekenntnissen zu behaupten. Allein allmählich ward die evangelische Gemeinde ihrer Überlegenheit inne: bei einer Volksversammlung im Januar 1529 zeigten sich nur 800 Katholische, dagegen etwa 3000 Evangelische. Hierauf, im folgenden Februar, brach eine aufrührerische Bewegung aus. Zuerst ward die Verfassung geändert. Die Zünfte nahmen ihre frühere Selbständigkeit wieder an sich und bekamen das Recht, künftig immer 60 der Ihren dem großen Rate beizuordnen; niemand sollte in dem kleinen Rate sein, der nicht durch den großen dazu vorgeschlagen würde; alle Katholisch-Gesinnten verließen den kleinen Rat. Auf der Stelle hörte man in den Kirchen deutsche Psalmen singen, und schon am ersten April ward eine Anordnung des Gottesdienstes nach dem Muster von Zürich publiziert, die ganz den religiösen Ernst und die sittliche Zucht atmet, welche eines der vornehmsten inneren Motive dieses Unternehmens war, und in der man zugleich auf die Abstellung der mutwilligen Kriege Bedacht nahm.

Zwischen den drei Städten ward nun ein Bürgerrecht abgeschlossen, eigentlich ein Bündnis zur Verteidigung der vorgenommenen Neuerung, in welches man auch alle anderen Eidgenossen aufzunehmen gedenke, „wenn sie," wie es hier heißt, „des göttlichen Wortes so viel berichtet seien."

Dazu war in der Tat viele Aussicht vorhanden. In Glarus, Appenzell, Graubünden regten sich die Anhänger der Neuerung gewaltig; in Schaffhausen schwankte der Rat unaufhörlich zwischen den entgegengesetzten Richtungen; in St.-Gallen war der Sieg schon entschieden. Noch im Jahre 1528 wurden hier in der Stadt, nach einer Änderung des Rates, die katholischen Zeremonien abgestellt, Artikel einer durchgreifenderen Reform verkündigt. Dasselbe geschah in Mülhausen, wo einer jener Staatsmänner, welche an den eidgenössischen Angelegenheiten sowohl in dem Inneren als in den Verhältnissen zu Kaiser und Papst tätigen Anteil genommen, der Stadtschreiber Gamshorst, der Bewegung mit seiner wohlbegründeten Autorität zu Hilfe kam. In den Jahren 1528 und 1529 wurden St.-Gallen, Biel und Mülhausen, das letztere nicht ohne eine gewisse Schwierigkeit und nur auf besondere Verwendung von Bern, in das christliche Bürgerrecht aufgenommen.

Eine großartige Entwickelung, die doch zuletzt auf einem einzigen, tiefen, politische und religiöse Bestrebungen zusammenfassenden Gedanken beruhte. Zwingli hatte sich zur Aufgabe gemacht, zugleich die Kirche und sein Vaterland von den verderblichsten Mißbräuchen beiderlei Art zu reinigen. Er hätte die kirchliche Reform nicht durchführen können ohne die politische, die politische nicht ohne die kirchliche. Nur der gemeinschaftliche Fortgang von beiden entsprach seinen ursprünglichen Gedanken. Wir werden später sehen, wie weit es ihm damit gelang.

Auf Deutschland wirkte hauptsächlich seine Auffassung vom Abendmahl zurück. Die Reformatoren von Straßburg, Butzer und Capito, hatten an dem Gespräch zu Bern Anteil genommen und waren lange Zeit eifrige Anhänger der Zwinglischen Ansicht. Gar bald schlossen sich Lindau und Memmingen an Straßburg an. In demselben Sinne predigten Somius in Ulm, Cellarius in Augsburg, Blaurer in Kostnitz, Hermann in Reutlingen, und wie viele andere in den meisten Städten jener Gegenden! Hie und da regte sich sogar der Gedanke, sich an die evangelischen Orte der Eidgenossenschaft auf das engste und für immer anzuschließen. Und das geschah nun in denselben Zeiten, in welchen sich in dem östlichen Deutschland an so vielen Stellen evangelische Organisationen in Luthers Sinne erhoben.

Gewiß, es war ein Unglück, daß die beiden Bildungen in dem östlichen und in dem westlichen Deutschland einander wieder entgegengesetzt waren. Die Streitschriften der beiden Teile erfüllten alle Gemüter mit gegenseitigem Widerwillen.

Jedoch ist das nicht die einzige Betrachtung, die wir an diesen Gang der Dinge knüpfen. Die Differenz beruhte nicht allein auf der verschiedenen Auffassung eines Dogma, sondern sie war in dem Ursprung der beiderseitigen Bewegung, in dem politischen und kirchlichen Zustande, von dem man sich hier und dort losriß, gegeben. Ob man nicht in dem Dogma eine befriedigende Verständigung finden würde, stand noch dahin. Daß aber die Reform in der Schweiz aus ursprünglichen Trieben hervorgegangen war, ihre eigentümlichen Wurzeln schlug und demgemäß sich in eigenen Bildungen versuchte, war ohne Zweifel ein Glück: es gab dem allgemeinen Prinzip derselben eine neue Nachhaltigkeit und innere Kraft.

Viertes Kapitel.
Politik des Jahres 1529.

Das war nun die Lage der damaligen Welt.

Das große Weltverhältnis, von welchem im Laufe der mittleren Jahrhunderte alles abgehangen, zwischen Orient und Okzident, war noch einmal zweifelhaft geworden. Der mächtige Fürst, in welchem sich die kriegerischen Kräfte des Orients konzentrierten, stand wieder im Begriff, einen Anfall auf die Christenheit zu versuchen, von dem er sich einen so großen Erfolg versprechen durfte, wie ihn seine letzte Unternehmung nur immer gehabt; es ließ sich schon gar nicht erwarten, daß ihn die nur sehr schwachen Vorkehrungen, die seitdem von der deutschen Seite her in Ungarn getroffen waren, aufhalten würden. Ein unmittelbares Zusammentreffen der germanischen Kräfte zu Lande und der romanischen zur See mit den osmanischen stand nunmehr bevor.

In der Christenheit selber aber war alles in Entzweiung.

Noch war der Friede zwischen den beiden obersten Häuptern nicht hergestellt. Der Kaiser hatte einmal den Gedanken gehegt, den Papst aller weltlichen Herrschaft zu berauben; in den Feinden des Kaisers war dagegen der Plan aufgestiegen, mit Hilfe des Papstes ihn, den Kaiser, abzusetzen. Noch waren diese Pläne nicht ganz beseitigt.

Ebensowenig war das militärische Übergewicht der einen oder der anderen von den beiden großen Mächten, die schon so lange gegen einander unter den Waffen standen, entschieden. Von Jahr zu Jahr immer glücklicher, hatte sich das Haus Österreich erhoben; noch wollte sich aber Frankreich mit nichten in den Verlust des vorwaltenden Ansehens finden, das es bisher besessen, oder seinen Besitz in Italien aufgeben.

Zu diesen Kämpfen der Staatsinteressen kam, wenn auch für den Augenblick nicht so geräuschvoll, aber in sich selber doch noch bedeutender, die religiöse Bewegung. Die Autorität der römischen Kirche, welche das Abendland seit so vielen Jahrhunderten beherrschte, fand jetzt einen Widerstand, dem sie zu unterliegen in Gefahr geriet. Schon öfter hatten sich ihre Feinde erhoben; aber noch niemals hatten dieselben eine zugleich so energische und so gut begründete Religiosität entwickelt; niemals waren ihre Bestrebungen mit dem allgemeinen Leben des Geistes, dem Gange der europäischen Kultur so verbündet gewesen; auch hatten sie noch nie so rasch und lebendig in allen Nationen um sich gegriffen.

Da war nun überdies noch geschehen, daß diese Reformationsideen in zwei verschiedenen, einander zuwiderlaufenden Richtungen emporkamen. Die eine schloß sich so viel wie möglich an die entwickelte Lehre, den bestehenden Staat an; die andere war von Anfang mit dem Gedanken einer Umbildung der Staatsverhältnisse verschmolzen und setzte sich zum Ziel, die ursprünglichen Zustände der Christenheit wiederherzustellen. In der abweichenden Auffassung des vornehmsten Dogmas traten sie einander entgegen.

Es waren nicht Irrungen über eine und die andere Bestimmung, ein oder das andere Besitztum, sondern Streitigkeiten über die wichtigsten Angelegenheiten, über die Summe der Dinge: die Verhältnisse des Orients und Okzidents, des Kaisertums und des Papsttums, der beiden vorwaltenden Mächte untereinander, die Fortdauer der hierarchischen Gewalten oder das Emporkommen neuer kirchlicher Formen und auch in dieser letzten Hinsicht über die Beibehaltung des irgend Haltbaren oder eine Veränderung von Grund aus.

Wie nun aber am Tage liegt, daß alle diese Gegensätze, so weltumfassend sie auch sind, doch hauptsächlich die deutsche Nation berührten, in ihr zusammentrafen — denn sie zunächst hatte den Kampf mit den Osmanen auf dem Kontinent auszufechten, das Übergewicht in Italien zu behaupten, den religiösen Streit zur Entscheidung oder zum Austrag zu bringen —, so kam für den Fortgang der Dinge alles darauf an, welche Haltung der Kaiser in dem Widerstreit so mannigfaltiger Bewegungen annehmen würde.

Bisher hatten ihn die wechselnden Verhältnisse zu politischen Maßregeln veranlaßt, die in sich nicht immer zusammenstimmten: jetzt aber, da die Entscheidung um so viel näher gekommen war, mußte ein System ergriffen und durchgesetzt werden.

Wie oben bemerkt, wäre der Wunsch der Deutschen gewesen, daß der Kaiser sich mit dem Widerstande gegen die Hierarchie verbündet und, von den frischen Kräften der Nation unterstützt, die Rechte des Reiches nach allen Seiten hin wahrgenommen, den Barbarenstaat die Donau hinunter zurückgewiesen hätte. Und mußte nicht der Kaiser in der Tat hiezu eine gewisse Hinneigung empfinden? Hatte nicht von Anfang an auch er von einer Reformation der Kirche geredet und dies Wort noch zuletzt öfter wiederholt? War nicht in den deutschen Fürsten, die auf die Seite der Hierarchie getreten, die gefährlichste Eifersucht gegen sein Haus zu bemerken? Es scheint, als hätte er ein Mittel der Macht darin sehen müssen, sich mit den populären Tendenzen zu verbinden, von deren unaufhaltsamem Umsichgreifen alle Briefe redeten, die ihm aus Deutschland kamen.

Selten jedoch ist ein Mensch fähig, in dem Kampfe entgegengesetzter Weltkräfte sich mit voller Freiheit für die eine oder die andere Seite zu entscheiden; ich glaube nicht, daß sich Karl V. die Frage, welche Partei er zu ergreifen habe, nur jemals vorgelegt hat. Der deutschen Nation war es nicht bestimmt, sich unter der Führung eines gemeinschaftlichen Oberhauptes weiter zu entwickeln. Durch seine persönliche Lage und den bisherigen Gang der Ereignisse sah sich

Karl V. vielmehr zu einem ihren Wünschen entgegengesetzten Systeme hingedrängt.

Die Erfahrung hatte so eben gezeigt, in welche gar nicht abzusehenden Verwickelungen es ihn geführt haben würde, den Papst ferner zu bekämpfen. Im Angesicht einer unüberwindlichen Notwendigkeit hatte er sich zu einem nachgiebigeren Verhalten gegen denselben, zu einer Verbindung mit ihm entschlossen.

Es ist merkwürdig, wie alle auswärtigen Verhältnisse zusammenwirkten, um ihn dabei festzuhalten.

Wir berührten schon, daß er der Ehre seines Hauses wegen den Zweifel gar nicht aufkommen lassen durfte, ob der römische Hof befugt gewesen sei, Heinrich VIII. jenen Ehedispens zu geben, den dieser jetzt selbst für unstatthaft erklärte.

In den nordischen Reichen offenbarten die Gegner, welche seinen Schwager Christian von da vertrieben hatten, eine starke Hinneigung zu den Reformationsideen der Deutschen, die sogar in Schweden schon beinahe zur Herrschaft gelangt waren. Wollte der Kaiser seinen Schwager und den Einfluß des Hauses Österreich im Norden wiederherstellen, so war das nur durch eine Verbindung mit den dem Katholizismus zugetan verbliebenen Elementen möglich.

Ferner aber: die Verbindung, in welche die reformierten Städte der Schweiz mit ihren Glaubensgenossen in dem benachbarten Oberdeutschland traten, veranlaßte die katholischen Kantone, sich einen Rückhalt an dem Hause Österreich zu suchen; sie vergaßen die gleichsam ererbte Feindseligkeit gegen dasselbe und schlossen in den ersten Monaten des Jahres 1529 mit König Ferdinand einen förmlichen Bund ab.

Auch in dem Streite mit dem Woiwoden und dessen Anhängern in Ungarn konnte es diesem Hause nicht anders als sehr vorteilhaft sein, wenn die Kirche seine Rechte anerkannte.

Und warf der Kaiser die Augen auf das deutsche Reich selbst, so konnte er nicht verkennen, daß seine Autorität das Meiste von einer Verbindung mit den geistlichen Fürsten zu erwarten hatte. Wir erinnern uns, wie angelegen es sich schon Maximilian sein ließ, die bischöflichen Stühle mit ergebenen Leuten zu besetzen, den geistlichen Stand zu gewinnen. Um wieviel besser aber mußte dies jetzt gelingen, sobald die Bischöfe, von den Ideen des Jahrhunderts in ihren geistlichen Gerechtsamen bedroht, an der kaiserlichen Macht einen sicheren Rückhalt fanden! Bei der Bedeutung, welche dieser hierarchische Bestandteil in der deutschen Reichsverfassung noch behauptete, war es in der Tat kein geringer Gewinn, denselben für sich zu haben. Ich könnte nicht urkundlich nachweisen, daß Karl V. diese Betrachtung gemacht habe; allein sie liegt zu nahe, als daß sie ihm entgangen sein sollte. Wer weiß nicht, daß in einer späteren Epoche mit der Auflösung der geistlichen Fürstentümer auch das Kaisertum zugrunde gegangen ist! Etwas Ähnliches hätte die Folge sein können, so wenig es auch irgend jemand beabsichtigt haben mag. Das Kaisertum hatte

nicht Wurzel genug, um sich unter lauter weltlichen
Gewalten, selbst wenn sie nicht alle erblich gewesen
wären, zu behaupten; wenigstens hätte dazu die
größte Anstrengung gehört; — unendlich leichter
war es, die herkömmlichen Verhältnisse zu benutzen.
Nicht mit Unrecht sagt Zwingli einmal, Kaisertum
und Papsttum seien so eng ineinander verflochten,
daß man letzteres nicht bekämpfen könne, ohne auch
das erstere anzugreifen.

So geschah es, daß die Politik des Kaisers eine
durchaus andere ward, als die deutsche Nation
gewünscht hatte. Er dachte auf Aussöhnung mit dem
Papst, — Erhebung des Kaisertums, aber lediglich auf
den bisherigen hierarchischen Grundlagen, — Wider=
stand gegen die Osmanen, aber ganz in dem ge=
wohnten Sinne der lateinischen Christenheit; mit den
deutschen Reformationsideen hatte er keine Sympa=
thie: sie waren ihm vielmehr widerwärtig, und wir
werden sehen, wie er sich entschloß, sie zu beseitigen.

Dazu wirkte in ihm vor allem, daß er ja nicht
allein deutscher Kaiser war, sondern König von
Spanien. Er hatte die entscheidenden Jahre männ=
licher Jugend, in denen der Mensch seine Lebens=
richtung definitiv einschlägt, in Spanien zugebracht
und wesentliche Elemente der in diesem Lande vor=
herrschenden Gesinnung in sich aufgenommen.

Nun hatte aber der Katholizismus — der ohne
Zweifel dem Sturme dieses Jahrhunderts hätte er=
liegen müssen, wäre er wirklich überall in seiner

tieferen Bedeutung erstorben gewesen —, wie in einigen anderen Teilen des romanischen Europa, so vornehmlich in Spanien lebendige Wurzeln.

In Spanien war der Staat des Mittelalters, in welchem sich Königtum und Priestertum durchdrangen, noch in vollen, kräftigen Trieben.

Jener Kampf mit dem Islam, der so wesentlich zur Entwickelung dieser Staats- und Kirchenform beigetragen, dauerte hier noch immer fort: man war noch fortwährend beschäftigt, das Land zu christianisieren; man nahm sich keine Gewaltsamkeit übel. Im Jahre 1524 ließ sich Karl von dem Eide entbinden, der ihn verpflichtete, die Mauristen der Krone Aragon zu schonen. Der Verpflichtung zum Kampfe gegen die Osmanen galt das erste Gefühl, das er nach der Schlacht von Pavia äußerte; aber auch gegen die Mauristen Ernst zu brauchen, wurde nach dem alten Sinne der Kirche dadurch angeregt. Er braucht in dieser Beziehung einmal den Ausdruck: weil Gott ihm seine Feinde in die Hand gegeben, müsse er die Feinde Gottes bekehren; zunächst schritt er in Valencia zum Werke, wo die christliche Bevölkerung noch in der Minderzahl war: man zählte 22 000 christliche, 26 000 maurische Familien; gegen die letzteren ward eine Art von Kreuzzug eröffnet. Wider die Mauren auf der Sierra Espadan haben zuletzt die Deutschen anrücken müssen, die dem Kaiser nach Spanien gefolgt waren. Hierauf wurden die Moscheen zu Kirchen gemacht; der Zehnte ward zugunsten der doppelten Hierarchie eingeführt. Von so vielen Tausenden, meint Sandoval, waren nicht sechs, die sich mit gutem Willen taufen ließen; aber wehe dem, der sich nicht beim Anblick des Hochwürdigsten auf der Stelle niedergeworfen hätte! Die strengste Inquisition wachte über ihr äußeres Bezeigen.

Wohl mochte das auch sonst notwendig sein. Noch 1558 entdeckte man unter den Mauren von Valencia einen Menschen, der als der geheime König der Mauren betrachtet wurde. Seine Absicht soll gewesen sein, sich bei der ersten Entfernung des Kaisers zu empören. Er ward mit seinem ganzen Stamme umgebracht.

Und in demselben Sinne ward nun auch Amerika kolonisiert. Hatte man nicht den Entdecker selbst, als er nach Sevilla zurückgekommen, im Franziskanerhabit an den Prozessionen teilnehmen sehen? Kolumbus hielt sich für bestimmt, in den Ländern des Großkhan, die er gefunden zu haben glaubte, den christlichen Glauben auszubreiten. Wie oft spricht er die Absicht aus, der Krone die Mittel zu verschaffen, um das heilige Grab zu erobern! So ist denn auch in allen seinen Fortsetzern mit der Begier, reich, mächtig und berühmt zu werden, ein sehr besonderer Eifer, das römische Christentum auszubreiten, vereinigt. Für die Krone war das eine Art von Notwendigkeit: ihr gesamtes Recht leitete sie von dem römischen Stuhle her; das war die offizielle Doktrin, die sie den Indianern verkündigen ließ. Sie übertrug das ganze lateinische Kirchenwesen, nur womöglich noch prächtiger und reicher, auf die neue Welt.

Man dürfte das nicht so verstehen, als ob jedermann von diesen Tendenzen durchdrungen gewesen wäre. Unter anderem ist es von Cortez merkwürdig, daß er die vollständige Übertragung der Hierarchie nicht billigte: er wollte keine Bischöfe, sondern nur eine tätige niedere Geistlichkeit, eifrige Mönche, wobei er wohl selbst an die Mittel dachte, die bischöfliche Ordination entbehrlich zu machen. Aber so mächtig war die Vorliebe für die Gesamtheit des Herkömmlichen, daß selbst er, der Eroberer und Gesetzgeber, nichts dagegen ausrichtete.

Wohl war Spanien nicht so abgeschlossen von dem übrigen Europa, daß sich die Bestrebungen der neuernden Literatur gar nicht daselbst geregt hätten. Antonio von Lebrija verdient es z. B., neben Erasmus und Reuchlin genannt zu werden. Auch er widmete seinen Fleiß den heiligen Urkunden und gab ein Werk unter dem Titel heraus: „Dreimal fünfzig besser erklärte Stellen der Heiligen Schrift". Allein jene Inquisition der Dominikaner, die in Deutschland nicht durchdringen konnte, herrschte in Spanien unbedingt. Der Großinquisitor, Bischof von Valencia, Diego Deza, nahm dem gelehrten Autor den größten Teil seines Buches weg, und verhehlte nicht, daß er denselben damit von allem weiteren Schreiben über diesen Gegenstand abzuhalten gedenke. Dieser Bischof, behauptete man, hätte lieber die Ursache der Heiligen Schrift selber ausgerottet. Dezas Nachfolger, Ximenes, war, wie man weiß, mit nichten so beschränkt: er hatte Sinn für das Originale, dessen durch keine Übertragung zu ersetzende innere Kraft und ging selbst an die Herausgabe des Grundtextes in seiner Polyglotte. Allein der Vulgata, der angenommenen Übersetzung der lateinischen Kirche, maß doch auch er einen höchst übertriebenen Wert bei. Er vergleicht den griechischen und den hebräischen Text, in deren Mitte er den lateinischen abdrucken ließ, mit den beiden Schächern zur Rechten und Linken des Heilandes; es ist nicht in Abrede zu stellen, daß er die Worte der Septuaginta, ja sogar den griechischen Text des Neuen Testamentes nach der Vulgata abgeändert hat; eine dogmatische Hauptbeweisstelle, die sich in keiner Handschrift finden will, hat er wohl geradezu nur der Vulgata zu Ehren aufgenommen. Denn an dem eingeführten Systeme der lateinischen Kirche hätte man hier auch nicht die mindeste Änderung verstattet. Es ist sehr merkwürdig, daß die Scholastik eben in dieser Epoche, als sie in dem übrigen Europa verfiel, in Spanien erst emporkam. Nebeneinander, zu Salamanca, trugen Alfonso von Cordova die nominalistischen, Franzisko von Vittoria die realistischen Doktrinen als etwas Neues, hierzulande erst Durchzusetzendes, vor; sie wollten die hohe Schule von Paris den Spaniern entbehrlich machen. Namentlich hatte Franz Vittoria den größten Erfolg; den philosophisch-praktischen, moralischen Disziplinen gab er eine neue Ausbildung; Bellarmin nennt ihn den glücklichen Vater trefflicher Meister; die vornehmsten spanischen Theologen sind aus seiner Schule hervorgegangen. Es ist ungefähr, wie ein großer Teil des allgemeinen Romanzenbuches seinen Ursprung erst dem sechzehnten Jahrhundert verdankt. In Staat und Literatur walteten die Richtungen der hierarchischen Jahrhunderte ausschließlich vor.

Und notwendig brachte nun dieser Zustand der herrschenden Überzeugungen auch eine um so feindlichere Haltung gegen die Abweichungen der übrigen Welt hervor. Nicht allein, daß man hier die Verordnungen gegen Luther in aller Strenge ausführte, sondern auch Erasmus, der Gunst zum Trotz, welche ihm der Hof erwies, fand bei der mönchischen Gelehrsamkeit keine Gnade. Ein in beiden Sprachen sehr wohl bewanderter Mann, Diego Lopez Zuniga, machte es gleichsam zum Zweck seines Lebens, die Neuerungen dieses Autors zu bekämpfen. In den Fasten 1527 klagten ein paar Dominikaner den Erasmus oder vielmehr — denn er selber war glücklicherweise außer dem Bereiche ihrer Angriffe — seine Schriften förmlich der Irrlehre bei der Inquisition an. Es ward ein Gericht niedergesetzt, und obgleich sich dieses nicht sofort zu einem einmütigen Urteil vereinigen konnte, so hielt sich doch die Inquisition für berechtigt, von jenen Schriften wenigstens einige, die Kolloquien, das Lob der Narrheit und die Paraphrase des Neuen Testamentes, zu verbieten.

Es gibt überall eine geistige Atmosphäre, deren Einfluß man sich nicht entziehen kann.

Woher hätte namentlich dem jungen Kaiser die energische Selbständigkeit des Geistes dazu kommen sollen?

Im Brüsseler Archiv findet sich eine spanische Beurteilung von Luther und Oekolampadius aus dem Standpunkt der Kirche, die man dem Kaiser eingab, um ihn gegen die Einwirkungen der neuen Meinungen zu befestigen. Darin wird vor allem das gute Recht der Kirche, Verpflichtungen mit der Drohung aufzulegen, daß ein Überschreiten derselben eine Todsünde in sich schließe, erhärtet: denn ohne dies würde ein jeder bloß seinem Belieben folgen wollen. Hierauf werden die angegriffenen Glaubensartikel in aller ihrer Strenge verfochten, z. B. daß Ehe, Firmelung, Weihe, letzte Ölung Sakramente seien, von Christus eingesetzt. Zum Schluß wird gezeigt, die gerechte Strafe der Ketzer sei, verbrannt zu werden.

So ganz bemächtigte sich diese Gesinnung des Kaisers nicht, daß sie ihn zu einer dumpfen Unterwerfung unter das Papsttum vermocht oder seinen Gedanken, die Kirche von den eingerissenen Mißbräuchen zu reinigen, seinerseits eine Reform derselben zustande zu bringen, erstickt hätte: aber dazu trug sein Aufenthalt in Spanien ohne Zweifel bei, daß er sich in der Weltanschauung, die mit der Idee einer ausschließenden Herrschaft der lateinischen Kirche zusammenhängt, befestigte: er empfing einen neuen Antrieb gegen die eigenmächtigen Abweichungen einzelner Lehrer oder Stände; bald nehmen wir die Wirkungen davon wahr.

Gleich in der ersten Instruktion der kaiserlichen Gesandten an den gefangenen Papst ist von der Notwendigkeit die Rede, die irrige Sekte Luthers auszurotten. In dem Vertrage vom 26. November 1527 verspricht demzufolge der Papst ein Konzilium, „damit die Kirche wiederum zu Recht gebracht und die lutherische Ketzerei ausgerottet werde". Im Frühjahr 1528 erschien der kaiserliche Vizekanzler, Probst von Waldkirchen, in Deutschland, um die katholischen Tendenzen wieder zu beleben. Indem er von einer Stadt zur anderen, von einem fürstlichen Hofe zum anderen reiste, glaubte man nicht anders, als er wolle nun erst ein Bündnis wider die Evangelischen zustande bringen. Und immer eifriger wurden die Anmahnungen des Papstes hiezu. Wir haben ein Schreiben Sangas vom Oktober 1528, worin er den Nuntius am kaiserlichen Hofe anweist, den Kaiser auf das dringendste aufzufordern, sich der Religion mehr als bisher anzunehmen: schon gehe man weiter, als Luther gegangen, leugne bereits Abendmahl und Kindertaufe; was werde die Nachwelt sagen, wenn sie einmal lese, daß Deutschland gerade unter dem größten Kaiser, den es seit vielen Jahrhunderten gehabt, sich mit Ketzereien erfüllt habe!

An dem Widerwillen des Kaisers gegen dieselben ließ sich nicht zweifeln. Hinreichenden Beweis davon gaben die Exekutionen, die in den Niederlanden, wo er Herr war, verhängt wurden. Erasmus, der ihn kannte, war überzeugt, er werde nicht glauben, Kaiser zu sein, wenn er das Luthertum nicht dämpfe.

Und indem traten Ereignisse ein, welche erwarten ließen, daß er auch freie Hand dazu gewinnen würde.

Wir sahen, wie kriegerisch die Aussichten noch im Anfange des Jahres 1529 waren; aber das fortdauernde Glück des Kaisers machte die neuen wie die alten Unternehmungen seiner Feinde zuschanden und brach ihren Mut.

Noch immer hatten Venezianer und Franzosen den Gedanken, Mailand zu erobern; von beiden Seiten rückten sie im Frühjahr 1529 noch einmal gegen die Hauptstadt heran; sie rechneten auf die Erschöpfung und den Unmut der Bürger und die geringe Anzahl der Truppen; sie waren zu baldigem Angriff entschlossen.

Allein soeben zeigte sich, was es auch für Mailand bedeute, Genua verloren zu haben. Der Kaiser gewann dadurch den Vorteil, nicht so ausschließend auf deutsche Hilfstruppen angewiesen zu sein, wie früher. Er konnte jetzt ein paar tausend Mann aus Spanien nach Genua schicken, die doch hernach — denn dazu beherrschten die Feinde das Feld nicht entschieden genug — nicht abgehalten werden konnten, nach Mailand vorzudringen. Es waren Leute von dem schlechtesten Aussehen, ohne Schuhe, und auch übrigens halbnackt, schwarz und verhungert. Für den Kaiser aber zeigten sie sich unschätzbar. Seinem Befehlshaber, Antonio Leiba, kamen sie, wie sie waren, höchst erwünscht. Leiba hatte sich bisher hauptsächlich mit Deutschen verteidigt; er zählt ihrer im September 1528 gegen 5000, Spanier nur noch 800; man kann denken, wie willkommen ihm eine Verstärkung von Landsleuten war, die sich um so tapferer schlagen mußten, je mehr sie noch ihr Glück zu machen hatten.

Zuerst sahen nun die Verbündeten ein, daß sie unter diesen Umständen nicht stark genug waren, die Stadt ernstlich anzugreifen. Sie entschlossen sich, sie von fern einzuschließen und ihr die Zufuhr abzuschneiden. St.-Pol hegte wohl die Hoffnung, indem er sich von Mailand entfernte, etwas gegen Genua auszurichten.

Damit gab er aber nur seinem Gegner Gelegenheit, einen großen Schlag auszuführen, wie es den Spaniern öfter gelungen war. Bei Nacht, ohne Trompeten und Trommeln, setzten sich die Truppen Leibas, weiße Hemden über dem Harnisch, in Bewegung; er selbst, so sehr ihn das Podagra plagte, wollte nicht fehlen; in voller Rüstung, an der man einen wallenden Helmbusch nicht vermißte, ließ er sich auf einer Sänfte dahertragen; es gelang ihm glücklich, die Franzosen bei Landriano zu überraschen, als sie noch im Aufbruche begriffen waren in einem Augenblicke, wo St.-Pol eben ein Haus abzubrechen befahl, um

mit den Balken des Daches ein Stück Geschütz hervor=
zuarbeiten, das im Schlamme stecken geblieben war.
Leiba erfocht einen vollkommenen Sieg; St.=Pol und
die vornehmsten Befehlshaber führte er gefangen mit
sich nach Mailand zurück.

In der Lombardei ward der Kaiser hiedurch so gut
Herr, wie in Neapel. Wollte man ihn noch einmal
bekämpfen, so hätten dazu neue gewaltige Anstrengun=
gen gehört, zu denen sich niemand mehr fähig oder
geneigt fühlte.

Es war um so weniger daran zu denken, da die
längst begonnenen Unterhandlungen mit dem Papst
eben in den Tagen jener Entscheidung im Mailändi=
schen zum Abschluß führten.

Dem Papste waren, wie wir wissen, die vorteil=
haftesten Vorschläge gemacht worden, wie über die
deutschen, so über die italienischen Verhältnisse: er
solle darüber zu verfügen haben; der Kaiser werde
in jeder Beziehung seinem Rate folgen, ihm besonders
die kirchlichen Güter zurückgeben, unter seiner Ver=
mittelung den allgemeinen Frieden schließen, und was
dem mehr ist. Doch dürfte man nicht glauben, daß
dies allein auf denselben gewirkt habe: was ihn be=
stimmte, war zugleich Besorgnis für sich selbst. Noch
im April 1529 beschwerte er sich gegen den Kardinal
Triulzio über den Eifer, mit welchem er von den
kaiserlichen Agenten zum Vertrage gedrängt werde;
er versicherte, er würde nimmermehr darauf eingehen,
wenn er nur Kräfte hätte, ihnen zu widerstehen; aber

er sei auf allen Seiten von den Anhängern des Kaisers umgeben: jeden Augenblick könne er einen neuen Anfall erfahren; er sei im Grunde noch immer ihr Gefangener; er sehe da keinen Unterschied, außer etwa, daß er früher nicht habe davongehen können und dies jetzt allenfalls auszuführen imstande wäre; in der Tat müsse er entweder fliehen und den Kirchenstaat dem Feinde überlassen, oder sich mit demselben auf die am wenigsten nachteilige Art verständigen. Er drückte sich so lebhaft aus, daß er den Kardinal vollkommen überzeugte. „Ich weiß nicht," sagt Triulzio, „wozu sich der heilige Vater entschließen wird. Aber wenn er zum Abschluß schreitet, so sehe ich wohl, daß er es nur tun wird infolge der Gewalt und bei den Haaren dazu gezogen."

Ich möchte zwar nicht behaupten, daß dies das Gefühl gewesen sei, welches den Papst während jener Unterhandlungen durchaus beherrscht habe; — er wußte wohl, daß der Kardinal Triulzio, gegen den er so sprach, ein Anhänger von Frankreich war; aber so ganz ohne Wahrhaftigkeit war er doch auch nicht, daß er es erheuchelt hätte: in der Regel unterdrückt, mochte es ihn zuweilen übernehmen.

Auch noch ein anderes Gefühl lebte in ihm, das den Absichten des Kaisers entgegenkam. Man hat ihn aufmerksam gemacht, daß er durch seine Verbindung mit demselben die Freiheit aller und die Kirche selbst gefährde, daß er den natürlichen Beruf des römischen Stuhles, zwischen den einzelnen Fürsten zu vermitteln,

aufgebe; er hat das vollkommen anerkannt. „Aber",
sagte er, „wir leben in einer Zeit, in welcher nur der
geschätzt wird, der seine Sache mit der geschicktesten
Verschlagenheit durchführt; andere hält man für gute
Leute, die nichts wert sind." Er meinte vorauszu=
sehen, wenn er nicht mit dem Kaiser abschließe, so
werde sich dieser mit den Florentinern, den Vene=
zianern und mit Ferrara verständigen und ihnen
ihre Erwerbungen lassen: er, der Papst, werde das
Seine nicht wiedererlangen; man werde ihn für einen
gutmütigen Tölpel halten, der sich rupfen läßt.

So durch und durch war Klemens VII. ein italieni=
scher Politiker der Zeit; die allgemeinen Interessen
gab er auf, um seine besonderen zu erreichen.

Von denen war das wichtigste: die Verbindung
mit dem Kaiser gewährte ihm die Aussicht, über seine
Feinde in seiner Vaterstadt Florenz Herr zu werden.

Eine Zeitlang hatte er die Hoffnung gehegt, zu
diesem vornehmsten Begehren seines Herzens auf
friedlichem Wege, durch eine innere Umwandlung der
Republik, zu gelangen; er stand, wenn nicht unmittel=
bar, doch durch einige Freunde mit dem Gonfaloniere
Capponi in einer gewissen Verbindung. Durch Mäßi=
gung der gegenseitigen Ansprüche ließ sich damals
noch ein friedliches Abkommen zwischen der medicei=
schen und der republikanischen Partei erwarten.

Aber eben in diesem Zeitpunkte erfolgte in Florenz
eine entgegengesetzte Bewegung. Eine exaltierte re=
publikanische Partei, welche sich unter so ganz ver=

änderten Umständen doch die Meinung nicht entreißen ließ, daß sie sich jetzt so gut behaupten werde wie früher, machte dem Gonfaloniere eben jene Verbindungen und Absichten zum Verbrechen und bewirkte seine Absetzung (April 1529), obwohl man ihn zuletzt von aller eigentlichen Schuld freisprechen mußte. Seitdem kamen nur noch die entschiedensten Gegner der Medici in die Ämter; von dem Papst redete man nur noch mit Haß und Verachtung; an eine Aussöhnung mit demselben war nicht weiter zu denken. Klemens VII. geriet in Ingrimm, wenn er daran dachte. Hatte man doch unter anderem die Geschichte von seiner unechten Geburt wieder hervorgezogen; man sagte, er habe gar nicht das Recht gehabt, den päpstlichen Stuhl zu besteigen; man nannte ihn dort nicht mehr Papst. In sehr aufgeregter Stimmung traf ihn einst der englische Gesandte. Klemens sagte, er wolle lieber der Kaplan, ja der Stallknecht des Kaisers sein, als sich von seinen ungehorsamen Untertanen beschimpfen lassen. Mit der Unmöglichkeit, das Joch abzuwerfen, das man ihm auflegte, verband sich in ihm Rachsucht und Ehrgeiz, die er auf eine andere Weise nicht befriedigen konnte.

Am 29. Juni kam der Friede zwischen dem Kaiser und dem Papst zu Barcelona zustande. Sein vornehmster Inhalt ist, daß sich der Papst die Herrschaft des Kaisers in Italien, die er so lebhaft bekämpft hatte, nunmehr gefallen ließ. Er erneuerte die Belehnung mit Neapel und hob den dafür herkömmlichen

Zins auf; die Darbringung des Zelters war das
Einzige, was er sich vorbehielt. Auch bestand er nicht
mehr geradezu auf der Aufrechterhaltung Sforzas in
Mailand: er gab zu, daß ein förmliches Gericht über
Schuld oder Unschuld desselben entscheiden solle;
schon genug, daß dann der Kaiser bei der neuen Be=
setzung des Herzogtums nicht ohne seine Zustimmung
verfahren zu wollen erklärte. Den kaiserlichen
Truppen bewilligte er freien Durchzug von Neapel
nach Toskana oder der Lombardei. Dagegen versprach
der Kaiser, nun auch den römischen Stuhl in den
Besitz der ihm von Ferrara und Venedig entrissenen
Landschaften — jedoch mit ausdrücklichem Vorbehalt
der Rechte des Reiches — und die mediceische Fa=
milie in den Besitz von Florenz wiederherzustellen.
In die engste Verbindung trat Karl V. mit diesem
Hause. Er sagte seine natürliche Tochter dem jungen
Alessandro Medici zu, an den die Herrschaft von
Florenz kommen sollte. Denn so sehr hatten sich die
Dinge geändert, daß der Kaiser jetzt selbst den Papst
gegen die unmittelbaren Wirkungen der Ligue in
Schutz nehmen mußte. Aufs neue vereinte er sich mit
einem Papste vom Hause Medici, wie im Jahre 1521.
Allein welch ein Unterschied gegen damals! Leo X.
hatte hoffen dürfen, in Mailand und Genua Herr
zu werden, Ferrara zu erobern; Klemens VII. mußte
sich begnügen, daß ihm durch fremde Hilfe der Kirchen=
staat zurückgegeben, seine Vaterstadt wiedererobert
werden sollte.

Dieser Anordnung der italienischen Angelegenheiten gingen nun noch andere Verabredungen zur Seite, obwohl sie nicht eben alle in den Vertrag aufgenommen worden sind.

Johann Zapolya, der bis jetzt die Gnade des apostolischen Stuhles genossen, ward von demselben verlassen und bald darauf mit den strengsten kirchlichen Zensuren heimgesucht. In der englischen Sache vereinigte der Gesandte Ferdinands seine Bitten mit denen des kaiserlichen. Schon hatte dort kraft der früheren Kommission der Prozeß begonnen; aber der Papst gab den beiden Brüdern das Wort, daß es zu keinem Urteil kommen sollte. Dagegen sagten sie ihm in der Religionssache ihre Hilfe auf das unzweifelhafteste zu. Der Kaiser erklärt in dem Vertrage von Barcelona, auch ihm liege es am Herzen, daß der verpestenden Krankheit der neuen Meinungen ein Ziel gesetzt werde. Sollte es aber nicht möglich sein, die Gemüter der Irrenden in Güte herbeizuziehen, sollten sie die Stimme des Hirten nicht hören und hartnäckig bleiben, „so werden", heißt es daselbst weiter, „sowohl der Kaiser als der König von Ungarn und Böhmen ihre ganze Macht gegen sie in Bewegung setzen und das Unrecht, das Christo zugefügt worden, nach Kräften rächen".

Einen so unerwarteten Umschwung nahmen die Ereignisse. Der Kaiser hatte seine Siege vornehmlich dem Anteil zu verdanken, den die lutherische Gesinnung seiner Sache in der deutschen Nation verschaffte. Nur durch dies Übergewicht zwang er den Papst zum Frieden. In dem Vertrage jedoch, den der Kaiser hierauf mit dem Papste schloß, versprach er demselben die Ausrottung eben dieser lutherischen Meinungen.

Da konnte nun auch König Franz, wie der Papst vorausgesehen, nicht länger vermeiden, ernstlich auf den Frieden zu denken. Noch immer ging er nur mit schwerem Herzen daran.

Bei den Unterhandlungen im Jahre 1527 hatte der Kaiser schon nicht mehr so unbedingt wie früher die Zurücknahme seines Stammlandes gefordert, sondern die Neigung gezeigt, sich statt dessen mit einer Zahlung von zwei Millionen Skudi zu begnügen. Alles hatte sich daran gestoßen, daß der König nicht auch Mailand und Genua aufgeben, seine Truppen überhaupt nicht aus Italien zurückziehen wollte. Es schien, als betrachte man in Frankreich die Wiedereroberung von Mailand als eine Pflicht und als eine Ehrensache. Der Kanzler du Prat hat erklärt, er werde sich nie an den Schimpf gewöhnen, daß dieses Land zur Zeit seiner Verwaltung der französischen Krone verloren gegangen; habe er es ihr aber wieder verschafft, dann sei er zufrieden, in der nächsten Stunde zu sterben.

Trotz alledem war jetzt die Notwendigkeit gekommen, sich in diesem Verlust zu finden.

Einmal bot die Fortsetzung des Krieges keine Aussicht mehr dar. Selbst die Anhänger des Königs in

Italien brachten in Erinnerung, daß es unmöglich sein werde, ein Heer ins Feld zu stellen, ehe der Kaiser in Italien erscheine; durch seine Verbindung mit dem Papste werde derselbe Herr in dem mittleren wie in dem oberen und dem unteren; Florenz werde ihm nicht zu widerstehen vermögen; Venedig sei durch den Übertritt von Mantua selbst gefährdet und könne auf nichts denken, als auf die eigene Verteidigung; ganz allein würde man es mit dem Kaiser zu tun haben, und der habe nun einmal die tapfersten Truppen und die Gunst des Glückes.

Sodann aber war es auch dem Reiche und dem Hofe unerträglich, die Prinzen von Frankreich länger in Spanien zu lassen. Zuweilen liefen von ihrer Gesundheit beunruhigende Nachrichten ein.

Indem man sich noch rüstete, die Italiener die persönliche Ankunft des Königs hoffen ließ, einen Einfall in Deutschland vorbereitete, wurden doch die eigentlich niemals ganz abgebrochenen Friedensunterhandlungen mit erneuter Lebhaftigkeit aufgenommen.

In Rom war lange davon die Rede, daß der Papst die Vermittelung übernehmen müsse. Er solle an irgendeinem Platze der spanisch-französischen Grenze, etwa in Perpignan, die Sache persönlich führen. Auch schien er dazu sehr geneigt zu sein: noch im März 1529 bezeichnete man die Galeeren, die ihn hinüberbringen sollten. Zuletzt aber unterblieb das doch; die Sache kam in ganz andere Hände.

Schon früher nämlich finden wir einen geheimen

Agenten Franz' I. in Spanien, durch den er sich unmittelbar an seine Verlobte, Königin Leonora, wendet, ihr seinen Wunsch erklären läßt, sobald wie möglich die Hindernisse hinweggeräumt zu sehen, die sich ihrer Vermählung entgegenstellen, und seine ganze Sache mit dem Kaiser in ihre Hände legt. Die Königin ist, wie man denken kann, sehr erfreut über diese Botschaft; sie versichert, sie habe immer auf den guten Willen des Königs vertraut, und damit sei sie über alles bisher Geschehene hinweggekommen. Da der Abgeordnete sich weigert, mit dem Großkanzler zu unterhandeln, weil das ein Mann sei, welcher den Krieg liebe, — vielleicht auch deshalb, weil sein Ansehen bei Hofe durch die Entfernung angesehener Männer von demselben, die der Krieg nötig mache, gewinne, — so erklärt Königin Leonora, die Unterhandlung sei jetzt ihre Sache: sie werde allein den Abschluß herbeiführen.

Ich kann nicht genau angeben, in welche Zeit diese Sendung gefallen ist; bemerken wir nur, daß sie den Versuch enthält, die Unterhandlung den gewohnten Wegen, einem regelmäßigen Verfahren zu entziehen.

Nach allem, was nun aber weiter vorgefallen war, erschien eine direkte Verhandlung, selbst eine Annäherung zwischen den beiden Fürsten unmöglich. Alles Eingreifen eines dritten hätte die Schwierigkeiten eher vermehren müssen. Von Heinrich VIII. und seinem Kardinal wollte man selbst in Frankreich nichts mehr hören. Den Papst sah man zu sehr in die italienischen Irrungen verflochten, als daß sich die Erfüllung seiner pontifikalen Pflicht, den inneren Frieden herzustellen, bei seinen Nebenabsichten von ihm hätte erwarten lassen. So geschah es, daß sich die Mutter des Königs, Herzogin Luise, ohne Zweifel zugleich aus persönlichen Motiven — denn bei der Gefangenschaft ihrer Enkel wäre ihr ein neuer Kriegszug ihres Sohnes, der sich fast nicht vermeiden ließ, unerträglich geworden —, an die Gouvernante der Niederlande, Margareta, die Tante des Kaisers, wendete und ihr vorstellte, daß es ihnen, den beiden nächsten älteren Verwandtinnen der streitenden Fürsten, vor allem zukomme, deren Aussöhnung zu versuchen; besser würden sie das Vertrauen, welches der einen von ihnen von ihrem Sohne, der anderen von ihrem Neffen geschenkt werde, nicht anwenden können.

Auch Margareta fand, die Erbitterung zwischen den beiden Fürsten sei durch die langen Feindseligkeiten, die Schriften, die man gewechselt, die ergangenen Herausforderungen in einem Grade gestiegen, daß es wohl nur ihnen, den Frauen, gelingen werde, eine Übereinkunft zustande zu bringen. Sehr vorteilhaft schien es ihr und ihren Räten, den König auf diese Weise von seinen Verbündeten zu trennen. Den Frieden hielten sie für unbedingt notwendig, um den König Ferdinand zu unterstützen und die Angelegenheiten der Religion und des Reiches in Ordnung zu bringen. Gleich bei den ersten Annäherungen wurde

ein Entwurf zum Frieden vorläufig vereinbart und
durch eine eigene Mission dem Kaiser mitgeteilt. Und
schon war wieder ein französischer Abgeordneter in
den Niederlanden angelangt, um sich nach der Ant=
wort des Kaisers zu erkundigen, als diese eintraf.
Sie blieb jedoch weit entfernt von den gemachten
Vorschlägen. Nur ungern ließ der Kaiser den Ver=
trag von Madrid fallen; auch in seiner Instruktion
für die neue Unterhandlung stellte er noch einmal
sehr ausgedehnte Forderungen auf, von denen man
nur Schritt für Schritt auf minder umfassende zurück=
gehen solle. Margareta zog in Betracht, daß es sehr
widerwärtige Folgen haben könne, die ersteren dem
Abgeordneten des Königs zu nennen; denn leicht
könnte dieser dadurch veranlaßt werden, mit ver=
doppeltem Hasse zu den Waffen zu greifen. Aber
auch eine Nachgiebigkeit in Aussicht zu stellen, fand
sie nicht ratsam, weil dies die Gegner nur darin be=
stärken würde, an ihren Ansprüchen festzuhalten. Sie
meinte, die Absicht ihres Neffen nur dann erreichen
zu können, wenn sie mit der Mutter des Königs von
Frankreich ohne alles Hin= und Herschicken persön=
lich verhandele. Einige niederländische Herren, wie
Arschot, Büren, Berghes, die sie zu Rate zog, stimm=
ten ihr bei. So wurde dem anwesenden Gesandten
des französischen Königs keinerlei Eröffnung ge=
macht, sondern alles auf diese Zusammenkunft ver=
schoben. Der Vorschlag zu einer solchen ist also von
Frankreich ausgegangen, dann aber von der Statt=

halterin in sehr bestimmter Absicht ergriffen und erneuert worden. Sie hatte den vollständigsten Auftrag erhalten, der sich denken läßt. Karl V. versprach bei seinem kaiserlichen Wort, auf seine Ehre, unter Verpfändung seiner Güter, alles zu genehmigen, über das sie abschließen würde. Leichter als ihm ward es Franz I., seine Vollmacht zu geben. Unter den Gründen, weshalb nicht der König, sondern seine Mutter die Unterhandlung führen müsse, war es einer der vornehmsten, daß sie nicht gleichsam persönlich, wie er, Verpflichtungen gegen die italienischen Mächte, Mailand, Florenz oder Venedig, übernommen habe.

Am 5. Juli zogen die beiden Damen, von entgegengesetzten Seiten kommend, in Cambrai ein und nahmen ihre Wohnungen in zwei durch einen bedeckten Gang verbundenen Häusern, so daß sie einander sehen und sprechen konnten, ohne bemerkt zu werden.

Wenn man die Erinnerungen liest, welche Margareta dem Kaiser im voraus macht, so sieht man wohl, daß es an Schwierigkeiten bei der Unterhandlung nicht fehlen konnte. Allein sie wurden überwunden. Frankreich verstand sich wirklich dazu, jene zwei Millionen zu zahlen, auf alle seine Rechte und Verbindungen in Italien Verzicht zu leisten, endlich seiner Lehnsherrschaft über Flandern und Artois zu entsagen. Dagegen ließ auch Karl V. einige freilich weit weniger bedeutende Ansprüche, z. B. auf Peronne und Boulogne, fallen und gab fürs erste die Eroberung von Burgund auf. Das Prinzip, welches in Europa überhaupt herrschte, die verschiedenen Staaten zu sondern, einen von dem anderen unabhängig zu machen, war auch bei diesem Friedensschlusse zu bemerken. Indem Frankreich seine auswärtigen Unternehmungen aufgab, blieb es doch in seinem Inneren unangetastet. Burgund und Valois setzten sich nach so langen blutigen Kriegen endlich auseinander. Burgund hatte zwar nicht alle seine Prätensionen erreicht, war aber doch in unermeßlichem Vorteil; es war ihm gelungen, das Haus seiner Nebenbuhler, es ringsum einschließend, auf Frankreich allein zu beschränken.

Wohl dürfte man nicht glauben, damit sei nun alles beendigt gewesen. Franz I. hat gegen den Vertrag von Cambrai so gut wie gegen den Madrider protestiert. Er ist dabei geblieben, Asti und Mailand seien sein und seiner Kinder unveräußerliches Erbteil; Genua gehöre ihm an: unmöglich könne ein, erst durch die eigene, dann durch die Gefangenschaft seiner Kinder ihm abgezwungener Vertrag ihn verpflichten. Als die Verifikation desselben im Parlamente vor sich gehen sollte, protestierte der Generalprokurator, Maitre Franz Rogier, feierlich dagegen: denn die Gewalttätigkeit eines Lehnsmannes gegen seinen Lehnsherrn habe denselben bewirkt; er streite gegen die Grundgesetze des Reiches. Allein in diesen Protestationen liegt nur der Ausdruck des Gefühls, daß man der Gewalt, und zwar sehr ungern, weiche; sie sind ein Vorbehalt für die Zukunft, der für den Augenblick nichts bedeutet und ganz unbemerkt bleibt.

Zunächst war jedermann glücklich, daß der Friede wirklich zustande gekommen. In allen Punkten, wo man nicht eine ausdrückliche Veränderung beliebt hatte, deren es doch im ganzen nur vier gab, war der Madrider Vertrag bestätigt worden. Beide Verträge wurden jetzt miteinander ausgerufen und in die Staatsregister eingetragen. Sehr bezeichnend ist der Brief, mit welchem Herzogin Luise ihrem Sohne den Abschluß ankündigte; die Sicherheit seiner Person, schreibt sie ihm, welche aus dem Frieden entsprungen, den Gott ihnen gegeben, sei ihr lieber als ihr eigenes Leben; in der persönlichen Gefahr, in die sich der König zu stürzen noch einmal im Begriff gewesen war, lag, wie berührt, eines der vornehmsten Motive ihrer Bemühungen. Die Niederländer wußten sich viel damit, daß ein solcher Akt von ihrer Regentin ausgegangen; bei einem Mittagsmahl ist der französische Abgeordnete gefragt worden, ob man das dieser Dame wohl zugetraut habe, ob man in Frankreich damit zufrieden sei. Der Franzose hob hervor, daß auch seinem Könige einiges Verdienst zukomme; auf das bloße Wort der Erzherzogin habe er 15000 Landsknechte, mit denen er einen entscheidenden Schlag hätte führen können, aus seinen Diensten entlassen. Vor allen war der Papst erfreut; er fand nicht Worte genug, um die Dienste zu preisen, welche Luise der öffentlichen Sache ge=

leistet. Zu besonderer Genugtuung gereicht ihm, daß die Mitglieder der Ligue, über die er sich zu beklagen hatte, bei dem Vertrage nicht berücksichtigt worden. Allen Bestimmungen desselben zum Trotz, glaubte er doch an keine lange Dauer der Herrschaft des Kaisers. Zu den französischen Protestationen paßt es sehr gut, daß Klemens VII. zu verstehen gab: wenn der König nur erst seine Söhne wieder habe, so werde sich gegen alle anderen Übel ein Heilmittel finden lassen.

Und noch einen anderen Grund der Zufriedenheit hatte der Papst. In den Verhandlungen wie in dem Traktat erschien der König so gut wie der Kaiser als ein Gegner der religiösen Neuerungen. In seiner Vollmacht führt Franz I. unter den Gründen seiner Friedensliebe an, daß er die Ketzereien unterdrücken wolle, die in der Christenheit aufkommen, damit die Kirche verehrt werde, wie es sich zum Heile der Seelen gebühre. In dem 43sten Artikel des Friedens heißt es, daß Kaiser und König entschlossen seien, den heiligen Stuhl in seinem Ansehen und seiner Würde zu erhalten, wie es ihrem kaiserlichen und königlichen Stande zukomme. Unter den bestätigten Artikeln des Madrider Vertrages war auch der, in welchem der König dem Kaiser seine Hilfe wider die Ketzer nicht minder als gegen die Türken zusagte.

Bei dieser Umwandlung des Verhältnisses der großen Mächte war nun noch die vornehmste Frage, wie sich der König von England, dessen Eheschei=

dungsabsichten durch ihre Rückwirkung so viel zu derselben beigetragen, dazu stellen würde.

Die Hoffnung Wolseys, diese Absichten durchzusetzen, war auf die früheren politischen Konjunkturen gegründet gewesen. Er glaubte sich alles von dem Einfluß des französischen Hofes auf den römischen Stuhl und von dessen Dankbarkeit und Rücksicht für England versprechen zu können.

Was den Papst anbetrifft, so war dieser im Grunde der Meinung, der König würde am besten tun, wenn er, ohne so viel zu fragen, eine zweite Frau nähme und alsdann den apostolischen Stuhl zu richterlicher Entscheidung aufforderte; der Geist buchstäblicher Gesetzlichkeit, der England schon damals beherrschte, ließ das jedoch nicht zu: der König wünschte, die Legitimität der aus einer neuen Ehe zu erwartenden Nachkommen im voraus gesichert zu sehen; von dem, der gebunden hatte, wollte er auch gelöst sein. Wolsey hoffte, daß die Fortschritte der Ligue den Papst hiezu vermögen würden. Mehr als einmal forderte er den König von Frankreich auf, ebensoviel für die Auflösung der Ehe zu tun, wie England für die Herausgabe der königlichen Kinder von Frankreich; er möge nur dem Papste erklären, daß er die Sache Heinrichs VIII. für gerecht halte, und daß, wenn man sie zu Rom abschlage, er so gut wie dieser sich für beleidigt halten und es niemals vergessen werde. Wohl wußte Franz I., wieviel Wert für ihn das Bestehen Wolseys in England hatte. Wolsey erinnerte denselben, er werde verloren sein, wenn diese Sache nicht durchgehe; allzu starke Versicherungen habe er dem Könige darüber gegeben. Und in der Tat hätte der Papst selbst, z. B. bei Lautrecs Annäherung, nur recht ernstlich angegangen zu werden gewünscht; er würde sich dann mit einer Art von moralischem Zwange bei dem Kaiser haben entschuldigen können. Allein es scheint nicht, als hätten es die Franzosen für nützlich gehalten, so weit zu gehen. Sie hatten den Gedanken noch nicht aufgegeben, die englische Prinzessin Maria, die präsumtive Erbin des Reiches, mit einem ihrer Prinzen zu vermählen.

Da man nun weder ohne den Papst vorschreiten wollte, noch auch Anstalt machte, ihm Zwang anzutun, so kam es zu diplomatischen Verhandlungen, deren Gang und Erfolg, ihrer Natur nach, von den Ereignissen abhing.

Die englischen Abgeordneten, die sich im März und April 1528 in der Nähe des Papstes aufhielten, täuschten sich nicht darüber. „Die Schwierigkeiten und der Verzug," sagen sie, „auf die wir in dieser Sache stoßen, kommen lediglich von Furcht her; wir finden bei jedermann so viel Neigung als möglich, die Sache zu fördern; aber man besorgt, wenn man dem König eine ungewöhnliche Vergünstigung gewährt, so könne dies zu einer neuen Gefangenschaft führen, wofern der Kaiser den Platz behalte." Die Gesandten machten noch einmal einen Versuch, Furcht mit Furcht zu bekämpfen. Eines Tages stellten sie dem Papste vor, er werde den einzigen Fürsten verlieren, der ihm noch wahrhaft zugetan sei, — wie Wolsey einst sich ausgedrückt, nicht allein den König von England, sondern den Verteidiger des Glaubens; dann werde das schon gebeugte Papsttum vollends zusammenbrechen, zu allgemeiner Freude. Der Papst war nicht unempfänglich für diese Gefahr; unter lebhaften Gestikulationen ging er vor ihnen in dem Zimmer auf und ab, und es dauerte eine Weile, bis seine Bewegung sich legte. Er trat hierauf wirklich den Engländern einen Schritt näher. Er ernannte den Kardinal Campeggi, der ohnehin im besten Vernehmen mit Heinrich VIII. stand und von dessen Abgeordneten dazu vorgeschlagen war, zum Legaten von England und gab ihm die Erlaubnis, zugleich mit Kardinal Wolsey die päpstliche Dispensation, auf welche sich die Ehe Heinrichs VIII. gründete, nach Befinden für wirksam oder unwirksam, die Ehe selbst für gültig oder für ungültig zu erklären. Er tat dies im Anfang des Juni 1528, als die Sachen der Franzosen vor Neapel noch vortrefflich standen. Man hatte ihm zugleich versprochen, die Venezianer zu bewegen, ihm seine Städte herauszugeben.

Bald hierauf erfolgte die Niederlage Lautrecs vor Neapel. Wir sahen, welchen Umschwung die päpstliche Politik augenblicklich zugunsten des Kaisers nahm; auch in der englischen Sache, die diesem so nahe am Herzen lag, mußte sich derselbe zeigen.

Schon am 2. September ward Campeggi erinnert,

daß Seine Heiligkeit, so verpflichtet sie sich dem König von England fühle, doch auch auf den siegreichen Kaiser Rücksichten zu nehmen habe und ihm nicht neuen Anlaß zum Bruch geben dürfe, was nicht allein den Frieden verhindern, sondern auch zum äußersten Ruin des Kirchenstaates gereichen würde.

Im Oktober 1528 kam Campeggi in England an. So stark auch zuweilen die Ausdrücke waren, deren er sich gegen den Kaiser bediente, so zeigte sich doch gar bald, daß er nichts Ernstliches wider ihn vornehmen würde. Er ermahnte noch zuweilen den König, zuweilen Wolsey, von ihrem Vorhaben abzustehen. Eine Bulle, mit welcher Wolsey dem geheimen Rate des Königs den guten Willen des Papstes zu beweisen hoffte, weigerte er sich schlechterdings vorzuzeigen; er hat sie wahrscheinlich selber verbrannt. Abgesehen von den politischen Umständen, war die Frage, die es galt, an sich von hoher Bedeutung. Die Behauptung, daß die Dispensation, auf deren Grund die Ehe des Königs geschlossen worden war, keine Gültigkeit haben könne, weil die Vermählung mit des Bruders Witwe im Alten Testamente ausdrücklich verboten sei, berührt die Grenzen der päpstlichen Gewalt in bezug auf die Lehren der Bibel; sie traf dadurch mit den großen Streitigkeiten zusammen, welche überhaupt die Welt erfüllten. König Heinrich brachte sie in dem ersten Gespräch mit Campeggi zur Sprache. Er hatte alle Argumente, die gegen den Papst sprachen, inne; denn er selbst war gelehrter

Theolog, und seine Gelehrsamkeit war diesmal mit seiner Leidenschaft im Einklang. Campeggi, der die entgegengesetzte Meinung hegte — er wollte nicht sagen hören, daß die Macht des Papstes auf irgend= eine Weise beschränkt sei —, verzweifelte, den König zu derselben hinüberzuziehen. Wollte er, ohne der päpstlichen Machtfülle etwas zu vergeben, zu einem Verständnis mit dem König gelangen, so hätte die Dispensation aus anderen, mehr formellen Gründen angegriffen werden müssen. Aber auch dabei fanden sich unübersteigliche Schwierigkeiten, da die Königin — worauf alles ankam — fortwährend behauptete, ihre Ehe mit dem Bruder ihres Gemahls sei nie voll= ständig vollzogen worden. Sie hatte so viel Würde und Haltung, daß man ihr das allgemein glaubte.

Es blieb nichts übrig, als die Königin selbst zu ver= mögen, aus Rücksicht auf das allgemeine Beste und ihr eigenes Wohl ins Kloster zu gehen, um für die neue Gemahlin Raum zu machen. Campeggi ließ nichts unversucht, um sie dazu zu überreden; er sprach im Namen des heiligen Vaters. Die Königin Katharina war so katholisch wie möglich; allein diesen Zumutungen gab sie aus natürlichem Stolz und selbst aus religiösem Bewußtsein — denn Gott habe sie nun einmal zur Gemahlin des Königs gemacht und sie wolle es bleiben — kein Gehör. Wenn der Papst seine Dispensation nicht für ungültig erkläre, so sei sie entschlossen, als Königin von England zu leben und zu sterben.

Eine solche Erklärung lief aber an sich den einmal erhobenen Ansprüchen der kirchlichen Gewalt entgegen; der Fortgang der politischen Verhältnisse machte sie überdies untunlich. Besonders seit jenen Florentiner Ereignissen schloß sich der Papst aber immer enger an den Kaiser an, der die Sache seiner Tante für seine eigene erklärte. Im Mai 1529 fürchtete der englische Abgeordnete, die Kommission der beiden Kardinäle werde widerrufen werden.

Wahrscheinlich war dies der Grund, weshalb der König, ohne länger zu zögern, die Verhandlungen in aller Form eröffnen ließ.

Am 31. Mai 1529 fingen sie an; aber schon unter dem 29. ward Campeggi von Rom aus angewiesen, so langsam wie möglich vorzuschreiten und auf keine Weise das Urteil ergehen zu lassen. Er kam diesem Befehle pünktlich nach. Es war zu nichts als zu Vorbereitungen und Formalitäten gekommen, als Campeggi am 28. Juli die Sitzungen bis auf den 1. Oktober verlegte. Er nahm die Ferien der römischen Rota auch für sich in Anspruch.

Als nun der Papst seinen Frieden mit dem Kaiser geschlossen, blieb ihm noch immer Zeit, den Prozeß aus England an die Tribunale der Kurie abzufordern.

Am 9. Juli eröffnete der Papst den englischen Abgeordneten, es sei die allgemeine Meinung der englischen Rechtsgelehrten, daß diese Maßregel, die Abokation, nicht mehr verweigert werden könne. Die

Gesandten verabsäumten nichts, um ihn davon zurückzubringen. Er erwiderte ihnen, er sei rings von der Macht des Kaisers umgeben, der ihn nicht allein nötigen könne, zu tun, was Rechtens sei, sondern in dessen Händen er sich befinde. „Ich sehe," sagt er, „die Folgen so gut voraus, wie ihr; aber ich bin zwischen Hammer und Amboß. Wenn ich dem Könige gefällig bin, ziehe ich den verderblichsten Sturz über mich und die Kirche herbei."

Am 18. Juli ward der Friede zwischen Kaiser und Papst in Rom ausgerufen. Am 19. meldete der Papst dem Kardinal Wolsey, daß er zu seinem großen Schmerze sich genötigt sehe, die Sache von England an die Kurie abzufordern.

Wolsey hatte Heinrich VIII. immer versichert, seine große, seine geheime Angelegenheit ihm in Rom durchsetzen zu können; jetzt sah sich der König selber nach Rom zitiert, und zwar, was ihn noch besonders verdroß, bei einer namhaften Geldstrafe; er wollte das seine Untertanen nicht wissen lassen; er fand seine Würde dadurch beleidigt.

Überdies aber hatte ihm Wolsey auch versichert, daß sich Frankreich niemals von ihm trennen werde. Noch im Mai 1529 wollte er nicht glauben, daß dies geschehe: lebhaft ergriff er jedes Gerücht einer neuen Entzweiung und gründete Pläne darauf. Aber die beiden Höfe suchten jetzt nur noch ihn selbst von jeder Einmischung in ihre Unterhandlung abzuhalten, aus Besorgnis, er möchte sie zersprengen. Sie beschleunigten die Zusammenkunft von Cambrai auch deshalb, damit Wolsey daselbst nicht erscheinen könnte.

Dem Könige Heinrich VIII. blieb nichts übrig, als dem Frieden selber beizutreten. Seine Teilnahme am Kriege war zuletzt so geringfügig gewesen, daß auch der Friede, den er schloß, nur als ein Anhang zu dem französischen erschien; in der englischen Geschichte wird er kaum erwähnt. Dem Könige genügte, daß Frankreich die Geldsummen, die er vom Kaiser zu fordern hatte, von jenen zwei Millionen zu zahlen übernahm.

Daß er nun aber auch von jener seiner großen Angelegenheit, der Scheidung, abstehen sollte, war nimmermehr von ihm zu erwarten. Der Wunsch, von Anna Boleyn einen der Nachfolge fähigen Erben zu erhalten, ward jetzt zu seiner vorherrschenden Leidenschaft. Vielmehr bekam die Sache noch eine ganz andere Bedeutung, als sie bisher gehabt.

Vor allem, Wolsey konnte sich nicht mehr halten. Schon bisher hatten seine anti-österreichischen Maßregeln in dem geheimen Rate des Königs wie in der Nation Widerstand gefunden. Jede Feindseligkeit gegen die Niederlande war in England unbeliebt: einst konnten die über den Friedensbruch mißvergnügten Kaufleute des eigenen Landes nur durch eine Art von Zwang dahin gebracht werden, die Märkte nach wie vor zu besuchen. Der König selbst war hauptsächlich dadurch überredet worden, daß ihm Wolsey einen unmittelbaren pekuniären Vorteil aus der Allianz nachwies. Der Kardinal stellte oft dem französischen Gesandten vor, wie mancherlei Künste, welche „schreckliche Alchimie", wie er sich ausdrückte, dazu gehöre, seinen Gegnern Widerstand zu leisten. Aber jetzt waren alle seine Kräfte erschöpft. Seine auswärtige Politik, auf eine Vereinigung zwischen England, Frankreich und dem Papste berechnet, war vollkommen gescheitert. Er verzweifelte, die Entwürfe, die er bisher so eifrig befördert, ins Werk zu richten; es ist wohl nicht zu leugnen, daß er am Ende dem Könige selbst geraten hat, davon abzustehen. Aber damit verlor er, wie sich denken läßt, die Gnade und Huld des Königs; er erbitterte eine nicht geringe Partei, welche Anna schon für sich gewonnen, ihren Vater, der zum Marquis von Rochefort ernannt worden; alte und neue Gegner erhoben sich gegen ihn. Eben kam Suffolk aus Frankreich zurück, der schon dort sich ihm wenig günstig gezeigt und nun in offenbaren Zwist mit ihm geriet. Norfolk war nie sein besonderer Freund gewesen.

So geschah es, daß Wolsey fiel. Im November 1529 ward ihm das Siegel genommen; im Dezember ward er schuldig befunden, die Privilegien des Reiches durch ungebührliche Legatengewalt verletzt zu haben: weder die wiederbeginnende Unterstützung der Franzosen, noch wie Norfolk sich ausdrückt, der Rat seiner Sternseher konnte ihn schützen.

Noch viel wichtiger aber war, daß der König über diese Sache mit dem Papst in Hader geriet. Es hört sich an wie ein Scherz, wenn er sich vernehmen läßt, er werde sich mit Anna vermählen, wenn der Papst es erlaube, und wenn es der Papst nicht erlaube, werde er sich ebenfalls mit Anna vermählen; aber er leitete damit ein Ereignis ein, welches der Geschichte von England eine neue Wendung gegeben hat. Wolsey soll den Papst noch aufgefordert haben, den König von England zu exkommunizieren, weil das Volk sich alsdann gegen denselben empören würde. Mochte dies nun gegründet sein oder nicht, so mußte schon das Gerücht davon den König bestimmen, die Möglichkeit einer solchen Einwirkung auf immer zu beseitigen.

Kommen wir auf den Kaiser zurück, so lag für ihn ohne Zweifel ein Vorteil darin, daß er der englischen Feindseligkeiten fürs erste entledigt war und auch nach dieser Seite freie Hand gewann; bald äußerte er jedoch wohl das Bedenken, ob er sich nicht ein andermal durch die Ehre seines Hauses genötigt sehen werde, für die Sache der verstoßenen Gemahlin des Königs, seiner Tante, das Schwert zu ziehen.

Überhaupt zeigen seine Briefe, daß er noch keineswegs auf sicheren Frieden rechnete, als er gegen den Sommer 1529 ernstliche Anstalt traf, sich nach Italien zu begeben.

Schon eine längere Zeit daher hatte er sich mit diesem Gedanken getragen. Es kam ihm gleichsam zum Bewußtsein, daß die Jahre der Jugend für ihn vorüber seien; er fühlte sich als Mann und wünschte in die großen Angelegenheiten, die bisher unter seinem Namen geführt worden, persönlich einzugreifen, der Welt, wie einer seiner Vertrauten sagte, endlich sein inneres Selbst zu zeigen, das bisher nur diese gekannt hatten; ein sehr persönlicher, ritterlicher Ehrgeiz trieb ihn an. Er hoffte in Italien entweder sofort den Frieden zustande zu bringen, oder dem Kriege einen zum Ziele führenden Nachdruck zu geben, alsdann die kaiserliche Krone zu empfangen, hierauf sich nach Deutschland zu begeben, wohin ihn, sagte er, die Besorgnis rufe, daß es sich sonst zum größten Teile von der römischen Kirche trenne oder von den Türken überzogen und erobert werde. Auf die Anzeige seines Bruders von einem nahe bevorstehenden Anfall der Türken ließ er ihn wissen, daß er ihn nicht allein unterstützen, sondern, wenn es irgend möglich sei, sich selbst zum Kampfe einfinden werde.

Wäre nicht dieser Wunsch so lebhaft in ihm gewesen, so würde er wohl nicht so leicht auf die Unterhandlung eingegangen sein, in deren Folge er die Ansprüche der kastilianischen Krone auf die Molukken um die Summe von 350000 Gulden an Portugal abtrat. Die Spanier waren nicht sehr dafür gestimmt. Der Kaiser aber wollte auch dieser Streitigkeiten los sein, die im Orient schon zu blutigen Auftritten geführt hatten, und vor allem brauchte er das Geld. Er war sehr zufrieden, daß die Portugiesen sich dazu verstanden, es ihm in kurzen Terminen zu zahlen.

Da ward denn auf keinen Widerspruch weiter geachtet. Der Kaiser hat wohl gesagt, er könne sich nicht genugtun, wenn er diese Reise nicht unternehme.

Am 27. Juli 1529 stieg der Kaiser in Barcelona zu Schiff; am 12. August langte er in Genua an.

Überaus mächtig, jedoch nicht, wie die alten Kaiser, allein durch deutsche Kräfte, sondern durch eine wunderbare Kombination des Südens und des Nordens, erschien er an den italienischen Grenzen des alten Reiches. In seinem Gefolge finden wir alle die berühmten Namen der kastilianischen Geschichte: Mendoza, Guzman, Pacheco, Manrique, Zuniga, Toledo, Cueva, Rojas, Ponce de Leon; jedes große Haus hatte gleichsam seinen Repräsentanten geschickt; der glänzendste von allen war Alvarez Ossorio, Marques von Astorga; Navaresen, Katalanen, Aragonesen schlossen sich an. Auch neue Kriegsvölker, die von Malaga kamen, brachte er zur Verstärkung derjenigen mit, welche ihm schon in Mailand und Neapel standen. Die Reichsgewalt, die sich in dem Kaiser darstellte, bekam durch den Beisatz fremder Elemente einen neuen, romanischen, sehr katholischen Charakter. Sah man diesen Hof nur an, so konnten seine Intentionen nicht zweifelhaft sein.

Betrachten wir zunächst, wie demgegenüber die Dinge indessen in Deutschland selbst zugegangen waren.

Fünftes Kapitel.
Reichstag zu Speier im Jahre 1529.

Wir haben gesehen, von wie großem Einfluß die allgemeinen politischen Verhältnisse für Aufkommen und Festsetzung der religiösen Reformen überhaupt waren. Ohne die Entzweiung der beiden höchsten Gewalten wären die entscheidenden Beschlüsse des Reichstages von 1526 wohl niemals zustande gekommen.

Seitdem hatte es jedoch zu keiner nachhaltigen und wirksamen Reichshandlung weiter gebracht werden können.

Die Gesandtschaft an den Kaiser, die man damals beschlossen, war unter nichtigen Vorwänden zurückgehalten worden. Wenigstens sächsischerseits behauptete man zuversichtlich, daß dies lediglich infolge geheimer Betreibungen der geistlichen Stände geschehen sei. Bei den damals noch wachsenden Irrungen zwischen Kaiser und Papst schienen sie zu fürchten, die kaiserliche Entscheidung möchte zu ihrem Nachteil ausfallen.

Eine Fürstenzusammenkunft zu Eßlingen im Dezember 1526 bezog sich nur auf die Verteidigung gegen die Osmanen; die Beschlüsse, welche sie faßte, waren weder an sich bedeutend, noch ward ihnen die mindeste Folge gegeben.

Im Mai 1527 sollte ein Reichstag zu Regensburg gehalten werden; aber er wurde so schlecht besucht, daß die Versammelten sich nicht einmal für befugt hielten, Gegenstände, welche ausdrücklich an sie verwiesen worden waren, vorzunehmen, z. B. die Sache jener Gesandtschaft, sondern den Beschluß faßten, „sich überhaupt keiner Handlung zu unterziehen".

Auf den März 1528 war ein neuer Reichstag nach Regensburg ausgeschrieben; aber noch immer waren die Anhänger des Papstes nicht ohne Besorgnis vor den Beschlüssen der versammelten Stände; noch standen die allgemeinen Verhältnisse zu unsicher, als daß jene auch nur selbst feste Gesichtspunkte hätten fassen können. Zuerst verschob König Ferdinand die Eröffnung der Versammlung vom März in den Mai; dann erschien ein Edikt des Kaisers, welches sie, ohne viele Gründe anzugeben, nur, wie die Worte lauten, „aus merklichen Obligen und Ehaften" geradezu verbot. Vom päpstlichen Hofe aus hören wir, daß man da eine „nicht gute Beschlußnahme" gefürchtet habe.

Nunmehr aber war eine Entscheidung in den großen Angelegenheiten erfolgt; auch in Deutschland mußte sich alles ändern.

Der Kaiser selbst ließ sich noch von fern her, doch sehr unzweideutig, vernehmen. Wir berührten schon die Tätigkeit seines Vizekanzlers Waldkirchen. Den Augsburgern erklärte derselbe unumwunden, der Kai=

ser sei ihnen ungnädig, weil sie Änderungen in der Religion vorgenommen. In Straßburg hat er die Adeligen, die im Rate saßen, mit Verlust ihrer Lehen bedroht, wenn sie sich der Abschaffung der Messe nicht widersetzen würden. Welchen Eindruck er machte und welche Hoffnungen man auf die erneuerte Verbindung mit dem kaiserlichen Hofe gründete, ergibt sich unter anderem daraus, daß das Kapitel von Konstanz, das vor kurzem wegen der Übermacht der neuen Meinungen von dort hatte weichen und sich in Überlingen ansiedeln müssen, ihn, den Vizekanzler, zum Koadjutor des Stiftes erwählte.

Von unermeßlichem Werte war es für die Bischöfe, daß der Kaiser mit dem Papste Frieden schloß, die beiden höchsten Gewalten sich nicht allein versöhnten, sondern vereinigten. Jetzt konnten die Geistlichen erst wieder auf festen Rückhalt zählen.

Und in diesem Augenblick fühlten sich alle durch den Fortgang der schweizerischen Reformen aufs neue bedroht. Aus verschiedenen Erlassen sieht man, welche Besorgnisse die Abweichungen Zwinglis von der Abendmahlslehre überall erregten: man fürchtete eine Entfremdung der davon ergriffenen oberländischen Städte vom Reiche.

Verkennen wir nicht, daß auch die Gewaltsamkeiten, zu denen sich der Landgraf durch die Angaben Packs hatte verleiten lassen, eine für den Fortgang der evangelischen Sache schädliche Rückwirkung hatten. Der schwäbische Bund war dadurch in seinem anti=

evangelischen System noch mehr bestärkt worden. Er schloß soeben den Abgeordneten von Memmingen aus dem Bundesrat aus, weil Memmingen die Messe abgeschafft hatte und sich zu den Meinungen Zwinglis bekannte.

In jenem Schreiben vom Oktober 1528 hatte der Papst den Kaiser in aller Form aufgefordert, sich der Sachen der Religion auf einem demnächst zu haltenden Reichstage kräftiger anzunehmen, als bisher: fürs erste lasse sich wenigstens dafür sorgen, daß das Übel nicht weiter um sich greife. Es war wohl schon eine Wirkung davon, daß noch am letzten Tage des November das Ausschreiben zu einem neuen, auf den 21. Februar 1529 nach Speier zu berufenden Reichstage erging. Die Stände wurden bedeutet, daß man keine Rücksicht auf die Ausbleibenden nehmen, mit den Anwesenden nichtsdestominder zu Beratung und Beschluß schreiten werde. Als Gegenstände der Verhandlungen machte man die Rüstung gegen die Türken, die Gewaltsamkeiten, die wider den Landfrieden vorgenommen worden, und vor allem die Religionsneuerungen namhaft.

Und diesmal war die Ankündigung sehr ernstlich gemeint: die kaiserlichen Kommissare erschienen zur bestimmten Zeit; die geistlichen Fürsten trafen in größerer Anzahl ein, als sonst; die, welche nicht persönlich kamen, hatten an ihrer Stelle die eifrigsten von ihren Beamten geschickt, z. B. der Bischof von Kostnitz denselben Faber, dessen wirksame politisch=

religiöse Tätigkeit in den schweizerischen Irrungen wir oben wahrnahmen. Unterwegs hatte er bei Erasmus eingesprochen und sich auf eine Weise ausgedrückt, daß dieser nichts als Krieg und Gewalttaten erwartete. Auch unter den weltlichen hatte das katholische Prinzip neue Anhänger gewonnen. Herzog Heinrich von Mecklenburg, der bisher für evangelisch gegolten, stimmte für jetzt mit seinem Sohne Magnus, Bischof von Schwerin, der sich den Veränderungen heftig widersetzte. Der Kurfürst von der Pfalz, ehedem so gut wie einverstanden, verbot jetzt seinen Leuten, die Predigt zu besuchen. Man glaubte, er werde von seinem Bruder, dem Pfalzgrafen Friedrich, der sich aufs neue Hoffnung auf eine österreichische Prinzessin machte, dazu bestimmt. „Pfalz," heißt es in einem Schreiben aus Speier, „kennt kein Sachsen mehr."

Unter diesen Umständen, von einer ihren Wünschen entsprechenden Stimmung umgeben, konnten nun die kaiserlichen Kommissare in ihrer Proposition — 15. März — mit einem Antrage von entscheidendem Inhalt hervortreten.

Indem sie ein Konzil mit größerer Bestimmtheit als früher, da nun auch der Papst damit einverstanden sei, ankündigten und dabei die alte Frage berührten, wie es bis zu demselben gehalten werden solle, schlugen sie vor, jenen Artikel des Abschieds von 1526, kraft dessen alle bisherigen Neuerungen unternommen worden, weil er, „zu großem Unrat und Mißverstand"

Anlaß gegeben, förmlich zu widerrufen und ihn gegen eine andere, geradezu entgegengesetzte, die geistliche Obrigkeit begünstigende Anordnung zu vertauschen.

Es war das wohl ein Gedanke, den die meisten Altgläubigen hegten. Wenigstens finden wir in der Instruktion, die Herzog Georg von Sachsen seinem Gesandten an den Reichstag mitgab, daß auch er in jenem Artikel die Ursache aller Irrungen sah. Er fordert, daß denselben Maß gesetzt werde, namentlich daß sich Statthalter und Regiment Kais. Maj. ihrer Gewalt nicht so ganz begeben.

Zunächst ward nun ein Ausschuß zur Begutachtung der Proposition niedergesetzt.

Darin hatten die Altgläubigen, wie es nicht anders zu vermuten war, auf der Stelle die Oberhand. Von den kurfürstlichen Stimmen war nur die sächsische evangelisch; unter den neun fürstlichen waren fünf geistliche, drei weltliche entschieden katholisch: wie Faber, so saß auch Leonhard von Eck darin, der die Reaktion in Bayern geleitet. Da konnte es denn wenig Zweifel geben. Schon am 24. März erklärte sich der Ausschuß mit dem Vorschlag einverstanden und fügte nur einige nähere Bestimmungen hinzu: „Wer bis jetzt das Wormser Edikt gehalten, solle dies auch ferner tun. In den Landschaften, wo man davon abgewichen, solle man doch keine weitere Neuerung machen und niemandem verwehren, Messe zu halten. Kein geistlicher Stand solle seiner Obrigkeit, Rente, Gült entsetzt werden dürfen, bei Acht und Aberacht. Die Sekten endlich, welche dem Sakramente des wahren Leibes und Blutes widersprechen, solle man ganz und gar nicht dulden, so wenig wie die Wiedertäufer." Mit diesen Erläuterungen ward das Gutachten an die Stände gebracht.

Alles was einst zugunsten der evangelischen Lehre geschehen war, hatte auf der Hinneigung der Mehrheit in den Ständen zu derselben beruht. Wie ganz aber war jetzt diese Mehrheit umgewandelt! Was die frühere beschlossen, suchte die jetzige aufzuheben. In den Sitzungen vom 6. und 7. April nahm sie das Gutachten an, wie es ihr aus dem Ausschuß zukam.

Und nun dürfte man sich nicht von dem Wortlaut täuschen lassen, nach welchem es wohl scheinen konnte, als solle nur der Fortschritt der Bewegung gehemmt werden. Allerdings war dies die nächste Absicht; näher betrachtet aber zeigen doch die Bestimmungen, die man festsetzte, daß sich die Veränderungen, die auf den Grund der früheren Reichsabschiede in den einzelnen Landschaften bereits getroffen waren, dabei nicht behaupten ließen.

Ein Hauptmotiv des vorigen Abschieds hatte in der Notwendigkeit gelegen, die inneren Irrungen in den Landschaften beizulegen; deshalb war es Fürsten und Untertanen überlassen worden, sich miteinander in religiöser Hinsicht zu vereinigen; jetzt sollten alle die, welche die lateinische Messe abgeschafft hatten, sie doch wieder zulassen. Was ließ sich dann anderes erwarten, als eine völlige Auflösung des eben Gegründeten?

Ferner beruhte das Wesen der getroffenen Veränderung in einer stillschweigenden Ausschließung der bischöflichen Jurisdiktion; die Obrigkeit der Bischöfe, d. i. auch die geistliche, ward jetzt aufs neue bestätigt. Man konnte sich nicht verbergen, daß damit unter anderem das Recht, Prediger zu setzen und abzusetzen, an sie zurückkam. Wie hätte man dabei einen Augenblick länger bestehen können?

Noch waren die Veränderungen in vielen Städten in bestem Gange. Einige hatten mit dem letzten Schritte gezögert, weil sie von dem Reichstage noch irgendein neues ausdrückliches Zugeständnis, z. B. die Erlaubnis zu beiderlei Gestalt, erwartet hatten. Sie waren jetzt verurteilt, bei dem Hergebrachten unbedingt und auf immer festzuhalten.

Endlich wurden die Anhänger Zwinglis von dem Frieden des Reiches geradezu ausgeschlossen.

Genug: wenn die Abgewichenen in dem Reichsabschiede auch nicht ausdrücklich angewiesen wurden, in den Schoß der verlassenen Kirche zurückzukehren, so ist doch unleugbar, daß, wenn sie ihn annahmen, die noch in den Anfängen ihrer Bildung begriffene evangelische Welt dadurch in kurzem wieder zugrunde gehen mußte.

Schien es da nicht wirklich, als ob die Reformen, deren Befestigung von der Lage der europäischen Angelegenheiten ausgegangen war, durch die Wendung, welche diese genommen, nun auch wieder mit dem Verderben betroffen werden sollten? Die große Gemeinschaft des Reiches, die bisher geschwankt, gesellte sich den vereinigten höchsten Gewalten jetzt wieder bei.

Oder durften die Evangelischen es wagen, ihr Widerstand zu leisten, worauf es bei ihnen vor allem ankam —, hatten sie einen rechtlichen Grund dazu?

Die Frage erhob sich, ob ein Beschluß der Mehrheit der Reichsstände auch im gegenwärtigen Falle für sie verbindlich sei.

Die Frage hat einen ganz allgemeinen Inhalt. Wenn auf gesetzlichem Wege eine Gründung vollzogen, ein lebendiges Dasein gepflanzt worden ist, darf alsdann die höchste Gewalt, in einem oder dem anderen Momente anders konstituiert, die Befugnis in Anspruch nehmen, das Gegründete wieder umzustürzen und zu vernichten? Hat nicht vielmehr das zum Dasein Gelangte nun auch das Recht, zu sein, sich zu verteidigen?

Die Reichsgewalt hatte sich in einem früheren Zeitpunkt unfähig gefunden, die allgemeine Entzweiung beizulegen; mit ihrem guten Willen war ihre Befugnis an die einzelnen Territorialgewalten übergegangen: — war sie nun wohl berechtigt, das, was infolge dieser ihrer Delegation geschehen, nachdem sie zu größerer Energie gelangt, wieder zu zerstören? Niemand könnte dies zugeben; sonst würde, bei dem natürlichen Schwanken jeder durch Majorität beschließenden Gewalt, nach den Einwirkungen des Momentes selbst das Langhergebrachte in Frage gestellt werden können. Nichts würde seines Daseins einen Augenblick sicher

sein. Denn wodurch unterschiede sich dem Prinzipe
nach das neu zustande Gekommene, in den Kreis der
Gesetzlichkeit Aufgenommene von dem Althergebrachten, länger Bestehenden?

Hier war nun noch besonders bedenklich, daß von
einer der wichtigsten jener Anordnungen — der Erlaubnis der Messe — weder in Proposition noch Kommission, noch Ausschreiben etwas verlautet war.
Landgraf Philipp wollte der Mehrheit der Stände
nicht zugestehen, über die Gebiete der Minderheit so
tief in ihr Inneres eingreifende Beschlüsse fassen zu
dürfen, ohne deren Beistimmung.

Wie Hessen, so erklärten sich Kursachsen, Lüneburg,
Anhalt, der Markgraf Georg von Brandenburg.

Von einer anderen Seite faßten die Städte die Sache
auf. Ihre Abgeordneten in dem Ausschuß bemerkten,
wie Faber besonders dadurch auf die Fürsten gewirkt,
daß er die gefährlichen Folgen jenes früheren Zugeständnisses hervorhob und übertrieb. Diesem Argumente setzten sie nun die Bemerkung entgegen, daß
es eben dem Abschiede, der jetzt zurückgenommen werden sollte, zu verdanken sei, wenn seitdem in Deutschland Ruhe geblieben. Wolle man in diesen geschwinden Zeiten so ernstliche Satzung demselben entgegen
vornehmen, daraus müsse Zertrennung und unbeschreibliche Beschwerde erfolgen. Noch waren die
Städte alle einmütig, die, welche katholisch geblieben,
mit denen, die evangelisch geworden. Die erwähnte
Entgegnung ist ihr gemeinschaftliches Werk. Ver=

gebens hielt Pfalzgraf Friedrich den Evangelischen vor, daß sie ja dem kaiserlichen Edikt ungehorsam, ihre Neuerungen mehr zu Unfrieden als zu Gottes Ehre dienlich seien; sie entgegneten: was sie getan, sei nicht dem Kaiser zuwider geschehen, sondern nur, um den Frieden unter den Ihren zu erhalten und um des Gewissens willen; Empörung könne niemand weniger leiden, als eben sie. König Ferdinand selbst bat sie zwei- oder dreimal, das vorgetragene Gutachten zu billigen: der Kaiser werde ihnen das alles zu Gnaden gedenken; sie antworteten ihm, sie würden dem Kaiser in alle dem gehorsam sein, was zur Erhaltung des Friedens und zur Ehre Gottes diene.

So überwiegend auch die Mehrheit sein mochte, so schien es ihr doch nicht gut, sich um einen so starken Widerspruch ganz und gar nicht zu kümmern. Besonders hatten sich die Städte bei dem Artikel von der geistlichen Gewalt wider das Wort „Obrigkeit" gesetzt, das im Abschiede von 1526 sorgfältig vermieden worden. Auch der Mehrheit schien es am Ende besser, dieses Wort wegzulassen und wie früher nichts als die Entziehung der Renten, Zinsen und Güter zu verbieten. Doch fügte sie hinzu, daß niemand eines anderen Standes Verwandte und Untertanen wider denselben in Schutz nehmen solle. Allein auch diese Fassung schien der evangelischen Minderheit unzulässig. Sie fürchtete, wenn man die Worte genau nehme, werde ein Bischof die Prediger als seine Untergebenen und Verwandten betrachten dürfen;

man werde sie dem Reichsabschiede zufolge ihm ausliefern müssen, eine Pflicht, die man lange vor diesen Neuerungen verweigert habe: schon vor 40 Jahren habe Frankfurt dem Erzbischof Berthold das abgeschlagen. Überdies war es nur ein einziger Punkt, und sie hatten sich über so viele andere zu beschweren.

Da aber die Majorität unerschütterlich blieb, sollte nun wohl die evangelische Partei einen Beschluß zu gesetzlicher Kraft gelangen lassen, der sie mit dem Verderben bedrohte?

Schon am 12. April erklärte der sächsische Gesandte Minkwitz in voller Reichsversammlung, daß sie das nicht tun würde. Er führte hauptsächlich die religiösen Gründe auf. In Sachen des Gewissens dürfe man überhaupt der Majorität nicht stattgeben; — wie komme aber vollends der Reichstag dazu, eine Lehre, die von einem Teile der Stände für christlich gehalten werde, noch vor allem Konzilium, auf das so oft proboziert worden, für unchristlich zu erklären? — Man werde sich das auf der anderen Seite nicht gefallen lassen; man werde z. B. nicht darein willigen, daß jenen, welche das Edikt von Worms bisher gehalten, geboten werde, dabei zu bleiben: denn damit würde man in gewissem Sinne die eigene Lehre verdammen. Die Gleichgesinnten waren hoch erfreut, daß sie ihre Sache so eifrig führen sahen. Minkwitz forderte die Reichsstände noch auf, an dem früheren Beschlusse festzuhalten: sei er gemißbraucht worden, was auf der evangelischen Seite wahrhaftig nicht ge-

Reichstag zu Speier im Jahre 1529.

schehen, so könne man dem durch eine Deklaration abhelfen. Er versprach, daß man alsdann auch auf dieser Seite den übrigen Beschlüssen anhangen werde.

Allein es war umsonst.

Am 19. April erschienen König Ferdinand, Waldkirchen und die übrigen Kommissare in der Versammlung der Stände, dankten ihr für ihre „christlichen getreuen und emsigen Dienste" und erklärten ihre Beschlüsse für angenommen, so daß man sie nur in die Form eines Abschiedes zu bringen habe. Den Kurfürsten von Sachsen und dessen Anhänger mit ihren Eingaben und Widerreden verwiesen sie lediglich darauf, daß doch jene Beschlüsse „altem löblichen Gebrauch nach durch den mehrern Teil der Kurfürsten und Fürsten gefaßt worden", so daß auch die übrigen sich denselben zu unterwerfen haben würden. Die evangelischen Fürsten, durch eine so völlig abschlägige Antwort, die wie eine Zurechtweisung aussah und die, wie sie vor allen Ständen verlesen worden, zu den Akten des Reiches gelegt werden sollte, betroffen, traten einen Augenblick in ein Nebenzimmer, um sich unverzüglich zu einer Antwort zu vereinigen. Allein der König und die kaiserlichen Kommissare waren nicht gemeint, dieselbe zu erwarten. Auf die Bitte der Fürsten, sich einen kurzen Verzug nicht beschweren zu lassen, antwortete König Ferdinand: er habe einen Befehl von kaiserlicher Majestät, den habe er ausgerichtet, und dabei müsse es sein Verbleiben haben: die Artikel seien beschlossen. Hierauf verließ er samt den Kommissaren das Haus. Durch die Mißachtung ihrer Würde und ihrer Rechte, die in diesem Verfahren lag, noch mehr gereizt, beschlossen nun die evangelischen Stände, einen Gedanken auszuführen, den sie schon einige Wochen früher, sowie sie sahen, welche Wendung die Geschäfte am Reichstage nehmen würden, gefaßt hatten. Rückgängig machen ließen sich, wie vor Augen lag, die Beschlüsse der Versammlung nicht; sich ihnen unterwerfen hieß das eigene Dasein aufgeben. Sie beschlossen, das Rechtsmittel der Appellation zu ergreifen. Noch in derselben Sitzung erschienen sie, zwar nicht mehr vor König und kaiserlichen Kommissaren, aber noch immer vor versammelten Ständen, und ließen die Protestation verlesen, in deren Folge ihnen der Name „Protestanten" geblieben ist.

Darin hoben sie nun besonders den reichsrechtlichen Gesichtspunkt hervor. Sie erklärten, daß sie nicht verpflichtet seien, ohne ihre Mitbewilligung aus dem zunächst in Speier gemachten Abschiede zu schreiten, den man mit so starken Klauseln gegenseitiger Versprechungen bekräftigt und gemeinschaftlich versiegelt habe; das Vorhaben der übrigen Stände, denselben einseitig aufzuheben, sei machtlos, nichtig und in Rücksicht auf sie unverbindlich; sie würden fortfahren, nach dem Inhalt des vorigen Abschiedes mit ihren Untertanen in Hinsicht der Religion sich so zu verhalten, wie sie es gegen Gott und den Kaiser zu verantworten gedächten. Lasse man sich nicht abhalten, den Abschied nach den genommenen Beschlüssen zu verfassen, so möge man auch diese ihre Protestation demselben einverleiben.

Eine Erklärung, auch in ihrer Form von einem sehr merkwürdigen Charakter, mit aller möglichen äußeren Rücksicht abgefaßt. Die Stände werden als die lieben Herren Vettern, Oheime, Freunde bezeichnet, sorgfältig sondernd tituliert man sie „Eure Liebden" und „Ihr Andern": man unterscheidet freundliche Bitte an die einen und gnädiges Gesinnen an die anderen; indem man keinen Augenblick seine fürstliche Würde aus den Augen setzt, bittet man die Gegner doch, das Verfahren, zu dem man sich genötigt sieht, nicht falsch zu verstehen: das wird man um die einen freundlich verdienen, gegen die anderen mit günstigem Willen erkennen. Die Aktenstücke dieses Jahrhunderts sind gewiß weit entfernt, schön oder klassisch genannt werden zu können; aber sie sind den Umständen angemessen und haben Charakter, wie die Menschen selbst, so alles, was sie tun.

Der König, dem diese Protestation mit einigen Zusätzen des anderen Tages übergeben ward, hielt es nicht für gut, sie anzunehmen; aber sie hatte doch den größten Eindruck gemacht. Daß ein Reichstag in so offenbarer Entzweiung endige, schien wohl gar zu unmittelbarem Unfrieden führen zu können: noch am 20. erschienen im Auftrage der Mehrheit Heinrich von Braunschweig und Philipp von Baden, um eine Vermittelung zu versuchen.

Und sehr merkwürdig sind die Punkte, über welche sie sich hiebei mit den Evangelischen vereinigten.

Sie gaben zu, daß der Artikel über die Gerechtsamen der Geistlichkeit auf deren weltliche Verwandte und Untertanen beschränkt werde.

Die Evangelischen dagegen willigten ein, daß bis auf das Konzilium keine weitere Neuerung vorgenommen, besonders keine Sekte zugelassen werde, die dem Sakramente des wahren Fronleichnams und Blutes entgegen sei.

Die Verschiedenheiten der Messe sollten beide Teile an einander dulden; niemand sollte in dieser Hinsicht außerhalb seines weltlichen Gebietes etwas zu sagen haben.

Diese Vorschläge haben die evangelischen Fürsten wirklich genehmigt; auch die zu den Ansichten Zwinglis sich neigenden Städte glaubten dabei bestehen zu können.

Man sieht wohl: wäre es bloß darauf angekommen, sich einen Einhalt in dem Laufe der Neuerung, insofern er gesetzlich bewirkt werden konnte, gefallen zu lassen, so würden sie nachgegeben haben: ihr Standpunkt war lediglich der der Verteidigung, es war nur der Einfluß der von dem Reichstage wieder anerkannten geistlichen Jurisdiktion, gegen den sie sich zur Wehre stellten.

Allein bei der Zusammensetzung der Majorität war wohl wenig Hoffnung, mit diesen Vorschlägen bei ihr durchzudringen. Ein paar weltliche Fürsten konnten sie billigen; die geistlichen, die in der Umwandlung der allgemeinen Angelegenheiten soeben eine glänzende Aussicht zur Herstellung ihrer Gewalt wahrnahmen, verschmähten, darauf einzugehen. Waren doch auch die weltlichen Fürsten noch nicht einmal alle mit den ersten Bestimmungen des Ausschusses zufrieden. Herzog Georg von Sachsen forderte eine nähere Festsetzung über die verlassenen Klöster, die beweibten Priester; er wollte alle von dem Herkömmlichen abweichenden Deutungen der Heiligen Schrift verboten wissen. Am wenigsten wäre König Ferdinand zu gewinnen gewesen. Es verdroß ihn, daß man zur Protestation geschritten war, ohne erst mit ihm zu unterhandeln, ihm dieselbe so ohne weiteres zugesendet, Unterhandlungen, die er selber durch Planitz eröffnet, zurückgewiesen hatte. Auch gegen die evangelischen Städte war er sehr unwillig, namentlich auf Straßburg, das noch kurz vor dem Reichstag die Messe abgeschafft hatte; er ließ sich nicht bewegen, dem Abgeordneten dieser Stadt, Daniel Mieg, seinen Sitz in dem Reichsregiment zuzugestehen. So lehnte er denn auch jetzt jede weitere Annäherung ab und verwarf die Vorschläge der beiden Vermittler. Er verweigerte die Protestation dem Abschiede einzuverleiben, oder auch nur derselben darin Meldung tun zu lassen.

Da nahmen nun auch die Evangelischen auf das Ersuchen Ferdinands, die Protestation nicht weiter zu extendieren, noch sie bekannt zu machen, keine weitere Rücksicht.

Es ward ein ausführliches, mit allen Aktenstücken versehenes Instrument aufgenommen, in welchem die vereinigten Fürsten, Kurfürst Johann von Sachsen, Markgraf Georg von Brandenburg, die Herzöge Ernst und Franz von Braunschweig=Lüneburg, Landgraf Philipp zu Hessen und Fürst Wolfgang zu Anhalt, von den Beschwerden, die ihnen am gegenwärtigen Reichstage begegnet, und allen Beschlüssen desselben an den Kaiser, die nächste gemeine freie Versammlung der heiligen Christenheit, oder auch ein Zusammen=kommen der deutschen Nation appellierten.

Den nächsten Sonntag, 25. April, ward dieser Appel=lation die nötige gerichtliche Form gegeben. Es ge=schah — denn auch die Bezeichnung des Ortes ist merk=würdig — in der Behausung des Kaplans Peter Mutterstadt an der Johanneskirche zu Speier, in der Johannisgasse daselbst, in der unteren kleinen Stube des Hauses. Bald darauf ward sie öffentlich bekannt gemacht: denn jedermann solle wissen, daß die Fürsten in den neuen Abschied mit nichten gewilligt, sondern entschlossen seien, an dem früheren festzuhalten.

Und diese Erklärung bekam nun noch dadurch ein besonderes Gewicht, daß ihr eine große Anzahl von Reichsstädten beitrat.

Anfangs hatte es nicht anders geschienen, als wür=den sie alle noch einmal für einen Mann stehen. Denn das war ihre alte Regel, wenn eine von ihnen eine Beschwerde hatte, sich alle für dieselbe zu ver=wenden, sich auf keine Weise voneinander abzusondern.

Wir bemerkten, daß in der Tat die erste Eingabe der Städte, so antiklerikalisch auch ihr Inhalt lautete, doch von allen unterzeichnet war. Allein die Religionsinteressen gingen zu tief in Fleisch und Blut, als daß die alten Regeln dagegen ausgehalten hätten. Die kaiserlichen Kommissare ließen die Abgeordneten der katholisch gebliebenen Städte zu sich kommen, lobten sie wegen ihrer Treue, ermunterten sie, darin zu beharren. Auf einige kleinere, wie Rottweil, Ravensburg, hatte Johann Faber vielen persönlichen Einfluß. Von anderen behauptete man, die Hoffnung, bei dem Reichsanschlag erleichtert zu werden, habe sie nachgiebiger gestimmt. Genug, in der entscheidenden Stunde, als der mainzische Kanzler fragte, welches nun die Städte seien, die sich beschwert fühlten, zögerte man zwar einen Moment, in Erinnerung an die alten Grundsätze, aber nur einen Moment. Zuerst erklärte der Gesandte von Rottweil, es gebe unter den Städten auch viele mit dem Beschlusse einverstandene. Andere stimmten ihm bei. Es ward ein Verzeichnis angelegt, in das die, welche sich beschwert glaubten, ihren Namen eintrugen. Anfangs schrieb sich selbst Köln ein, nicht sowohl, weil es die neuen Meinungen geteilt hatte, als weil es in Streitigkeiten mit seiner Geistlichkeit begriffen war; doch zog es sich später zurück. Auch Frankfurt schrieb sich anfänglich ein, und hier waren denn wirklich die neuen Meinungen schon festgewurzelt; später trat es zurück, weil es sich nicht von dem Kaiser zu scheiden gedenke. Aber die übrigen blieben standhaft. In dem Instrument werden ihrer vierzehn als Teilnehmer der Protestation genannt: Straßburg, Nürnberg, Ulm, Kostnitz, Lindau, Memmingen, Kempten, Nördlingen, Heilbronn, Reutlingen, Isny, St.-Gallen, das hier noch einmal als Reichsstadt auftritt, Weißenburg und Windsheim. Es sind, wie man sieht, auch alle die dabei, welche sich zu der Zwinglischen Auffassung hielten. In dem dringenden Momente hatten die Fürsten kein Bedenken getragen, sich mit ihnen zu verbinden. So bedeutende Fürsten hauptsächlich in dem nördlichen, so ansehnliche und reiche Städte vornehmlich in dem südlichen und westlichen Deutschland, alles in einem Sinne vereinigt, bildeten noch immer eine Macht, welche Rücksicht gebot. Sie waren entschlossen, sich gegen jede Gewalttat von seiten der Majorität mit gemeinschaftlichen Kräften zu verteidigen.

Sechstes Kapitel.
Spaltungen unter den Protestanten.

Fragt man nach dem reinen Resultate des Reichstages von 1529, so ist es besonders rechtlicher Art.

An ein Einverständnis des Reiches in religiöser Hinsicht war schon lange nicht mehr zu denken: zwei Parteien setzten sich einander immer schärfer gegenüber. Die Reichsgewalt selbst hatte dies gestattet; wie sie sich 1526 ausgesprochen, konnte sie als neutral angesehen werden. Jetzt aber, nachdem der erste Sturm vorübergegangen war, der geistliche Stand nach eigenen lebhaften Irrungen sich zur Handhabung seiner gemeinschaftlichen Interessen wieder vereinigt, der Kaiser mit dem Papst wieder freundschaftliche Verhältnisse angeknüpft hatte, gelang es der katholischen Gesinnung, sich der höchsten Gewalt zu bemächtigen, die Reichsgewalt, in den Händen der Majorität, nahm eine durchaus katholische Farbe und Haltung an.

Die Evangelischen, die noch eben auf das Bewußtsein einer anerkannten Legalität getrotzt und sich die Hoffnung gemacht hatten, auf diesem Wege immer weiter zu schreiten, sahen sich plötzlich nicht allein von jedem Anteil an der Reichsverwaltung, die sie vor einigen Jahren sogar geleitet hatten, ausgeschlossen, sondern von derselben in ihrem Dasein bedroht.

Es blieb ihnen nur übrig, sich als Minorität zu konstituieren, und zwar als eine solche, die sich keine Zurücksetzung gefallen lassen will und alle ihre Kräfte dagegen zusammenzunehmen entschlossen ist.

Man darf nie vergessen, daß der mutige Gedanke, diese Stellung zu ergreifen, sich auf dem Boden der Reichsgesetze zur Wehre zu stellen, von welchem die folgende Entwickelung des Protestantismus abhängt, in der Idee einer Vereinigung des sächsischen und des schweizerischen Bekenntnisses gefaßt und ausgeführt ward.

Am 21. April wies König Ferdinand die braunschweigisch-badensche Vermittelung zurück; am 22. schlossen Sachsen und Hessen „eine", wie es in der Urkunde heißt, „sonderlich geheime Verständnis" mit den Städten Nürnberg, Ulm und Straßburg. Man war darüber einig, daß man sich verteidigen wolle, wenn man des göttlichen Wortes halber angegriffen werde, möchte das nun durch den schwäbischen Bund oder von seiten des Kammergerichtes, oder selbst durch die Reichsregierung geschehen. Gesandte, die im Juni zu Rotach an dem fränkischen Gebirge zusammenkommen würden, sollten näher bestimmen, wie man einander Hilfe zu leisten habe.

Zwischen Nürnberg, welches dem lutherischen, und Straßburg, welches dem schweizerischen Begriff anhing, ward hier, wie man sieht, noch kein Unterschied gemacht.

Auch säumte man nach dem Reichstage nicht, den beschlossenen Bund näher in Überlegung zu ziehen. Es sind zwei Entwürfe dazu in unseren Händen, der eine von städtischer, der andere von fürstlicher Seite. Jener geht davon aus, daß ein Bundesrat aus den Gesandten der verschiedenen Stände gebildet werden müsse, der, seiner besonderen Pflichten entledigt, nur in Rücksicht auf das allgemeine Beste Beschluß zu fassen habe; der angegriffene Teil solle immer den Feldhauptmann setzen. In diesem dagegen wird eine der Reichsverfassung entsprechende Anordnung vorgeschlagen: ein Fürst soll zum Hauptmann ernannt werden und einen Kriegsrat von sechs Mitgliedern zur Seite haben, drei von den Fürsten, einen von den Grafen, zwei von den Städten. Im städtischen Entwurf wird viel Nachdruck darauf gelegt, daß man nicht um anderer als religiöser Gründe willen zu den Waffen greife: nur dann dürfe dies geschehen, „wenn man des Glaubens wegen angegriffen, oder unter dem Scheine geistlicher Jurisdiktion verhindert werden sollte, die Kirchen zu visitieren". In dem fürstlichen, der von der Hand des Kurprinzen ist, wird besonders das Recht hervorgehoben, das man zur Gegenwehr habe; des Kaisers wird darin noch nicht gedacht: die letzten Beschlüsse werden nur als Unternehmungen der Stände betrachtet, denen man auch diesseits in aller Hinsicht ebenbürtig und gleich, denen sich entgegenzustellen man nicht allein berechtigt, sondern sogar verpflichtet sei.

Welcher von beiden nun aber auch beliebt worden wäre, so würde man allemal eine bedeutende Macht haben aufstellen können. Der Kurprinz berechnete, daß man 10000 Mann zu Fuß, 2000 zu Pferde aufbringen müsse; er riet, nahe und ferne Freunde dazu einzuladen. Die größte Aussicht gab es, daß man die Schweiz auf seiner Seite gehabt haben würde, wie denn die Reichsstadt Konstanz schon vor einem Jahre in Bürgerrecht mit Zürich und Bern getreten war und dagegen St.-Gallen, eine schweizerische Stadt, die Protestation mit unterzeichnet hatte. So ganz harmlos und ohne Bezug auf den Kaiser, wie Johann Friedrich meinte, würde aber dieser Bund nicht lange geblieben sein. Landgraf Philipp und der Rat von Zürich, die im engsten Verhältnis standen, hatten bereits sehr ernstlich an die Herstellung Herzog Ulrichs von Württemberg gedacht. Bei den Unterhandlungen, die von Zürich aus hierüber mit Frankreich eröffnet wurden, drang Zwingli ausdrücklich darauf, daß man den Landgrafen dazu herbeiziehen müsse, den er als großherzig, standhaft und klug schilderte. Auch an Venedig hat man sich gewendet. Indem der Kaiser in dem südlichen Europa die Oberhand behielt, schien es, als würde sich ihm in der Schweiz und in Deutschland eine religiös-politische Partei entgegenstellen und den Mittelpunkt für eine neue europäische Opposition bilden. Auf jeden Fall hätte man die Zuversicht hegen dürfen, in dieser Vereinigung dem Kaiser und der Majorität der Reichsstände einen unüberwindlichen Widerstand entgegensetzen zu können.

Allein wie bald sollte doch die neue Partei, und zwar infolge ihrer eigenen Zusammensetzung, die Aussichten fahren lassen!

Indem man sie faßte, hatte man die Entzweiung aus den Augen gesetzt, welche zwischen den beiden Bekenntnissen obwaltete. Das war wohl in Speier möglich, beim Anblick einer plötzlich aufsteigenden unerwarteten Gefahr: den Feinden gegenüber fühlte man um so stärker seine Gemeinschaft und die Notwendigkeit, sich politisch zusammenzuhalten. Aber sowie man wieder allein war, jener Eindruck wieder verlosch, mußte auch die alte Stimmung wieder erwachen.

Der Charakter des Jahrhunderts ist eben, daß, indem man sich von der Herrschaft der Geistlichkeit zu emanzipieren sucht, doch das theologische Element, durch dessen Energie dies geschieht, hinwieder sich von keiner politischen Betrachtung beseitigen läßt.

Man hatte in Speier den Theologen anfangs das neue Bündnis verborgen gehalten und, als man es ihnen dann mitteilte, sie vermocht, es sich gefallen zu lassen.

Aber sie waren auch die ersten, in denen nun Skrupel aufstiegen. Melanchthon, ein Mensch, der jede Schwierigkeit, auf die er stieß, innerlich durcharbeitete und sich dabei keine Pein ersparte, kam schon ohne die gewohnte Heiterkeit nach Hause. Er bildete sich ein, wenn man nur die Anhänger Zwinglis hätte fallen lassen, so würde sich die Majorität wohl nachgiebiger gezeigt haben; er gab es sich selber Schuld, daß dies nicht geschehen sei: denn seine Pflicht wäre gewesen, darauf zu dringen. Er erschrak bei dem Gedanken, daß eine Veränderung des Reiches und der Religion daraus hervorgehen könne. In Wittenberg sprach er mit Luther, und man kann denken, wie dieser die Sache aufnahm. Melanchthon geriet in die schmerzlichsten inneren Bekümmernisse. „Mein Gewissen," schreibt er am 17. Mai, „ist durch diese Dinge beunruhigt; ich bin halb tot, indem ich sie mir überlege"; am 11. Juni: „Meine Seele ist von bitteren Schmerzen ergriffen, daß ich darüber alle Pflichten der Freundschaft, meine Studien versäume"; am 14.: „Ich fühle mich in solcher Unruhe, daß ich lieber sterben, als sie länger ertragen wollte." Gleich als wollte er das begangene Unrecht wieder gutmachen, ersuchte er endlich auf seine eigene Hand seine Freunde in Nürnberg, den Abschluß der entworfenen Verbindung lieber zu verhüten: „denn die gottlose Meinung Zwinglis dürfe man nimmermehr verteidigen."

Seinen Herrn, den Kurfürsten, konnte er getrost der Einwirkung Luthers überlassen.

Luther, wie gesagt, hatte keinen Augenblick gezögert, die Verbindung mit den Anhängern Zwinglis zu verdammen. Auf der Stelle und unaufgefordert, nur auf die Erzählung Melanchthons, wandte er sich an Kurfürst Johann, um das zu Speier geschlossene

Spaltungen unter den Protestanten.

Abkommen auch jetzt noch rückgängig zu machen. Er stellte ihm vor, daß alle Bündnisse gefährlich seien, erinnerte ihn, wie schon das vorige von dem unruhigen jungen Landgrafen mißbraucht worden: „wie sollte man sich aber vollends mit Leuten verbinden dürfen, welche wider Gott und das Sakrament streben? Da gehe man mit Leib und Seele der Verdammnis entgegen."

Und dürfte man wohl diese theologischen Bedenklichkeiten so schlechthin verwerfen, es namentlich Luthern zum Vorwurf machen, daß er sie hegte?

Wir müssen bedenken, daß der Grund der ganzen Reformbewegung in der religiösen Überzeugung lag, die nicht mit sich unterhandeln, sich keine Bedingung noch Ermäßigung abgewinnen ließ. Der Geist einer exklusiven, in Formeln festgesetzten, den Gegner verdammenden Rechtgläubigkeit herrschte nun einmal in der Welt vor. Eben darum war der Streit zwischen den beiden Bekenntnissen, die sich doch sonst nahe standen, so heftig geworden.

Eine Verbindung der Anhänger von beiden war nur entweder dadurch ausführbar, daß man über die Differenz hinwegsah, oder dadurch, daß man sie beilegte.

In Speier, in dem Tumulte des Reichstages, im Angesicht der gemeinschaftlichen Gefahr, hatte man das Erstere für möglich gehalten. Allein wie sollte es sich durchführen lassen, da noch immer die heftigsten Streitfragen zwischen den Oberhäuptern gewechselt wurden? Bei der Überzeugung, die nun einmal beide Parteien hegten und nicht fahren ließen, hätte darin fast ein Beweis gelegen, daß das ursprüngliche religiöse Motiv nicht so ganz rein gewesen sei.

Luther war weit davon entfernt, und es bedurfte nur seiner Anmahnung, um auch den Kurfürsten davon zurückzubringen.

Kurfürst Johann schickte wohl zur bestimmten Zeit seine Abgeordneten nach Rotach, aber mit dem Auftrage, nur zu hören und ihm zu berichten: er werde dann mit den Gelehrten beratschlagen, ob die Sache ohne Beschwerung des Gewissens auszuführen sei. Er meinte, vielleicht würden auch in den Nürnbergern ähnliche Skrupel erwacht sein.

Wirklich war die Meinung der Nürnberger Theologen ganz wie die der sächsischen. Auch sie überzeugten ihren Rat, daß man mit den Sakramentierern nichts zu schaffen haben dürfe.

Daher kam es in Rotach zu nichts, als zu allgemeinen Zusicherungen gegenseitiger Hilfe, vorläufigen Besprechungen; nähere Beratung verwies man auf eine besondere Zusammenkunft im August nach Schwabach, die aber gleich gar nicht zustande kam. Sie war schon abgekündigt, als die oberländischen Gesandten anlangten; sie hatten den weiten Weg vergeblich gemacht.

So mächtig setzte sich das theologische Element, wie jenem Kriegsunternehmen in den Packischen Händeln vor drei Jahren, so jetzt einem Bündnis entgegen,

Spaltungen unter den Protestanten.

das zur Rettung vor der überlegenen Gewalt das einzige Mittel schien. Wie damals den Angriff, so verhinderte es jetzt alle Maßregeln der Verteidigung.

Kein Wunder, wenn sich Landgraf Philipp, der jene Aussichten schon mit seinem ganzen Ehrgeiz ergriffen hatte, darüber betroffen, unglücklich fühlte. Er tat alles, um seinen sächsischen Verbündeten bei dem einmal gefaßten Entschluß festzuhalten. Jedoch es war alles vergebens.

Und glauben wir darum nicht, daß Landgraf Philipp dem Geiste seines Jahrhunderts untreu geworden sei. Der Grund seiner Nachgiebigkeit lag darin, daß er von der lutherischen Auffassung nicht so vollkommen durchdrungen war, wie die übrigen.

War nun aber das Ignorieren der Zwistigkeit nicht möglich, so wurde es doppelt dringend, noch einen Versuch zu machen, ob sich nicht eine Vereinigung zwischen den streitenden Theologen stiften lasse.

In Weimar hatte Landgraf Philipp bei Melanchthon und den sächsischen Theologen diesen Gedanken in Anregung gebracht und schon von Speier aus darüber an Zwingli geschrieben. Jetzt schritt er zu einer definitiven Einladung beider Parteien auf sein Schloß zu Marburg, zum Michaelisfest 1529.

Merkwürdig, wie verschieden beide seine Einladung aufnahmen. Zwingli hätte gefürchtet, von dem großen Rate seiner Stadt, wenn er seine Absicht kundgetan hätte, zurückgehalten zu werden; man würde ihn schwerlich auf eine so weite Reise durch so manches zweifelhafte oder feindselige Gebiet haben ziehen lassen; nur im Einverständnis mit einigen Mitgliedern des geheimen Rates, ohne daß er auch nur seiner Frau seine Absicht mitgeteilt, das hessische sichere Geleit abgewartet hätte, machte er sich auf den Weg. Dagegen würde Melanchthon lieber gesehen haben, sein Fürst hätte ihnen die Reise verboten. Luther erklärte unaufhörlich, die Zusammenkunft werde zu nichts helfen. Als Luther an der Werra angekommen, wäre er nicht zu bewegen gewesen, weiter zu gehen, ehe er nicht das sichere Geleit des Landgrafen in aller Form in Empfang genommen hatte.

Die Schweizer waren erfüllt von großen Hoffnungen; wußten sie doch, daß der Fürst, bei dem sie mit ihren Gegnern zusammentreffen sollten, politisch ohne Frage und beinahe auch religiös auf ihrer Seite war. Die Wittenberger fühlten wohl, daß sie sich in Widerspruch mit den Wünschen Philipps befanden; sie waren entschlossen, nicht zu weichen, sondern ihre Stelle um jeden Preis zu behaupten.

So kam man in sehr entgegengesetzter Stimmung zusammen. Denn das ist nun einmal die Natur des Menschen, daß er in all seinem Tun unter den Einflüssen des Moments zu Werke geht. Erhob sich aber der Blick einmal darüber, so hatte die Versammlung etwas Erhabenes, Weltbedeutendes.

Die trefflichen Geister, die auf beiden Seiten mit so großer Kraft die Bewegung geleitet, zwischen denen aber Mißverständnisse ausgebrochen waren, kamen zusammen, um in persönlichem Zwiegespräch eine Ausgleichung zu versuchen, dem Hader, der dem Fortgang der gemeinschaftlichen Sache nicht anders als überaus hinderlich sein konnte, ein Ende zu machen.

So faßte Euricius Cordus diese Sache, wenn er sie alle anredet, die Fürsten des Wortes, „den scharfsinnigen Luther, den sanften Oekolampad, den großherzigen Zwingli, den beredten Melanchthon", und die übrigen, welche angekommen — Schnepf, Brenz, Hedio, Osiander, Jonas, Crato, Menius, Myconius, deren jeden er mit einem entsprechenden Worte des Lobes schmückt —, und sie dann ermahnt, das neue Schisma zu heben. „Die Kirche fällt euch weinend zu Füßen, fleht euch an und beschwört euch bei den Eingeweiden Christi, die Sache mit reinem Ernst, zum Heile der Gläubigen zu unternehmen, einen Beschluß zustande zu bringen, von dem die Welt sagen könne, er sei vom heiligen Geiste ausgegangen." Es war eine Kirchenversammlung derer, die vom Katholizismus abgewichen. Wäre es einmal damit gelungen, so würde das Mittel gefunden gewesen sein, auch fortan in der neuen Partei die kirchliche Einheit zu erhalten.

Zuerst wurden einige vorläufige Zweifel beseitigt. Man hatte Zwingli Irrtümer über die Gottheit Christi beigemessen; er sprach sich ganz in dem Sinne des nizänischen Glaubensbekenntnisses aus. Auch über den Begriff der Erbsünde, auf welchem die gesamte Heilsordnung beruht, die Wirksamkeit des äußerlichen Wortes, die Taufe, welche nicht ein bloßes Zeichen sei, erklärte er sich mit den Wittenbergern einverstanden. Es ist wohl unleugbar, daß Zwingli früher in allen diesen Punkten, indem er zu einem unvermittelten Verständnis der Schrift zu gelangen suchte, sich von den angenommenen kirchlichen Begriffen ziemlich weit entfernt hatte. Er kehrte hierin wie Luther auf die Grundlagen der lateinischen Kirche zurück. Nur in dem einen Punkte, auf den es vor allem ankam, welcher die allgemeine Aufmerksamkeit beschäftigte, in der Frage über die Eucharistie, wich er keinen Schritt breit; da hoffte er vielmehr den Sieg davonzutragen. Mit großer Lebhaftigkeit brachte er seine Argumente vor: die figürliche Bedeutung des „ist" in anderen Stellen, die Erläuterung, die Christus im 6. Kapitel Johannis selbst gebe, — von welcher er sich wohl vernehmen ließ, sie breche Luthern den Hals ab, was dieser fast mißverstanden hätte —, die Übereinstimmung mehrerer Kirchenväter, endlich die Unmöglichkeit, daß ein Leib anders als an einem Orte sei. Allein Luther hatte vor sich auf die Tafel die Worte geschrieben: „das ist mein Leib"; er blieb dabei, daß das Gottes Worte seien, an denen man nicht deuteln dürfe, vor denen der Satan nicht vorüberkönne; er ließ sich auf die tiefer greifenden Erklärungen, mit denen er das Argument von der Lokalität, ohne die ein Körper nicht zu denken sei, wohl sonst bestritten hatte, diesmal nicht ein; das „bedeutet" wollte er schlechthin nicht dulden: denn das nehme

Spaltungen unter den Protestanten.

den Leib hinweg. Der Unterschied ist: auch Zwingli ist die Gegenwart Christi an das Brot geknüpft; Luther dagegen ist das Brot selbst die Gegenwart, und zwar der gegenwärtige Leib: das Sichtbare enthält das Unsichtbare, wie die Scheide das Schwert. Wohl verstand auch er das Genießen spirituell; er wollte sich aber das Mysterium, das in dem Zeichen liegt, nicht entreißen lassen. Er meinte, die Gegner möchten wohl noch nicht in den Fall gekommen sein, ihre Erklärung in geistigen Anfechtungen zu erproben. Er dagegen war sich bewußt, damit gegen Satan und Hölle gekämpft und den Trost daraus geschöpft zu haben, dessen die Seele in ihren verzweiflungsvollsten Stürmen bedarf.

Für die Fortentwickelung der religiösen Ideen wäre es, dünkt mich, nicht einmal zu wünschen gewesen, wenn Zwingli seine Auffassung, die durch die Zurückführung des Mysteriums auf die ursprünglichen, historisch überlieferten Momente der Einsetzung eine so unermeßliche Bedeutung für die ganze Auffassung des Christentums außerhalb der konstituierten Kirchlichkeit in sich schloß, aufgegeben hätte. In den übrigen Punkten, wo er nachgab, war er noch nicht so sicher, so fest geworden; diesen aber hatte er nach allen Seiten durchdacht, hier war er seines Gegenstandes Meister; der enthielt sein Prinzip, den ließ er sich nicht entreißen.

Ebensowenig wäre es aber auch von Luther zu erwarten oder gar zu fordern gewesen, daß er der anderen Erklärung beigetreten wäre. Sein Standpunkt ist überhaupt, daß er ein Inwohnen des göttlichen Elementes in der christlichen Kirche festhält, wie die Katholischen. Er sieht es nur nicht in den mancherlei Zufälligkeiten, welche phantastische und sophistisierende Jahrhunderte überliefert hatten. Da diese ihm die Gewißheit nicht gewähren, deren er bedarf, so geht er auf die ursprünglichen Quellen zurück, auf welche auch sie sich beziehen, und nur das nimmt er an, was er da findet. Von den sieben Sakramenten hält er nur die zwei fest, von denen das Neue Testament unleugbare Meldung tut. Aber diese will er sich nun auch um keinen Preis entwinden, oder in ihrer geheimnisvollen Bedeutung schmälern lassen.

Es sind, wie gesagt, zwei, von verschiedenen Gesichtspunkten, aber mit gleicher Notwendigkeit entstandene Auffassungen.

Gewinn genug, wenn man nun aufhörte, sich gegenseitig zu verketzern. Luther hatte gefunden, daß die Gegner es nicht so böse meinten, wie er geglaubt. Auch die Schweizer gaben jene grobe Vorstellung auf, die sie von der lutherischen Auffassung bisher gehegt hatten. Luther meint, die Heftigkeit der Streitschriften werde sich nun legen.

Zunächst wurden alle die wichtigsten Glaubensartikel, in denen man übereinstimmte, schriftlich zusammengefaßt und von den Theologen beider Parteien unterzeichnet; die Abweichungen von dem römischen Bekenntnis sowohl, wie von den wiedertäuferischen Sekten sind darin sorgfältig bemerkt; es war doch auch dies eine erwünschte Grundlage gemeinschaftlicher Fortentwickelung, und das Marburger Gespräch ist durch die Feststellung derselben auf immer wichtig. Der fünfzehnte und letzte dieser Artikel betrifft das Abendmahl. Man ist über die Art und Weise der Feier und deren Zweck selbst darin einstimmig, daß hier der wahre Leib und das wahre Blut Christi geistlich genossen werde; nur über die eine Frage kann man sich nicht vereinigen, ob dieser wahre Leib nun auch leiblich im Brote sei. Da trennt sich eine freiere Auffassung der Schrift von dem in der Kirchengemeinschaft geltend gewordenen Begriff des Mysteriums. Doch will ein Teil gegen den anderen christliche Liebe ausüben.

Nur soweit gab Luther nicht nach, daß er auch brüderliche Liebe gewährt, d. i. daß er anerkannt hätte, man bilde nun eine einzige Gemeinschaft. Dazu war ihm der Gegensatz bei weitem zu tiefgreifend, das Mysterium, der Mittelpunkt des Glaubens und Dienstes, viel zu wesentlich.

Für die Zukunft demnach, für das Bewußtsein, daß man der Abweichung zum Trotz im Grunde doch dem nämlichen Bekenntnisse angehöre, war durch das Gespräch nicht wenig gewonnen; der politische Zweck dagegen, den Landgraf Philipp im Auge gehabt, wie er von dem Moment geboten wurde, war verfehlt.

Vielmehr erfolgte eben das Gegenteil von dem, was er beabsichtigt hatte.

Von Marburg eilte Luther nach Schleiz, wo in diesem Augenblick Kurfürst Johann von Sachsen und Markgraf Georg von Brandenburg zusammengekommen waren, um über die Zulässigkeit des oberländischen Bündnisses zu beratschlagen. Nicht allein überzeugte Doktor Luther die Fürsten, daß eine vollkommene Einheit des Glaubens dazu gehöre, wenn man sich gegenseitig verteidigen wolle, sondern sie beschlossen auch, die Artikel, worauf jene Einheit beruhe, gegeneinander zu bekennen und niemanden in die Verbindung aufzunehmen, der auch nur in dem einen oder dem anderen derselben abweiche.

Als die oberländischen Gesandten zu einem neuen Konvent in Schwabach im Oktober eintrafen, ward ihnen wirklich vor aller anderweiten Verhandlung ein solches Bekenntnis zur Unterschrift vorgelegt. Es sind die sogenannten Schwabacher siebzehn Artikel. Es bedarf wenig Scharfsinn, um zu bemerken, daß sie die größte Ähnlichkeit mit der Marburger Übereinkunft haben. Die Folge ist von vornherein, z. B. in den ersten neun Artikeln, die nämliche; auch die Ausdrücke stimmen meistenteils wörtlich zusammen; nur einige wenige Veränderungen finden sich, unter denselben aber die entscheidende im 10. Artikel, die Lehre, „daß der wahre Leib und Blut Christi wahrhaftiglich in Brot und Wein gegenwärtig sei," sogar mit der polemischen Bemerkung, daß der Widerteil vorgebe, es sei eben nur Brot und Wein. Die Schwabacher Artikel sind eine etwas umgearbeitete Redak=

Spaltungen unter den Protestanten.

tion der marburgischen Übereinkunft, in der jedoch der Begriff Luthers als allein gültig angenommen worden. Natürlich konnten die Gesandten von Ulm und Straßburg dies Bekenntnis nicht unterschreiben. Sie bemerkten, es stimmte mit der bei ihnen herrschenden Predigtweise nicht überein; sie seien auf die Veränderung nicht instruiert; sie könnten erst auf der nächsten Zusammenkunft eine Erklärung darüber beibringen.

Es ließ sich voraussehen, daß diese abschlägig ausfallen, unter solchen Bedingungen der entworfene Bund wieder aufgegeben werden mußte.

Und gerade in einem Moment erfolgte diese Entzweiung, in welchem die kaiserliche Gewalt sich immer feindseliger zeigte.

Der Kaiser hatte noch von Spanien aus seine Mißbilligung der Protestation ausgesprochen; die vereinigten Stände hatten sich hierauf entschlossen, eine Gesandtschaft nach Italien an ihn zu schicken, um ihre Schritte zu rechtfertigen; allein wie war das spanisch-katholische Weltelement, auf das die Gesandten in der Umgebung des Kaisers stießen, ihren Absichten so ganz entgegengesetzt! Der Kaiser wiederholte nur seine früheren Erklärungen. Er wollte die Protestation nicht annehmen und war sehr unwillig, als die Gesandten dieselbe dem Sekretär, der mit ihnen unterhandelte, auf den Tisch legten. Den ganzen Hof entrüstete es, daß der eine der Gesandten, Michael Kaden, eine ihm von dem Landgrafen mitgegebene

Schrift protestantischen Inhalts dem rechtgläubigen
Kaiser, der als das weltliche Oberhaupt der katholischen Christenheit daherzog, in die Hände brachte.
Die Gesandten mußten dem Hofe eine Zeitlang als
Gefangene folgen; nur durch eine Art von Flucht
konnten sie sich retten.

Es wäre jedoch ein Irrtum gewesen, wenn man
gehofft hätte, daß so feindselige und drohende Begegnisse die Protestanten wieder vereinigen würden.

Auf eben der Versammlung, in welcher über dieselben Bericht erstattet wurde, zu Schmalkalden im
Dezember 1529, brach unter ihnen erst der volle Zwiespalt aus.

Den Oberländern — die sich hier bei weitem zahlreicher eingefunden hatten, als zu Schwabach —
wurden die siebzehn Artikel neuerdings vorgelegt:
Ulm und Straßburg, deren Beispiel die übrigen zu
folgen pflegten, erklärten definitiv, daß sie dieselben
nicht unterschreiben würden. Hierauf ward ihnen
ebenso bestimmt erwidert, daß man dann auch nicht
mit ihnen in Bund treten könne. So lebhaft sie dennoch darum baten, so dringend sich der Landgraf für
sie verwandte — denn von dem Kaiser habe man nichts
anderes zu erwarten als Ungnade und Gewalt —,
so war doch alles vergeblich. Nicht einmal die Relation der Gesandten wollte man ihnen mitteilen, wenn
sie sich nicht zuvor im Glauben einhellig bekennen
würden.

Und im Laufe dieser Verhandlungen war nun auch

Spaltungen unter den Protestanten.

noch eine andere Frage von mehr politischer Natur zur Sprache gekommen.

Als Luther seinen Herrn von dem Bunde mit den Oberländern abmahnte, hegte er noch die Hoffnung, daß ein Verständnis mit dem Kaiser möglich sei.

Er faßte dabei die reformatorische Tätigkeit nur in ihrer allgemeinsten Bedeutung auf, inwiefern sie sich auf eine Befreiung des weltlichen Standes von der Hoheit und dem Anspruch einer religiösen Bevorzugung bezog, welchen die Geistlichkeit bisher gemacht hatte. Er stellte vor, wie unzählige, von jedermann gerügte Mißbräuche er gehoben und doch dabei nach der anderen Seite hin Wiedertaufe und Bildersturm ritterlich bekämpft; hauptsächlich aber und ganz und mit Recht rechnete er sich als ein Verdienst an, daß er den Begriff von Obrigkeit und weltlicher Majestät wieder erweckt und zu allgemeiner Anerkennung gebracht habe. Von dem Kaiser hatte er eine so hohe Meinung, daß er glaubte, es müsse ihm einleuchten, wenn man ihm vorstelle, daß in den evangelischen Ländern die Lehre des Christentumes reiner gepredigt werde, als seit tausend Jahren. Luther war von dem Begriffe des Reiches nicht viel minder durchdrungen, als von dem der Kirche — ich sage nicht, von der momentanen Erscheinung desselben, sondern von seinem Inhalt und Wesen —, und er fühlte eine ähnliche Pein, sich von demselben losreißen zu sollen.

In der Tat sind hierauf Unterhandlungen zwischen dem Kurfürsten und dem Könige Ferdinand ange=

knüpft worden. Bei Ferdinand gingen sie, wie er seinem Bruder mehr als einmal schreibt, hauptsächlich von der Besorgnis aus, daß etwa vor dessen Ankunft eine Bewegung der Protestanten erfolge, was ihm sehr verderblich hätte werden können, bei dem Kurfürsten von der natürlichen Scheu, sich von dem Oberhaupte des Reiches zu trennen, die Luther noch besonders in ihm erweckt hatte. Dem Landgrafen kam die Sache zuweilen bedenklich vor. Er fragte einst sehr trotzig bei dem Kurfürsten an, wessen er sich von ihm zu versehen habe, wenn er angegriffen werden sollte.

Aber allmählich mußte sich doch zeigen, wie wenig sich von diesen Unterhandlungen erwarten ließ. Es war klar, daß man es nicht, wie der Kurprinz bei jenem Entwurfe des Bundes vorausgesetzt hatte, bloß mit den Ständen zu tun haben werde. Schon in der Instruktion des Kurfürsten für eine Gesandtschaft nach Schwabach heißt es: die große Gefahr werde jetzt an der höchsten Stelle sein.

Da trat nun erst jene weitere Frage ein, ohne deren Beantwortung auch die im Glauben Gleichförmigen sich nur vergeblich verbanden, inwiefern es nämlich überhaupt erlaubt sei, dem Kaiser zu widerstehen.

Mit Recht bemerkte Sachsen, daß, wenn man sich nicht vor allen Dingen hierüber vereinbare, jedes Bündnis nur zum Schein dienen, keine Zuversicht geben, keine Rettung möglich machen werde.

War nicht der Kaiser die höchste Obrigkeit? Mußte

man ihm nicht nach den Worten der Schrift, die man selbst so oft aufgerufen, in jedem Falle Gehorsam leisten?

In Sachsen selbst untersuchte man soeben diese Frage mit skrupulösem Ernste. Die Juristen stützten sich auf den Grundsatz des Rechtes, daß dem Bedrängten die Gegenwehr gestattet sei, und hießen den Widerstand gut. Dann ward die Frage auch den Theologen vorgelegt, jedoch in Luthers und Melanchthons Abwesenheit, die sich eben in Marburg befanden. Bugenhagen, dem nun die Entscheidung oblag, kam den Juristen mit einem theologischen Grunde zu Hilfe. Er urteilte, wenn eine Gewalt, die allerdings von Gott stamme, sich wider Gott auflehne, so könne sie nicht mehr als eine rechte Obrigkeit betrachtet werden.

Ganz eine andere Meinung stellte aber Luther auf, als er zurückgekehrt war. Er fand, daß den Rechtssprüchen, nach welchen sich der Widerstand verteidigen läßt, andere entgegenstehen, welche ihn verbieten: mit diesen aber stimme die Schrift überein. Wolle man sich gegen einen Fürsten auflehnen, der wider Gottes Wort handele, so werde man sich am Ende herausnehmen, nach eigenem Ermessen alle Obrigkeit zu verwerfen.

In demselben Sinne erklärten sich auch die Theologen von Nürnberg. Johann Brenz gab dem Markgrafen ein ebendahin zielendes Gutachten.

Es waren im Grunde die Lehren vom leidenden Gehorsam und vom Rechte des Widerstandes, welche hier einander entgegentraten.

Man weiß, wieviel diese Lehren, und zwar eben in ihrer Verbindung mit geistlichen Gesichtspunkten, zur Entwickelung der politischen Theorien in Europa beigetragen haben. Sehr merkwürdig, daß sie so früh und zunächst in Deutschland zur Sprache kamen.

Doch konnten sie hier nicht zu ihrer vollen Bedeutung gebracht werden. Anderwärts berühren sie das lebendige Moment, auf das sich alle Entwickelung der Theorie bezieht, das Verhältnis zwischen Fürst und Untertan; — in Deutschland war hievon gar nicht die Rede: der Zweifel betraf nur das Verhältnis einer tiefer gestellten Regierung und einer höheren, der Reichsfürsten und des Kaisers.

In Deutschland hatte die Frage mehr einen reichsrechtlichen, als einen allgemeinen, staatsrechtlichen Inhalt. Sie lag eigentlich darin, ob die höchste Gewalt im Reiche monarchischer oder aristokratischer Natur sei.

Luther, der in dem deutschen Kaisertum eine Fortsetzung des altrömischen sah, wie es in der Schrift vorkommt, hielt an dem Begriffe der Monarchie fest, welche dort vorwaltet. Er verglich wohl das Verhältnis seines Kurfürsten zum Kaiser mit dem Verhältnis eines Bürgermeisters in Torgau zum Kurfürsten selbst. Brenz meinte, die Fürsten seien so wenig berechtigt, gegen den Kaiser die Waffen zu ergreifen, wie einst die Bauern gegen Adel und Prälaten.

Eben bei diesen Vergleichungen aber sprang ins Auge, wie wenig damit das Wesen der Sache bezeichnet wurde. Von der anderen Seite machte man geltend, daß die Fürsten auch nicht einmal mit den römischen Landpflegern in der Schrift, geschweige denn mit Bürgermeistern oder gar Bauern zu vergleichen seien: sie seien dem Kaiser mit Bedingung ihrer Freiheit und Rechte, mit Maß und Beschränkung, nach den ihnen verliehenen Gerechtsamen unterworfen. Überdies seien auch sie Obrigkeit, und ihre Pflicht sei, das Evangelium zu beschützen.

Auf dem Konvente zu Nürnberg äußerte der sächsische Kanzler, jedoch unter der ausdrücklichen Verwahrung, daß er damit nur eine persönliche Meinung ausspreche, er sei allerdings von der Rechtmäßigkeit eines Widerstandes gegen den Kaiser überzeugt. Er führte die beiden erwähnten Gründe an, einmal: auch die Gewalt der anderen Fürsten stamme von Gott, sodann: wolle der Kaiser zur Wiederannahme des Papsttums zwingen, so sei er mehr ein Feind, und man dürfe es nicht dulden.

Er fand jedoch damit wenig Beifall. Als er sich eines Tages in seine Kanzlei verfügte, trat ihn der nürnbergische Stadtschreiber Spengler an, den wir doch als einen in Rechtsgeschäften sehr geübten Mann kennen, und beschuldigte ihn des Irrtums. Sie gerieten miteinander in lebhaften Wortwechsel, den sie der Umstehenden halber die Besonnenheit hatten lateinisch zu führen.

Wie Nürnberg, so war auch Brandenburg gesinnt. Kanzler Vogler versicherte, sein Herr sei entschlossen, wenn der Kaiser ihn feindlich behandele, sich nicht zu wehren, sondern alles zu dulden, was Gott ihm auflege.

Diese Meinung behielt damals selbst in Sachsen den Platz. Luther erklärte, auch wenn der Kaiser seinen Eid übertrete, so bleibe er dennoch Kaiser, die von Gott gesetzte Obrigkeit; wolle man ihm nicht mehr gehorchen, so müsse man ihn absetzen. Wohin könne es überhaupt führen, wenn man die Waffen gegen ihn ergreife? Man müßte ihn verjagen und selber Kaiser werden, was dann niemand dulden werde.

Luther wußte keinen anderen Rat, als, wenn der Kaiser erscheine, um Gewaltsamkeiten zu verüben, so dürfe ihn freilich kein Fürst dabei unterstützen: denn damit würde er selber gegen den Glauben sündigen; aber man dürfe sich auch nicht weigern, ihm das Land zu öffnen und ihn darin nach seinem Willen verfahren zu lassen. Er wiederholte, wenn der Kaiser ihn und die anderen fordere, so würden sie erscheinen; der Kurfürst solle ihrethalben keine Sorge haben: denn ein jeder müsse auf seine Gefahr glauben.

Dahin kam es in wenigen Monaten mit dem Bündnis, das Europa erschüttern zu müssen geschienen. Es war ganz aufgelöst. Selbst die territoriale Verbindung schien gegen den Kaiser nicht schützen zu können. Wir sehen, daß die einzelnen sich ihm einzeln noch einmal entgegenstellen zu müssen glaubten.

Man mag das tadeln, wenn man will, wie es so oft getadelt worden ist. Politisch-klug war es nicht.

Allein nie trat wohl die reine Gewissenhaftigkeit rücksichtsloser, großartiger hervor.

Man sieht den Feind gerüstet herannahen, man vernimmt sein Drohen, man täuscht sich nicht über seine Absichten, man ist überzeugt, daß er das Äußerste versuchen werde.

Auch hätte man Gelegenheit, einen Bund gegen ihn zu errichten, der Europa erschüttern, an dessen Spitze man dem zur Weltherrschaft Aufstrebenden mächtig gegenübertreten, das Glück herausfordern könnte; allein man will das nicht, man verschmäht es, und zwar nicht etwa aus Furcht, aus Zweifel an der eigenen Tüchtigkeit — das sind Rücksichten, welche diese Seelen nicht kennen —, sondern ganz allein aus Religion.

Einmal, man will die Verteidigung des Glaubens nicht mit anderen, fremdartigen Interessen vermischen; man will sich nicht zu Dingen, die man nicht übersehen kann, fortreißen lassen.

Ferner aber, man will nur den Glauben, den man selber glaubt, verteidigen; man würde zu sündigen fürchten, wenn man sich mit denen verbände, welche, wenn auch nur in einem, aber in einem wesentlichen Punkte abweichen.

Endlich, man zweifelt an dem Rechte, dem Oberherrn zu widerstehen, die altherkömmlichen Ordnungen des Reiches zu verletzen.

So nimmt man mitten in den widereinander laufenden, getümmelvollen Interessen der Welt eine Haltung ein, die nur mit Gott und dem Gewissen beraten wird. So erwartet man die Gefahr. „Denn Gott ist treu," sagt Luther, „und wird uns nicht lassen." Er führt den Spruch des Jesaias an: „Wenn ihr still bliebet, so würde euch geholfen."

Gewiß, klug ist das nicht; aber es ist groß.

Siebentes Kapitel.
Die Osmanen vor Wien.

Wie die Beschlüsse, so waren denn auch die Erfolge der beiden Reichstage von 1526 und 1529 einander durchaus entgegengesetzt.

Der erste führte die Evangelischen unter Gewährleistung des Reiches zu ihren großen Gründungen; der zweite entzog ihnen diese Gewähr und zersetzte sie zugleich untereinander.

Der Zwiespalt, der seit jenen Regensburger Satzungen begonnen, war nun zu vollem Ausbruch gediehen.

Ich denke nicht, daß wir zu weit gehen, wenn wir auch in Hinsicht der auswärtigen Angelegenheiten einen ähnlichen Gegensatz zwischen den Folgen der beiden Reichstage zu bemerken glauben; denn fast allezeit ist mit einer entsprechenden, den Genius einer Nation befriedigenden inneren Entwickelung auch eine glückliche Tendenz nach außen verbunden.

Das Haus Österreich, das damals den Fortgang der Evangelischen guthieß, war dafür auch mit Hilfe der deutschen Nation zur Herrschaft in Italien und in Ungarn erhoben worden. Es ließ sich nicht erwarten, daß, nachdem dieses Haus eine so ganz andere Richtung eingeschlagen, die Neigung der Nation ihm wieder zugute kommen würde.

„Ich habe gehört," schrieb Daniel Mieg, der von dem Reichsregiment ausgeschlossen worden, an den Alt-Ammeister von Straßburg, „die Königl. Majestät habe um Pulver angesucht; mein Rat wäre, es ihr nicht zu bewilligen, da uns solch eine Schmach geschehen ist. Es wird gut sein, daß wir unser Geld und unser Pulver selbst behalten: wir werden es selber brauchen."

Schon machte das Verfahren, das Umsichgreifen des Hauses Österreich eine allgemeine Besorgnis rege, und man hatte keine Lust, es ernstlich zu unterstützen. Ein Beisitzer des Reichsregiments, Abgeordneter des sonst so gut kaiserlich gesinnten Frankfurt, Hammann von Holzhusen, bemerkt doch, daß viele Stände, mögen sie nun lutherisch sein oder nicht, nicht wissen, was sie von Österreich zu erwarten haben; sie besorgen, die Hilfe, welche sie leisten, möge am Ende dem Reiche und der Nation zum Schaden gereichen.

Bald darauf finden wir in Ungarn Briefe umlaufen, in denen aus den Glaubensstreitigkeiten, in welche Ferdinand mit den Großen in Deutschland geraten, die Unmöglichkeit hergeleitet wird, daß er Ungarn verteidige.

Und indem nun diese Stimmung herrschend wurde, erschien der mächtigste Feind, den das Reich seit vielen Jahrhunderten gehabt, der Repräsentant einer anderen, der christlichen entgegengesetzten Welt, an den Pforten desselben.

Eben in diesen Jahren trat in Konstantinopel ein

Gesetzgelehrter namens Katib, mit der Behauptung auf, dem Propheten Jesus komme der Vorrang zu vor dem Propheten Mohammed. Der Divan, vor dem dieser Neuerer angeklagt wurde, versuchte vergebens, ihn zu widerlegen. Auch der Mufti, an welchen die Sache alsdann kam, widerlegte ihn nicht, hörte ihn aber in voller Form ab und verurteilte ihn zum Tode. Das Urteil stimmte ganz mit der Meinung des Sultans überein.

Ohne zu widerrufen, erlitt Katib in Mitte der Moslems den Tod für den Namen Jesu.

Denn Suleiman II., der erste von den osmanischen Sultanen, der sich um Mekka bekümmert hat — er ließ dort das heilige Haus der Kaaba, die Moschee der Chadidscha erneuern, Wasserleitungen bauen, Kollegien einrichten —, sah sich vor allem gern als den Stellvertreter des Propheten an. „Ich, dessen Macht aufrechterhalten wird durch die Gnade des Allmächtigen, durch die Segnungen des größten seiner Propheten, durch den Schutz der vier ersten Begünstigten desselben, ich, Schatten Gottes über beide Welten": so bezeichnete er sich in einem Schreiben an den König von Frankreich; darauf gründete er seine Ansprüche. „Weißt du nicht," sagte sein Schwiegersohn Mustapha 1528 zu Lasky, „daß unser Herr der nächste ist nach Allah, daß, wie nur eine Sonne am Himmel, so auch er der einzige Herr auf Erden ist?"

Noch zu einer Zeit, wo in Europa kein Friede geschlossen war, wo der Sultan erwarten konnte, die ganze Opposition gegen Karl V. in voller Tätigkeit zu finden, 4. Mai 1529, erhob er sich mit einem Heere, das man auf dritthalbhunderttausend Mann berechnet hat, zum heiligen Kriege. Vor ihm her brach der Hospodar der Moldau in Siebenbürgen ein und trieb die Anhänger Ferdinands auseinander; dann stieg Johann Zapolya mit der kleinen Truppe, die sich um ihn gesammelt, von den Karpathen herunter; er hatte das Glück, auf die ferdinandeischen Ungarn zu treffen, ehe sie sich mit den Deutschen vereinigt, und sie zu schlagen; auf dem Schlachtfelde von Mohacz kam er mit dem Sultan zusammen. Suleiman fragte ihn, wodurch er sich bewogen fühle, zu ihm zu kommen, der Verschiedenheit ihres Glaubens ungeachtet. „Der Padischah," antwortete Johann, „ist die Zuflucht der Welt, und seine Diener sind unzählig, sowohl Moslems als Ungläubige." Von dem Papst und der Christenheit ausgestoßen, floh Zapolya unter den Schutz des Sultans. Eben dieses Bedürfnis momentanen Schutzes war es von jeher gewesen, was das osmanische Reich groß gemacht hatte.

In Ungarn fand Suleiman diesmal so gut wie gar keinen Widerstand. Die österreichische Regierung wagte nicht, die leichte Reiterei aufzubieten: bei der ungünstigen Stimmung des Landes fürchtete sie, einen Aufruhr zu veranlassen. Aber ebensowenig hatte sie auch eigene Kräfte, um das Land zu verteidigen. Dem Befehlshaber der Flotte, welcher seinen Leuten 40000 Gulden zahlen sollte, konnten nach langer Mühe nicht mehr als 800 Gulden übersendet werden. Man hatte die Mittel nicht, um die Festungen ordentlich zu besetzen.

Der Wesir Suleimans lachte über die abendländischen Fürsten, welche, wenn sie einen Krieg zu führen hätten, das nötige Geld erst von armen Bauern erpressen müßten; er zeigte auf die sieben Türme, wo seinem Herrn Gold und Silber in Fülle liege, während sein Wort hinreiche, ein unermeßliches Heer ins Feld zu stellen.

Man darf sich wohl so sehr nicht verwundern, wenn unter diesen Umständen die starke Partei, die sich zu Zapolya hielt, das volle Übergewicht bekam. Wetteifernd eilten die Magnaten, die ungarischen Begs, wie Suleimans Tagebuch sie nennt, in dessen Lager, um ihm die Hand zu küssen. Peter Pereny wollte wenigstens die heilige Krone für Österreich retten; aber unterwegs überfiel ihn ein Verwandter Zapolyas, der Bischof von Fünfkirchen, nahm ihn mit allen seinen Kleinoden gefangen und brachte sie in das osmanische Lager. Wer kennt nicht die ungemeine Verehrung, welche die Ungarn ihrer Krone widmen, die sie einer unmittelbar göttlichen Sendung zuschreiben, bei deren Anblick einmal wohl die zur Schlacht erhobenen Schwerter in die Scheide zurückgekehrt waren. Nicht stärker, sagt Retwa, zieht der Magnet das Eisen an, als die Krone die Verehrung der Ungarn; sie halten für ihre Pflicht, ohne Rücksicht auf Kosten und Gefahr, sie allenthalben schützend zu begleiten. Die Türken verstanden, sie werde hergeleitet von Nurschirwan dem Gerechten. Und dies Palladium nun, in welchem die Ungarn ein göttliches Symbol ihrer Nationalität und ihres Reiches sahen, befand sich jetzt in dem Lager Suleimans, ward auf dessen Zuge mitgeführt.

Bei diesem allgemeinen Abfall konnte man in der Tat nicht darauf rechnen, daß die deutschen Besatzungen, die es in einigen festen Plätzen gab, dieselben zu behaupten vermögen würden. In Ofen standen ungefähr 700, vor kurzem angeworbene Landsknechte unter dem Obersten Besserer. Sie hielten einige Stürme aus; als aber die Stadt genommen und die Burg vom St.-Gerhardsberg her, der sie beherrschte, fast in Grund geschossen war, verzweifelten sie, mit ihren langen Lanzen das Feuer des Feindes bestehen zu können, und hielten sich für berechtigt, auf ihre Rettung zu denken, sie nötigten ihren Anführer, zu kapitulieren. Sie wußten jedoch nicht, mit wem sie es zu tun hatten. Ibrahim-Pascha versprach ihnen auf das feierlichste freien Abzug: noch in den Toren von Ofen wurden sie sämtlich niedergehauen.

Und von da wälzte sich nun ohne weiteren Widerstand das barbarische Heer nach den deutschen Grenzen, nach einem Lande, sagen die osmanischen Geschichtsschreiber, in das noch nie die Hufe moslemischer Rosse eingeschlagen.

Da traf die orientalische Weltmacht, die über zertrümmerten, in den unentwickelten Anfängen oder dem schon wieder halbbarbarisierten Absterben der Kultur begriffenen Reichen errichtet worden, zuerst mit den Kernlanden des okzidentalischen Lebens, in denen die ununterbrochene Kontinuation des Fortschritts des allgemeinen Geistes ihren Sitz genommen und in vollen Trieben war, zusammen.

Die Osmanen empfanden doch einen Unterschied, als sie unser Vaterland berührten.

Sie bezeichnen es auch als ein Land der Kaffern — denn ihnen gilt alles, was ihren Propheten nicht bekennt, als derselbe Unglaube —, als ein waldiges Reich, schwer zu durchziehen; aber sie bemerken doch, daß es von den Fackeln des Unglaubens ganz besonders erleuchtet, von einem streitbaren Volke unter grausamen Fahnen bewohnt, allenthalben von Burgen, Städten, ummauerten Kirchen beschützt sei; es macht auf sie Eindruck, daß sie, sowie sie die Grenze überschritten haben, alles im Überfluß finden, dessen das tägliche Leben bedarf. Sie nehmen wahr, daß sie ein von den Elementen der Kultur durchdrungenes, in seinen Wohnsitzen gut eingerichtetes, tapferes, religiöses Volk vor sich haben.

Ibrahim erzählte ein Jahr später österreichischen Gesandten, dem Sultan sei von ihrer Seite angesagt worden, er möge nicht vorrücken: schon halte ihr Herr, Ferdinand, das Schwert in der Rechten, um ihn zu empfangen. Diese Drohung aber hatte den Sultan erst recht angefeuert, denselben zu suchen. Er habe ihn in Ofen zu finden gedacht, wo ein König von Ungarn seinen Sitz haben sollte, jedoch vergebens. Er sei weiter

gerückt an die österreichische Grenze; da, habe er ge=
meint, werde Ferdinand seiner warten; man habe
dem anrückenden Sultan aber vielmehr die Schlüssel
von Bruck entgegengetragen. So sei er bis nach Wien
gelangt; aber auch da habe er weder Ferdinand noch
sein Heer getroffen; er habe vernehmen müssen, der=
selbe sei nach Linz oder nach Prag geflüchtet. Als
er nun Wien gesehen — so schön gelegen zwischen
Weingärten und Bergen und doch in der Mitte einer
fruchtbaren Ebene —, habe er gesagt, hier wolle er
ausruhen, das sei ein Ort, würdig eines Kaisers; er
habe seinen Schoß ausgebreitet, d. i. seine leichten
Truppen nach allen Seiten hin ausgehen lassen, um
anzuzeigen, der wahre Kaiser sei gekommen in seiner
Macht.

So stellt auch Suleiman selbst in einem Schreiben
an Venedig das Ereignis vor. Er erzählt, wie er
Ofen gewonnen, Ungarn an sich gebracht, dieses Reich
dem Könige Johann gegeben habe, wie die alte Krone
in seine Hand gefallen sei. „Aber mein Vorsatz war
nicht, diese Dinge zu suchen, sondern mit König Ferdi=
nand zusammenzutreffen." Den ersten deutschen Ge=
sangenen, die vor ihn gebracht wurden, sagte er, er
werde Ferdinand aufsuchen und wenn derselbe mitten
in Deutschland wäre.

Am 26. September langte er vor Wien an und schlug
daselbst sein Lager auf. Vom Stephansturme aus sah
man ein paar Meilen über Berg und Tal nichts als
Zelte und auf dem Flusse die Segel der türkischen

Donauflotte. Man zeigt noch den Platz, bei Simmering, wo das Hauptzelt Suleimans stand, dessen innere Pracht die goldenen Knäufe verrieten, mit denen es auswendig geschmückt war. Er lagerte, wie er gezogen war. Ihn zunächst umgaben die Truppen der Pforte; hinter ihm bis nach Schwechat dehnte sich das anatolische Heer unter seinem Beglerbeg aus; vor ihm hielt der Seraskier Ibrahim mit den europäischen Sipahi, den Rumelioten und Bosniaken, den Sandschaks von Mostar und Belgrad. Denn wie der Staat nur das Kriegsheer ist, so repräsentiert das Lager selbst in seiner Anordnung das osmanische Reich. Schon hatten die Ungarn, welche noch immer wetteiferten, „sich mit dem Halsbande der Untertänigkeit zu schmücken", in diesem großen Verein ihre Stelle gefunden. Es war das westliche Asien und das östliche Europa, wie sie unter dem Einfluß des erobernden Islam sich gestaltet hatten und gestalteten; jetzt machten sie einen ersten Versuch auf das Herz des christlichen Europa. Die leichten Truppen suchten höher an der Donau hinauf die fabelhafte Brücke des zweigehörnten Alexander auf, die Grenze der phantastischen Welt der orientalischen Mythe. Das Lasttier der arabischen Wüste ward mit Mundvorrat und Munition an die Mauern einer deutschen Stadt herangetrieben: man zählte in dem Lager gegen 22 000 Kamele. Mit orientalischem Pomp feierte man das Andenken der vor Wien Gefallenen; vom Iskendertschausch Farfara heißt es in der Geschichte Potschewis, er habe hier bei der Ankunft den Becher des islamitischen Martyrtums getrunken und der Welt vergessen. Denn einen heiligen Krieg „gegen die staubgleichen Ungläubigen" glaubte man zu führen. Im Angesicht der vornehmsten Burg der letzten deutschen Kaiser erscholl jetzt die Doktrin der hohen Pforte, daß es nur einen Herrn auf Erden geben müsse, wie nur ein Gott im Himmel sei; und Suleiman ließ vernehmen, der Herr wolle er sein: er werde sein Haupt nicht zur Ruhe legen, bis es die Christenheit mit seinem Säbel bezwungen. Man erzählte sich, er rechne auf eine an drei Jahre lange Abwesenheit von Konstantinopel um diesen Plan auszuführen.

So stumpf war nun wohl Europa nicht, um nicht die Größe dieser Gefahr zu fühlen.

Es erlebte einen ähnlichen Moment, wie damals, als die Araber das Mittelmeer eingenommen, Spanien erobert hatten, nach Frankreich vordrangen, oder damals, als die mongolische Weltmacht, nachdem sie den Nordosten und Südosten von Europa überflutet, zugleich an der Donau und an der Oder das christliche Germanien angriff.

In die Augen sprang, daß Europa jetzt bei weitem stärker war: es wußte sehr gut, daß es die Kraft besaß, „diese Teufel", wie man sich ausdrückte, „aus Griechenland zu verjagen"; aber es konnte sich nicht dazu vereinigen.

Wir haben ein Schreiben des Königs Franz aus jenen Tagen, worin er erklärt, die Absicht, die er immer gehegt, seine Kräfte und seine Person gegen die Türken zu verwenden, wolle er jetzt ins Werk setzen; er hoffe auch seinen Bruder, den König von England, dazu zu bewegen; er denke dann 60000 Mann ins Feld zu stellen, eine Macht, die wahrhaftig nicht zu verachten sei. Er drückt sich so lebhaft aus, als wäre es ihm wahrer Ernst damit; doch fügt er eine Bedingung hinzu, die alles wieder vernichtet. Er meint, der Kaiser müsse ihm dafür von den beiden Millionen, die er ihm kraft des Traktates zu zahlen habe, die eine erlassen. Wie wäre das jemals zu erwarten gewesen?

Auch auf der kaiserlichen Seite, wo man noch dringenderen Anlaß dazu hatte, und es unerträglich fand, daß alles Land dem Sultan zufalle, das er nur durchziehen wolle, dachte man auf Mittel, um die gesamte Christenheit in die Waffen zu bringen. Und sehr merkwürdig ist, worauf man hier verfiel. Der leitende Minister in den Niederlanden, Hoogstraten, eröffnete sich einst darüber dem französischen Gesandten. Er meinte, der wahre Weg, den Türken zu widerstehen sei, daß man den Papst zu einer allgemeinen Säkularisation bewege. Ein Drittel der geistlichen Güter, an den Meistbietenden verkauft, werde hinreichen, um ein Heer ins Feld zu bringen, das die Türken zu verjagen und Griechenland wieder zu erobern vermöge.

Man braucht nur diese Vorschläge ins Auge zu fassen, um einzusehen, wie unmöglich es war, sie auszuführen, eine Unternehmung zu bewerkstelligen, die an Bedingungen so weitaussehender Art geknüpft wurde.

Wollte Deutschland sich verteidigen, so war es lediglich auf seine eigenen Kräfte angewiesen.

Und standen die Dinge nicht auch dort sehr zweifelhaft? Gab es nicht in der Tat Leute, welche das Mißvergnügen mit den bestehenden Verhältnissen dazu trieb, sich eine türkische Herrschaft zu wünschen? Hatte nicht Luther einst selbst gesagt, es stehe dem Christen nicht zu, sich den Türken zu widersetzen, die er vielmehr als eine Rute Gottes ansehen müsse? Es ist das einer jener Sätze, welche die päpstliche Bulle verurteilt. Der Reichstag von Speier hatte soeben eine Wendung genommen, durch die sich alle Anhänger der kirchlichen Umwandlung bedroht und gefährdet fühlten. Es war ihnen, wie berührt, sehr bedenklich, daß sie dem Oberhaupt jener Majorität, welche sie von sich stieß, dem Könige Ferdinand, Hilfe leisten sollten.

Was nun Luther anbetrifft, so ist ganz wahr, daß er jene Meinung geäußert hat; allein er redet da nur von den Christen als solchen, von dem religiösen Prinzip an und für sich, wie es in einigen Stellen des Evangeliums erscheint. Jenes frommtuende Geschrei, welches um der christlichen Religion willen zu einem Kriege gegen die Türken anreizte, während man die Beiträge der Gläubigen zu fremdartigen Zwecken verwandte, hatte seinen Widerwillen erweckt. Er sagte sich überhaupt los von dem kriegerischen Christentum:

er wollte die religiöse Gesinnung nicht so unmittelbar mit dem Schwerte in Verbindung bringen. War aber nun von einer wirklichen Gefahr und von den Anstrengungen der weltlichen Gewalt dagegen die Rede, so erklärte er desto entschiedener, daß man sich mit allem Ernst den Türken gegenüberstellen müsse. Dazu sei das Reich dem Kaiser anvertraut; er und die Fürsten würden sonst schuldig sein an dem Blute ihrer Untertanen, das Gott von ihnen fordern werde. Es kommt ihm sonderbar vor, daß man sich in Speier wieder so viel darum bekümmert hat, ob jemand in den Fasten Fleisch esse, ob eine Nonne sich verheirate, und indes den Türken vorrücken, Länder und Städte, so viele er wolle, erobern läßt. Er fordert die Fürsten auf, das Panier des Kaisers nicht mehr für ein bloßes seidenes Tuch anzusehen, sondern demselben pflichtgemäß in das Feld zu folgen. Er nimmt sich die Mühe, zur Bekehrung derjenigen, welche die Regierung der Türken wünschen möchten, die Greuel aufzuzählen, die der Koran enthalte. Die übrigen ermahnt er, in des Kaisers Namen getrost auszuziehen: wer in diesem Gehorsam sterbe, dessen Tod werde Gott wohlgefällig sein.

Denn es ist wohl erlaubt, in dieser großen Gefahr der deutschen Nation auch den Mann reden zu lassen, welcher damals in derselben am meisten gehört ward. Die Schrift vom Türkenkrieg zeigt wieder einmal den Geist, der die kirchlichen und die weltlichen Elemente zu scheiden unternahm, in aller seiner durchgreifenden Schärfe.

Und so viel wenigstens bewirkte er, daß die Protestierenden, obwohl sie die Furcht hegten, von der Majorität mit Krieg überzogen zu werden und in den Reichsschluß nicht gewilligt hatten, doch so gut wie die anderen ihre Hilfe ausrüsteten. Auch Kurfürst Johann stellte ein paar tausend Mann unter der Anführung seines Sohnes ins Feld.

Von allen Seiten zog die eilende Hilfe dem Feldhauptmann des Reiches, Pfalzgraf Friedrich, zu, der indes zu Linz bei König Ferdinand angelangt war.

Daran fehlte jedoch noch so viel, daß diese Mannschaften stark genug gewesen wären, namentlich in dem ersten Schrecken, um das Feldlager der Osmanen vor Wien anzugreifen. Auch der Kaiser, der anfangs in Genua Nachricht erhalten, daß Suleiman nicht kommen werde, fand sich nicht imstande, wie er einst hatte hoffen lassen, mit seinen Spaniern herbeizueilen.

Zunächst kam alles darauf an, ob die Besatzung von Wien dem Heere der Barbaren Widerstand leisten würde.

Bleiben wir einen Augenblick bei dieser Belagerung stehen, welche damals die Aufmerksamkeit der Welt fesselte, und der in der Tat eine hohe Bedeutung beiwohnt. Wenn Suleiman Wien erobert hätte, würde er es auf eine Weise zu befestigen gewußt haben, daß man es ihm nicht so leicht wieder hätte entreißen können. Welch eine Station wäre das für ihn geworden, um die gesamten Gebiete der mittleren Donau in Atem zu halten!

Man dürfte nicht glauben, daß Wien sehr fest gewesen wäre. Es war mit einer runden, baufälligen Ringmauer umgeben, noch ohne alle Vorkehrungen der neueren Befestigungskunst, selbst ohne Basteien, auf denen man Geschütz hätte aufführen können, um ein feindliches Lager zu beschießen. Die Gräben waren ohne Wasser. Die Feldhauptmannschaft von Niederösterreich hatte anfangs gezweifelt, ob sie „den weitschichtigen unverbauten Flecken" werde behaupten können; sie hatte einen Augenblick den Gedanken gehegt, den Feind lieber im offenen Felde zu erwarten, um sich im Notfalle auf die frischen Truppen zurückziehen zu können, welche der Pfalzgraf und der König zusammenzubringen beschäftigt waren; am Ende aber hatte sie doch gefunden, daß sie ihre alte Hauptstadt nicht aufgeben dürfe, und sich entschlossen, die Vorstädte zu verbrennen, die innere Stadt zu halten.

Waren aber die Befestigungen untüchtig, so kam dagegen die Liebhaberei Maximilians für das Geschützwesen jetzt nach seinem Tode seiner Hauptstadt zugute. Auf allen Türmen an den Toren, auf den Häusern an den Mauern, von denen man die Schindeln abgerissen, unter den Dächern, ja in den Schlafhäusern der Klöster, selbstverständlich in der Burg und hinter den Schießlöchern, die man in die Mauern gebrochen, erwarteten Falkonette, Halbschlangen, Kartaunen, Mörser, Singerinnen den Anlauf des Feindes.

Die Besatzung bestand aus fünf Regimentern, vier deutschen, von denen zwei auf Kosten des Reiches, zwei von Ferdinand selbst angeworben worden waren, und einem böhmischen. Die Reichstruppen, unter dem Pfalzgrafen Philipp, dem Stellvertreter Friedrichs, besetzten die Mauer vom roten Turm bis gegen das Kärntner Tor; von da dehnten sich die königlichen Haufen unter Eck von Reischach und Leonhard von Fels gegen das Schottentor hin aus. Es waren Leute von allen deutschen Landesarten, viele namhafte Österreicher, aber auch Brabanter, Rheinländer, Meißner, Hamburger, besonders Franken und Schwaben: wir finden Hauptleute von Memmingen, Nürnberg, Ansbach, Bamberg, einen Wachtmeister von Gelnhausen: der Schultheiß über den ganzen Haufen war aus dem frundsbergischen Mindelheim, der oberste Profoß von Ingolstadt. Vom Schottentor bis zum roten Turme standen die Böhmen. Auf den Plätzen im Innern war einige Reiterei verteilt, unter den trefflichen Hauptleuten Niklas von Salm, Wilhelm von Roggendorf, Hans Katzianer. Es mochten 16 000 bis 17 000 Mann sein.

Ob nun aber diese Mannschaft dem an Zahl so unendlich überlegenen Feinde zu widerstehen vermögen würde, war doch sehr zweifelhaft.

Suleiman ließ der Besatzung ankündigen: wolle sie ihm die Stadt übergeben, so verspreche er, weder selbst hineinzukommen, noch sein Volk hineinzulassen, sondern er werde dann weiter vorrücken und den König suchen. Wo aber nicht, so wisse er doch, daß er am dritten Tage (am Michaelisfeste) sein Mittagsmahl in Wien halten werde; dann wolle er das Kind im Mutterleibe nicht verschonen.

In Liedern und Erzählungen finden wir, die Antwort der Besatzung sei gewesen, er möge nur zum Mahle kommen; man werde es ihm mit Kartaunen und Hellebarden anrichten. Doch ist das nicht so ganz wahr. Man hatte nicht Unbenommenheit des Geistes genug, um eine so kecke Antwort zu geben. Die Antwort, sagt ein authentischer Bericht der Befehlshaber, ist uns in der Feder stecken geblieben. Man rüstete sich alles Ernstes zur Gegenwehr, aber keineswegs etwa in der Überzeugung, daß man siegen werde; man sah die ganze Gefahr ein, in der man sich befand; aber man war entschlossen, sie zu bestehen.

Und so mußte sich denn Suleiman anschicken, die Stadt mit Gewalt zu erobern.

Zuerst stellten sich die Janitscharen mit ihren Halbhaken und Handrohren hinter dem Gemäuer der eben zerstörten Vorstädte auf. Sie schossen noch vortrefflich; eine Anzahl geübter Bogenschützen gesellte sich ihnen zu; es hätte sich niemand an den Zinnen, auf den Mauern dürfen blicken lassen: sie beherrschten den ganzen Umkreis derselben; die Giebel der benachbarten Häuser waren mit Pfeilen wie bepflanzt.

Unter dem Dunst und Hall dieses Schießens bereiteten nun aber die Osmanen noch einen ganz anderen Angriff vor. — Welches auch die Meister gewesen sein mögen, von denen sie ursprünglich darin unterwiesen worden sind, Armenier oder andere, eine Hauptstärke ihrer damaligen Belagerungskunst bestand in dem Untergraben der Mauern, dem Anlegen von Minen. Die Abendländer erstaunten, wenn sie derselben später einmal ansichtig wurden, mit Eingängen, eng wie eine Tür, dann weiter, nicht eigentlich mit einem Bergwerk zu vergleichen, glatte, wohlabgemessene, weite Höhlungen, zugleich darauf berechnet, daß das stürzende Gemäuer nach innen, nicht nach außen fallen mußte. Diese Kunst — denn eigentliches Belagerungsgeschütz führten sie nur wenig bei sich — wendeten sie nun auch bei Wien an. Hier aber trafen sie auf ein Volk, das sich ebenfalls auf unterirdische Arbeiten verstand. Gar bald bemerkte man in der Stadt ihr Vorhaben: Wasserbecken und Trommeln wurden aufgestellt, um die geringste Erschütterung des Erdbodens daran wahrzunehmen; man lauschte in allen Kellern und unterirdischen Gemächern — es sind noch abenteuerliche Sagen davon im Gange — und grub ihnen dann entgegen. Es begann gleichsam ein Krieg unter der Erde. Schon am 2. Oktober ward eine halbvollendete Mine des Feindes gefunden und zerstört. Bald darauf ward eine andere gerade noch im rechten Moment entdeckt, als man schon anfing, sie mit Pulver zu füllen. Die Minirer kamen einander zuweilen so nahe, daß sie sich gegenseitig arbeiten hörten; dann entwichen die Türken in einer anderen Richtung. Um den Kärntner Turm auf alle Fälle zu sichern, hielten die Deutschen für not=

Die Osmanen vor Wien.

wendig, ihn mit einem Graben von hinreichender Tiefe zu umgeben.

Natürlich aber war das nicht allenthalben möglich.

Am 9. Oktober gelang es den Türken wirklich, einen nicht unbedeutenden Teil der Mauer zwischen dem Kärntner Tor und der Burg zu sprengen; in demselben Moment traten sie unter wildem Schlachtruf den Sturm an.

Allein schon war man auch hierauf vorbereitet. Eck von Reischach, der bei der Verteidigung von Pavia gelernt, wie man stürmenden Feinden begegnen müsse, hatte die Leute unterwiesen, mit welchem Geschrei und Anlauf der Sturm geschehe, und wie man ihm zu begegnen habe. Diese jungen Landsknechte, von denen uns ein Bericht versichert, daß Reischachs Anweisung ihnen „ein tapfer männlich Herz" gemacht, standen in der Tat vortrefflich. Mit einem furchtbaren „Her" erwiderten sie das osmanische Schlachtgeschrei. Hellebarden, Handrohre und Kanonen unterstützten einander mit dem glücklichsten Erfolg. „Die Kugeln der Kartaunen und Flinten," sagt Dschelalsade, „flogen wie die Schwärme kleiner Vögel durch die Luft; es war ein Festgelage, bei dem die Genien des Todes die Gläser kredenzten." Die deutschen Berichte rühmten besonders die Tapferkeit, die der alte Salm, Verwalter der niederösterreichischen Feldhauptmannschaft, in dieser heißen Stunde bewies. Die Osmanen erlitten so mörderische Verluste, daß sie sich zurückziehen mußten. Die niedergeworfene Mauer ward auf der Stelle so gut wie möglich hergestellt.

Was aber hier nicht gelungen, versuchte der Feind gleich darauf an der anderen Seite des Kärntner Turmes. Nach manchem falschen Lärm sprengte er am 11. Oktober einen guten Teil der Mauer gegen das Stubentor hin und erneuerte unverzüglich seinen Sturm. Diesmal waren die Kolonnen dichter formiert: zu den Asafen und Janitscharen hatten sich Sipahi von Janina und Avlona, albanesischer Herkunft, gesellt; mit ihren krummen Schwertern und kleinen Schilden drangen sie, dem Haufen voran, über die gefallenen Mauern daher. Allein hier stellte sich ihnen Eck von Reischach mit vier Fähnlein mutiger Landsknechte selber in den Weg. Zur Seite hatte er, wie einst in Pavia, geübte spanische Schützen; auch der Feldmarschall Wilhelm von Roggendorf war zugegen. Nunmehr kam es zum ernstlichen Handgemenge. Man sah die langen Schlachtschwerter der Deutschen, die sie mit beiden Händen führten, sich messen mit dem Türkensäbel; ein türkischer Geschichtsschreiber redet von ihrer feuerregnenden Wirkung. Dreimal erneuerten die Osmanen ihren Anlauf. Jovius, der so viele Schlachten beschrieben hat, bemerkt doch, daß man in diesem Jahrhundert kaum jemals heftiger aneinander geraten sei. Aber alle Anstrengungen der Osmanen waren vergebens; sie erlitten noch bei weitem stärkere Verluste als das erstemal.

Und damit war nun eigentlich ihr guter Mut erschöpft.

Am 12. Oktober ward abermals ein Teil der Mauer gefällt; aber als sie dahinter die Deutschen und Spanier mit aufgereckten Fähnlein erblickten, wagten sie sich nicht ernstlich heran.

Schon regte sich bei den Osmanen die Meinung, in Gottes des Allmächtigen Ratschluß sei für jetzt die Eroberung Wiens dem Islam nicht bestimmt. Die Nächte wurden bereits ungewöhnlich kalt; am Morgen sah man die Berge mit Reif bedeckt; mit Besorgnis dachte jedermann an die Länge und Gefahr des Rückweges; denn zu jener dreijährigen Abwesenheit war doch in der Tat nichts vorbereitet. Dazu kam, daß sich Nachrichten von einem nahen Entsatz vernehmen ließen. Ein erbländisches Heer sammelte sich in Mähren; in den Bezirken des schwäbischen Bundes ward eifrig gerüstet, wie denn Schärtlin von Burtenbach berichtet, was für treffliche Leute er in Württemberg zusammengebracht. Pfalzgraf Friedrich, der ganz in der Nähe geblieben, nahm eine drohende Haltung an. Schon lernten die Bauern den streifenden Reitern Widerstand leisten. Suleiman entging es nicht, in welche gefährliche Lage er kommen könne, wenn er hier, mitten im feindlichen Lande, ohne feste Plätze, in der schlechten Jahreszeit, von einem Feinde angegriffen würde, dessen Tapferkeit er soeben kennen gelernt. Er beschloß, noch einen letzten Versuch auf Wien zu machen, und wenn derselbe mißlinge, sofort aufzubrechen. Er wählte dazu einen Tag, den er für glücklich hielt, den Moment, wo die Sonne in das Zeichen des Skorpions tritt, 14. Oktober. Eben in der Mittagsstunde versammelte sich ein guter Teil des Heeres im Angesicht der Mauern; Tschausche riefen Belohnungen aus, Minen sprangen, Breschen öffneten sich, und das Zeichen zum Sturm ward gegeben. Allein die Leute hatten kein Vertrauen mehr; sie mußten fast mit Gewalt herbeigetrieben werden und gerieten dann unter das Feuer des Geschützes: ganze Haufen erlagen, ehe sie nur den Feind erblickt hatten. Gegen Abend sah man eine Schar aus den Weingärten hervorkommen, aber sich auf der Stelle wieder zurückziehen.

Und hierauf begann der volle Abzug. Die Anatolier hatten jetzt die Vorhut; noch in der Nacht brach der Sultan selbst auf; auch die Janitscharen zündeten ihre Lager in den Vorstädten an und eilten, ihren Herrn zu begleiten. Nach einigen Tagen folgte ihm Ibrahim mit dem Rest der europäischen Truppen nach.

Es war das erste Mal, daß dem siegreichen Sultan ein Unternehmen so ganz gescheitert war. Er konnte innewerden, daß er nicht so geradezu, wie seine Dichter rühmten, das Gold im Schachte der Welt, die Seele im Weltenleibe sei, daß es außer ihm gewaltige und unbezwingliche Kräfte gab, die ihm noch zu schaffen machen sollten.

Zunächst aber hatte er Grund, sich zu trösten: er hatte Ungarn den Deutschen entwunden. Aus den

Händen osmanischer Beamten empfing Johann Zapolya die heilige Krone; obwohl er König hieß, war er doch in der Tat nichts anderes, als ein Verweser des Sultans.

Es hätte wohl scheinen sollen, als würde Ferdinand die Unordnung dieses Abzuges und das zum Entsatz von Wien gesammelte Heer zur Wiedereroberung des Reiches benutzen können: auch fielen die Grenzplätze Altenburg, Trentschin in seine Hände; aber gleich das Schloß Gran behauptete sich; Ofen zu erobern, waren die dagegen heranrückenden Truppen viel zu schwach. Die Ursache des Mißlingens liegt am Tage: es fehlte dem König auch jetzt an allem Gelde. Er hätte wenigstens 20 000 Gulden gebraucht, um die Truppen in Bewegung zu setzen; er konnte endlich nicht mehr als 1400 Gulden aufbringen und selbst diese nur in schlechten Münzsorten, wozu er noch für ein paar Tausend Gulden Tuch hinzufügte. Alles war mißvergnügt. Der tirolische Haufe, den man auf das dringendste ersuchte, an jener Unternehmung teilzunehmen, hatte es in voller Gemeinde abgeschlagen; die Leute erklärten geradezu, sie hätten keine Lust, ferner zu dienen. Als Suleiman von Wien abzog, hatte er die Janitscharen für ihre Anstrengungen, so erfolglos sie auch gewesen waren, mit einem reichen Geschenk belohnt; den Landsknechten dagegen, welche die Stadt so wacker und glücklich verteidigt hatten, konnte man den Sturmsold nicht zahlen, auf den sie ein gewisses Recht besaßen, und es entstand ein wilder Aufruhr unter ihnen. Das war überhaupt das Verhältnis. Sehr bald behielten die Gegner in Ungarn das Übergewicht. In den oberen Landstrichen finden wir schon namhafte deutsche Hauptleute, namentlich jenen Nickel Minkwitz, der dem Kurfürsten von Brandenburg so viel zu schaffen machte, in den Diensten Zapolyas; von Kesmark aus durchzog er das Land: es gelang ihm, Leutschau in Brand zu stecken. Indessen brachen die Türken von Bosnien her in die Grenzen ein; auch Kroatien war in Gefahr, in ihre Hand zu fallen. Ja selbst auf die entlegenen Landschaften dehnte dies Mißgeschick seine Rückwirkung aus. In Böhmen gab es unter den Vornehmsten des Reiches warme Anhänger Zapolyas. Als Ferdinand zu Ende des Januar 1530 nach Prag ging, war er überzeugt, daß er alle, die an der Regierung von Böhmen Anteil nahmen, entfernen müsse, wenn er Herr im Lande bleiben wolle. Diese ungünstigen Verhältnisse aber zeigen nur, welch ein unermeßlicher Vorteil in der Verteidigung von Wien lag.

Der Kaiser riet seinem Bruder, einen Stillstand mit den Osmanen zu schließen, indem ihre vereinte Macht in diesem Augenblick nicht hinreiche, es mit denselben aufzunehmen, und kein anderer Fürst sie unterstützen werde.

Auch in Italien hatte er vielmehr die Rückwirkungen des osmanischen Glückes empfunden.

Achtes Kapitel.
Karl V. in Italien.

So viele Siege die Heere Karls V. auch erfochten, so wäre man in Italien, selbst nachdem man von Franz I. so plötzlich und wider alle Zusage verlassen war, wohl noch fähig gewesen, Widerstand zu leisten.

Venedig war im Besitz seiner gesamten Terra ferma, einiger Städte im Kirchenstaat, mehrerer fester Plätze im Neapolitanischen, die es soeben mit vielem Glück verteidigte; es hielt ein stattliches Heer im Felde, das, wenn es keine namhaften Siege erfochten, sich doch auch nicht hatte schlagen lassen und einen Kriegsanführer besaß, der es verstand, zugleich dem bedächtigen, eifersüchtigen Senate zu genügen und seinen Ruhm zu behaupten. Auch die venezianische Seemacht befand sich in blühendem Zustande; in Korfu war man mit einer Expedition nach den neapolitanischen Küsten, zunächst gegen Brindisi, beschäftigt.

Der Herzog von Mailand besaß nach so langem, verderblichem Kriege doch noch immer den größten Teil seines Landes und außer einigen anderen, minder bedeutenden, die stärksten Plätze des damaligen Italiens: Cremona, Lodi und Alessandria.

Sollte der Herzog von Ferrara, der ein durch Natur und Kunst sehr wohl befestigtes Gebiet gegen so un=

zählige Anfälle beschützt hatte, sich nicht auch diesmal zu verteidigen wissen?

In Florenz herrschte eine zur Behauptung ihrer Freiheit, und sollte es einen Kampf auf Leben und Tod kosten, entschlossene Partei; Michelangelo Buonarotti, der selber zu ihr gehörte, befestigte die Stadt mit einem Erfindungsgeist und einer Tüchtigkeit in der Ausführung, die nach anderthalb Jahrhunderten wohl noch einem Vauban bemerkenswert schienen; in dem Gebiete war eine Art von Landsturm eingerichtet. Mit Perugia waren die Florentiner bereits verbündet, und sie hofften wohl, es ganz zu gewinnen. Auch mit Siena, das sich ebenfalls von dem Papste bedrängt sah, standen sie in ziemlich gutem Vernehmen.

Der Kirchenstaat und Neapel waren noch erfüllt von Unruhe und Gärung.

Wie oft hatte Italien den kriegerischen Kaisern, die mit einem bei weitem überlegenen Heere über die Alpen kamen, selbst dann, wenn sich eine Partei im Lande für sie erklärte, Widerstand geleistet! Eben wenn ein Kaiser einmal festen Fuß gefaßt hatte, war das für die Einheimischen der Anlaß gewesen, alle ihre Kräfte aufzubieten, um ihn wieder zu entfernen. Keine Tapferkeit und kein Talent, weder Friedrichs I., noch Friedrichs II., hatten die Herrschaft zu befestigen, fortzupflanzen vermocht.

Jetzt kam dieser junge Kaiser an, der noch keinen recht ernstlichen Krieg gesehen hatte und sich mit seinem bleichen Antlitz, seinem wohlgehaltenen und noch gesunden, aber keineswegs kräftigen Körper, mit seiner schwachen Stimme mehr wie ein Hofmann als wie ein Krieger ausnahm. Sollten sie sich dem unterwerfen?

Er hatte für sich, daß er durch die florentinische Sache mit dem Papste aufs engste vereinigt war. Die Florentiner schickten, sowie er nach Genua gekommen, eine Gesandtschaft an ihn, aber natürlich mit einer beschränkten Vollmacht: ihre damalige Verfassung wollten sie auf jeden Fall behaupten. Der Kaiser antwortete ihnen, sie möchten vor allen Dingen die Medici zurückrufen und in den Rang einsetzen, den dieselben vor ihrer letzten Verjagung eingenommen. Schon befand sich der junge Alessandro, den er zu seinem Schwiegersohn und zum Herrn in Florenz bestimmt hatte, in seiner Umgebung. Auch ohnehin konnte er eine Regierung nicht dulden, die sich von jeher guelfisch, französisch gezeigt. — Solange nun, bis diese Sache geschlichtet wurde, war der Kaiser des Papstes, der die Gegner seines Hauses in Florenz leidenschaftlich haßte, vollkommen sicher.

Wohl konnte ihm selbst der Gedanke aufsteigen, ob er nicht aufs neue zu den Waffen greifen und die noch widerstrebenden Gegner mit Gewalt zur Annahme seiner Bedingungen nötigen solle. Die vertrauteren Freunde, die er bei seiner Abreise zu Rate gezogen, hatten das eigentlich erwartet: denn die Anwesenheit seiner Person werde soviel wirken wie zehntausend Mann; die Welt müsse erfahren, daß niemand wider-

stehen dürfe, wo er selber erscheine; auch einige alte
Hauptleute aus den italienischen Kriegen rieten dazu.
Er hat später bedauert, nicht darauf eingegangen, na=
mentlich nicht sofort in das Gebiet der Venezianer
vorgedrungen zu sein: bei dem Ausgange, den der
Angriff der Osmanen auf Wien nahm, würde er dann
dort den Frieden haben vorschreiben können.

Hätte sich nur dieser Ausgang voraussehen lassen.
Anfangs aber erweckte das Vorrücken des Großsultans
bei den italienischen Mächten vielmehr die Hoffnung,
in den Türken den Rückhalt gegen das Haus Österreich
zu finden, den ihnen Frankreich nicht mehr gewährte.
Da schlossen sich Mailand und Venedig noch einmal
enger aneinander: sie setzten gegenseitige Hilfsleistun=
gen fest und versprachen, nicht anders als gemeinschaft=
lich Frieden zu machen. Der Krieg erneuerte sich in
der Lombardei: Leiva nahm Pavia weg; ein paar
tausend Landsknechte unter Graf Felix von Werden=
berg drangen den Gardasee entlang in das Venezia=
nische ein und plünderten das Gebiet von Brescia.
Aber diese Erfolge entschieden doch nichts, und auch
die beiden Staaten zeigten sich gerüstet und wider=
standsfähig.

Durch den Abzug Suleimans änderten sich nun die
Verhältnisse: den Italienern, die sich von allen Seiten
verlassen sahen, sank der Mut; aber auch der Kaiser
hatte sich indessen fortwährend so friedfertig ver=
nehmen lassen, daß er nicht ohne Wortbrüchigkeit und
die Gefahr, das allgemeine Vertrauen auf immer zu

verlieren, auf die Kriegsgedanken zurückkommen konnte.

Angenehm war es ihm nicht, daß er das Mailändische, worüber er gern anders verfügt hätte, an Franz Sforza zurückgeben, oder den Venezianern die Städte der Terra ferma, die er als Kaiser in Anspruch nahm, in den Händen lassen sollte; alles betrachtet, war es aber doch nicht wohl zu vermeiden.

Den größten Wert hatte es für ihn, mit den Venezianern Frieden zu machen, die noch einige feste Plätze und gute Seehäfen im Neapolitanischen besaßen. Erst durch deren Erwerbung wurde Neapel ruhig, konnte sich fortan selber verwalten und eine Beihilfe zu den Kosten der allgemeinen Regierung leisten.

Wollte er das Mailändische behaupten, so hätte er die sehr gut in Stand gesetzten Festungen, die Franz Sforza noch inne hatte, ihm erst entreißen müssen, was einen sehr ernsten Krieg herbeigeführt und die schon abgeschlossenen Friedensverträge mit Frankreich, ja mit dem Papste zweifelhaft gemacht haben würde.

Wenigstens wünschte Papst Klemens auf das dringendste den Frieden. Seine alten Absichten, die Unabhängigkeit Italiens herzustellen, waren in der Begierde, Florenz sich zu unterwerfen, untergegangen. Das leuchtete aber ein, daß die Erneuerung des Krieges, wie er auch gehen mochte, dieser Stadt eine Möglichkeit des Widerstandes eröffnen und ihm die Mittel des Angriffs, schon durch die anderweite Beschäftigung des kaiserlichen Heeres, gewaltig beschränken mußte. Er glaubte genug zu tun, wenn er für Mailand und Italien einen erträglichen Frieden auswirke.

In dem Kaiser hatte sich durch alles, was geschehen war, die Meinung befestigt, daß er seine Gewalt in Italien nicht behaupten könne, ohne mit dem Papste gut zu stehen.

Gegen Ende des Jahres 1529 hielten sie eine Zusammenkunft in Bologna, bei der es von Anfang — denn schon waren die Unterhandlungen unter päpstlicher Vermittelung vorgeschritten — auf eine völlige Pazifikation Italiens abgesehen war. Am 5. November traf der Kaiser dort bei dem Papst ein, der seiner schon wartete.

Ähnlich, wie die beiden Damen in Cambrai, wohnten jetzt Kaiser und Papst in zwei aneinander stoßenden Häusern, die durch eine innere Tür verbunden waren, zu der beide den Schlüssel hatten.

Der Kaiser bereitete sich gleichsam vor, so oft er mit dem alten Politiker, dem Papste, persönlich verhandeln wollte. Er erschien dann mit einem Zettel in der Hand, worauf er sich alle Punkte verzeichnet hatte, welche diesmal in Betracht kamen.

Das erste, worin er den Ratschlägen des Papstes Gehör gab, war, daß sein Rebell, Franz Sforza, den er einst schon des Herzogtums verlustig erklärt, vor ihm erscheinen durfte.

Es schadete dem Sforza wohl nicht, daß er sehr krank war. Er mußte sich auf einen Stab stützen, wenn er mit dem Kaiser redete; der Papst vermied, sich den Fuß von ihm küssen zu lassen. Aber übrigens zeigte sich Sforza gescheit und wohlgesinnt; er sprach sehr gut und verstand sein Interesse hinreichend, um eine völlige Hingebung gegen den Herrn zu zeigen. Den Großen des Hofes kam er mit anderen Mitteln bei. Allmählich ließ man da den alten Widerwillen gegen ihn fallen.

Indessen bemühte sich auch der venezianische Gesandte, die Verstimmung zu beseitigen, die der Kaiser gegen seine Republik fühlen mochte. Er hatte wohl einmal eine zwei Stunden lange Audienz; er fand doch, daß der Kaiser die Lage der Republik einsah, ihre Rechtfertigung begriff.

So ward man denn sehr bald über die Grundlage eines Abkommens einig: Die Venezianer sollten herausgeben, was sie vom Kirchenstaat oder von Neapel besaßen, aber übrigens ohne Anfechtung bleiben. Auch Franz Sforza sollte mit dem Staate von Mailand belehnt werden. Die Erhaltung desselben in seinem Staate hatten die Venezianer als Bedingung ihres eigenen Friedens bezeichnet.

Die einzige Schwierigkeit machten die Geldforderungen, sowohl an Venedig als an Mailand. Um der mailändischen Zahlungen sicher zu sein, wünschte der Kaiser fürs erste die Kastelle von Mailand und Como mit seinen Truppen besetzt zu halten. Der Herzog rief dagegen die Verwendung der Venezianer an. Aber diese besorgten, durch längeren Verzug die Feindseligkeit des Kaisers auf sich zu ziehen, der, so-

bald er die Hand freihabe, seine Waffen gegen sie
selbst wenden dürfte. Sie gaben ihrem Gesandten
den Auftrag, sowohl in die ihnen auferlegten Zah=
lungen und Abtretungen, als auch in diese mailän=
dische Verpflichtung einzuwilligen.

Hierauf ward am 23. Dezember ein Vertrag ab=
geschlossen, der zugleich ein Bündnis war. Die Vene=
zianer verstanden sich dazu, die Rückstände an Hilfs=
geldern, welche sie kraft der Verträge von 1523 schuldig
geworden, im Laufe der nächsten acht Jahre allmählich
abzutragen, überdies in dem ersten Jahre noch andere
100 000 Skudi. Um vieles stärker ward Franz Sforza
heimgesucht: er sollte in bestimmten Terminen nach
und nach 900 000 Skudi und davon gleich im nächsten
Jahre 400 000 Skudi zahlen. Man sieht, das war jetzt
das System des Kaisers: er behandelte Mailand und
Venedig wie Portugal und Frankreich; die Ansprüche,
die er hätte machen können, ließ er sich durch Geld
vergüten. Wie der Kaiser Mailand und Venedig, so
versprachen die Venezianer, Neapel und Mailand im
Fall eines Angriffs zu verteidigen. Sie gaben die
in den Gebieten der Kirche und des Königreiches ein=
genommenen Plätze heraus.

Noch befand sich der Herzog von Ferrara außerhalb
des Friedens. Da er zugleich ein Feind des Papstes
war, hatte er nichts verabsäumt, um sich bei dem
Kaiser selbst seinen Weg zu bahnen. Andrea Doria
soll ihm geschrieben haben, er könne denselben nur
dadurch gewinnen, daß er ihm Vertrauen zeige. Der

Herzog sah den Kaiser in Modena; er trug ihm selbst die Schlüssel der Stadt entgegen, und in der Tat fand man von Stund an, daß sich ihm der Kaiser geneigt erweise. Bei weitem minder versöhnlich zeigte sich der Papst. Nur mit großer Mühe ward er bewogen, seine Streitigkeiten mit Ferrara einer neuen Erörterung durch den Kaiser selbst zu überlassen. Der Herzog hatte sich bequemt, Modena sogleich als ein Depositum in dessen Hand zu stellen.

In der florentinischen Sache wich Klemens vollends keinen Schritt breit. Noch einmal erschienen Gesandte der Republik in Bologna; aber sie hatten nur die Aufwallungen des Papstes zu vernehmen, der ihnen alle die persönlichen Beleidigungen vorrückte, welche man sich dort gegen ihn und seine Freunde, die ihn hier umgaben, erlaubt habe. Der Kaiser wiederholte, was er schon immer gesagt hatte, er sei nicht nach Italien gekommen, um jemandem etwas zu Leide zu tun, sondern nur um Frieden zu machen; aber er habe dem Papste nun einmal sein Wort verpfändet. Die Sache war in seinem geheimen Rate öfters erwogen worden. Man hatte geurteilt, einmal sei Florenz durch die Rebellion seiner Privilegien verfallen, der Kaiser völlig in seinem Recht, wenn er es strafen lasse; sodann werde die Forderung des Papstes auch ohnehin die Gerechtigkeit für sich haben, da ja der Vikarius Christi nichts Ungerechtes beginnen werde. Schon längst waren Perugia, Arezzo, Cortona in den Händen der Kaiserlichen; der Prinz von

Oranien, obwohl von der Rechtmäßigkeit der Ansprüche des Papstes nicht so überzeugt, wie sein Herr, war demselben doch gehorsam und lagerte mit dem Heere im Februar in der Nähe von Florenz. Während des Karnevals gab es alle Tage Scharmützel an den Toren.

Der Kaiser hatte gewünscht, alle italienischen Angelegenheiten diesmal abmachen, namentlich noch auf ein paar Monate nach Neapel gehen zu können, wo seine Gegenwart sehr erwünscht gewesen wäre. Dann würde er auf diesem Wege nach Rom gekommen sein und, wie es die alte Sitte wollte, dort die kaiserliche Krone in aller Form empfangen haben. In seiner Umgebung gab es Leute, die ihm sagten, er habe nichts vollbracht, wenn er nicht in Rom selbst gekrönt worden. Andere jedoch bezweifelten, daß der Ort so viel austrage, und Karl hielt für gut, zuerst bei seinem Bruder anzufragen, ob die deutschen Angelegenheiten es zulassen würden, daß er dazu die Zeit sich nehme. Dieser antwortete ihm: je eher er komme, desto besser sei es; würde er nach Neapel gehen, so würden die Gegner glauben, er werde nie kommen. Es ward beschlossen, daß die Krönung in Bologna vor sich gehen sollte; seinen Geburtstag, den Jahrestag der Schlacht von Pavia, wollte der Kaiser mit diesem Akte bezeichnen.

Feierliche Handlungen dieser Art haben das Eigene, daß sie mit der Bedeutung, die sie für den Moment haben, unmittelbare Beziehungen zu den fernsten Jahrhunderten verknüpfen.

Diesmal hatte die Krönung viel Besonderes. Sie geschah nicht in Rom, wie sonst immer, sondern in Bologna. Die Kirche S. Petronio sollte die Stelle der Peterskirche vertreten; die Kapellen, welche zu den verschiedenen Funktionen gebraucht wurden, empfingen die Namen der Kapellen von S. Peter. Es ward ein Ort in der Kirche bestimmt, der die Konfession Petri vorstellte.

Auch der Kaiser war nicht in der Weise wie seine Vorgänger erschienen. Er hatte versäumt, die Kurfürsten einzuberufen: ein einziger deutscher Fürst war zugegen, der noch zu gutem Glück den Tag vor der Krönung eintraf, Philipp von der Pfalz, derselbe, der sich bei der Verteidigung von Wien soeben einen gewissen Namen erworben; auch dem aber kam keine amtliche Stellung zu. An eine deutsche Ritterschaft, wie sie sonst ihren Kaiser an die Tiberbrücke zu begleiten pflegte, war nicht zu denken; unten auf dem Platze hielten 3000 deutsche Landsknechte, wackere Kriegsleute, von guter Haltung, aber von einem Spanier befehligt: es war Antonio de Leiba, der auf seinem Tragsessel von schwarzbraunem Sammet seinen Einzug vor ihnen her gehalten hatte. Alles Glänzende, was den Kaiser umgab, war von Spanien mitgekommen oder hatte sich in Italien zu ihm gesellt. Den Zug, mit welchem er sich am 24. Februar 1530 — zwei Tage vorher war ihm unter etwas modifizierten Feierlichkeiten die eiserne Krone aufgesetzt worden — zur Kaiserkrönung nach der Kirche begab, eröffneten spanische Edelknaben; dann folgten jene spanischen Herren, deren wir gedacht, wetteifernd in Pomp und Glanz, hierauf die Herolde, nicht etwa der deutschen, sondern vornehmlich der verschiedenen spanischen Provinzen: das Szepter trug der Markgraf von Montferrat, das Schwert der Herzog von Urbino, den Reichsapfel jener Pfalzgraf Philipp, endlich die Krone der Herzog von Savoyen. Die Kurfürsten verwunderten sich, daß man ihre Ämter anderen zu verwalten gegeben, ohne sie nur zu fragen. Nach jenen ihren romanischen, unbeauftragten Vertretern schritt dann der Kaiser zwischen zwei Kardinälen daher; die Mitglieder seines geheimen Rates folgten ihm nach. Als wenige Schritte hinter ihm der hölzerne Gang, durch den man den Palast mit S. Petronio verbunden hatte, zusammenbrach, deuteten das viele dahin, daß er wohl der letzte Kaiser sein werde, der zu einer römischen Krönung gehe, wie das denn in der Tat wahr geworden ist; er selbst meinte sein Glück zu erkennen, das ihn auch in diesem Augenblicke vor einem Unfall geschützt hatte.

Und nun ward er mit den Sandalen und dem von Edelsteinen starrenden Kaisermantel bekleidet, der von dem byzantinischen Hofe herübergenommen worden, er ward mit dem exorzisierten Öl gesalbt, mit einer Formel, fast noch ganz der nämlichen, welche einst Hinkmar von Rheims gebraucht; er empfing die Krone Karls des Großen, die Insignien jener alten geheiligten Würde, in der er als das Oberhaupt der Christenheit erschien; aber zugleich leistete er auch den Schwur, den einst in den Zeiten der Siege der Hierarchie die Päpste den Kaisern aufgelegt, daß er den Papst und die römische Kirche, alle ihre Besitztümer, Ehren und Rechte verteidigen wolle; er war ein gewissenhafter Mensch, und wir können nicht zweifeln, daß er den Eid mit allem Ernste seines Gemütes ablegte. Jene Vereinigung der geistlichen und weltlichen Hierarchie, welche die Idee der lateinischen Christenheit fordert, ward noch einmal vollzogen.

Während der Zeremonie stand der französische Gesandte, Bischof von Tarbes, zwischen dem Stuhle des Kaisers und dem des Papstes neben dem Grafen von Nassau; sie sprachen viel von der Freundschaft, die nun zwischen ihren Fürsten bestehe, von der nichts zu wünschen sei, als daß sie lange dauere. Man braucht aber nur den Bericht zu lesen, den der Bischof darüber an seinen Hof erstattet hat, um sich zu überzeugen, daß er wenigstens davon eben das Gegenteil meinte. Er wollte wahrnehmen, daß der Papst seufze, wenn er sich unbemerkt glaube. Er versichert in demselben Briefe, das lange Beisammensein der beiden Fürsten habe eher Widerwillen als Freundschaft zwischen ihnen erzeugt: ihm selbst habe der Papst gesagt, er sehe, daß man ihn betrüge; aber er müsse tun, als bemerke er es nicht. Genug, der Bischof erklärt es für gewiß, daß die Zeit bei dem Papst Wirkungen hervorbringen werde, mit denen der König von Frankreich zufrieden sein könne.

Auch aus der Korrespondenz des Kaisers mit seinem Bruder sehen wir, daß er sich des Papstes mit nichten versichert hielt.

Überhaupt dürfte man nicht glauben, daß er als Herr in Italien hätte handeln können; aber er wußte den geeigneten Moment, wo die Gegner erschöpft und ohne politischen Rückhalt waren, zu benutzen, um das Übergewicht, das ihm der Sieg gegeben, zu befestigen, eine künftige Herrschaft vorzubereiten.

Mochte sich der Papst in Augenblicken des Unmuts anstellen, wie er wollte, so konnte er sich doch von dem Kaiser nicht mehr völlig losreißen. Als Florenz nach tapferem Widerstande unterworfen war, gab der Kaiser dem Hause Medici eine staatsrechtlich fester begründete Macht daselbst, als es jemals gehabt; eine Familienverbindung ward vollzogen, bei der es zu so gewaltsamen Entzweiungen, wie die früheren gewesen, wohl niemals wieder kommen konnte.

Auch Mailands konnte der Kaiser sicher sein. Sforza erkannte sehr wohl, daß Franz I. seine lombardischen Ansprüche nicht auf immer aufgegeben hatte, wie denn auch vornehme Milanesen ihre Verbindung mit Frankreich so bald wie möglich zu erneuern suchten. Diese Rücksicht bildete einen Grund mehr für den Kaiser, sich die beiden Festungen vorzubehalten: er wollte seine Truppen nach Mailand werfen können, sobald der König von Frankreich das Land werde angreifen, von wo man nicht zweifelte, daß es dem Frieden zum Trotz demnächst geschehen werde. Um so unbedingter mußte sich Sforza an den Kaiser, der ihn allein schützen konnte, anschließen. Er war, wie man damals gesagt hat, von Natur kaiserlich; in kurzem trat auch er in österreichische Verwandtschaft; ein kaiserlicher Feldhauptmann befehligte nach wie vor die Truppen in der Lombardei.

Bei weitem unabhängiger hielt sich Venedig. Aber auch hier hatte im Gegensatz mit dem Dogen eine Partei den Frieden bewirkt, die der freundschaftlichen Verhältnisse mit Österreich und Spanien bedurfte, um sich zu behaupten. Überdies ward die Republik durch die Osmanen in die Notwendigkeit gesetzt, einen Rückhalt in Europa zu suchen, den ihr keine andere Macht gewähren konnte als die spanische. Sie hatte sich allmählich überzeugt, daß die Zeit der Eroberung und Ausbreitung für sie auf immer vorüber sei; für Venedig begann eine neue Ära, deren Charakter durch die Verhältnisse zu Spanien bestimmt wurde.

Und nicht minder hatte der Kaiser Sorge getragen, die kleineren Fürsten und Republiken an sich zu fesseln.

Der Markgraf von Mantua empfing die herzogliche Würde; dem Herzoge von Ferrara überließ der Kaiser Capri; dem Herzog von Savoyen, seinem Schwager, übergab er Asti, das Franz I. abgetreten hatte, zu dessen nicht geringem Verdruß; dem Herzoge von Urbino, damals dem berühmtesten italienischen Kriegsmanne, hatte er seine Dienste angeboten und in Bologna persönlich viele Gnade erwiesen.

In Siena und Lucca lebte der alte gibellinische

Geist wieder auf: er ward von dem Kaiser soviel als tunlich begünstigt. Was man auch von der wiederhergestellten Freiheit Genuas sagen mochte, so war doch der Erfolg der Veränderungen, daß Andrea Doria alles leitete. Der Zuname, den man ihm noch gab, Il Figone, der Gärtner — denn er war von der Riviera —, machte gar bald einem anderen Platz: man nannte ihn den Monarchen. Und dieser Monarch von Genua war der Admiral des Kaisers. Die großen Geldbesitzer traten auf eine andere, nicht minder bindende Weise — durch die Anleihen, die der Kaiser bei ihnen machte — mit demselben in Verhältnis.

Ohne Zweifel, unabhängig konnten sich diese Gewalten noch alle dünken; sie hätten auch eine andere Politik ergreifen können, und zuweilen dachten sie daran. Aber in ihrer inneren oder äußeren Lage gab es Beweggründe, die sie zu einer Vereinigung mit dem Kaiser trieben; und diese wurden jetzt teils mit Absicht gepflegt, teils auch durch die bloße Natur der Dinge entwickelt, indem Karl so mächtig war, daß es eine Sache des Ehrgeizes wie des Nutzens wurde, mit ihm in gutem Vernehmen zu stehen.

So ward die Gewalt eines Kaisers erneuert; doch war es nicht das alte Kaisertum.

Am wenigsten hätte die deutsche Nation sich rühmen dürfen, daß ihre Reichsgewalt ihr wiedergegeben worden sei.

Die Kurfürsten beklagten sich, daß sie weder zu der Krönung berufen, noch zu den Verträgen herbeigezogen worden, die der Kaiser mit den italienischen Mächten geschlossen habe. Sie protestierten in aller Form: wenn etwas in jenen Verträgen angenommen sei, das jetzt oder künftig dem h. römischen Reiche zum Abbruch oder Nachteil gereichen könne, so wollen sie nicht darein gewilligt haben.

Schon früher hatte man dem Kaiser in Erinnerung gebracht, daß, was in Italien erobert worden, nicht ihm, sondern dem Reiche gehöre; man hatte ihn aufgefordert, dem Reiche seine Kammern, namentlich Mailand und Genua, zurückzustellen: dies werde dann den Gubernator setzen und den Überschuß der Verwaltung zur Handhabung von Frieden und Recht verwenden. Das waren aber nicht die Gedanken des Kaisers oder seiner spanischen Hauptleute. Der Herzog von Braunschweig behauptete, mit Absicht seien ihm bei seinem italienischen Zuge im Jahre 1528 von Antonio Leiba Hindernisse in den Weg gelegt worden; der Spanier habe keinen deutschen Fürsten im Mailändischen dulden wollen. Und dieser Leiba ward jetzt mit Pavia belehnt; er behielt den Oberbefehl und fürs erste die Waffen in den Händen. An deutschen Einfluß war nicht mehr zu denken.

Unter diesen Vorgängen, nicht so ganz der Repräsentant der nationalen Macht, nahm der Kaiser zu Anfang des Mai 1530 über die Tridentiner Alpen seinen Weg nach Deutschland.

Neuntes Kapitel.
Reichstag zu Augsburg im Jahre 1530.

Karl V. hatte die spanischen Königreiche in Gehorsam, Italien in Abhängigkeit gebracht; welche Entwürfe hegte er nun, als er in der Fülle seiner Macht in das von Grund aus aufgewühlte, von Gärung erfüllte Deutschland zurückkehrte? — Wohl nur das Nächste war ihm klar.

Seinem Bruder, der sich ihm in allen italienischen Verwickelungen unerschütterlich treu, bei schwachen Kräften doch immer zur Hilfe bereit und überaus nützlich erwiesen, hatte er dafür versprochen, ihn zum römischen Könige zu erheben. Den Versuchen, diese Würde an ein anderes Haus zu bringen, die sich nicht ohne Gefahr immer wieder erneuerten, mußte ein Ende gemacht werden. Eben jetzt war dazu die Zeit, in dieser Fülle von Macht und Sieg.

Ferner mußte man endlich einmal darangehen, eine ausreichende Maßregel gegen die Türken ins Werk zu richten. Die letzten Ereignisse hatten den Deutschen gezeigt, daß es jetzt nicht mehr Ungarn allein gelte, sondern ihr eigenes Vaterland; die in die Augen fallende Not mußte sie willfähriger machen. Für das Bestehen des Hauses Österreich war das eine unerläßliche Bedingung.

Doch fühlte er wohl, daß es dabei sein Verbleiben nicht haben werde.

Während seines Aufenthaltes in Italien war ihm ein friedfertiges Verhalten, zwar nicht gegen seine Gemütsart — denn diese hatte etwas, das dahin neigte —, aber doch gegen seine ursprüngliche Intention, durch die Lage der Dinge auferlegt worden. Seine jugendlich kriegerischen Absichten waren aber damit nicht vertilgt.

Indem er seine Blicke nach Deutschland wandte, schrieb er seinem Bruder, er wünsche, wie über manches andere, so auch über ihr zukünftiges Verfahren mit ihm zu reden: ob sie friedlich leben oder nicht etwa selbst etwas unternehmen sollten, — ob dies durch gemeinschaftliche Anstrengungen gegen die Türken geschehen, oder ob eine andere große Gelegenheit abgewartet werden solle, um zu einer gerechtfertigten Unternehmung zu schreiten.

Die deutschen Angelegenheiten hatte man bereits bei den letzten Friedensschlüssen im Auge gehabt.

Für den Frieden von Cambrai war es eines der Motive, welches die niederländischen Räte dem Kaiser zu Gemüte führten, daß er dadurch instand gesetzt werde, die Ketzereien abzustellen, die Kirche in den Zustand zu bringen, in dem sie sein solle, und ebenso das Reich.

Mit dem Papste war denn auch schon über die Behandlung der Religionssachen Abrede getroffen worden. Im Frieden zu Barcelona hatte sich der

Kaiser verpflichtet, zuerst noch einmal die Herbeiziehung der Abgewichenen zu versuchen, sollte ihm das aber nicht gelingen, alsdann alle seine Macht anzuwenden, „um die Schmach, die man Christo angetan, zu rächen".

Wie anstößig und gewaltsam auch das Gutachten lautet, welches ihm sein Begleiter, der päpstliche Legat Campeggi, überreichte, so ist doch dies der Grundgedanke, auf dem es beruht. Zuerst gibt Campeggi darin die Mittel an, durch welche man die Protestanten wieder gewinnen könne: Versprechungen, Bedrohungen, Verbindung mit den katholisch gebliebenen Ständen; für den Fall aber, daß das nichts fruchte, hebt er auf das Stärkste die Notwendigkeit hervor, sie mit Gewalt, mit Feuer und Schwert, wie er sich ausdrückt, zu züchtigen; er fordert, daß man ihre Güter einziehe und die Wachsamkeit einer Inquisition wie die spanische über Deutschland verhänge. Nur ein mutiges, kriegerisches Unternehmen könne ihm Gehorsam verschaffen, wie einst dem Kaiser Maximilian der Krieg gegen die Pfalz. Aus der Korrespondenz des Kaisers mit seinem Bruder geht hervor, daß Gedanken der Züchtigung und Gewalt allerdings von ihnen gehegt wurden.

Ferdinand hatte, wie wir wissen, sich in Unterhandlungen mit Kurfürst Johann von Sachsen eingelassen; aber er versicherte dem Kaiser, er tue es nur, um die Sache hinzuhalten. „Ihr könntet meinen," fügt er hinzu, „es sei zu viel, was ich gewähre, und Ihr möchtet dadurch gehindert werden, zur Strafe zu schreiten. Monseigneur, ich werde so lange wie möglich unterhandeln und nicht abschließen; sollte ich aber auch abgeschlossen haben, so gibt es viele andere Anlässe, sie zu züchtigen, so oft es Euch gefällt, Rechtsgründe, ohne daß Ihr der Religion zu gedenken braucht; so manchen schlimmen Streich haben sie auch außerdem ausgeübt, und Ihr werdet Leute finden, die Euch dazu gern behilflich sind."

Das war also die Absicht, zuerst in aller Güte einen Versuch zu machen, ob man nicht die Protestanten zur Einheit der lateinischen Christenheit, die nun wieder inneren Frieden hatte und als ein großes System erschien, zurückführen könne; für den Fall aber, daß das nicht gelinge, stellte man sich selbst die Anwendung von Gewalt in Aussicht und behielt sich das Recht dazu sorgfältig vor.

Doch wäre es nicht geraten gewesen, die Antipathien eines beleidigten Selbstgefühls durch Bedrohungen zu reizen. Milde kann nur dann Milde heißen, wenn man nicht künftige Strenge im Hintergrunde erblickt. Zunächst beschloß man, nur diese Seite hervorzukehren.

Es kann nichts Friedeatmenderes geben als das Ausschreiben des Kaisers zum Reichstage, worin er seinen Wunsch ankündigt, „die Zwietracht hinzulegen, vergangene Irrsal unserm Heiland zu ergeben und ferner eines jeden Gutdünken, Opinion und Meinung in Liebe zu hören, zu erwägen, zu einer christlichen Wahrheit zu bringen, alles abzutun, was zu beiden

Seiten nicht recht ausgelegt worden." In dem Palast, wo der Kaiser neben dem Papste wohnte, ward dieser Erlaß unterzeichnet. Der Papst ließ dem Kaiser freie Hand. Auch er wäre höchlich zufrieden gewesen, wenn die Maßregeln der Milde Erfolg gehabt hätten.

Wie der Kaiser sich aber auch ausdrücken mochte, die altgläubigen Fürsten hatten von der Stimmung des kaiserlichen Hofes, seiner Verbindung mit dem päpstlichen hinreichende Kenntnis, um bei seiner Ankunft die lebhaftesten Hoffnungen zu fassen. Sie eilten, ihre Beschwerden zusammenzustellen, die alten Gutachten und Ratschläge zur Abstellung der lutherischen Bewegung noch einmal zu revidieren. „Es gefällt uns wohl," heißt es in der Instruktion des Administrators von Regensburg an seinen Reichstagsgesandten, „daß die Neuerung wider die wohl und lang hergebrachten Gebräuche der Kirche ausgerottet und zum Besten gewandt werde." Zunächst hielt der Kaiser in Innsbruck Hof, um sich nach dem Rate seines Bruders den Erfolg der Reichstagsgeschäfte durch vorbereitende Verhandlungen zu sichern. Welcher Art dieselben, wenigstens zum Teil, gewesen sind, läßt sich unter anderem daraus abnehmen, daß der venezianische Gesandte eine Rechnung sah, nach welcher der kaiserliche Hof von seiner Abreise aus Bologna bis zum 12. Juni 1530 270000 Schildtaler an Geschenken verausgabt hatte. Zu der Erscheinung des Glückes und der Macht, welche durch eine natürliche Kraft anziehen, kam nun, wie es seit Jahrhunderten in Deutschland der Gebrauch war, Gnade und Begabung. Alles, was von dem Hofe Gunst zu erwarten hatte, strömte dahin, und man vergaß fast, daß der Reichstag schon längst hätte beginnen sollen; ein jeder suchte hier ohne Verzug seine Geschäfte abzumachen.

Bald glaubte man an einem Beispiel abnehmen zu können, welche Wirkung die Erscheinung des Kaisers auch auf die religiösen Angelegenheiten ausüben werde. Der Schwager desselben, der verjagte König Christian von Dänemark, der sich bisher an Luther gehalten, mit diesem in Briefwechsel gestanden und sich unumwunden zu dessen Lehre bekannt hatte, fühlte sich in Innsbruck bewogen, zu dem alten Glauben zurückzukehren. Der Papst war entzückt, als er es vernahm. „Ich kann nicht ausdrücken," schreibt er dem Kaiser, „mit welcher Rührung mich diese Nachricht erfüllt hat. Der Glanz der Tugenden Ew. Majestät beginnt die Nacht zu verscheuchen; dies Beispiel wird auf Unzählige wirken." Er genehmigte die Absolution Christians und legte demselben eine Buße auf, die er nach der Herstellung in seinem Reiche zu vollziehen habe. Der Kaiser selbst hoffte, wie es ihm wider sein eigenes Erwarten gelungen, Italien zu beruhigen, so werde es ihm auch in Deutschland nicht fehlen. In Rom erwartete man alles von dem glücklichen Gestirn, unter dem er zu stehen schien.

Und ließen sich nicht die Dinge in der Tat auch hiezu sehr günstig an?

Bei den Protestanten hatte das Ausschreiben des

Kaisers die beste Aufnahme gefunden. Von allen Fürsten war der, auf welchen das Meiste ankam, Kurfürst Johann von Sachsen, auch der Erste, der in Augsburg eintraf. Er versäumte nicht, dem Kaiser, der in denselben Tagen die Alpen überstiegen, zu seiner Ankunft im Reiche Glück zu wünschen, die er „mit untertäniger Freude vernommen: er werde Sr. Majestät, seines einigen Obern und Herrn, zu Augsburg in Untertänigkeit warten". Er hatte auch seine Bundesgenossen aufgefordert, ihm zu folgen: denn der Reichstag zu Augsburg scheine das Nationalkonzilium zu sein, das man so lange erwartet, das man schon so oft vergebens gefordert habe, wo man nun die Beilegung des religiösen Zwiespaltes hoffen könne.

Die Unterhandlungen des Kurfürsten mit König Ferdinand hatten, wie man schon nach obigen Äußerungen vermuten kann, zu keinem Abschluß geführt; doch waren sie ebensowenig abgebrochen worden. Auch Kurfürst Johann hatte gar manche anderweite Geschäfte mit dem kaiserlichen Hofe; auch von ihm erschien ein Gesandter in Innsbruck. Sollte es da nicht möglich sein, ihn zu gewinnen? Man machte einen Versuch, den Fürsten selber nach Innsbruck zu ziehen. Der Kaiser ließ ihm sagen, er möge sich aller Freundschaft zu ihm versehen, ihn auffordern, so gut wie viele andere zu ihm an den Hof zu kommen. „In den Sachen, die durch sie beide ausgerichtet werden können, denke er wohl, sich mit ihm zu vereinigen."

Eben hier aber zeigte sich auch, auf welche Art von

Widerstand er in Deutschland stoßen sollte. Es hatte den Kurfürsten unangenehm berührt, daß der Kaiser durch eine andere Gesandtschaft in ihn gedrungen, den Predigern, die er mit sich gebracht, Stillschweigen aufzuerlegen. Er sah in dieser Forderung den Versuch einer unbefugten Entscheidung vor aller Untersuchung und glaubte nicht anders, als daß man diesen Akt der Nachgiebigkeit, den er in Augsburg zurückgewiesen, in Innsbruck von ihm erzwingen werde, falls er daselbst erscheine. Ferner sah er den Hof mit seinen persönlichen Gegnern bereits erfüllt. Auch schien es ihm nicht gut, Reichstagsgeschäfte an einem anderen Orte vorzunehmen, als der dazu bestimmt war. Genug, er blieb dabei, er wolle des Kaisers in Augsburg warten.

Überhaupt war die Haltung, welche die in Augsburg angekommenen Protestanten annahmen, der Beifall, welchen die Predigten in der Stadt fanden, die allgemeine Gunst, welche sie in Deutschland genossen, dem kaiserlichen Hofe unerwartet. Man hatte in Italien geglaubt, bei dem ersten Sturme würden die Protestanten auseinanderfliegen wie Tauben, wenn der Geier unter sie fährt. Zuerst bemerkte der Kanzler Gattinara, daß man mehr Schwierigkeiten finden werde, als er wohl selber geglaubt. Ein alter Gegner der päpstlichen Politik und ohne Zweifel der gewandteste Politiker, den der Kaiser besaß, wäre er vielleicht der Mann gewesen, den Absichten des Hofes eine Modifikation zu geben, in der sie sich erreichen ließen; selbst die Protestanten rechneten auf ihn. Gerade in diesem Augenblicke aber starb er, eben hier, zu Innsbruck. Den übrigen machte die Lage der Dinge so viele Bedenklichkeiten nicht. Was zu Innsbruck nicht gelungen, hofften sie auf die eine oder die andere Weise in Augsburg durchzusetzen.

Am 6. Juni brach der Kaiser dahin auf. Er nahm seinen Weg über München, wo er prächtig empfangen ward. Mit den weltlichen und geistlichen Fürsten von Österreich und Bayern, denselben, die einst das Regensburger Bündnis geschlossen hatten, langte er am 15. gegen abend an der Lechbrücke vor Augsburg an.

Schon ein paar Stunden wartete seiner die glänzendste Versammlung von Reichsfürsten, die man seit langer Zeit gesehen, geistliche und weltliche, von Ober- und von Niederdeutschland, besonders zahlreich auch die jungen Fürsten, die noch nicht zur Regierung gelangt waren. Sowie der Kaiser sich näherte, stiegen sie sämtlich vom Pferde und gingen ihm entgegen; auch der Kaiser stieg ab und reichte einem jeden freundlich die Hand. Der Kurfürst von Mainz begrüßte ihn im Namen aller dieser „versammelten Glieder des heiligen römischen Reiches". Hierauf setzte sich alles zu dem feierlichen Einzuge in die Reichsstadt in Bewegung. Haben wir der dem deutschen Wesen schon fast entfremdeten Kaiserkrönung unsere Aufmerksamkeit gewidmet, so mögen wir auch bei dieser noch wesentlich vaterländischen Zeremonie des Einzuges einen Augenblick verweilen.

Voran zogen zwei Fähnlein Landsknechte, denen der Kaiser, der nun als der gekommene Herr dieser kaiserlichen Stadt betrachtet sein wollte, die Wache derselben anzubertrauen gedachte. Sie waren jetzt erst geworben, und nicht alle hatten bereits die militärische Haltung, die man in Deutschland fordert; jedoch fanden sich viele unter ihnen, welche die italienischen Kriege mitgemacht, einige, die darin reich geworden waren. Vor allen bemerkte man einen Augsburger Bürger, Simon Seitz, der dem Kaiser als Feldschreiber gedient, und der jetzt, prächtig in Gold gekleidet, auf brauner Jenete, mit kostbar gestickter Decke, nicht ohne glänzenden Troß zurückkehrte.

Hierauf folgten die reisigen Mannen der sechs Kurfürsten. Die sächsischen führten nach altem Herkommen den Zug an, ungefähr 160 Pferde; alle mit ihrem Schießzeug, in Lederfarbe gekleidet. Es waren zum Teil das Hofgesinde, Fürsten und Grafen, Vierrosser, Zweirosser und Einrosser, zum Teil die Grafen, Räte und Edelleute, die vom Lande einberufen waren. Man bemerkte bereits den Kurprinzen, der das erste Bündnis mit Hessen vermittelt hatte. Dem sächsischen folgten die pfälzischen, brandenburgischen, kölnischen, mainzischen und trierischen Haufen, alle in ihrer besonderen Farbe und Rüstung. Nach der Hierarchie des Reiches hätten die Bayern nicht hierher gehört. Aber sie hatten, ehe man sie verhindern konnte, ihren Platz sich selber genommen; und wenigstens stellten sie sich vortrefflich dar. Sie erschienen alle in lichtem

Harnisch, mit roten Leibröcken; je fünf ritten in einem Gliede; große Federbüsche kündigten sie von fern an; es mochten 450 Pferde sein.

Man bemerkte den Unterschied, als nun nach dieser so durchaus kriegerischen Pracht die Höfe des Kaisers und des Königs anlangten, voran die Pagen, in gelben oder roten Sammet gekleidet, dann die spanischen, böhmischen und deutschen Herren, in sammetnen und seidenen Kleidern, mit großen goldenen Ketten, aber fast alle ohne Harnisch. Dagegen ritten sie die schönsten Pferde, türkische, spanische und polnische. Die Böhmen versäumten nicht, ihre Hengste wacker zu tummeln.

Dem Geleite folgten nun die Herren selbst.

Ein paar Reihen Trompeter, zum Teil in des Königs, zum Teil in des Kaisers Farben, Heerpauker, mit ihren Trommelschlägern, Persebanten und Herolde kündigten sie an.

Es waren alle die mächtigen Herren, die in ihren weiten Gebieten fast ohne Widerspruch herrschten, deren nachbarliche Entzweiungen Deutschland mit Getümmel und Krieg zu erfüllen pflegten: Ernst von Lüneburg und Heinrich von Braunschweig, die noch wegen der hildesheimischen Fehde in unausgetragenem Zwiste lagen; Georg von Sachsen und sein Schwiegersohn Philipp von Hessen, die erst vor kurzem in den Packischen Unruhen so hart aneinander geraten waren; die Herzöge von Bayern und ihre Vettern, die Pfalzgrafen, die nach flüchtiger Annäherung sich wieder voneinander zu entfernen begannen; neben den

Reichstag zu Augsburg im Jahre 1530.

Brandenburgern die Herzöge von Pommern, die jenen zum Trotz auf dem Reichstage zu einer unmittelbaren Belehnung zu gelangen gedachten. Jetzt erkannten sie einmal sämtlich einen Höheren über sich an und erwiesen ihm gemeinschaftliche Verehrung. Den Fürsten folgten die Kurfürsten, sowohl weltliche wie geistliche. Nebeneinander ritten Johann von Sachsen und Joachim von Brandenburg, die einander nicht wenig grollten, und wäre es nur wegen der Irrungen gewesen, welche die Flucht der Gemahlin des Markgrafen veranlaßt hatte — schon war diese Sache bei dem Kaiser zur Sprache gekommen —; noch einmal trug da Kurfürst Hans seinem Kaiser das bloße Schwert vor. Denn den Kurfürsten folgte ihr erkorener und nun gekrönter Kaiser, unter einem prächtigen dreifarbigen Baldachin, welchen sechs Herren vom Augsburger Rate trugen, auf einem polnischen weißen Hengste. Man bemerkte, daß er allein in dieser Umgebung fremd erschien: vom Kopf bis auf den Fuß war er spanisch gekleidet. Er hätte seinen Bruder auf der einen und den Legaten auf der anderen Seite neben sich zu haben gewünscht; denn diesem wollte er überhaupt die höchste Ehre erweisen: die geistlichen Kurfürsten sollten demselben den Vorrang lassen. Allein sie waren dahin nicht zu bringen gewesen. Es schien ihnen schon Ehre genug, daß, als der Legat erschien, der Gelehrteste aus ihrem Kollegium, Kurfürst Joachim, der sich im Lateinischen mit hinreichender Geläufigkeit ausdrückte und wenigstens bei weitem besser als die Geistlichen, ihn begrüßte. Außerhalb des Baldachins ritten nun König Ferdinand und der Legat nebeneinander. Ihnen folgten die deutschen Kardinäle und Bischöfe, die fremden Gesandten und Prälaten.

An den Zug der Fürsten und Herren schlossen sich aufs neue die Reisigen an, die des Kaisers alle in Gelb, die des Königs alle in Rot gekleidet, mit denen hier die Reiter der geistlichen und weltlichen Fürsten wetteiferten, jede Schar in ihrer besonderen Farbe, alle entweder mit Harnischen und Spießen, oder als Schützen mit Schießzeug gerüstet.

Die Augsburger Mannschaften, die am Morgen ausgezogen, den Kaiser zu empfangen, zu Fuß und zu Pferd, Söldner und Bürger, machten bei dem Einzuge den Schluß.

Denn das war überhaupt der Sinn der Zeremonie, daß das Reich seinen Kaiser einholte. Bei St.=Leonhard empfing ihn die Klerisei mit dem Gesang: Advenisti desiderabilis; die Fürsten begleiteten ihn noch in den Dom, wo ein Tedeum gesungen und der Segen über ihn ausgesprochen ward, und verließen ihn erst, als er in seiner Wohnung in der Pfalz angekommen war.

Aber gleich hier, nachdem man kaum noch einmal, und zwar auch in der Kirche, vereinigt gewesen, trat die große, alles zersetzende Frage, welche die Versammlung beschäftigen sollte, in aller ihrer Schärfe hervor.

Die Protestanten hatten den geistlichen sowie den

weltlichen Zeremonien beigewohnt und es mochte dem Kaiser ratsam scheinen, den ersten Moment seiner Anwesenheit, den Eindruck seiner Ankunft zu benutzen, um sie zu einer wesentlichen Nachgiebigkeit zu vermögen.

Indem die übrigen Fürsten sich entfernten, ließ der Kaiser den Kurfürsten von Sachsen, den Markgrafen Georg von Brandenburg, den Herzog Franz von Lüneburg und den Landgrafen Philipp in ein besonderes Zimmer rufen und sie durch seinen Bruder auffordern, die Predigten nunmehr abzustellen. Die älteren Fürsten erschraken und schwiegen. Der Landgraf ergriff das Wort und suchte die Weigerung darauf zu begründen, daß ja in den Predigten nichts anderes vorkomme, als das reine Gotteswort, wie es auch St.-Augustinus gefaßt habe. Argumente, die dem Kaiser höchst widerwärtig waren. Das Blut stieg ihm darüber ins Gesicht, und er wiederholte seine Forderung um so stärker. Allein er hatte, wie berührt, es hier mit einem Widerstande ganz anderer Art zu tun, als ihm jene italienischen Mächte leisteten, die nur Interessen eines zweifelhaft gewordenen Besitzes verfochten. „Herr," sagte jetzt der alte Markgraf Georg, „ehe ich von Gottes Wort abstünde, wollte ich lieber auf dieser Stelle niederknien und mir den Kopf abhauen lassen." Der Kaiser, der nichts als Worte der Milde von sich hören lassen wollte und von Natur wohlwollend war, erschrak selbst über die Möglichkeit, die ihm hier aus fremdem Munde entgegentrat. „Lieber Fürst," erwiderte er dem Landgrafen in gebrochenem Niederdeutsch, „nicht Köpfe ab."

Auch an der Fronleichnamsprozession, die des anderen Tages gehalten ward, weigerten sich die Protestanten teilzunehmen. Hätte der Kaiser ihre Begleitung verlangt als einen Hofdienst, so würden sie ihm dieselbe wahrscheinlich geleistet haben; sie sagten selbst: „wie Naeman in der Schrift seinem König"; allein er forderte sie auf: „dem allmächtigen Gott zu Ehren". Auf einen solchen Grund hin sich einzustellen, würde ihnen als eine Verletzung des Gewissens erschienen sein. Sie erwiderten, nicht dazu habe Gott das Sakrament eingesetzt, daß man es anbete. Die Prozession, der es überhaupt an dem alten Glanze fehlte, fand ohne sie statt.

In Hinsicht der Predigt gaben sie zwar zuletzt nach, aber erst dann, als der Kaiser versprochen, auch der entgegengesetzten Partei Stillschweigen zu gebieten. Er selbst ernannte einige Prediger, die aber nur den Text ohne alle Auslegung verlesen sollten. Und auch so weit würden sie nicht zu bringen gewesen sein, wenn man ihnen nicht bemerklich gemacht hätte, daß der Reichsschluß von 1526, auf den sie sich immer bezogen, den sie nicht hatten widerrufen lassen wollen, dies rechtfertige. Der Kaiser ward wenigstens, solange er anwesend war, als die rechtmäßige Obrigkeit einer Reichsstadt betrachtet.

Daß die Sache noch durchgegangen, erschien dem Kaiser als ein Vorteil für die katholische Kirche, und er rühmt es seiner Gemahlin als einen guten Anfang; aber ein Zeichen von Nachgiebigkeit konnte er darin nicht sehen.

Endlich am 20. Juni wurden die Verhandlungen eröffnet. In der Proposition, die an diesem Tage verlesen ward, drang der Kaiser, wie billig, vor allem auf eine dem Zweck entsprechende Rüstung wider die Türken; zugleich erklärte er aber seine Absicht, die religiösen Irrungen in Milde und Güte beizulegen, und wiederholte die Aufforderung des Ausschreibens, daß zu dem Ende ein jeder „seine Meinung, Gutbedünken, Opinion", ihm in Schriften überantworten möge.

Da der Reichsrat den Beschluß faßte, zuvörderst die Religionssache vorzunehmen, so mußte sich der große Kampf sofort eröffnen.

Augsburgische Konfession.

Die Protestanten eilten, zunächst eine Schrift vollends fertig zu machen, in der sie ihre religiöse Überzeugung den Reichsständen zusammengefaßt darzulegen gedachten.

Es ist dies die Augsburgische Konfession, ihr Ursprung folgender:

Unmittelbar nach Empfang des kaiserlichen Ausschreibens hatte man in Sachsen für gut gehalten, die Meinung, „auf welcher man bisher gestanden und auf welcher man beharre", in der regelmäßigen Form einer Schrift zusammenzustellen.

So hatte man sich einst zu jener National=

versammlung im Jahre 1524 von allen Seiten vorbereitet; etwas Ähnliches geschah auch in diesem Augenblick auf der entgegengesetzten Seite, z. B. in Ingolstadt.

In Wittenberg legte man nun in Hinsicht der Lehre jene Schwabacher Artikel zugrunde, in denen sich die Trennung der lutherischen von den oberländischen Theologen ausgesprochen. Es ist sehr merkwürdig, daß bei Abfassung der Konfession das Gefühl einer Absonderung von den Naheverwandten wenigstens nicht minder lebhaft war, als das Bewußtsein des ursprünglichen Gegensatzes, welcher die große Bewegung hervorgebracht hatte. Die Absonderung erschien um so stärker, da indes Zwingli und die Seinen von einigen Zugeständnissen, die sie in Marburg gemacht und die von der Marburger Übereinkunft in die Schwabacher Artikel übergegangen, zurückgetreten waren.

Diese Schwabacher Artikel überarbeitete nun Melanchthon unter Benutzung der Bemerkungen, welche er selbst mit Luther, Jonas und Bugenhagen dem Kurfürsten in Torgau übergeben hatte, mit dem Geiste der Gründlichkeit und Ordnung, der ihm eigen war, und in der unleugbaren Absicht möglichster Näherung an den katholischen Lehrbegriff. Die Erläuterungen über die Lehre vom freien Willen und vom Glauben, die er neu hinzufügte, waren höchst gemäßigt; er bezeichnete ausführlicher, welche Irrtümer der Ketzer, die dann auch immer von der römischen Kirche verworfen waren, man bei den verschiedenen Artikeln verdamme; er suchte diese Artikel nicht allein mit der Schrift, sondern auch mit den Lehren der Kirchenväter, namentlich des Augustinus, zu bewähren; das Gedächtnis der Heiligen verwarf er nicht durchaus, er suchte es nur näher zu bestimmen; die Würde der weltlichen Obrigkeit hob er auf das nachdrücklichste hervor, und schloß endlich mit der Behauptung, daß diese Lehre nicht allein in der Schrift klar gegründet sei, sondern auch der römischen Kirche, so weit sich das aus den Vätern abnehmen lasse, nicht widerstreite; unmöglich könne man darüber mit ihnen uneins sein, oder sie gar Ketzer nennen.

Und meines Dafürhaltens kann man durchaus nicht leugnen, daß die Lehre, wie sie hier erscheint, noch ein Produkt des lebendigen Geistes der lateinischen Kirche ist, das sich sogar noch innerhalb der Grenzen derselben hält, von allen seinen Hervorbringungen vielleicht die merkwürdigste, innerlich bedeutendste. Es liegt in der Natur der Sache, daß sie die Farbe ihres Ursprunges trägt, daß ihr namentlich der Grundbegriff, von dem Luther in dem Artikel von der Rechtfertigung ausgegangen, etwas Individuelles verleiht; aber ohne dies entstehen menschliche Dinge nun einmal nicht. Derselbe Grundbegriff war in der lateinischen Kirche mehr als einmal überaus wirksam hervorgetreten; Luther hatte ihn nur wieder mit aller Gewalt des religiösen Bedürfnisses ergriffen und in dem Kampfe mit entgegengesetzten Meinungen sowie in der Überlieferung an das Volk bis zur Allgemein=

gültigkeit ausgebildet; kein Mensch könnte sagen, daß ihm, wie er hier erscheint, etwas Sektiererisches beiwohne. Dabei blieb es, daß man sich den mehr zufälligen dogmatischen Festsetzungen, wie sie in den letzten Jahrhunderten hervorgetreten, widersetzte; man war nicht gemeint, auch nur den Aussprüchen eines Kirchenvaters maßgebende, beweisende Autorität zuzuschreiben; aber man war sich bewußt, daß man sich von ihrer Auffassung nicht wesentlich entfernt habe. Es gibt eine geheime Tradition, die sich nicht sowohl in Formeln ausspricht, als in der ursprünglichen Fassung des Begriffes, welcher nicht immer alle die Notwendigkeit hat, die ihm beizuwohnen scheint, und doch die innere Tätigkeit des denkenden, schaffenden Geistes beherrscht. Man fühlte sehr wohl, daß man noch auf dem alten Grund und Boden stand, wie er durch Augustinus befestigt worden. Man hatte den Versuch gemacht, den Partikularismus zu durchbrechen, dessen Fesseln die lateinische Kirche in den letzten Jahrhunderten sich hatte auflegen lassen, sein Joch von sich zu werfen; man war ganz allein auf die Schrift zurückgegangen, an deren Buchstaben man sich hielt. Aber war nicht die Schrift lange Zeiträume hindurch auch in der lateinischen Kirche eifrig studiert, als die Norm des Glaubens betrachtet worden? War nicht vieles, was diese Kirche annahm, wirklich in der Schrift gegründet? Daran hielt man sich; das übrige ließ man fallen.

Ich wage nicht zu sagen, daß die Augsburgische Konfession den reinen Inhalt der Schrift dogmatisch feststellte: sie ist nur eine Zurückführung des in der lateinischen Kirche entwickelten Systems bis zur Übereinstimmung mit der Schrift oder eine Auffassung der Schrift in dem ursprünglichen Geiste der lateinischen Kirche, der jedoch mehr unbewußt wirkte, als daß man sich an irgendeine schon dagewesene Manifestation desselben gebunden hätte; unser Bekenntnis ist selber seine reinste, der Quelle am nächsten kommende, am echtesten christliche Manifestation.

Es braucht kaum hinzugefügt zu werden, daß man damit nicht gemeint war eine Norm auf immer anzugeben. Es ist nur eine Feststellung des Faktums. „Unsere Kirchen lehren; es wird gelehrt; es wird einmütig gelehrt; man beschuldigt die Unseren fälschlich": das sind die Ausdrücke, deren sich Melanchthon bedient; er will nur die bereits entwickelte Überzeugung aussprechen.

Und in demselben Sinne hat er nun auch den zweiten Abschnitt geschrieben, in welchem er die Mißbräuche erörtert, die man abgeschafft hat.

Welch ein weites Feld bot sich hier einer gehässigen Polemik dar! Was ließ sich alles über die Eingriffe der päpstlichen Gewalt sagen, zumal an dem Reichstage, dessen Antipathien dagegen man vielleicht hätte erwecken können, über die Ausartungen eines falschen Gottesdienstes — wie wir denn in der Tat unter den Entwürfen der Schrift ein langes Register derselben vorfinden —; doch hielt man für besser, dies zu vermeiden. Melanchthon blieb dabei stehen, den kirchlichen Zustand zu rechtfertigen, in den man diesseits allmählich gekommen war. Er erörterte, weshalb man beiderlei Gestalt und die Priesterehe zulasse, Gelübde und Privatmessen verwerfe, weder Fasten noch Ohrenbeichte gebiete; er suchte überall zu zeigen, wie neu und gefährlich die entgegenstehenden Einrichtungen, wie sie selbst mit den alten kanonischen Satzungen in Widerspruch seien. Mit gutem Vorbedacht schwieg er von dem göttlichen Recht des Papstes, oder dem Character indelebilis, selbst von der Zahl der Sakramente: er wollte nicht bekehren, sondern nur verteidigen. Schon genug, daß er den Unterschied des geistlichen Berufes der Bischöfe von deren weltlicher Gewalt hervorhob; indem er jenen nach dem Inhalt des Evangeliums bestimmte, hütete er sich doch, diese anzutasten. Er behauptete, daß die Evangelischen auch hierin von den echten Grundsätzen der katholischen Kirche nicht abgewichen seien, daß der Kaiser die neue Einrichtung der Kirche sehr wohl dulden könne.

Es ließe sich fragen, ob die Protestanten nicht vielleicht besser getan haben würden, wenn sie, statt sich so entschieden in der Verteidigung zu halten, wieder einmal mutig die Offensive ergriffen und alle die starken reformatorischen Sympathien aufgerufen hätten.

Bekennen wir aber: — seit dem Tage, daß sie sich entschlossen hatten, den Anhängern Zwinglis ihr Bündnis zu versagen, war dies unmöglich. Von der Gunst, welche die Zwinglischen Lehren fanden, sahen

Augsburgische Konfession.

sie sich fast überflügelt, in Schatten gestellt; in Augsburg hing der größte Teil der Einwohner denselben an; man sprach von einem Bunde der Oberdeutschen und der Schweizer zum Umsturz der ganzen Hierarchie des Reiches. War doch eines ihrer vornehmsten Oberhäupter, Landgraf Philipp selbst, wenn man ihn reden hörte, mehr auf der Seite Zwinglis! Es gehörte noch eine besondere Anmahnung Luthers dazu, um ihn nur zu bewegen, die Konfession zu unterschreiben.

Auch konnten sie nicht daran denken, die Majorität der Reichsstände, die allzu entschieden Partei genommen, zu gewinnen, auf ihre Seite zu ziehen.

Sie wünschten nichts als Frieden und Duldung; sie meinten gezeigt zu haben, daß man ihre Lehre mit Unrecht verdamme, ketzerisch schelte. Luther gewann es über sich, dies seinem alten Gegner, dem Erzbischof von Mainz, der jetzt milder gestimmt zu sein schien, ans Herz zu legen. Im Namen der Fürsten wendete sich Melanchthon an den Legaten Campeggi und beschwur ihn, bei der Mäßigung zu verharren, die er noch an demselben wahrzunehmen glaubte: jede neue Bewegung könne eine unermeßliche Verwirrung der Kirche hervorbringen.

In diesem Sinne der Annäherung, dem Gefühle des noch nicht vollkommenen Getrenntseins, dem Wunsche, eine, wie im tieferen Grunde der Dinge waltende, so in einigen Einzelheiten des Bekenntnisses sichtbare Verwandtschaft geltend zu machen, war die Konfession gedacht und abgefaßt.

Am 25. Juni 1530 nachmittags ward sie in der Versammlung des Reiches verlesen. Die Fürsten hatten den Kaiser gebeten, dies in dem größeren Lokale zu gestatten, wo auch Fremde zugelassen wurden, sozusagen in einer öffentlichen Sitzung; der Kaiser beliebte das kleinere, die Kapitelstube des bischöflichen Hofes, wo er wohnte und wo nur die Mitglieder der Reichsversammlung Zutritt fanden. Aus einem ähnlichen Grunde hätte er es gern gesehen, daß die lateinische Abfassung verlesen worden wäre; aber da erinnerten ihn die Fürsten, auf deutscher Erde möge Seine Majestät die deutsche Sprache erlauben. Hierauf verlas der jüngere sächsische Kanzler, Dr. Christian Baier, das deutsche Bekenntnis mit einer Vernehmlichkeit der Stimme, die der Klarheit und Festigkeit der darin ausgedrückten Überzeugung entsprach. Die geistlichen Fürsten waren nicht sehr zahlreich zugegen: sie hatten gefürchtet, manchen unbequemen Vorwurf anhören zu müssen. Die Einverstandenen fühlten sich glücklich, daß es soweit gekommen, und hatten ihre Freude wie am Inhalt, so am Vortrage des Bekenntnisses. Andere benutzten wohl die Gelegenheit, sich die Hauptpunkte aufzuzeichnen. Nachdem man zu Ende gekommen, wurden die beiden Exemplare dem Kaiser überreicht: das deutsche gab er dem Reichserzkanzler, das lateinische behielt er zu eigenen Händen. Beide waren von dem Kurfürsten und dem Kurprinzen von Sachsen, dem Markgrafen Georg von Brandenburg, den Herzögen

Franz und Ernst von Lüneburg, dem Landgrafen Philipp, dem Fürsten Wolfgang von Anhalt und den Abgeordneten der Städte Nürnberg und Reutlingen unterzeichnet.

Konfutation. Bedrohungen.

Die evangelischen Fürsten erwarteten, daß auch die Partei ihrer Gegner mit einer ähnlichen Erklärung hervortreten und der Kaiser sich alsdann bemühen werde, den Zwiespalt zwischen beiden Teilen zu vermitteln. So lautete die Proposition, noch deutlicher als diese das Ausschreiben, in dessen Folge sie sich eingefunden hatten.

Der Kaiser hätte sogar gewünscht, daß der katholische Teil mit einer Anklage wider den evangelischen hervorgetreten wäre; er würde dann die Rolle eines Schiedsrichters zwischen beiden übernommen haben. In der Versammlung der Stände hat Ferdinand einmal einen darauf zielenden Antrag gemacht.

So vollkommen waren die beiden Brüder mit nichten Meister der Versammlung, um dies durchsetzen zu können.

Die ständische Mehrheit, die sich in Speier gebildet hatte und sich hier noch enger zusammenschloß, sah sich als rechtmäßige Inhaberin der Reichsgewalt an. Gegen die österreichischen Brüder, deren katholischer Eifer ihr höchlich erwünscht war, fand sie doch sonst gar manches zu erinnern. Namentlich hatte Ferdinand päpstliche Bewilligungen geistlicher Einkünfte ausgebracht, wie sie wohl in Spanien durchgingen, aber in Deutschland unerhört waren, und die nun in der gesamten Geistlichkeit Mißvergnügen und Widerstand hervorriefen. Die Majorität lehnte ab, sich als Partei zu konstituieren und den Kaiser als Richter zwischen sich und den Protestanten anzuerkennen. Sie meinte, sie habe nichts neues vorzutragen; sie habe sich nur an das kaiserliche Edikt gehalten: brauche der Kaiser eine Anklage, so möge er sie von der Übertretung seines Ediktes hernehmen. Vielmehr, wie es immer das Herkommen gewesen, daß der Kaiser den Meinungen der Reichsversammlung beitrat, so war sie der Ansicht, daß derselbe auch jetzt ihre Sache zu der seinigen zu machen habe. Das wollte es sagen, wenn sie ihn ersuchte, in dieser Sache mit der Kurfürsten, Fürsten und Stände Rat aus kaiserlicher Machtvollkommenheit zu prozedieren. Es kümmerte sie wenig, daß dies den Worten des Ausschreibens widersprach: waren diese doch nicht von ihr ausgegangen.

Man glaubt in der Regel, an dem Reichstage selbstständige Verhandlungen des Kaisers mit den Protestanten wahrzunehmen. In der Tat aber handelt von diesem Augenblick an mehr die Majorität der Stände, als der Kaiser selbst nach seinem Gutdünken. Über die geringsten Dinge, z. B. die Mitteilung eines Aktenstückes, muß der Kaiser Rücksprache mit derselben nehmen; er verfügt zuletzt nur, wie sie für gut gehalten.

Schade, daß wir von den Sitzungen der katholischen Mehrheit keine Protokolle haben; man weiß nicht einmal, ob solche überhaupt aufgenommen worden sind. Auch ausführliche Berichte findet man nicht und hat sie schwerlich zu erwarten, da die Fürsten persönlich zugegen waren, die Gesandten der bedeutendsten Städte aber an den Sitzungen nicht teilnahmen.

Nur soviel wissen wir, daß sich innerhalb der Mehrheit zwei verschiedene Meinungen einander entgegensetzten. Der Sinn der einen wäre gewesen, daß der Kaiser auf der Stelle zu den Waffen gegriffen und sein altes Edikt auf dem Wege der Gewalt zur Ausführung gebracht hätte. Der Erzbischof von Salzburg sagte: „Entweder müssen wir sie heben, oder sie heben uns: welches von beidem kommt uns zu?" Ein nicht minder heftiges Mitglied der Versammlung hörte man über diese Konfession spotten, die mit schwarzer Tinte geschrieben sei: „wären wir Kaiser, wir wollten die roten Rubriken dazu machen". „Herr," fiel ihm ein anderer ins Wort, „daß Euch nur nicht da das Rot selber unter die Augen spritzt." Denn keineswegs alle waren von so entschiedener Feindseligkeit; namentlich der Erzbischof von Mainz stellte die Gefahr vor, in die ein Anfall der Türken stürzen werde, wenn zugleich die offene Entzweiung ausbreche. Es ward endlich beschlossen, dem Kaiser zu raten, die Konfession vor allen Dingen widerlegen zu lassen: indessen wolle man einen Versuch machen, die Irrungen zwischen geistlichen und weltlichen Ständen unter

einander zu schlichten. Der Kaiser nahm diesen Rat
an. Er gab sich der Hoffnung hin, daß beides — die
Beilegung der Irrungen und die Widerlegung — vereinigt, zusammentreffend, auf die Protestanten einen
Eindruck machen werde, der sie nachzugeben bestimme.

Wie war hiemit die Lage der Protestanten plötzlich
so sehr zu ihrem Nachteil verändert!

Bisher hatten sie von der höheren Stellung des
Kaisers Anerkennung und Vermittelung erwartet;
aber gar bald bemerkten sie, daß er nicht treibe, sondern getrieben werde: die alten erbitterten Gegner,
mit denen sie schon so lange gestritten, leiteten jetzt,
als Mehrheit konstituiert, auch alle Schritte der
kaiserlichen Autorität.

Und auf das eifrigste ging man nun an die Widerlegung. An Arbeitern konnte es nicht fehlen. Von
allen Seiten waren auch die Gegner der reformieren-
den Theologen mit ihren Fürsten eingetroffen: Faber
von Wien, — er war jetzt Propst zu Ofen geworden, —
Eck von Ingolstadt, Cochläus von Dresden, Wimpina
von Frankfurt a. d. O.; mit den Bischöfen waren
ihre Vikare oder gelehrten Weihbischöfe angelangt:
man sah einige namhafte Mönche, Barfüßer, Karme-
liter, besonders Dominikaner, den Provinzial Paul
Haug, den Vikar Johann Burkhard, den Prior Konrad Colli, der einst wider Luthers Ehe geschrieben.
Es begreift sich, wenn ein Mann wie Erasmus, den
man auch eingeladen, keine Neigung fühlte, sich diesen
Namen beizugesellen. Es waren eben die Repräsen-

tanten des aristotelisch-dominikanischen Systems, das die Schulen von Europa so lange beherrscht, das er selber bekämpft hatte, die hier das Wort führen sollten. Mit der literarischen Fehde, in der sie sich bisher bewegt, hatten sie wenig ausgerichtet; ihre ganze Stärke lag in ihrer Verbindung mit der Gewalt. Jetzt waren sie nicht eigentlich mehr Privatleute: im Namen des Reiches sollten sie sprechen und schreiben.

Allerdings ließ man ihnen nicht völlig freie Hand. Sie waren viel zu heftig, zu weitläufig. Ein jeder brachte seine alten Feindseligkeiten, Widerlegungen lutherischer Meinungen, von denen hier gar nicht die Rede war, herbei. Den ersten Entwurf gab ihnen die Reichsversammlung geradehin zurück und wies sie an, sich nur an die Artikel der Konfession zu halten. Auch einen zweiten, kürzeren, der darnach einlief, unterwarf die Versammlung, Artikel für Artikel, ausführlicher Beratschlagung. Der Legat des Papstes nahm an der Arbeit Anteil. Es dauerte bis zum dritten August, ehe man mit der Konfutation zustande kam und sie nun auch in jenem Saale des bischöflichen Hofes verlesen lassen konnte.

Sie besteht, wie die Konfession, aus zwei Teilen, von denen sich der eine auf den Glauben, der andere auf die Gebräuche bezieht.

In dem ersten näherte sich die Streitfrage bereits den Standpunkten, auf welchen sie seitdem festgehalten worden ist. Man behauptete nicht mehr, daß das Sakrament, das bloße Vollziehen der Handlung, das opus operatum, Gnade erwerbe. Man lehrte nicht mehr, daß ein gutes Werk, ohne Gnade getan, von derselben Gattung sei, wie eines mit Gnade getan, daß zwischen beiden nur ein gradueller Unterschied sei. Das waren die Lehren, gegen die sich Luther erhoben. Man ging vielmehr auf die tieferen Begriffe der Rechtfertigung durch Christum, wie sie seitdem in aller Welt gang und gäbe geworden, näher ein. Wenn man zugleich die Notwendigkeit der guten Werke festzuhalten suchte, so geschah das doch in einem anderen Sinne als früher.

Dies ist aber auch die einzige Modifikation, zu der man sich verstand.

Denn in allen übrigen Punkten blieb man dem einmal festgestellten Systeme treu. Man forderte die Anerkennung der Transsubstantiation, der sieben Sakramente, der Anrufung der Heiligen; man blieb bei der Versagung des Kelches und der Notwendigkeit des Zölibates stehen und machte sogar einen Versuch, der freilich nicht anders als mißlingen konnte, sie aus Aussprüchen der Schrift, oder dem Gebrauch der ältesten Jahrhunderte, wobei man sich denn wieder auf die falschen Dekretalen stützte, herzuleiten; das Meßopfer ließ man sich nicht entreißen; vor allem hielt man an dem Begriffe der lateinischen Kirche, als der allgemeinen, fest. Den lateinischen Ritus in der Messe verteidigte man damit, daß der fungierende Priester bei weitem mehr der ganzen Kirche angehöre, als der Gemeinde, die ihn umgebe.

Genug, wenn man auf der protestantischen Seite durch den Mißverstand der Lehre und die eingerissenen Mißbräuche veranlaßt worden war, unmittelbar auf die Schrift zurückzugehen, die man zwar in einem Sinne faßte, der den Grundanschauungen der alten lateinischen Kirche entsprach, bei dem aber die Ideen und Bildungen der letzten hierarchischen Jahrhunderte nicht bestehen konnten, so bequemten sich jetzt auch die Gegner, einige der schroffsten Auswüchse der Lehre fallen zu lassen, auf die Abschaffung der Mißbräuche zu denken, welche ohnehin zu so vielen Irrungen zwischen geistlichen und weltlichen Fürsten geführt hatten; aber übrigens blieben sie dabei, daß das ganze hierarchische System von unmittelbar göttlichem Ursprung sei. Wir sehen sie nach einer Methode suchen — denn in der Tat hatten sie eine solche noch nicht gefunden —, um die Übereinstimmung ihres Systems mit der Schrift nachzuweisen.

Und dies hätte nun so viel nicht zu sagen gehabt, wenn es dabei bloß auf Verteidigung abgesehen gewesen wäre. Allein mit nichten: die Majorität erklärte nicht nur, sie finde diese Meinung recht und katholisch, mit dem Evangelium übereinstimmend, sondern sie forderte nun auch, daß die protestantische Minorität die widerlegten Artikel ihrer Konfession fahren lassen und mit der allgemeinen, rechtgläubigen Kirche einförmig glauben solle. Auf den Nachweis der Übereinstimmung mit dem Wesentlichen, Alten, Ursprünglichen ward keine Rücksicht genommen, so=

lange noch die geringste Differenz, wenn auch nur in dem Zufälligen, Unwesentlichen, zu bemerken war. Alles, was im Laufe der Zeit, entweder in dem unabweislichen Drange der Ereignisse oder auf dem Grund legaler Bestimmungen einer anderen Reichsversammlung, abgeändert worden war, sollte wiederhergestellt werden. Der Kaiser, dessen Prediger Alonso Virbes von Burgos sich bei der Schrift beteiligt hatte, erklärte sich ganz in diesem Sinne. Am Schluß der Konfutation, die in seinem Namen publiziert ward, ermahnte Karl die Evangelischen, sich nun der römischen und katholischen Kirche wieder gehorsam zu bezeigen; wo nicht, so werde er gegen sie verfahren müssen, wie einem römischen Kaiser, Schutzherrn und Vogt der Kirche zukomme.

Die Reichsversammlung selbst hatte ihn aufgefordert, als Vogt der Kirche aufzutreten, und schon hatte auch der römische Hof gesprochen.

Gleich im Anfang der Versammlung nämlich hatte sich der Kaiser eine kurze Angabe der vornehmsten Forderungen der Protestanten von Melanchthons Hand verschafft und diese dem Legaten mitgeteilt, der sie dann nach Rom beförderte. Soviel wir wissen, waren darin folgende Stücke als erforderlich bezeichnet: beiderlei Gestalt, Priesterehe, Weglassung des Kanons in der Messe, Überlassung der eingezogenen geistlichen Güter und Erörterung der übrigen Streitpunkte auf einem Konzilium. In Rom kam die Sache am 6. Juli im Konsistorium der Kardinäle zum

Vortrag. Welch ein Moment, wenn man da auch nur annähernd darauf eingegangen wäre! Der Legat hatte sich für Nachgiebigkeit in den beiden ersten ausgesprochen, wie ein guter Kanonist irgendwo sage: wenn die Kirche einst aus großen Ursachen den Zölibat angeordnet habe, so könne sie denselben auch aus noch größeren wieder aufheben. Allein im Konsistorium fand man diese Artikel im Widerstreit mit dem Glauben und der Disziplin sowie mit dem Interesse der Kirche; man beschloß, sie einfach zurückzuweisen und dem Kaiser für den bewiesenen Eifer zu danken. Denn in Rom erwartete man von dem Katholizismus, der Autorität und dem Glücke des Kaisers noch eine völlige Wiederherstellung: er sei der vom Himmel zur Heilung der Christenheit gesandte Engel, die Rose unter den Dornen, der Löwe unter den Bestien; entweder durch Schmeicheleien oder durch Drohungen, durch Verbindung von Güte und Gewalt werde noch alles zu einem guten Ausgang führen. Wenn Gott ihn, schreibt ihm sein Beichtvater, in dieser Sache getreu erfinde, so werde er ihm alle Kreaturen der Welt unterwerfen.

So lebhaft und dringend angeregt, durch seine Verträge gebunden und nur von Leuten umgeben, die entweder keinen Begriff von dem Tun und Lassen der Protestanten hatten oder vorlängst ihre Feinde waren, nahm der Kaiser die ernstlichste Haltung an. Den allgemeinen Erklärungen fügte er ein ungnädiges Bezeigen gegen die einzelnen hinzu; namentlich dem

Kurfürsten Johann gab er durch eine besondere Abordnung sein Mißfallen zu erkennen, daß er sich von dem Kaiser, der doch Schützer des Glaubens sei, getrennt, Neuerungen vorgenommen, Bündnisse gesucht habe. "Auch Se. Majestät habe eine Seele und ein Gewissen und wolle nichts gegen Gottes Wort tun." Werde daher der Kurfürst nicht zu dem Glauben zurückkehren, den man seit zwei, drei Jahrhunderten gehalten, so sei es auch Sr. Majestät nicht gelegen, ihn zu belehnen, oder ihm irgendeine von den anderen Gnaden zu gewähren, die er begehre. Die Zeit der Milde war vorüber, die Zeit der Strenge schien gekommen.

Widerstand.

Noch einmal erschien in dem Kaiser, wenn wir so sagen dürfen, die energische Macht der lateinischen Christenheit. Durch glänzende Siege war er zu allgemeinem Frieden gelangt; selbst von den Osmanen hatte er für dieses und wahrscheinlich das folgende Jahr nichts zu fürchten; die päpstliche sowohl als die ständische Autorität waren für ihn. Dagegen hatten die Protestanten auf keiner Seite einen religiösen oder politischen Rückhalt: sie waren nicht einmal durch einen haltbaren Bund untereinander gesichert.

Wohl konnte es zweifelhaft scheinen, ob deutsche Fürsten und Herren, in dem ritterlichen Leben der Höfe erwachsen und in späteren Jahren durch fremde

Unterweisung zur Lehre gelangt, des guten Verständnisses mit ihren Nachbarn und in ihren wichtigsten Angelegenheiten der Gnade des Kaisers bedürftig, ob diese wirklich standhaft genug sein würden, dem ausgesprochenen Unwillen desselben und der in ihm konzentrierten Macht gegenüber ihre Überzeugung ohne Wanken zu behaupten.

Zunächst kam es hiebei auf den Vornehmsten von ihnen an, auf welchen die anderen blickten und den auch der Kaiser am härtesten anging, den Kurfürsten Johann von Sachsen.

Kurfürst Johann von Sachsen, der letzte von den vier trefflichen Söhnen des Kurfürsten Ernst, die einst zu Grimma mit großer Sorgfalt zu geistlichen oder weltlichen Reichswürden erzogen worden, der Stammvater des noch heute in mannigfaltigen Zweigen blühenden ernestinischen Hauses, besaß nicht die politische Genialität seines Bruders Friedrich, dessen feinen, durchdringenden Geist; dagegen zeigte er sich von Jugend auf gutmütig und treuherzig, ohne alles Falsch, — wie Luther sagt, ohne Galle, aber dabei erfüllt von dem sittlichen Ernst, der einer so einfachen Seele erst ihren Wert verleiht. Man weiß nicht anders, als daß er bis zu seiner Vermählung in seinem 32. Lebensjahre vollkommen keusch gelebt hat. Die rauschenden ritterlichen Festlichkeiten, an denen er zuweilen am Hofe Maximilians teilnahm, obwohl auch er sich dabei hervortat, befriedigten ihn doch nicht; er meinte später, von diesen

Tagen sei doch auch keiner ohne ein Herzeleid vergangen. Man sieht, für Vergnügungen und Weltlust war er nicht geboren; das Unangenehme, das dabei nicht zu vermeiden ist, ging ihm allzu tief und quälte ihn mehr, als ihn der leichte Genuß erfreute. Mit seinem Bruder, dessen Mitregent er war, hat er sich nie entzweit: nie hat einer einen Diener angenommen, ohne daß der andere damit einverstanden gewesen wäre. Vom ersten Auftreten Luthers an widmete er der Lehre desselben die freudigste Teilnahme; sein von Natur ernstes und in der Tiefe religiöses Gemüt ward von derselben allmählich ganz durchdrungen. Es war ihm Vergnügen und Genugtuung, sich die Heilige Schrift, die ihm nun erst bekannt ward, in den Abendstunden vorlesen zu lassen. Er schlief darüber zuweilen ein, denn schon war er bejahrt; wenn er erwachte, wiederholte er den letzten Spruch, der ihm im Gedächtnis geblieben. Die Predigten Luthers schrieb er zuweilen nach; man hat ein von seiner Hand geschriebenes Exemplar des kleinen Katechismus Luthers. Früher und später hat es Fürsten gegeben, die durch eine Hingebung dieser Art in ihrer Tatkraft gelähmt worden; bei ihm war dies nicht der Fall. Bei aller Einfachheit entwickelte seine Seele doch auch Schwung und Willen. Als in dem Bauernkriege die Sache der Fürsten so schwankend stand, verbarg er sich nicht, daß es zu einem völligen Umschlage kommen könne; er war sogar darauf gefaßt, und man hörte ihn sagen, auch er könne sich am Ende mit ein paar Pferden begnügen und ein Mann sein wie ein anderer Mann; aber das hielt ihn nicht ab, sein gutes Recht doch so tapfer zu verteidigen wie irgendein anderer; nur in dem Siege zeigte er sich milder. Und wann wäre in den folgenden Jahren ein Moment eingetreten, wo eine bloß beschauliche Frömmigkeit auch nur möglich gewesen wäre? Wir kennen keinen Fürsten, der sich um die Feststellung der protestantischen Kirche ein größeres Verdienst erworben hätte. Sein Bruder und Vorgänger hatte die Lehre nur nicht unterdrücken lassen, sie in seinem Lande und, soviel er vermochte im Reiche in Schutz genommen. Doch gab es auf jeder Seite noch Klippen, an denen alles scheitern konnte, als Johann zur Regierung kam. Nur durch eine Politik, die von einer in jedem Augenblicke bewußten höheren Überzeugung getragen war, konnten sie vermieden werden. Nach dem Bauernkriege erhoben sich die Ideen der Reaktion auf das gewaltigste; so sehr sie ihm von seinem weltklugen und in den Geschäften geübten Vetter empfohlen wurden, so ließ Johann sich nicht von ihnen übermeistern. Auf dem nächsten Reichstage nahm er vielmehr eine Haltung an, durch welche er jenen Abschied, auf dem alle weitere gesetzliche Entwickelung beruht hat, herbeiführen half. Bald darauf schien es wohl, als werde der Ungestüm seines hessischen Verbündeten auch ihn ergreifen und ihn nach der anderen Seite hin auf eine nicht mehr abzusehende Bahn politischer Verwickelungen fortreißen; aber noch zur rechten Zeit nahm er besseren Bedacht und kehrte in die defensive Stellung zurück, die ihm natürlich war und die er behaupten konnte. Sein Bemühen ging allein dahin, der Lehre in seinem Lande Ausdruck und ein entsprechendes öffentliches Dasein zu geben. Er führte die erste evangelische Kirchenform in Deutschland ein, die allen anderen mehr oder minder zum Muster gedient hat. Er versäumte nicht, die Übergriffe seines Adels zu verhindern; so mild und gutmütig er war, so ließ er sich doch keine ungerechte Begünstigung abgewinnen; er tadelte an seinem Sohne, daß derselbe seiner Umgebung wohl mehr als billig Gehör gebe. In alledem hatte nun Luther den großen Einfluß auf ihn: Luther wußte die inneren Motive, welche diese Seele beherrschten, zur rechten Zeit in Anregung zu bringen und in frischem Bewußtsein zu erhalten. So geschah denn auch unter Johanns Vortritt die Protestation, die der ganzen Partei Namen und Weltstellung gegeben hat; denn wo Recht und Religion auf seiner Seite waren, da hatte er kein Bedenken, da führte auch er wohl das Sprichwort: „gradaus gibt einen guten Renner." — Eine zur Zurückgezogenheit geneigte, friedfertige, anspruchslose Natur, in der aber durch ein großes Vorhaben eine Entschlossenheit und Tatkraft geweckt waren, die sich demselben vollkommen gewachsen zeigten.

Hier zu Augsburg hatte nun Kurfürst Johann die Prüfung zu bestehen, ob diese Gesinnung wahres, gediegenes Gold sei, oder auch mit Schlacken vermischt.

Er fühlte eine natürliche reichsfürstliche Verehrung für den Kaiser, und anfangs zweifelte er nicht, diese mit seiner religiösen Überzeugung ohne Schwierigkeit vereinigen zu können. Sehr bald aber sah man ein, daß das unmöglich sein werde, und um die Gefahr wenigstens zunächst von dem Haupte des Fürsten abzuwenden, kamen einige seiner Gelehrten auf den alten Gedanken zurück, daß er sich ihrer nicht annehmen, sie sich selbst überlassen solle. Sie waren bereit, die Konfession bloß in ihrem eigenen Namen einzugeben. Der Kurfürst erwiderte ihnen: „Ich will meinen Christus auch mit bekennen."

Seitdem zeigte sich aber der Kaiser von Tag zu Tage abgeneigter. „Wir haben," sagt der Kurfürst in einem seiner Briefe, „Se. Kaiserl. Majestät gebeten, uns mit der Churwürde zu belehnen; das ist uns abgeschlagen worden. Wir liegen mit großen Kosten hier, haben etwa 12 000 Gulden aufnehmen müssen: Kaiserl. Majestät hat uns noch mit keinem Worte zugesprochen. Wir können nicht anders denken, als daß wir bei Kaiserl. Majestät schwer verunglimpft sind, und daß uns dies durch unsere eigenen Verwandten geschehen ist."

Wir sehen, in welche Stimmung man ihn bereits gesetzt hatte; und darauf folgte nun die Konfutation und die derselben beigefügte drohende Erklärung.

Daß er dem Kaiser, der eine so großartige Weltstellung einnahm und jetzt freie Hand hatte, die alten Ordnungen der lateinischen Christenheit geltend zu machen, Widerstand leisten könne, er mit dem schmalen Strich Landes an der Elbe und seinem kleinen Thüringen, ohne zuverlässige Verbündete, daran ließ sich gar nicht denken. Und lähmte ihn nicht überdies der Zweifel, ob er auch nur das Recht habe, sich zu widersetzen? Er neigte sich zu der Meinung, daß es ihm nicht zukomme.

Man trug Sorge, ihn ganz deutlich wissen zu lassen, was ihm bevorstehe. Ein mit dem Hofe sehr vertrauter Fürst erklärte ihm eines Tages: werde er sich nicht fügen, so werde ihn der Kaiser mit gewaffneter Hand angreifen, ihn von Land und Leuten verjagen, an seiner Person das äußerste Recht vollstrecken.

Der Kurfürst zweifelte nicht, daß es dahin kommen könne. In großer Bewegung kam er nach Hause: er zeigte sich entsetzt, daß er entweder die erkannte Wahrheit verleugnen müsse oder sich mit den Seinen in ein unvermeidliches Verderben stürzen werde.

Luther versichert, hätte dieser Fürst gewankt, so würde keiner seiner Räte festgehalten haben.

Allein eben das entschied ihn, daß er sich die Frage, die ihm vorgelegt ward, in ihrer ganzen schneidenden Schärfe vorstellte. „Entweder Gott verleugnen oder die Welt," sagte er: „wer kann zweifeln, was das Beste sei? — Gott hat mich zu einem Kurfürsten des Reiches gemacht, was ich niemals wert geworden bin; er mache ferner aus mir, was ihm gefällt."

Was in seiner Seele vorging, zeigt unter anderem ein Traum, den er in dieser Zeit hatte. Es ergriff ihn jene Beklemmung, in welcher der Mensch unter einer die Brust niederdrückenden Last zu vergehen meint. Er glaubte, er liege unter einem hohen Berge, auf dessen Spitze sein Vetter Georg stehe; gegen Morgen sank der Berg zusammen und der feindliche Blutsverwandte fiel neben ihm nieder.

Genug, der alte Fürst wich und wankte nicht. Große Ereignisse geschehen überhaupt nicht ohne eine große moralische Anstrengung. Neue Bildungen bedürfen dieses geheimnisvollen inneren Kernes. Kurfürst Johann erklärte nach wie vor, der Kaiser solle in ihm in allen Stücken einen getreuen, friedlichen Fürsten finden; aber dazu werde er ihn nie vermögen, die ewige Wahrheit nicht als die Wahrheit, das unvergängliche Gotteswort nicht als Gotteswort zu betrachten.

Der Mann, der ihn hiebei am meisten festhielt, ist ohne Zweifel Luther, obwohl er nicht zugegen war.

Luther war von der Acht, mit der er belegt worden, noch nicht freigesprochen; so sicher er dessen ungeachtet auch seitdem geblieben, so konnte ihn der Kurfürst doch nicht an den Reichstag mitbringen: er ließ ihn an den Grenzen seines Landes, in Koburg.

Es kam Luther zustatten, daß er, nicht in das Gedränge der Geschäfte und Tagesbegebenheiten fortgerissen, die Ereignisse von einem höheren Standpunkte aus überblicken konnte.

Da nahm ihn vor allem Wunder, daß der Kaiser, so eng verbündet mit dem Papst, der Franzosen so

sicher schien, und daß auch die Reichsstände die Partei
des Papstes wieder ergriffen. Er betrachtet diese Dinge
mit einer gewissen Ironie: der Herr par ma foi, wie
er den König von Frankreich bezeichnet, werde doch
des Schimpfes von Pavia niemals vergessen; der Herr
In nomine domini, der Papst, werde an dem zerstörten
Rom keine Freude haben; ihre Eintracht mit dem
Kaiser gehöre in das Kapitel Non credimus. Er fand
die Fürsten unbegreiflich, die es so hinnahmen, daß der
Papst den Kaiser soeben ohne ihr Beisein gekrönt hatte.
Er verglich die Versammlung mit dem Lärm der
Dohlen vor seinem Fenster: da sehe er dasselbe Zu-
und Abreiten, das Schreien und Scherwenzeln der
Scharrhanse, das eintönige Predigen der Sophisten:
„ein nützliches Volk, alles zu verzehren, was auf
Erden ist, und dafür ihre Beschlüsse in die Luft zu
rufen für die lange Weile." Es däuchte ihm sehr be=
sonders, daß man so ganz vergessen haben wollte, wie
die Sachen standen, als er auftrat, und er rief wohl
wieder ins Gedächtnis, wie damals der Ablaß in
Schwang gegangen und die Lehre, daß man durch
fromme Werke Gott genugtue; wie damals täglich
neue Dienste, Wallfahrten, Reliquien, zuletzt noch die
Fabel vom Rocke Christi aufgekommen; wie man die
Messen doch in der Tat für ein paar Pfennige mehr
oder minder verkauft und das für ein Gott wohl=
gefälliges Opfer gehalten, ohne der tieferen Begriffe
auch nur zu gedenken, die man jetzt wieder hervor=
suche. Er brachte in Erinnerung, daß von den Pro-

testanten, wenigstens literarisch, das Beste gegen den Bauernaufruhr geschehen sei; dafür aber wolle man sie nun vertilgen. Denn keinen Augenblick war ihm zweifelhaft, wohin diese Sache führen werde. Sowie der Kaiser die Predigten verboten, hoffte er auf keine Versöhnung mehr. Er sah voraus, daß er in seine Fürsten dringen werde, eben so gut die ganze Lehre fahren zu lassen. Nicht daß er den Kaiser selbst für gewaltsam gehalten hätte, — er spricht von dem edlen Blut „Kaiser Caroli" nie ohne Ehrerbietung, aber er weiß, in welchen Händen der Herr ist, er erblickt in ihm nur die Larve, hinter der sich die alten Feinde verbergen. Er bezweifelt nicht, daß diese nur auf Gewalt denken, auf ihre Mehrzahl trotzen. Er meint, jener Florentiner auf dem päpstlichen Stuhle werde wohl noch Gelegenheit finden, den Deutschen ein Blut=
bad anzurichten.

Aber diese Absichten schrecken Luther nicht: „Laß sie nur machen, sie sind noch nicht am Ende!"

Daran könnte er gar nicht denken, einen Schritt breit weiter nachzugeben: „Tag und Nacht lebe ich in diesen Dingen. Ich durchsuche die Schrift, überlege, disputiere; täglich wächst mir die Gewißheit: ich werde mir nichts mehr nehmen lassen, es gehe mir darüber, wie Gott will." Es macht ihn lachen, daß sie auf Restitution dringen. „Sie mögen erst das Blut des Leonhard Kaiser herausgeben und so vieler ande=
ren, die sie unschuldig ermordet."

Daß er aber so wenig fürchtet, ist allein die Folge

der Überzeugung, daß seine Sache Gottes Sache ist. "Einige sind wehmütig, als habe Gott unser vergessen, da er doch uns nicht vergessen kann, er müßte denn zuvor sein Selbst vergessen; unsere Sache müßte nicht seine Sache, unsere Lehre nicht sein Werk sein. Wäre aber Christus nicht mit uns, wo wäre er denn in der Welt? Hätten wir nicht Gottes Wort, wer hätte es denn?" — Er tröstet sich des Spruches: "Verlaßt euch auf mich, ich habe die Welt überwunden."

"Der Herr wohnt im Nebel; im Dunkel hat er seine Zuflucht. Man sieht nicht, wer er ist; aber er wird es sein, so werden wir es sehen."

"Und sollten wir ja nicht würdig sein, so wird es durch andere geschehen. — Haben etwa unsere Vorfahren gemacht, daß wir sind, was wir sind? Gott allein macht es, welcher der Schöpfer sein wird nach uns wie vor uns, wie er es mit uns ist. Denn nicht mit uns wird er sterben, der Gott, der die Gedanken regiert. Werden die Feinde mich umbringen, so werde ich schon besser gerächt werden, als ich wünschte; es wird einer sein, der da spricht: wo ist Abel, dein Bruder?"

In dieser Stimmung sind alle seine Briefe in diesen Tagen geschrieben. Nie war ein Mensch von dem Gefühl der Unmittelbarkeit des göttlichen Wesens lebendiger durchdrungen. Er kannte die ewigen siegreichen Mächte, in deren Dienst er stand; er kannte sie, wie sie sich geoffenbart, und rief sie bei ihren Namen. Er trotzte auf das Wort, das sie in den

Psalmen oder in dem Evangelium dem menschlichen Geschlecht gegeben haben.

Er sprach mit Gott wie mit einem gegenwärtigen Herrn und Vater. Sein Amanuensis in Koburg hörte ihn einst unbemerkt, als er einsam betete. „Ich weiß, daß du unser Gott bist, daß du die Verfolger der Deinen zerstören wirst; tätest du es nicht, so gäbst du deine eigene Sache auf; sie ist nicht unser, wir sind nur gezwungen dazu getreten: du mußt sie auch verteidigen." Er betete mit dem männlichen Mute, der ein gutes Recht zu haben glaubt auf den Schutz der ewigen Gotteskraft, der er sich gewidmet: sein Gebet ist ein Versenken in den Abgrund der Tiefe der dennoch persönlichen Gottheit; er läßt nicht ab, bis er das Gefühl der Erhörung hat, das größte, dessen das menschliche Herz, über alle Täuschung erhaben, in seinen heiligsten Augenblicken fähig ist. „Ich habe für dich gebetet," schreibt er an Melanchthon; „ich habe das Amen gefühlt in meinem Herzen."

Ein echter Ausdruck dieser seiner Stimmung ist das Lied: Eine feste Burg ist unser Gott, dessen Entstehung man von jeher sehr mit Recht in diese Zeiten gesetzt hat. Es kündigt sich als eine Bearbeitung des 46. Psalmes an, an den es jedoch nur erinnert; es ist ganz das Produkt des Momentes, wo man im Kampfe mit einer Welt voller Feinde sich auf das Bewußtsein zurückzieht, daß man eine göttliche Sache verteidigt, die nicht untergehen kann. Es scheint, als lege man die Waffen nieder; aber es ist die männlichste Verzicht=

leistung, die es geben kann, nur auf den momentanen
Erfolg: des ewigen ist man gewiß. Wie erhebt sich
die Melodie so freudig und mutvoll, treuherzig in ihrer
Sicherheit, gottinnig und weltverachtend! Sie ist
identisch mit dem Gesange: in den Stürmen jener
Tage entstanden sie miteinander.

Und in dieser Stimmung sprach Luther, wie seinen
nächsten Freunden, so auch dem Fürsten und dessen
Räten Mut ein.

Er tröstet den Fürsten damit, daß man ihm ja keine
andere Schuld beimesse als die Verteidigung des reinen
lebendigen Wortes Gottes. Darin liege aber viel=
mehr alle seine Ehre. In seinem Lande habe er die
besten Prediger; die zarte Jugend wachse daher mit
Katechismus und Gotteswort, daß es eine Freude sei;
das sei das Paradies, über welches ihn Gott zum
Wächter gesetzt; er schütze das Wort nicht allein, er
erhalte und ernähre es auch; dafür komme es ihm
auch wieder zu Hilfe. „O, das junge Volk wird es
tun, das mit seinem unschuldigen Zünglein so herz=
lich gen Himmel ruft!"

„Ich habe neulich zwei Wunder gesehen," schrieb er
an den Kanzler Brück: „das erste, da ich zum Fenster
hinaussah, die Sterne am Himmel und das ganze
schöne Gewölbe Gottes, und sah doch nirgend einen
Pfeiler, darauf der Meister solch Gewölb gesetzt hatte,
und doch steht es fest; das andere: ich sah große, dicke
Wolken über uns schweben und doch keinen Boden,
darauf sie ruhten, keine Kufen, darin sie gefaßt waren,

noch fielen sie nicht herab, sondern grüßten uns mit einem sauern Angesichte und flohen davon. —

Denn Gottes Gedanken sind weit über unsren Gedanken; — sind wir nur des gewiß, daß unsere Sache seine Sache ist, so ist auch unser Gebet schon erhört und die Hilfe schon beschlossen; — gäbe uns der Kaiser Frieden, wie wir wünschen, so würde der Kaiser die Ehre haben; aber Gott selbst will uns Frieden schaffen, daß er allein die Ehre habe."

In einem entschlossenen Willen liegt jedesmal eine die Gemüter mit sich fortreißende Gewalt. Wieviel mehr in einem solchen, der sich so gotterfüllt zeigt! Luther übte von Koburg her vielleicht einen größeren Einfluß auf die Seinen aus, als ihm tägliche persönliche Gegenwart nur immer hätte verschaffen können.

Alle die anderen Fürsten wetteiferten mit Kurfürst Johann in Standhaftigkeit.

Herzog Ernst von Lüneburg erwarb sich hier den Namen des Bekenners. Statt einen Schritt zurückzuweichen, setzte er sich mit dem Manne in Verbindung, der dann die Reformation seines Landes vorzüglich geleitet hat, mit Urbanus Rhegius. Er nahm ihn mit sich, „als das beste Kleinod", das er von Augsburg den Seinen habe mitbringen können.

Dem Markgrafen Georg von Brandenburg hatten Kaiser und König Begünstigung in seinen Angelegenheiten versprochen, wenn er von der Lehre abstehe; das Haus Brandenburg hatte schon damals Ansprüche auf schlesische Besitzungen; der Markgraf wies jeden An=

trag dieser Art von sich. Aber nicht minder lebhaft
drang nun sein angesehener und noch eifrig katholischer Vetter, Kurfürst Joachim, in ihn; es kam
zwischen beiden zuweilen zu bitterer Zwiesprache. Der
Markgraf erklärte sich überzeugt, daß die Lehre kein
Irrtum genannt werden könne, wenn anders Christus
noch Christus sei: sie weise nur auf Christum; er
habe sie selber an sich erprobt. Ohne hierauf ernstlich
einzugehen, hielt ihm der Kurfürst hauptsächlich entgegen, daß der Kaiser alles in den vorigen Stand zu
setzen entschlossen sei. Der Markgraf erwiderte, der
Kaiser möge abschaffen, was er wolle: er müsse es
geschehen lassen; doch werde er nicht dazu helfen. Der
Kurfürst fragte, ob der Markgraf auch bedenke, was
ihm auf dem Spiele stehe; dieser versetzte: „Man sagt,
ich soll aus dem Lande verjagt werden; ich muß es
Gott befehlen."

Nur von geringer Macht war Fürst Wolfgang von
Anhalt. Ganz angemessen ließ er vernehmen: er habe
für gute Freunde und Herren gar manchen Ritt getan;
sein Herr Christus verdiene wohl auch, daß er etwas
für ihn wage. „Herr Doktor," sagte er zu Eck, „denkt
ihr auf Krieg, so werdet ihr diesseits auch Leute
finden."

Und wie hätte sich, zumal bei dieser Stimmung der
übrigen, der mutvolle Landgraf etwas abgewinnen
lassen sollen? Der hessische Chronist Lauze erzählt,
nach der Übergabe der Konfession habe man den
Landgrafen auf den hohen Berg geführt und ihm die

Güter der Welt gezeigt, — d. i. ihn Begünstigung in der nassauischen und württembergischen Sache hoffen lassen; aber er habe alles abgelehnt. Eines Tages hörte er, der Kaiser wolle ihn zur Rede stellen; allezeit fertig, wie er war, säumte er nicht, selbst nach Hofe zu gehen und den Kaiser zu ersuchen, ihm die Punkte namhaft zu machen, wegen deren er ungehalten sei. Der Kaiser nannte einige; der Landgraf gab eine Auskunft, mit der sich jener zufrieden zeigte; die Hauptsache war, daß der Kaiser ihn aufforderte, in dem Artikel des Glaubens sich untertänigen Gehorsams zu erzeigen; wo nicht, so werde er verfahren, wie ihm als römischem Kaiser gebühre. Noch weniger aber wirkten Drohungen auf ihn als Versprechungen. Überdies ward es ihm von Tag zu Tage unbequemer, bei einer Versammlung auszuhalten, in der er vermöge der hierarchischen Ordnungen des Reiches keineswegs eine Stellung einnahm, die seiner Macht entsprach. Er ersuchte den Kaiser, ihn zu entlassen; der schlug es ihm ab; Landgraf Philipp ritt nichts destominder eines Abends von dannen. Aus der Ferne versicherte er dem Kurfürsten von Sachsen, er wolle Leib und Gut, Land und Leute bei ihm und bei Gottes Wort lassen. „Saget den Städten," schrieb er an seine Räte, „daß sie nicht Weiber seien, sondern Männer: es hat keine Not, Gott ist auf unserer Seite."

Und in der Tat, die Städte machten den Fürsten keine Schande. „Unseres Erachtens," schreiben die Nürnberger Abgeordneten, „ist nicht zu weichen, man wollte denn des Kaisers Gnade höher anschlagen als die Huld Gottes; Gott wolle nunmehr Beständigkeit verleihen!" Bürgermeister und Rat waren gesinnt wie ihre Bevollmächtigten.

In weiter Ferne nahmen andere in gleichem Sinne an diesen Ereignissen Anteil. „Ew. Gnaden," schreiben die Ratmannen von Magdeburg dem Kurfürsten von Sachsen, „stehen in Angelegenheiten der ganzen Christenheit unter dem Heerbanner unseres Heilandes in schwerem Kampfe; wir bitten täglich von Gott dem Herrn Geduld und Stärke."

Und hiedurch waren nun die Dinge in Deutschland bereits zu einer entschiedenen Gestalt entwickelt. Einer alle Rechte des Reiches in Anspruch nehmenden, mit dem Kaiser vereinten, mit den Kräften des alten Europa verbündeten Majorität gegenüber suchte eine Minorität sich zu halten, noch vereinzelt und formlos, aber voll von religiöser Entschlossenheit. Die Majorität, den Kaiser an der Spitze, schien gesonnen, Gewalt zu gebrauchen; schon ward über seine Werbung leichter Reiterei in Italien unterhandelt. Die Minorität hatte noch keine Absicht: sie wußte nur, daß sie nicht weichen werde.

War aber nicht jeder Schritt der Gewalt auch für die Majorität der Stände höchst gefährlich? Sie war ihrer eigenen Untertanen nicht sicher; die Erinnerung des Kurfürsten von Mainz an die Gefahr, mit der ein im rechten Moment eintreffender Angriff der Türken beide Teile bedrohe, machte einen allgemeinen

Eindruck. Wie die friedliche Partei gleich anfangs beabsichtigt und den Beschlüssen einverleibt hatte, so zog man es doch vor, noch einen Versuch der Vermittelung zu machen.

Vermittelungsversuch von seiten der Stände.

Am 16. August begann eine Konferenz, an der sich von jeder Seite zwei Fürsten und fünf Gelehrte, nämlich zwei Doktoren des kanonischen Rechtes und drei Theologen, beteiligten, und die sehr bald einen vielversprechenden Gang nahm.

Die eigentlich dogmatischen Streitpunkte machten diesmal keine unüberwindliche Schwierigkeit. In dem Artikel von der Erbsünde stimmte Eck bei, als ihm Melanchthon zeigte, daß ein angefochtener Ausdruck seiner Definition nur die populäre Erklärung einer älteren scholastischen enthalte. Bei dem Artikel von der Rechtfertigung „allein durch den Glauben" erklärte Wimpina ausdrücklich, kein Werk sei verdienstlich, wenn es ohne göttliche Gnade geschehe; er forderte nur die Verbindung der Liebe mit dem Glauben; nur insofern bestritt er das Wort „allein". In diesem Sinne dachten aber auch die Protestanten nicht es festzuhalten: sie ließen sich gefallen, daß es gestrichen wurde; war doch ihr Sinn von jeher nur gewesen, daß die Versöhnung mit Gott durch eine innerliche Hingebung, nicht durch äußerliches Bezeigen geschehen könne. Dagegen erläuterte dann auch Eck, daß die Genugtuung, welche man katholischerseits bei der

Buße fordere, nichts anderes als die Besserung sei, eine Erklärung, bei der sich freilich nichts mehr gegen die Notwendigkeit der Genugtuung einwenden ließ. Selbst über den schwierigen Punkt des Meßopfers kam man einander um vieles näher. Eck erklärte das Opfer nur für ein sakramentalisches Zeichen zur Erinnerung an das, welches am Kreuzesstamm vollzogen worden. Über die Gegenwart Christi im Abendmahl stritt man ohnehin nicht. Gern ließen sich die Protestanten bestimmen, nicht allein eine wahrhaftige, sondern auch eine reale Gegenwart zu bekennen. Dieser Zusatz findet sich bereits in dem Ansbacher Exemplar der Konfession.

Wahrhaftig, die Grundbegriffe des Dogmas waren es nicht, welche den Streit verewigten. Luther hatte nichts als die Prinzipien wieder erweckt und zum Bewußtsein gebracht, die dem alten Lehrbegriff der lateinischen Kirche ohnehin zugrunde lagen und nur durch die hierarchischen Systeme der späteren Zeit und den überhandnehmenden Mißbrauch verdeckt worden waren. Abweichungen wie diese konnte man an einander dulden, wie ja immer verschiedene Meinungen neben einander bestanden hatten. Der ganze Zwiespalt lag vielmehr in der Verfassung und in den Gebräuchen.

Und da gaben nun die Protestanten ihrerseits so viel nach, als nur irgend möglich war. Sie waren überzeugt, daß die gute Zucht in Kirchen und Schulen durch die Spaltung erschwert, daß auch das Kirchen-

Vermittelungsversuch von seiten der Stände.

regiment von den Fürsten nicht hinreichend gehandhabt werden könne, ihnen sogar zu viel koste. Die protestantischen Theologen und Fürsten erklärten sich bereit, den Bischöfen ihre Jurisdiktion, geistlichen Bann, Aufsicht über die Pfarren zurückzugeben, vorausgesetzt, daß man das Evangelium frei verkündigen dürfe. Sie waren selbst geneigt, auf Beobachtung der Fasten zu halten, nicht weil sie ein Gottesdienst sei, aber der guten Ordnung halber, und in Hinsicht der Beichte die Leute anweisen zu lassen, alle Fälle zu bekennen, in denen sie besonderen Trostes bedürftig seien.

Vorschläge, die doch in der Tat eine Herstellung der Äußerlichkeiten der Kirche einschlossen, welche man gar nicht mehr hätte erwarten sollen.

Und auch den Vorwurf sollte man nicht wiederholen, daß die Herstellung der eingezogenen Klostergüter die Versöhnung verhindert habe. Obwohl die Protestanten den Gegnern einwarfen, daß von ihrer Seite noch schlimmere Beraubungen vorgekommen, z. B. die Besetzung des Bistums Utrecht durch den Kaiser, die bei weitem mehr sagen wolle, als die Einziehung von ein paar Klöstern, da die Kirche auf die Bischöfe, nicht auf die Mönche gegründet sei, so erbot sich am Ende doch der Kurfürst von Sachsen, alle eingezogenen Klöster einer Sequestration zu unterwerfen; die Sequestrierenden, ehrbare Leute aus dem Landesadel, sollten dem Kaiser verpflichtet sein, nichts von den Gütern abkommen zu lassen, bis zu einer Bestimmung des Konziliums.

So weit näherten sich die Protestanten noch einmal dem römischen Kirchenwesen, der Majorität des Reiches. Es ist kaum zu verstehen, daß man sie dabei nicht festhielt.

Trat doch der Ausschuß der Majorität von einer anderen Seite hinwiederum den Protestanten sehr nahe. Er sprach die Hoffnung aus, bei dem künftigen Konzilium die Zulassung verheirateter Priester ganz im allgemeinen auszuwirken, wie das in der alten Kirche stattgefunden. Er sah kein Bedenken dabei, beiderlei Gestalt zuzulassen.

War man einander so nahe gekommen, was lag im Grunde an ein paar abweichenden Gebräuchen? Mußte man darum die Einheit des Reiches und der Nation und den gegenseitigen Frieden aufgeben?

Daß man dies am Ende doch tat, kam wohl hauptsächlich daher, weil die Führer der Katholischen nicht handeln konnten, wie sie vielleicht gewollt hätten. Wir wissen, daß die Sache am päpstlichen Hofe bereits in Beratung gezogen und entschieden war. Der päpstliche Legat, Campeggi, säumte nicht, in dem dringenden Augenblick den Kaiser zu besuchen, seinen ausschließend katholischen Eifer zu entflammen, ihn zu den Gesichtspunkten der Kurie zurückzurufen. Nach seiner Lehre waren alle Ordnungen der Kirche vom heiligen Geist eingegeben. In diesem Sinne bearbeitete er auch die Stände. Zuletzt forderten diese nun doch, daß auf der protestantischen Seite bis zum Ausspruch des Konzilums keine verheirateten Priester mehr an-

Vermittelungsverfuch von seiten der Stände.

gestellt werden sollten; sie bestanden auf dem Beicht=
zwang; sie wollten sich weder die Auslassung des
Kanons in der Messe, noch die Abstellung der Privat=
messen in den protestantischen Ländern gefallen lassen;
sie verlangten endlich, in den Predigten der Protestan=
ten solle der Genuß des Abendmahls unter einer Ge=
stalt für ebenso richtig erklärt werden wie der unter
beiden.

Dies waren aber alles Dinge, welche die bereits be=
gonnene Bildung protestantischer Organisationen so gut
zersetzt haben würden, wie die Forderungen vom Jahre
1529. Die kaum gewonnene Überzeugung wäre da=
durch wieder in ihrer Grundlage erschüttert worden.
Die Protestanten waren bereit, den Genuß des Abend=
mahles unter einer Gestalt nicht zu verdammen; aber
sie konnten sich unmöglich entschließen, ihn für gleich
richtig mit dem ihren zu erklären, „da ja Christus
beiderlei Gestalt eingesetzt habe". Und wie sollten sie
vollends die Privatmesse wieder einführen, die sie als
dem Begriffe des Sakraments widersprechend mit so
großer Heftigkeit bekämpft hatten? Sie würden ihr
eigenes Werk, von dem sie doch überzeugt waren, daß
sie es mit gutem Fug begonnen, wieder zerstört haben.

Auch zeigte sich bei jedem Schritt der Verhandlungen
eine größere Verschiedenheit der Grundansicht, als
man sich eingestand. Die Katholischen betrachteten die
Anordnungen der kirchlichen Autorität als die Regel,
von der höchstens einstweilige Ausnahmen zu gestatten
seien. Die Protestanten sahen dagegen die Regel des

Glaubens und Lebens allein in der Schrift; die Besonderheiten der römischen Kirche wollten sie nur bedingungsweise, nur insofern es ganz unvermeidlich sei, zulassen. Jene leiteten alle äußeren Kirchenordnungen vom göttlichen Rechte her; diese sahen darin nur menschliche, zurücknehmbare Einrichtungen. Es war noch nicht viel damit gewonnen, daß die Protestanten das Papsttum als eine irdische, menschliche, daher zu beschränkende Institution anzuerkennen allenfalls geneigt waren; dem religiösen Begriffe der katholischen Kirche lag alles an dem göttlichen Rechte der Stellvertretung Christi.

Und selbst wenn man sich einigermaßen verstanden, Bedingungen eines Vergleiches festgestellt hätte, wie schwer wäre es geworden, dieselben auszuführen! Welche Unebenheiten würde allein die Wiedereinführung des Episkopats veranlaßt haben! Der Charakter der neuen Kirche beruhte ja eben auf der Selbstständigkeit des niederen Klerus und seiner unmittelbaren Vereinigung mit der territorialen Gewalt. Schon erhob sich die Antipathie der Städte dagegen. Die Nürnberger äußerten, sie würden sich der Herrschaft eines Bischofs niemals wieder unterwerfen.

Wohl hat man nun, nachdem die ersten Verhandlungen abgebrochen worden, gegen Ende des August noch eine engere Versammlung gebildet, nur von drei Mitgliedern von jeder Seite; aber es ist nicht nötig, ihre Besprechungen zu begleiten; sie führten nicht einmal bis zu dem Punkt, der schon früher erreicht war.

Es sind dann noch einige einzelne Versuche der Annäherung gemacht worden. Im Garten eines Augsburger Bürgers hielt Herzog Heinrich von Braunschweig eine Zusammenkunft mit dem Sohne des Kurfürsten Johann Friedrich; in der Kirche zu St.-Moritz machte der Kanzler von Baden dem sächsischen, welchen Melanchthon begleitete, Eröffnungen, die sich dann eine Weile fortspannen, aber zu keinem Ziele führen konnten.

Der protestantische Teil hatte so weit nachgegeben, als es die religiöse Überzeugung nur irgend zuließ; er hatte aber die äußerste Grenze bereits erreicht; ja schon regte sich in seinem eigenen Innern Widerspruch gegen die gemachten Zugeständnisse; er war nun um kein Haarbreit weiter zu bringen. Auch bei diesen Verhandlungen erinnerte Kurfürst Johann die Theologen, nur die Sache im Auge zu behalten, auf ihn und sein Land keine Rücksicht zu nehmen.

Ebensowenig aber wäre auf der anderen, durch den Papst gefesselten Seite irgendeine weitere Konzession zu erreichen gewesen.

Verhandlungen des Kaisers.

Unmöglich konnte der Kaiser geneigt sein, es hiebei bewenden, den Reichstag auf diese Weise auseinander gehen zu lassen. Er war vielmehr davon durchdrungen, daß alsdann nur größeres Übel und Unzulässigkeiten ohne Ende zu erwarten seien.

Nun hatte ihn schon seit manchen Jahren der Gedanke eines Konziliums, in welchem die gesamten Gebrechen des christlichen Gemeinwesens geheilt werden könnten, beschäftigt, — ein Gedanke, in dem sich die Idee des Kaisertums und der Religion begegneten, von dem aber Papst Klemens VII. bisher nichts hatte hören wollen. In den Unterhandlungen von 1529 hielten die kaiserlichen Gesandten für ratsam, von der Sache zu schweigen, ja sogar zu erklären, dem Kaiser liege nicht so viel daran, da er die Unruhen und die Unordnungen wohl kenne, die aus einem Konzilium entspringen könnten. In Bologna war dennoch wieder davon vorübergehend die Rede; jetzt aber, in Augsburg, brachten nicht allein die Protestanten die Sache in Anregung, sondern noch dringender die katholischen Stände; der Kaiser, in dem sich seine eigentümlichen Gesichtspunkte wieder erhoben, beschloß, sie in die Hand zu nehmen, und schrieb darüber an den Papst. Er drückte sich dabei so katholisch aus und stellte Bedingungen so vollkommen kirchlicher Natur, die sich die Protestanten gefallen lassen müßten, daß der Papst den Vorschlag nicht zurückzuweisen wagte. Er ließ ihn der für die Glaubenssachen niedergesetzten Kongregation vorlegen. Hier erklärten sich einige dagegen, und zwar hauptsächlich aus zwei Gründen: einmal weil Leute, welche die früheren Konzilien verworfen, sich auch einem neuen nicht fügen würden, sodann weil ein etwaiger Anfall der Türken, während man seine ganze Aufmerksamkeit auf diese inneren Sachen wende, um so gefährlicher werden müsse; — und überdies, wieviel Zeit werde es kosten, ehe die übrigen Fürsten sich zur Teilnahme an dem Konzilium entschließen würden: werde es dann noch von Nutzen sein können? Die Mehrheit der Kommission war dennoch der Ansicht, daß das Konzilium versprochen werden könne, jedoch unter der Bedingung, die der Kaiser selbst vorgeschlagen hatte, daß die Protestanten indes von ihren Neuerungen abstünden. Der allgemeine Eindruck war, daß der Papst die Sache lieber durch eine und die andere Konzession beigelegt hätte, daß es ihm selbst lieber gewesen wäre, Deutschland in dem Zustande, in dem es war, zu lassen, als zu einem Konzilium zu schreiten. Aber durch frühere Zusagen verpflichtet, vermochte er doch nicht offen zu widerstreben. Er bat den Kaiser, die Sache ja noch einmal nach allen Seiten zu erwägen: sollte aber Seine Majestät, die am Orte und so gut katholisch sei, es für unumgänglich notwendig erachten, so willige auch er ein, nur unter der angegebenen Bedingung, daß die Protestanten bis dahin zu dem Ritus und den Lehren der heiligen Mutterkirche gehorsam zurückkehren müßten. Als den geeignetsten Ort für die Versammlung brachte er Rom in Vorschlag.

Der Kaiser war nicht sehr zufrieden mit dieser Antwort: denn man sehe daraus, daß der Papst das gewünschte Konzilium entweder überhaupt mißbillige, oder sich doch nicht gern dazu entschließe. Um so ausführlicher motivierte er seine Forderung dem Legaten.

Er sagte, nicht allein um der Lutheraner willen, sondern zum Besten der allgemeinen Angelegenheiten sei ein Konzilium notwendig; — wenn ein Angriff der Türken erfolgen sollte, so würde es ersprießlich sein, daß das Konzilium gerade dann beisammen wäre, um gemeinschaftliche Vorkehrungen zu treffen. Er wünschte die Berufung so bald wie möglich; der Legat meinte, zwischen dem Ausschreiben und der Zusammenkunft würden zwei Jahre verlaufen müssen; der Kaiser wollte nur von sechs bis acht Monaten, höchstens von einem Jahre hören. Um die Sache möglichst im Sinne des Papstes vorzubereiten, ließ der Kaiser am 7. September den Protestanten eine Eröffnung zugehen, in der er ihnen das Konzilium ankündigte, aber mit dem Zusatz, „daß sie sich mittler Zeit dem Kaiser, den Ständen und der gemeinen christlichen Kirche gleichförmig würden zu halten haben".

Glaubte Karl V. wirklich, alledem, was vorgegangen, zum Trotz mit einem solchen Befehle Gehör zu finden? Es würde verraten, daß ihm Stimmung und Gesinnung der Protestanten noch immer verschlossen geblieben waren. Die Frage war diese: die Protestanten hatten ein Konzilium im Sinne des Reichsregimentes gefordert und verlangten bis dahin die allgemeine Beibehaltung ihres Zustandes. Jetzt boten ihnen Rom und der Kaiser ein Konzilium an, forderten aber, daß sie sich bis zum Eintritt desselben den bisherigen Ordnungen anschließen sollten. Wie hätten sie das annehmen können? Sie antworteten:

„sich in diese Forderung zu fügen, würde wider Gott und Gewissen laufen; überdies aber seien sie auch rechtlich dazu nicht verpflichtet; infolge früherer Reichsbeschlüsse werde jetzt ein Konzilium bewilligt: nie sei da von einer ähnlichen Bedingung die Rede gewesen. Was nun auch immer die Majorität zuletzt in Speier in dieser Hinsicht beschlossen haben möge, so könne das sie, die sie dagegen feierlich protestiert hätten, nicht binden". In dem mündlichen Vortrage hatte sie der Kaiser als Sekte bezeichnen lassen; sie säumten nicht, sich darüber ernstlich zu beschweren.

Der Kaiser ließ ihnen noch einmal eine Schrift zugehen, in der er die Nichtigkeit der Protestation behauptete, ohne auf die Gründe für dieselbe einzugehen, nur deshalb, weil ein so gar geringer Teil dem größeren billig nachfolgen müsse. Zugleich gab er seine Verwunderung zu erkennen, daß die katholischen Deputierten noch so weit nachgegeben. In ihrer Rückantwort erörtern die Protestanten die religiösen Fragen nicht mehr; sie suchen dem Kaiser nur ihren rechtlichen Standpunkt klar zu machen. Sie entgegneten ihm, sie seien entschlossen, auf den Abschieden der Reichstage von 1524 und 1526 zu verharren, deren sie keine Majorität entsetzen könne, und baten übrigens lediglich um den äußeren Frieden. So unvermeidlich eine Antwort dieser Art war, so fühlte sich doch der Kaiser dadurch nicht wenig gekränkt. Er ließ die Protestanten wissen, er habe ihre Antwort „mit merklichem Mißfallen" vernommen. „Sie haben mir," schreibt er an seinen Gesandten bei dem Papst „in ihrem hartnäckigen Irrtum geantwortet, worüber ich in Gedanken bin." Indem sich ihm schon die Aussicht erhob, daß es zur Anwendung der Gewalt kommen werde, hielt er doch noch für möglich, etwas auszurichten, wenn er persönlich hervortrete. „Damit alles desto mehr gerechtfertigt sei," schreibt er dort weiter, „scheint es mir gut, daß ich selbst mit ihnen rede, sowohl allen zusammen als einem jeden allein, was ich auf der Stelle ins Werk zu setzen denke." Eines Tages ließ er die protestantischen Fürsten in seine Gemächer bescheiden, um persönlich mit ihnen zu verhandeln. Er zeigte ihnen alle die Huld und Freundlichkeit, deren er fähig war. Wir vernehmen, daß er acht bis neun Stunden angewandt habe, sie zu überreden; was er ihnen gesagt hat, ist nur summarisch überliefert. Es mag sein, daß dabei auch die kirchlichen Abweichungen zur Sprache gekommen sind; die Hauptsache betraf doch mehr die reichsrechtliche Frage. Man stellte es den Protestanten als einen Widerspruch vor, daß sie sich auf einen Reichstagsbeschluß stützten, der ihnen gestattet hatte, sich so zu verhalten, wie sie es würden verantworten können, und dennoch an einer Appellation festhielten, welche sie gegen einen Reichstagsschluß eingegeben. Ob der Kaiser selbst die zwei Reichstage von Speier vermischte? Oder ob dies nur ein Mißverständnis des Berichtes ist? Karl V. blieb dabei, in Glaubenssachen gelte keine Appellation, und forderte sie auf, ihrem Kaiser zu gehorchen. Sie erklärten, daß sie in allen Dingen dazu bereit seien, nur nicht in einer Sache, welche Seele und Gewissen anbetreffe. Über den Zwiespalt des weltlichen Gehorsams und der religiösen Überzeugung war auch durch keine persönliche Verwendung hinwegzukommen. Karl sagt einmal, er könne nicht beschreiben, wieviel Verdruß ihm diese Angelegenheit mache. Er hätte, an den Ideen der lateinischen Christenheit festhaltend, über alle seine Gegner zu triumphieren gewünscht; sein Ehrgeiz war ritterlicher Natur, und statt dessen sah er sich in diese ihm wesentlich unverständlichen Händel verwickelt.

In der Tat glaubte er nunmehr alle Mittel erschöpft zu haben und zu den Waffen greifen zu müssen. Bereits in dem oben angeführten Schreiben nach Rom sagt er: „Gewalt wäre jetzt, was die meiste Frucht bringen würde." Auch der Majorität der Stände hat er eröffnet, da er nichts nachgeben könne, was das Wesen des Glaubens verletze, und da alle gnädige Handlung nichts geholfen, so sei er bereit, Leib und Gut daranzusetzen und mit Hilfe und Rat der Stände alles zu tun, was notwendig sei. Auch beim Papste und bei anderen Fürsten werde er um Hilfe zu diesem Zwecke ansuchen.

Von Anfang des Reichstages an war in seinem geheimen Rate dieser Gedanke gefaßt worden. Sollten die Protestanten hartnäckig bleiben, sich weder dem Urteil des Kaisers noch dem Konzil, wie man wünschte, unterwerfen, so wollte man mit dem Legaten über die anzuwendende Gewalt zu Rate gehen.

In Rom machte die Nachricht von der Erfolglosigkeit der kaiserlichen Bemühungen einen um so peinlicheren Eindruck, da man auf entschiedene Erfolge gerechnet hatte. In der Kongregation war jetzt nur eine Stimme. Alle Mitglieder waren der Meinung, daß es sich mit den neuen Ketzern verhalte, wie mit den alten: denn der Fehler liege nicht in der Einsicht, sondern im Willen; nur die Macht und Gewalt der katholischen Fürsten könne sie bekehren; sie vereinten sich in der Ansicht, daß der Kaiser zum Schwert greifen müsse. Loahsa ermahnt ihn, da das Gewissen und die Ehre es verlange, sich der Ruhe zu entschlagen und die Mühseligkeit, die zum Dienste Gottes gereiche, über sich zu nehmen. Er erinnert an die Communeros, mit denen man die Zeit unnütz verloren, bis man zu dem wahren Mittel griff, „welches der Krieg war".

Allein auch der eifrige Beichtvater bemerkte doch, daß es damit im vorliegenden Falle die größte Schwierigkeit haben werde. So viele mit den Städten verbündete Herren gebe es, denen die Schweiz einen Rückhalt gewähre. Wer könne für Frankreich gut sagen? Wer wisse, ob nicht ein Anfall der Türken bevorstehe? Eine sonderbare Flexibilität zeigte sich in seinen Ratschlägen. Am liebsten wäre ihm, daß sein Kaiser den Ruhm davontrüge, dieser Sache durch Güte oder Gewalt ein Ende gemacht zu haben. Lasse sich das nicht ausführen, so empfehle er ein Konzil, weil daraus zugleich eine große Verbesserung der Katholiken, des geistlichen sowie des weltlichen Standes, hervorgehen könne. Sollte der Papst aber dies verweigern, so hält er den Kaiser für entschuldigt, wenn sich derselbe nur des Gehorsams der Abgewichenen versichere, ohne sich darum zu kümmern, ob ihre Seelen zur Hölle fahren.

Von der Majorität der Stände in Deutschland durfte sich der Kaiser nicht viel Hilfe versprechen. Er hatte sie immer schwach und unentschlossen gefunden; sobald nicht ihr besonderer Vorteil ins Spiel komme, mache die Sache des Glaubens wenig Eindruck auf sie. Zu einem Kriegszuge gegen andere Stände ihm so unbedingt sich anzuschließen waren sie nicht gemeint. Und was dann, wenn ein Angriff der Türken mit den begonnenen inneren Feindseligkeiten zusammentreffe? Dann würde eine allgemeine Empörung in den Landschaften der evangelischen deutschen Fürsten zu fürchten sein; es brauche dazu nichts weiter, als daß die Fahne aufgesteckt werde; die Schweizer würden den deutschen Städten zu Hilfe kommen. Vergebens suchte der Legat ihm das auszureden. Diesen zwischen Neigung zu Feindseligkeiten und Besorgnis vor ihren Folgen schwankenden Tendenzen entsprach es, wenn die Stände einen Abschied in Vorschlag brachten, der den Krieg allerdings in Aussicht stellte, aber zugleich verschob; den Protestanten sollte bis zum nächsten 5. Mai Bedenkzeit gestattet werden, um sich über die unverglichen gebliebenen Artikel zu erklären.

Auch dieser Entwurf war wieder in Ausdrücken abgefaßt, welche das Selbstgefühl der Protestanten verletzten. Es hieß darin, sie sollten niemanden zu ihrer Sekte nötigen: Wort und Sache war ihnen gleich verhaßt; er enthielt Anordnungen, denen sie sich schlechterdings nicht unterwerfen zu dürfen meinten, z. B. in Sachen des Glaubens binnen dieser Zeit nichts Neues drucken zu lassen, den Mönchen Beichte und Messe zu gestatten; endlich ward darin ausgesprochen, die Konfession sei mit gutem Grunde der Heiligen Schrift widerlegt worden. Hätten sie diesen Abschied angenommen und unterschrieben, so hätten sie ihre eigene Sache verurteilt. Ohne Bedenken wiesen sie ihn von sich. Indem sie die Gründe ihrer Weigerung ausführlich vorlegten, nahmen sie von der Behauptung, daß sie widerlegt worden, zugleich Gelegenheit, dem Kaiser eine Apologie ihrer Konfession zu überreichen. Der Hauptsache nach ist diese Schrift der Konfession gleichartig; irre ich aber nicht, so ist doch die Art und Weise der Abfassung in einem sich von dem Katholizismus wieder mehr entfernenden Sinne ausgefallen.

Darüber hatten sie denn noch einmal einen Sturm zu bestehen. Kurfürst Joachim von Brandenburg kündigte ihnen an (23. September): würden sie den Abschied nicht annehmen, so seien Kaiser und Stände entschlossen, Leib und Gut, Land und Leute daranzusetzen, daß dieser Sache geholfen werde. Der Kaiser erklärte, weitere Änderungen könne er sich nicht ge=

fallen lassen; wolle die protestantische Partei den Abschied annehmen, er sei da; wolle sie es nicht, so müsse er, der Kaiser, samt den übrigen Ständen unverzüglich auf die Ausrottung ihrer Sekte Bedacht nehmen.

Waren aber die früheren Drohungen fruchtlos gewesen, so konnten auch diese keinen Eindruck weiter machen. Das religiöse Element, das in der Strenge seiner Gewissenhaftigkeit jedes Bündnis verschmäht hatte, welches ihm nicht ganz gleichartig war, erwies sich nun auch dem System, von dem es ausgeschieden, gegenüber ebenso unerschütterlich.

Und so war jeder Versuch der Annäherung mißlungen; die Minorität war entschlossen, ihren Standpunkt vollständig zu behaupten und es darauf ankommen zu lassen, was wider sie unternommen werden würde. So mußte man auseinandergehen.

Es wäre sehr falsch, zu glauben, dem Kurfürsten von Sachsen habe politisch daran gelegen, dem Kaiser Opposition machen zu können. Es tat ihm von Herzen leid, sich von seinem Kaiser und Herrn so trennen zu müssen; aber es konnte nun nicht anders sein. Endlich war der Moment gekommen, wo er, im Begriffe, abzureisen, an ihn herantrat, um sich von ihm zu beurlauben. „Oheim, Oheim," sagte der Kaiser, „des hätte ich mich zu Ew. Liebden nicht versehen." Der Kurfürst erwiderte nichts darauf; die Augen füllten sich ihm mit hellen Tränen; Worte vermochte er nicht zu finden. So verließ er den Palast und gleich darauf die Stadt.

Unter den Ratschlägen, die dem Kaiser gegeben worden, war einer des Inhalts gewesen: vor allem, durch welche Mittel auch immer, die Fürsten zu gewinnen; gegen die Städte würde man dann mit deren eigener Hilfe Gewalt brauchen können. So etwa war es in Kastilien gegangen. Aber in Deutschland war es unausführbar. Die Zeiten der Städtekriege waren vorüber, der religiöse Zwiespalt hatte die höchsten Reichsgewalten ergriffen; in Speier war er nur zwischen den Fürsten ausgebrochen: jetzt war auch der Kaiser zugegen und darein verflochten; bisher hatte ihn die Aussicht einer Versöhnung noch verhüllt: nun lag er ganz offen zutage.

Auch die Städte ihrerseits waren weit entfernt davon, einmütig zu sein; nicht einmal so ganz die protestantischen.

Wie zuerst Reutlingen, so hatten sich allmählich auch Kempten, Heilbronn, Windsheim, Weißenburg im Nordgau an Nürnberg angeschlossen. Vier andere Städte, Straßburg, Memmingen, Konstanz und Lindau, die sich bisher zu der schweizerischen Auffassung des Abendmahls gehalten, hatten ihre eigene Konfession eingegeben, die sogenannte Tetrapolitana, auf deren für die innere Geschichte des Protestantismus sehr merkwürdigen Inhalt wir später zurückkommen werden; auch ihnen ließ der Kaiser eine katholische Widerlegung vorlesen, natürlich ohne alle Frucht. Straßburg zeigte so viel Mut wie Nürnberg und andere Städte. Wäre zwischen Lutheranern und

Katholiken die beabsichtigte Versöhnung zustande gekommen, so würden die vier Städte wohl in nicht geringe Bedrängnis geraten sein. Man behauptete und wollte es von einigen Reichsfürsten erfahren haben, daß der Kaiser gegen sie in Deutschland rüste und auch aus Italien Truppen gegen sie heranziehen wolle. Wie aber die Sachen in Augsburg gegangen waren, hatten sie weniger zu fürchten, als im Anfange.

Es waren nur die übrigen Städte, denen der Kaiser am 24. September vorstellen ließ, wie so ganz mit Unrecht Sachsen und seine Mitverwandten einen, im Grunde zu ihren Gunsten verfaßten Abschied ausgeschlagen, ohne Zweifel hauptsächlich deshalb, weil sie darin zur Restitution der Klostergüter angehalten worden; allein er sei entschlossen, diese Sache zu Ende zu bringen. Wie die anderen Stände Leib und Gut dabei einzusetzen versprochen, so, hoffe er, werde das auch von ihnen geschehen. Die Städte baten sich aus, erst bei ihren Oberen anfragen zu dürfen; der Kaiser drang auf unverzügliche Antwort.

Hierauf trugen diejenigen, die noch katholisch geblieben, kleinere so gut wie größere, Rottweil, Überlingen, Köln, Hagenau, selbst Regensburg, kein Bedenken, sich dem Kaiser anzuschließen.

In nicht geringe Verlegenheit dagegen gerieten die anderen, die dem Bekenntnis bisher Raum gegeben, ohne doch, soviel es irgend möglich, mit dem Kaiser und der Majorität in Opposition zu treten. Sie zogen in Betracht, daß sie durch die Annahme des Abschiedes die Konfession für widerlegt erklären, daß sie dann gezwungen werden würden, wider ihre eigenen Glaubensgenossen zu fechten; nach und nach erklärten sich Frankfurt, Ulm, Schwäbisch-Hall, endlich auch Augsburg verweigernd. In Augsburg hatte das, wie sich denken läßt, bei der Anwesenheit des Kaisers die meiste Schwierigkeit. Man hielt für notwendig, was hier nur selten geschah, den größeren Rat zu berufen, an welchem Mitglieder aller Zünfte teilnahmen. Aber schon war der protestantische Geist allzu tief in die Bürgerschaft gedrungen, als daß sie ihn hätte verleugnen können. Im Angesicht des Kaisers verweigerte Augsburg, seinen Abschied anzunehmen.

Es waren nunmehr vierzehn Städte — unter ihnen gerade die reichsten und blühendsten, — Straßburg, Ulm, Augsburg, Frankfurt, Nürnberg, welche sich dem Abschiede widersetzten. Eine Minorität, doch nicht mehr so unbedeutend, wie sie anfangs ausgesehen.

Mittlerweile hatte der Kaiser noch einige besondere Geschäfte mit der Majorität, in welcher er das Reich sah, verhandelt, besonders in bezug auf die Türkenhilfe und die geistlichen Beschwerden.

Jene Bewilligung, die der Papst dem Könige Ferdinand von den geistlichen Gütern in Deutschland und Österreich zugestanden, wurde hartnäckig zurückgewiesen. Zuerst erklärten die Geistlichen sich entschlossen, sie nicht zu genehmigen; dann machte die ganze Versammlung diese Sache zu der ihren. In einer Aufzeichnung mit Randbemerkungen Granvellas findet sich, daß sie keine Türkenhilfe leisten zu wollen drohte, wenn man dabei verharre. Weder im Reiche, noch auch in den österreichischen Erblanden könne eine solche Neuerung, eine solche Anmaßung des Papstes geduldet werden. Granvella setzte den König davon in Kenntnis. Ferdinand mußte sich wirklich entschließen, die Bulle fallen zu lassen.

Erst hierauf ward die Türkenhilfe zugestanden, zwar auch jetzt noch nicht, wie der Kaiser gewünscht hatte, eine beharrliche: eine solche, sagten die Stände, werde erst durch den Beitritt der gesamten Christenheit möglich werden; dagegen ward ihm eilende Hilfe in ganz bedeutender Anzahl bewilligt, noch einmal so stark als zum Römerzuge von 1521, 40000 Mann zu Fuß, 8000 Mann zu Pferde, zwar zunächst auf 6 Monate, eine Frist, die man aber nötigenfalls auch verlängern wolle; die Hilfe sollte nicht in Geld, sondern in Mannschaften, und zwar nach der Abteilung der Kreise, geleistet werden.

Eine von dem Ausschreiben angekündigte Hauptabsicht des Reichstages war, die Irrungen zwischen geistlichen und weltlichen Ständen, die in den letzten Jahren so viel Lärm gemacht, beizulegen. Die geistlichen Stände waren früher sehr lebhaft angeklagt worden; jetzt gaben auch sie ihre Beschwerden ein. Früher würde das die heftigsten Streitigkeiten veranlaßt haben; jetzt, da die gegenseitigen Animositäten einem anderen, gemeinschaftlichen Widerwillen gewichen waren, ward ein Ausschuß aus beiden Teilen niedergesetzt und wirklich ein Vergleich zustande gebracht, den der Kaiser als Konstitution in das Reich zu verkünden willens war.

Auch die hundert Gravamina wurden hiebei wieder in Erinnerung gebracht. Die weltlichen Fürsten, gewohnt, auf ihren Beschlüssen zu bestehen, überreichten sie aufs neue. Da der päpstliche Legat zu keiner Unterhandlung darüber ermächtigt war, so übernahm der Kaiser, sie durch seinen Gesandten in Rom in Anregung zu bringen.

Es scheint fast, als habe man die Abschaffung der Beschwerden später als bewilligt angesehen, als habe selbst jene Konstitution eine gewisse Autorität gehabt. Allein wie sehr verschwanden jetzt diese Interessen vor den bei weitem mächtigeren der Reform!

Der vornehmste Gegenstand der Beratung blieb, welche Haltung Kaiser und Majorität in ihrem Verhältnis zu den Ständen, die ihren Abschied verworfen hatten, nunmehr ergreifen würden.

Auf wiederholtes Anfragen gab die Majorität ihr Gutachten dahin ab, daß der Kaiser ein neues Religionsmandat auf den Grund des Ediktes von Worms ausgehen lassen möge. Verweigere Sachsen mit seinen Anhängern demselben seinen Gehorsam, so möge der Kaiser sie vorladen, die gebührliche Pön gegen sie erkennen und zur Ausführung derselben schreiten.

In diesem Sinne ist dann der Reichsabschied wirklich verfaßt worden.

Der Kaiser verkündigt darin den ernstlichen Entschluß, sein Edikt von Worms zu vollziehen; eine Menge Abweichungen von demselben führt er an, die er alle verwirft, gleichviel, ob sie lutherisch, zwinglisch oder wiedertäuferisch lauten; er schärft die Handhabung der abgeschafften Gebräuche und verworfenen Lehren einzeln ein und bestätigt aufs neue die Gerechtigkeit der geistlichen Fürsten. Gegen die Ungehorsamen soll der kaiserliche Fiskal gerichtlich, und zwar bis zur Strafe der Acht, die nach den Anordnungen des Landfriedens auszuführen ist, prozedieren.

Man versäumte nicht — und das ist einer der Hauptpunkte, auf den wir sogleich zurückkommen werden —, das Kammergericht neu zu konstituieren und auf diesen Abschied zu verpflichten.

Zugleich aber trat das Vorhaben, ein allgemeines Konzilium herbeizuführen, in den Vordergrund, und zwar in dem mit den katholischen Ständen zuletzt vereinbarten Abschiede noch umfassender und bestimmter, als in dem den Protestanten vorgeschlagenen und von diesen verworfenen. Anfangs war der Zweck des Konziliums nur in die Abschaffung der Mißbräuche und Beschwerden gesetzt worden; jetzt war auch von Beseitigung der eingerissenen Irrtümer die Rede. Man sprach nicht mehr bloß von christlicher Reformation, sondern auch von einer Handhabung christlichen Glaubens; daß der Papst das Konzilium auszuschreiben habe, wird erst in der zweiten Fassung deutlich gesagt: denn bei dieser brauchte man die Antipathien der Protestanten nicht mehr zu schonen. Als der Abschied wirklich zustande kam, herrschte der katholische Gedanke darin vor. Der Kaiser versprach, die Berufung eines solchen Konziliums binnen der nächsten sechs Monate zustande zu bringen; ein Jahr darauf sollte es dann wirklich beisammen sein.

Klemens VII. hatte, wie wir wissen, nur vorläufig und unter Voraussetzung einer interimistischen Unterwerfung der Protestanten beigestimmt; sollte er jetzt definitiv einwilligen und sein Wort dazu geben?

Trotz der kirchlich annehmbaren letzten Fassung wurde ihm das doch unendlich schwer.

Denn wie man sich auch anstellen, was man auch sagen mochte, die Forderung stand allemal in innerem Zusammenhange mit den konziliaren Ideen, die dem römischen Hofe von jeher verhaßt gewesen waren. Wie oft war da von einer Reformation der Kirche an Haupt und Gliedern geredet worden! Man konnte nichts anderes, als eine Erneuerung des alten Anspruchs, daß das Konzilium über dem Papste sei, erwarten. Auch der Zuwachs an Autorität, der dem Kaiser dadurch zuteil wurde, erweckte eifersüchtiges Bedenken: wie leicht könnte er seinen Einfluß zu seinem Interesse mißbrauchen; und wenn er auch nur tue, was er tun solle, so werde dem römischen Hofe nichts Gutes daraus entspringen. Der Papst seufzte aus tiefster Seele auf, als er die neue Aufforderung vernahm. Er hat sich einmal darüber ziemlich gröblich ausgedrückt. Sollte er das Blut Christi (er meinte die bestehende

Kirche) gegen die Einfälle einiger deutschen Trunken= bolde einsetzen? — Er wolle lieber das Weite suchen; dann möge man einen andern Papst wählen; man werde ihrer zwölf bekommen statt eines einzigen. Überhaupt hielt er das für den bittersten Kelch, den er vor seinem Tode zu trinken habe. Er hegte Be= sorgnisse für sich selbst; ähnliche ließen die Kardinäle bemerken. Aber die Umstände waren so außerordent= lich und die Anmahnungen des Kaisers so einleuchtend und zugleich sicherstellend, seine Autorität so über= wältigend, daß sie dem zum Trotz großen Eindruck machten.

Der Kaiser ließ die Bedenken, die seinem Verlangen entgegengesetzt werden konnten, nicht unberücksichtigt; aber er behauptete, viel gefährlicher sei es, das Kon= zilium zu verweigern, als es zu berufen; — gegen neue Übel müsse man auch neue Vorkehrungen treffen: wenn man es versäume, so sei ein allgemeiner Abfall Deutschlands, der auch bald bei den Nachbarn Nach= ahmung finden werde, zu erwarten. Groß müsse sein, was man vornehme; die Gefahr eines Türkenkrieges solle man nicht dagegen vorschützen: er wiederholte, eben für eine solche werde das versammelte Konzil die besten Anordnungen treffen können; er forderte eine baldige Berufung, rasche Entscheidung. Und selbst so lange, bis eine solche erfolgt sein werde, dürfe man die Dinge nicht im bisherigen Stande lassen. So dringend es für ihn wäre, nach Spanien zurückzu= kehren, so wolle er doch in den diesseitigen Land=

schaften bleiben, um von dem Papste zu vernehmen, was er gegen die Lutheraner, zur Züchtigung und zur Abhilfe des gegenwärtigen Übels, getan zu sehen wünsche.

Den allgemeinen Versicherungen wurden auch sehr besondere, auf Florenz bezügliche, hinzugefügt. Der Papst wurde überzeugt, daß er sich auf die Freundschaft und Ergebenheit des Kaisers vollkommen verlassen könne. Der alte Beichtvater des Kaisers teilte ihm ein an ihn selbst gelangtes Schreiben desselben mit, das noch feuriger und offener lautete, als das an den Papst gerichtete und ließ nichts unerwähnt, was dazu dienen konnte, seine Besorgnisse zu zerstreuen.

In der Versammlung der Kongregation für die Glaubenssachen wurden dann die Aktenstücke vorgelesen; doch verschob man es, der Wichtigkeit der Sache wegen, darüber abzustimmen. Erst ein paar Tage später, am 25. November, sollte dies im Konsistorium der Kardinäle geschehen.

Es war zahlreicher als gewöhnlich besucht; Loaysa hatte nicht versäumt, mit den leitenden Männern vorher zu sprechen.

Dennoch erklärten sich eine Anzahl Kardinäle rund und schlechtweg gegen den Antrag, die kaiserlich gesinnten Kardinäle unbedingt dafür. Der Dekan des Kollegiums, Kardinal Farnese, hatte vorgeschlagen, daß man das Konzilium annehmen, aber auch andere Fürsten zur Teilnahme an demselben einladen möge.

So wurde zuletzt einmütig beschlossen: Im Vertrauen auf den Kaiser, der von Gott der Kirche in ihren Gefahren ihr zum Schutze gesandt sei, müsse man seinen Wunsch erfüllen und das Konzilium berufen. Der Papst fügte hinzu, er würde lieber zugrunde gehen, als seine Einwilligung dazu geben, wenn er nicht wüßte, daß der Kaiser dem Konzilium beiwohnen, das Gute befördern, das Nachteilige verhindern werde.

So ist dieser Beschluß gefaßt worden, nach großem Widerstreben, zuletzt nicht ohne eine Bedingung, die alles zweifelhaft machen konnte; aber er war doch nun zustande gekommen; er ist von einer nicht auszusprechenden Wichtigkeit für die spätere Geschichte der Kirche und des Staates, zunächst für den Kaiser.

Der Reichsabschied, in welchem er auf dieses Konzilium so großen Wert legte — er ist vom 19. November datiert —, bekam dadurch vollen Rückhalt. Ihm selbst eröffnete sich der Schauplatz einer großartigen kirchlich-weltlichen Tätigkeit, die seinen Ideen entsprach. Auf der einen Seite blieb es in seiner Hand, die getroffenen Anordnungen gegen die Protestanten in Anwendung zu bringen; auf der anderen gewann er eine gewisse Superiorität über die römische Kurie, oder fixierte sie vielmehr durch ein Versprechen, zu dem sie sich nur aus Rücksicht auf ihn verstand. In dieser doppelten Beziehung bewegt sich fortan seine Politik und sein Leben.

Es war seine volle Meinung, wenn er dem Papste

gesagt hatte, er wolle alles tun, was zum Dienste Gottes und der Ehre des apostolischen Stuhles gereiche, und was er der Würde des Kaisertums schuldig sei. „Wir kündigen Euch an," schreibt er den Kardinälen, „daß wir zur Vollendung dieser Sache weder Königreiche noch Herrschaften sparen, ja daß wir Leib und Seele dabei anwenden wollen, die wir dem Dienste Gottes des Allmächtigen vollkommen gewidmet haben."

Sechstes Buch.

Emporkommen des schmalkaldischen Bundes.

1530—1535.

Wie es bei den Deutschen schon in den Zeiten, welche Tacitus schildert, von allen Strafen beinahe die vornehmste gewesen war, den öffentlichen Versammlungen und Opfern nicht beiwohnen zu dürfen, so wurde es während des Mittelalters für ein unerträgliches Mißgeschick gehalten, die Mitgenossenschaft der Kirche, den Frieden des Reiches zu verlieren. Diese beiden Gemeinschaften schienen alles jenseitige und diesseitige Heil zu umfassen.

Die evangelischen Stände sahen sich jetzt auf dem Punkte, sowohl von der einen als von dem anderen ausgeschlossen zu werden.

Von der Kirche, die mit Mißbräuchen überladen war, die sie zu reformieren gedacht, hatten sie sich, da es ihnen damit nicht gelang, durch eigenen Entschluß losgesagt. Sie hielten in ihrem Herzen nur noch an der Idee der verbesserten Kirche fest. Die bestehende Kirche dagegen wollte bleiben, wie sie war, und wies jede Annäherung ohne vollkommene Unterwerfung von sich.

Deshalb geschah nun aber den Evangelischen, daß die Reichsgewalt, auf welche sie sich bei ihrem Vorhaben anfangs zu stützen gedacht, die sich aber wieder an Rom angeschlossen, sie nun ebenfalls mit ihrem Unfrieden und dadurch mit Krieg und Verderben bedrohte.

Betrachten wir die Evangelischen allein, mit ihren geringfügigen, durch innere Entzweiungen noch dazu gelähmten territorialen Kräften, der bei weitem größeren Anzahl der Stände, dem mächtigen Kaiser und der vereinigten lateinischen Christenheit gegenüber, so mußten sie, sobald es zu ernstlichem Kampfe kam, ohne Rettung verloren scheinen.

Eben darin liegt das vornehmste Ereignis des Reichstages zu Augsburg, daß sie im Angesicht dieser Gefahr sich doch entschlossen, den einmal gewonnenen religiösen Standpunkt, dessen Bedeutung ihre Seele erfüllte, nicht wieder zu verlassen.

Wovon sonst geht überhaupt alles aus, was echtes Leben hat, als von der moralischen Energie, die, ihrer selbst gewiß, entweder die Welt in freier Tätigkeit zu durchdringen trachtet, oder den feindseligen Kräften wenigstens einen unüberwindlichen Widerstand entgegenstellt?

Sowie nun aber einmal dieser Entschluß gefaßt worden, war auch, wenn man um sich her sah, bei aller Überlegenheit der Gegner, die Sache, die man verteidigte, doch mit nichten verloren.

Vor allem lag die reformatorische Tendenz nun einmal in der Notwendigkeit der Dinge und hatte auch außerhalb der bereits eingenommenen Gebiete unzählige Anhänger: die Kraft des Prinzipes, das die Protestierenden verteidigten, mußte ihnen ohne all ihr Zutun zu Hilfe kommen.

Sodann war das gesamte germanisch = romanische

Abendland eben von dem gewaltigsten Feinde an=
gegriffen, den es jemals gehabt. Mochte man nun
auch sagen, was man wollte, so gehörten auch sie,
obwohl man sie verwarf, zu der gefährdeten, ange=
griffenen Gesamtheit; eben in ihnen repräsentierte
sich ein neues Moment der Kultur, welche der bar=
barische Feind zu vertilgen gesonnen war; Europa
konnte und wollte ihre Hilfe nicht entbehren.

Endlich aber: die Einheit, in der die katholische
Christenheit noch einmal erschien, war nur das Pro=
dukt eines Augenblicks, glücklicher Siege und rascher,
treffender Politik. Ließ sich wohl erwarten, daß dieser
Friede zu ernstlichem Zusammenwirken führen, oder
auch daß er nur lange dauern würde?

Ich glaube nicht, daß irgend jemandem der damals
Lebenden diese Lage der Dinge zu vollem Bewußtsein
gekommen ist. Ein Gefühl davon hatte wohl am ersten
noch Landgraf Philipp. Die übrigen gingen, ohne
weiter viel um sich zu sehen, mit ihrem Gewissen zu
Rate.

Sowohl für diese aber, als für die allgemeine Ent=
wickelung kam nun zunächst alles darauf an, daß sich
ein Kern des Widerstandes festsetzte, um nicht von
dem ersten Sturme überwältigt zu werden, um die
Gunst der Umstände, die jetzt den Gegnern zustatten
gekommen, für ein anderes Mal auch diesseits be=
nutzen zu können.

Erstes Kapitel.
Grundlegung des schmalkaldischen Bundes.

Die Kirche hatte an und für sich keine politische Macht; sie bekam diese nur dann, wenn das Reich ihr seinen Arm lieh. „Der Bann," sagt der Sachsenspiegel, „schadet nur der Seele: Kränkung an Landrecht und Lehnrecht erfolgt erst aus des Königs Acht."

Wie feindselig auch die Stimmung der Majorität auf dem Reichstage den Protestanten war, so kam es daselbst, trotz der Abweichung derselben von der Kirche, doch nicht zu dieser Acht. Die Majorität, die den Kaiser schon nicht hatte wollen Richter sein lassen, trug Bedenken, ihm die Waffen in die Hände zu geben.

Sie faßte die Absicht, während ein kriegerisches Unternehmen doch immer als nahe bevorstehend erschien, den Streit zunächst auf ein anderes Feld zu versetzen: sie wollte, wie man sich ausdrückte, „nicht fechten, sondern rechten". Von jenen großen Reichsinstituten, welche zur Erhaltung der nationalen Einheit mit so vieler Mühe gegründet worden, dachte sie das einzige, das sich in Ansehen erhalten, das Reichskammergericht, welches den kaiserlichen Gerichtszwang ausübte und doch vorzugsweise ständischer Natur war, zu diesem Zwecke zu benutzen.

Noch in Augsburg ward das Kammergericht vor allen Dingen erweitert, zu seinen Geschäften besser ausgerüstet. Man vermehrte die Anzahl der Beisitzer von 18 auf 24, selbstverständlich mit Beibehaltung des Wahlrechts der Kreise; außerdem aber hielt man für notwendig, um die alten Händel zu erledigen, acht erfahrene Doktores anzustellen; ferner beschloß man, das Gericht einer neuen Visitation zu unterwerfen. Wir erinnern uns, in welchem Sinne es schon damals, als das alte Regiment fiel, gereinigt worden war. Die nämliche Tendenz herrschte auch jetzt vor. Unter den Prokuratoren und Advokaten waren sieben, die wegen ihrer religiösen Haltung ernstlich gewarnt wurden; ein achter mußte sich eine Zeitlang entfernen. Und dieses verstärkte, von aller Hinneigung zu den neuen Meinungen gereinigte Gericht ward nun auf das ernstlichste angewiesen, den Augsburger Reichsabschied besonders in dem Artikel über den Glauben zu beobachten: wer denselben übertrete, den solle der Kammerrichter nicht allein die Befugnis, sondern auch die Pflicht haben, abzusetzen, bei Vermeidung kaiserlicher Ungnade.

Das Kammergericht ward hiedurch so recht zum Ausdruck der, in der Majorität der Stände herrschenden Gesinnung gemacht.

Sehr wohl bemerkten dies die Protestanten. In einem ihnen am Schlusse des Reichstages über den

Frieden mitgeteilten Entwurf hieß es, es solle niemand den anderen ohne Recht mit Krieg überziehen. Sie schlossen daraus, daß es auf einen Spruch des Kammergerichts, der nicht zweifelhaft sein konnte, allerdings geschehen dürfe.

Zugleich war nun aber auch wegen der Reichsregierung eine neue Maßregel genommen worden.

Das Haus Österreich hatte in den letzten Jahren mehr als einmal die Besorgnis hegen müssen, daß man bei der Nichtigkeit des Reichsregiments und der Entfernung des Kaisers entweder zur Wahl eines neuen Hauptes schreiten oder die Rechte der Reichsvikare, von denen der eine der Kurfürst von Sachsen war, hervorziehen und anerkennen werde.

Um Plänen dieser Art auf immer ein Ende zu machen, setzte der Kaiser alles beiseite, was sich wegen der einstigen Nachfolge dagegen sagen lassen mochte, und faßte, wie wir schon berührten, den Entschluß, seinen Bruder zum römischen Könige erheben zu lassen.

Da man Maximilian I. bei einem ähnlichen Vorhaben eingewendet hatte, daß er selber ja eigentlich nur römischer König, nicht gekrönter Kaiser sei, so war das ein Grund mehr, weshalb sich Karl in Bologna krönen ließ.

Auch machten hierauf die fünf katholischen Kurfürsten wenig Schwierigkeit, vorausgesetzt, daß ihre Beistimmung mit Gnadenerweisungen erwidert würde. Der Pfalz wurde eine Entschädigung für

Grundlegung des schmalkaldischen Bundes.

ihre Verluste im Landshuter Kriege und überdies die Summe von 160000 Gulden versprochen. Dem Kurfürsten von Brandenburg ward ein endlicher Vertrag über Zossen und die böhmischen Lehen sowie eine Verbesserung durch den Besitz von Züllichau und Krossen zugesagt. Mit Freuden meldete er nach Hause, welch einen gnädigen Kaiser und König er habe. Für den Kurfürsten von Mainz findet sich eine ganze Anzahl außerordentlicher, ja beinahe widersprechender Vergünstigungen, z. B. ihm von dem römischen Stuhle die Fakultäten eines Legatus a Latere für seine Diözesen zu verschaffen und zugleich einzuwilligen, daß er diese seine Diözesen an Koadjutoren überlassen und sich einen Komplex von Gütern zu fortwährendem Genuß vorbehalten könne. Trier war seit einigen Jahren durch ein Dienstgeld gewonnen. Am längsten zögerte Köln, dem die vor elf Jahren bei der Wahl Karls V. geschehenen Versprechungen noch nicht erfüllt waren, mit seiner Einwilligung; aber endlich, auf hinreichende Bürgschaft, stimmte es bei. Es fehlte nur noch Sachsen.

Sollte es nicht am geratensten scheinen — denn auf keinen Fall ließ sich Sachsen ohne Konzessionen gewinnen, die man ihm nicht gewähren wollte —, den Abfall des Kurfürsten von der römischen Kirche zu benutzen, um ihn geradezu auszuschließen? Wirklich übersendete der Papst ein Breve, nach welchem Kurfürst Johann auf dem Grund der Bulle Leos X., welche die Verteidiger Luthers der Strafe der Ketzer unterwarf, seines Wahlrechtes beraubt werden konnte. Auch ist darüber förmlich beratschlagt worden. Dahin aber war es mit den Kurfürsten doch nicht gekommen, daß sie sich ein so formloses Verfahren, das bei einem jeden von ihnen ein andermal wiederholt werden konnte, hätten gefallen lassen. Sobiel wir finden, setzte sich vor allen Pfalz dagegen, und Johann von Sachsen wurde wirklich eingeladen. Auch für diesen Fall hatte der beugsame Papst ein Breve gegeben, worin er erklärte, daß die Teilnahme desselben, wenngleich er kraft der Bulle Leos als exkommuniziert betrachtet werden könnte, der Gültigkeit der Wahl nicht nachteilig sein solle.

Diese Anmahnung und Bedrohung, welche in der neuen Weisung des Kammergerichts lagen, waren es zunächst, was dem schmalkaldischen Bunde seinen Ursprung gab.

Wir wissen, wie wenig es die evangelischen Fürsten bis dahin zu nachhaltigen Verbindungen gebracht hatten; auch jetzt schwankten sie, solange der Kaiser noch in Augsburg verweilte und es nicht ganz außer Zweifel war, welche Maßregeln er im Verein mit der Majorität ergreifen würde. Eine schon ausgeschriebene Zusammenkunft wurde wieder aufgegeben, da der Kaiser sich einmal friedlich geäußert hatte. Als nun aber der Abschied erschien, der so entschieden feindselig lautete, da zu gleicher Zeit auch jene Zitation an den sächsischen Hof einlief, konnte man nicht länger zögern, zusammenzutreten.

Grundlegung des schmalkaldischen Bundes.

In einem Schreiben an Georg von Brandenburg gibt Kurfürst Johann folgende Gründe an. Einmal: auf eine Anfrage wegen der dem Fiskal des Kammergerichts gegebenen Weisungen habe der Kaiser geantwortet, es solle demselben unverboten sein, wider diejenigen zu prozedieren, die sich seinem Abschied nicht unterwerfen würden: man müsse daher auf eine einhellige Exzeption gegen ein solches Verfahren Bedacht nehmen. Sodann aber: die Einladung zur Wahl mache nötig, daß man sich unverzüglich darüber bespreche und zu gemeinschaftlichen Gegenschritten vereinige.

Ich weiß nicht, ob ich irre, wenn ich annehme, daß in dieser Wendung der Dinge schon an und für sich ein Vorteil für die Protestanten lag.

Eben darauf kam alles an, daß sie durch die kirchlichen Veränderungen nicht auch von dem Frieden des Reiches ausgeschlossen wurden.

Wären die alten Ideen herrschend gewesen, so würde man einen Kreuzzug gegen sie begonnen haben.

Indem aber die Majorität sich entschloß, die Protestanten mit dem ständischen Gericht anzugreifen, auf dem Boden der alten Reichsgesetze, indem der Kaiser sie zur Wahl seines Bruders herbeizuziehen suchte, wurde die Rechtmäßigkeit ihrer Teilnahme an den Reichsgeschäften ihrer kirchlichen Abweichung zum Trotz noch anerkannt.

Der ganze Streit ward aus einem kirchlichen, allgemeinen ein politischer, reichsrechtlicher; und zu-

nächst auf diesem Boden hatten sie sich nun zu
vereinigen und ihren Widerstand zu organisieren.

Am 22. Dezember 1530 kamen Johann von Sachsen,
Ernst von Lüneburg, Philipp von Hessen, Wolfgang
von Anhalt, die Grafen Gebhard und Albrecht von
Mansfeld, von denen der letztere zugleich die Stimme
von Grubenhagen führte, sowie Abgeordnete Georgs
von Brandenburg und mehrerer Städte in Schmal=
kalden zusammen. Der Schnee mochte schon die An=
höhen bedecken, welche die Stadt umgeben. Es war
kein Vergnügen, das Weihnachtsfest in diesem rauhen
Berglande, diesem kleinen Grenzorte zuzubringen.

Vor allem beschlossen sie nun hier, sobald einer von
ihnen in Sachen des Glaubens, von wem es auch sein
möge, namentlich von dem kaiserlichen Fiskal, recht=
lich belangt werde, dem Angegriffenen sämtlich ge=
meinschaftlichen Beistand zu leisten. Sie setzten einige
Exzeptionen fest, die sie gleichmäßig vorwenden
wollten; ein oder zwei Prokuratoren am Kammer=
gericht sollten mit der Sache beauftragt werden.

Dies ist der Kern des Bundes; er zeigt am deut=
lichsten, wie sich der Religionsstreit in einen Rechts=
streit verwandelte. Hiezu vereinigten sich alle, welche
die Augsburgische Konfession unterzeichnet oder sich
seitdem hinzugesellt hatten.

Auch darin kamen sie überein, daß man den Kaiser
um Milderung des Abschiedes ersuchen, vielleicht da=
gegen protestieren müsse.

Wäre nur unverzüglich ans Werk gegangen worden,

Grundlegung des schmalkaldischen Bundes.

so würde wahrscheinlich auch in den neuen Kirchen eine gleichförmige äußere Einrichtung zustande gekommen sein. Die meisten waren dafür, daß eine allgemeine Kirchenordnung eingeführt würde, hauptsächlich um eine kirchliche Züchtigung der öffentlichen Laster möglich zu machen.

Dagegen konnte man sich über den zweiten Hauptgegenstand der Beratung, die Wahl des Königs, nicht so ganz einverstehen.

Sachsen trug vor, daß man dem Kaiser nicht so weit Raum lassen dürfe, um eine Sache dieser Art einseitig durchzusetzen: sonst würde es bald um die Reichsfreiheiten getan sein. Anders verhalte es sich mit einer Wahl nach förmlicher Vakanz, anders, wenn einem noch lebenden Kaiser ein römischer König zur Seite gesetzt werden solle. In dem letzten Falle müsse dem Ausschreiben eines Wahltages Beratung sämtlicher Kurfürsten, einstimmiger Beschluß derselben vorhergehen. Daran sei aber jetzt nicht gedacht worden. Selbst die Zitation, die an den Kurfürsten gelangt, bestimme ihm viel zu kurze Zeit und sei so nichtig wie das ganze Verfahren. Am wenigsten endlich dürfe man Ferdinand sich aufdringen lassen, der sich als ein Feind des Evangeliums zeige: schon als Statthalter habe er abenteuerliche Ränke angesponnen; als König werde er das Spiel selbst in die Hand nehmen. Ferdinand so ohne Bedingung wählen, würde heißen, seinen eigenen Feinden das Messer reichen. Man müsse für einen Mann stehen und sich gemeinschaftlich der Obe=

dienz erwehren. Später werde es an Unterhandlung doch nicht fehlen. Da habe man dann gute Gelegenheit, den König zu verpflichten, daß er dem Fiskal Stillstand gebiete, oder den Abschied gänzlich aufhebe. Man könne ihm, so ist der Ausdruck, „ein Gebiß ins Maul legen".

Ansichten, welche sich sehr gut hören ließen, besonders den Meinungen Landgraf Philipps entsprachen, auch den Beifall der bei weitem meisten Stände für sich hatten.

Nur Markgraf Georg und seine Nachbarn zu Nürnberg wollten so weit nicht gehen. Der eine stand in zu mannigfaltigen und eigentümlichen Verhältnissen zu Ferdinand, als daß er hätte wagen sollen, ihn persönlich zu beleidigen. Die anderen liebten es, sich ganz besonders als Untertanen des Kaisers anzusehen. Auf die erste kaiserliche Aufforderung hatten sie bereits den Krönungsornat, der bei ihnen verwahrt wurde, verabfolgt und ihre Gesandten zu dem Akte selber an den kaiserlichen Hof gesandt.

Und damit stand nun noch eine andere Frage in enger Verbindung.

Wenngleich die nächsten Angriffe, die man zu besorgen hatte, mehr juridischer Natur waren, so ließ sich doch nicht verkennen, daß der Kaiser im Notfall Gewalt zu brauchen gedenke. Man bemerkte, daß er im Reichsabschiede zwar anderen Frieden geboten, aber nicht selber zugesagt hatte. Wirklich sind im Anfange des Jahres 1531 zwischen Ferdinand und dem

Grundlegung des schmalkaldischen Bundes.

päpstlichen Hofe Verhandlungen über die Notwendigkeit einer Kriegführung gepflogen worden. Man wollte Heinrich von Braunschweig haben sagen hören, er und Eck von Reischach würden die Heerführung übernehmen.

Vor allen Dingen mußte nun die Frage erwogen werden, ob es erlaubt sei, dem Kaiser Widerstand zu leisten.

Die Meinung der Theologen, welche ihre Begriffe vom Kaisertum aus dem Neuen Testament nahmen, war, wie wir wissen, dagegen.

Allein in einer Zeit so großer Umwandlung, bei dieser allgemeinen Emanzipation der weltlichen Elemente von der Hierarchie, mußten nun auch die staatsrechtlichen Begriffe sich von der theologischen Auffassung losreißen.

Die Juristen führten einige Gründe privatrechtlicher Natur auf, betreffend den Widerstand, der einem auf gesetzmäßige Appellation nicht Rücksicht nehmenden Richter geleistet werden könne; hauptsächlich aber zogen sie in Frage, ob dem Kaisertum wirklich jene Gewalt von Rechtswegen zukomme, welche die Theologen voraussetzten.

Hatten die Theologen den Fürsten geraten, den Kaiser in ihren Ländern nach Belieben schalten, sie, die Prediger, selbst vorfordern zu lassen, so wandte man ihnen ein, daß ein ähnliches Verfahren in keiner anderen Sache Herkommens sein würde, daß der Kaiser eine solche Gewalt gar nicht besitze.

Allmählich brachen sich überhaupt neue Ideen über die Natur der deutschen Verfassung Bahn. Man bemerkte, wenn die Fürsten dem Kaiser gehuldigt, so habe auch dieser dagegen ihnen einen Eid geleistet, den er halten müsse: die Fürsten seien die Erbherren, der Kaiser gewählt. Eine Lehre, die noch langer Zeit bedurfte, um sich durchzuarbeiten, die erst bei dem westfälischen Frieden in staatsrechtliche Geltung kam, ward gleich damals aufgestellt, die Lehre, daß die Verfassung des deutschen Reiches nicht monarchischer, sondern aristokratischer Natur sei. Das Verhältnis der Fürsten sei nicht viel anders, als das der altrömischen Senatoren zu den Konsuln, oder der venezianischen zu ihrem Dogen, oder eines Kapitels zu seinem Bischof. Niemals aber seien die Domherren oder jene Senatoren zu eigentlichem Gehorsam verpflichtet gewesen. „Die Stände regieren mit dem Kaiser, und der Kaiser ist kein Monarch."

Diesen Behauptungen wußten nun die Theologen nichts mehr entgegenzusetzen. Ihren Satz aus der Schrift konnten sie jetzt festhalten und brauchten darum doch den Widerstand gegen den Kaiser nicht zu verdammen. „Wir haben nicht gewußt," sagten sie, „daß solches der Obrigkeit Rechte selbst geben."

Den Ernst ihrer Bedenklichkeiten bewies es, daß diese so lange festgehalten wurden und auch später von Zeit zu Zeit wieder emporstiegen.

Auf Luther machte es noch besonderen Eindruck, daß, wie er schon immer bemerkt hatte, der Kaiser gar nicht selbständig verfuhr, sondern nach dem Rate des Papstes und der deutschen Fürsten. Man urteile, er sei kein Mehrer des Reiches, sondern ein Hauptmann und Geschworener des Papstes. Und sollte man den alten Feinden, den bösen Nachbarn, die sich nur der Autorität des kaiserlichen Namens bedienen wollten, damit Mut machen, daß man den Widerstand für unerlaubt erklärte? „Sie hoffen," sagt Luther, „daß man sich nicht wehren werde; wollen sie aber Ritter werden an der Unseren Blut, so sollen sie es mit Gefahr und Sorgen werden."

Und auf diesen Grund nun trug Sachsen bei den versammelten Ständen auf ein Bündnis zur Gegenwehr selbst wider den Kaiser an: man habe ihn bei früheren Vereinigungen immer ausgenommen; doch könne das nichts helfen, da die Partei der Gegner sich des kaiserlichen Namens bediene.

Auch diese Ansicht teilten Nürnberg und Markgraf Georg keineswegs. Die Gutachten ihrer Theologen und Juristen waren bei weitem nicht so unzweifelhaft ausgefallen. Nürnberg erklärte, auf widerwärtige Ratschläge wie diese könne es einen so wichtigen Beschluß nicht gründen. Wir wissen, daß eine ähnliche Differenz schon vor dem Jahre die beiderseitigen Gelehrten getrennt hatte.

Die übrigen aber, schon immer gewohnt, sich an Sachsen zu halten, oder sogar erfreut, daß es frühere Widersprüche jetzt selber aufgegeben, erklärten sich vollkommen einverstanden.

Es ward sogleich der Entwurf eines Verständnisses gemacht, worin man sich zwar sehr hütete, den Kaiser zu nennen, die Absichten, welche gefürchtet wurden, nur unbestimmt andeutete: „es lasse sich an, als werde darauf gedacht, die Anhänger des reinen Wortes Gottes zu unterdrücken", allein ihn in Hinsicht der Gegenwehr doch auch nicht mehr ausnahm. Die Verbündeten verpflichteten sich, demjenigen von ihnen, der um dieses göttlichen Wortes willen angegriffen werde, zu Hilfe zu eilen. Ja, sie wollen das auch dann tun, wenn der Angriff unter einem anderen Vorwande geschieht, sie aber ermessen, daß der gleiche Grund eben dieses göttliche Wort ist. Hieß es dann weiter, der Bund solle nicht wider den Kaiser, noch sonst jemanden gerichtet sein, so wollte das nichts anderes sagen, als daß man niemanden angreife, sondern sich nur verteidigen werde.

Dieses Bündnis nun nahmen Sachsen, Hessen, Lüneburg, Wolfgang von Anhalt, die beiden Grafen von Mansfeld, die Städte Magdeburg und Bremen unverzüglich an. Die übrigen Versammelten versprachen, sich binnen einiger Zeit darüber zu erklären. So schied man am 31. Dezember 1530 voneinander.

Neun Tage von der größten Bedeutung für die Welt. Die geängstigte, verachtete Minorität, die aber einer religiösen Idee, auf welcher die Fortentwickelung des menschlichen Geistes beruhte, bei sich Raum gegeben, nahm eine kraftvolle und sogar kriegerische Haltung an. Sie war entschlossen, wie sie die Lehre bekannt

Grundlegung des schmalkaldischen Bundes.

und sich von derselben nicht hatte abwendig machen lassen, so nun auch den gesamten Zustand, in den sie dadurch gekommen, vor allem rechtlich zu verteidigen, sollte es aber notwendig werden, auch mit den Waffen in der Hand. Zu dem Ersten waren alle ihre Mitglieder verbündet, zu dem Zweiten — denn nicht bei allen waren die Bedenklichkeiten über ihre rechtliche Befugnis dazu gehoben — wenigstens die meisten: eben um den Ursprung der Neuerung her bildete sich eine kompakte, zur Handhabung derselben entschlossene Vereinigung, welche zu überwältigen den Gegnern wahrhaft schwer werden sollte.

Schon zeigte sich in der Wahlsache, was dieser Widerstand zu bedeuten habe.

Noch während der Beratungen in Schmalkalden war der Erbe der Kur, Johann Friedrich von Sachsen, nach Köln gereist, um daselbst im Namen seines Vaters zu widersprechen.

Sein Widerspruch hinderte, wie man denken kann, die einmal beschlossene Sache mit nichten. Von den fünf übrigen Kurfürsten ward Ferdinand am 5. Januar 1531 zu Köln gewählt; ein paar Tage darauf ward er zu Aachen gekrönt. In seiner Wahlkapitulation ward er ausdrücklich verpflichtet, die bisherigen Formen der Religion zu erhalten, und zwar vermöge des Abschieds in Augsburg. Dieser Abschied, in welchem alle Interessen der katholischen Majorität zusammengefaßt waren, die vornehmste Waffe in ihren Händen, erschien jetzt als das wichtigste Reichsgesetz.

Hierauf überließ der Kaiser die Reichsverwaltung zum größten Teil seinem Bruder. Er behielt sich nur vor, in einigen wichtigen Fällen, z. B. bei Erteilung von Fahnenlehen oder von vornehmen Adelstiteln, bei den Bestimmungen über die Monopole — den bedeutendsten merkantilen Interessen der damaligen Zeit — und etwa bei solchen Achtserklärungen oder Verbindungen, die in einen förmlichen Krieg verwickeln könnten, konsultiert zu werden. Wie vollständig aber auch hiedurch die Wahlhandlung zu werden schien, so blieb doch jener sächsische Widerspruch nicht ohne die größte Wirkung. Ohnehin war die öffentliche Stimme gegen das Verfahren der Kurfürsten. Vornehmlich aber bekamen die alten Nebenbuhler, die Herzöge von Bayern, die es gar nicht verhehlten, daß auch sie nach der Krone getrachtet — denn Mitglieder ihres Stammes seien schon Kaiser und Könige gewesen, als die Ahnherren der Habsburger noch unter den Grafen gesessen —, einen gesetzlich gegründeten Anlaß, auch ihrerseits die Anerkennung abzulehnen. Es kümmerte sie wenig, von welchem Motiv der Widerspruch Sachsens ausging. Merkwürdig, daß in diesem Punkte die äußersten Katholiken mit den Führern der Protestanten vereinigt waren. Auf einer zweiten Versammlung, welche die Verbündeten zu Schmalkalden kurz vor Ostern 1531 (29. März) hielten, erklärten Grubenhagen, Hessen und Anhalt noch nachdrücklicher als früher, mit Sachsen bei der Verweigerung der Obedienz gegen Ferdinand beharren zu wollen. Die

Städte waren nicht alle so entschlossen; jedoch enthielten auch sie sich größtenteils, demselben den Titel eines römischen Königs zu geben.

Sehr bald klagte Ferdinand seinem Bruder, er führe zwar nun diesen Titel, aber ohne Anerkennung zu finden: er gelte für nichts mehr als ein anderer Reichsfürst.

Und auch übrigens nahm der Bund von Tag zu Tag eine bedeutendere Haltung an.

Auf der zweiten Versammlung ward das Bündnis zur Gegenwehr, dessen Dauer vorläufig auf sechs Jahr bestimmt worden war, von Sachsen, Hessen, Lüneburg und Grubenhagen versiegelt. Für die Ratifikation in den Städten ward ein bestimmtes Verfahren angeordnet, welches darnach auch ausgeführt worden ist. Da man sich noch nicht über eine förmliche Kriegsverfassung vereinigte und doch die Gegner sich regten, so hielt man vorläufig für notwendig, eine Anzahl Reiter in Sold zu nehmen, bis man sehe, „wohinaus sich diese geschwinden und seltsamen Läufe erstrecken würden".

Auf einer dritten Versammlung, zu Frankfurt a. M. am 5. Juni, zog man dann vor allem die kammergerichtlichen Angelegenheiten in Beratung. Man war noch nicht ganz einig, wem man die Prokuration auftragen wolle; gegen die Vorgeschlagenen wurden einige Einwendungen gemacht; aber in der Hauptsache hatte man kein Bedenken: die Prokuratoren sollten ermächtigt werden, „alle Sachen, den Glauben

und die Religion betreffend, welche der Fiskal wider
einen von den Verbündeten vorbringen dürfte, in ihrer
aller Namen zu vertreten und ausführen zu helfen".
Man vereinte sich zu einer kleinen Anlage, um die
Prokuratoren zu besolden. Sonderbarerweise war die
erste fortwährende Leistung, zu der man sich ver=
stand, im Bunde wie im Reiche jurisdiktioneller Be=
stimmung.

So begann der Bund sich nach seinen beiden Rich=
tungen hin, nach der juridischen und der militärischen,
in den ersten Grundzügen zu entwickeln. Nicht alle
Mitglieder jedoch gehörten beiden Tendenzen an.
Brandenburg und Nürnberg wollten von eigentlicher
Gegenwehr nichts wissen. Die Verfassung war, daß
deshalb auch ihre Gesandten zu den Versammlungen
nicht zugelassen wurden, in welchen man von der
Gegenwehr verhandelte. Es wurden zweierlei Ab=
schiede gemacht, von denen der eine als der allgemeine,
„gemeine", der andere als der besondere, „sunderliche",
bezeichnet wird. Jener bezog sich auf das weitere,
lediglich friedliche, dieser auf das engere und zugleich
kriegerische Verständnis. Noch hoffte man aber auch
Brandenburg und Nürnberg in den engeren Verein
zu ziehen. Brandenburg ward zuerst von dem schwäbi=
schen Bunde bedroht; man hielt dem Markgrafen vor,
hätte er sich auch zur Gegenwehr verbündet, so würde
ihn der schwäbische Bund wohl unbeirrt lassen.

Überhaupt war noch alles im Werden.

Wir haben jetzt hauptsächlich die Verhältnisse der

Fürsten ins Auge gefaßt; aber nicht minder merkwürdig waren die Verhältnisse der Städte in dem oberen und niederen Deutschland. Namentlich ziehen sich durch alle diese Bundestage Verhandlungen mit den oberdeutschen Städten, welche die glücklichsten Resultate gewähren und zu den größten Aussichten berechtigen.

Wir würden dieselben jedoch nicht richtig zu würdigen vermögen, wenn wir nicht zuvor unseren Blick auf den Gang, den die Sache der Reform in der Schweiz genommen, richten wollten.

Zweites Kapitel.
Fortschritte der Reformation in der Schweiz.

Die erneuerte Einheit der lateinischen Christenheit war, wie sich von selbst versteht, den von derselben Abgewichenen in der Schweiz so gefährlich, wie denen in Deutschland.

Wenn sich die katholische Bewegung zunächst gegen Deutschland wendete, so geschah es, weil das Oberhaupt der Christenheit, der Kaiser, hier im h. römischen Reiche eine allgemein anerkannte und verehrte Autorität genoß; aber von jedem Fortschritte, den er machte, fühlte man sich auch in der Schweiz unmittelbar bedroht.

Allein die Dinge lagen doch in der Schweiz bei weitem anders. Auch da stellte sich der Reformation eine mit herkömmlichen Vorrechten versehene Majorität entgegen; nach und nach hatte sie aber bereits die größten Verluste erlitten.

Wir haben gesehen, wie Zwingli von den acht älteren Orten die beiden mächtigsten, Bern und Zürich, von den später hinzugekommenen Basel und von den im weiteren Verbande stehenden St.-Gallen, Biel und Mülhausen für seine Ideen gewann und kirchlich umgestaltete.

Dagegen aber fand er bei den übrigen Kantonen

hartnäckigen Widerstand; besonders zeigten sich von den alten Orten ihrer fünf, die vier Waldstätte und Zug, entschieden feindselig. Wir erinnern uns, welche Partei dort gleich im Jahre 1522 die Oberhand behalten hatte. Sie wollte sich die Jahrgelder, das Recht fremder Kriegsdienste, nicht entreißen lassen, und war entschlossen, den alten Glauben in allen seinen Äußerlichkeiten aufrechtzuerhalten.

Wären die verschiedenen Kantone vollkommen gesondert gewesen, so hätte man allenfalls ohne offene Zwietracht nebeneinander bestehen können. Allein es gab Gebiete, in welchen die Regierung beiden Teilen angehörte, die gemeinen Herrschaften und Vogteien; auf denen mußten nun die entgegengesetzten Kräfte einander begegnen. Bedenken wir, daß die Eidgenossenschaft hauptsächlich dadurch erstarkt und zusammengewachsen war, daß sie gemeinschaftliche Eroberungen gemacht hatte, daß in diesen das den Bund zusammenhaltende Moment lag, so leuchtet auch ein, wie wichtig eine Entzweiung werden mußte, die hier zum Ausbruch kam. Eben hier hatte die Majorität von jeher ein vorwaltendes Ansehen; es mußte sich zeigen, ob sie es behaupten würde.

Die fünf alten Orte duldeten die neue Lehre weder in den Vogteien, noch in den freien Ämtern. Die Landvögte Joseph am Berg von Schwyz und Jakob Stocker von Zug straften die Neugläubigen an Geld, warfen sie in den Turm, ließen sie mit Ruten schlagen, des Landes verweisen. Die Prediger wurden mit aufgeschlitzter Zunge verjagt oder gar mit dem Schwert hingerichtet. Flüchtlinge, die sich von der deutschen Seite nach der Schweiz gerettet, wurden der österreichischen Regierung der Vorlande ausgeliefert, die sie ohne weiteres umbringen ließ. Alle Bücher der neuen Lehre, auch Testamente und Bibeln wurden weggenommen. In dem Bade zu Baden wurde den Verstorbenen, wenn sie evangelisch gewesen, ein ehrliches Begräbnis versagt.

Schon längst hatten das die Züricher mit Unwillen wahrgenommen; sowie sie einigermaßen die Kraft dazu fühlten, beschlossen sie, es nicht mehr zu dulden. Es ist einer der vornehmsten Artikel in dem Bunde zwischen Zürich und Bern, daß man in den gemeinen Herrschaften und Vogteien, die auch ihnen an ihrem gebührenden Teile gehören, fortan die Kirchengemeinden, die durch Stimmenmehrheit beschließen, sich zu dem Evangelium zu halten, durch keine Gewalt daran verhindern lassen wolle.

Hierauf regten sich allenthalben im Thurgau und Rheintal die unterdrückten evangelischen Neigungen. Die fünf Orte verzweifelten, sie lediglich mit ihrer landvogtlichen Gewalt niederzuhalten; am 30. November 1528 versammelten sie alle Gerichtsherren und Sendboten der Gemeinden von Thurgau und Frauenfeld, um sie zu ermahnen, sich von dem Mehrteil der Orte, denen sie Gehorsam schuldig, in Hinsicht des Glaubens nicht zu sondern, vielmehr dem Landvogt zur Bestrafung der Abtrünnigen beizustehen. An diesem Tage hatten sich aber, ohne berufen zu sein, auch Züricher und Berner Abgeordnete eingefunden; sie ließen es an entgegengesetzten Anmahnungen und Zusicherungen nicht fehlen. Die Landleute baten sich Bedenkzeit bis Nikolai aus, wo sie wieder in Windfelden zusammenkamen. Hier zeigte sich anfangs einiges Schwanken; allmählich aber stellte sich eine Mehrheit heraus, welche an dem Evangelium halten zu wollen entschlossen war; Zürich und Bern sagten derselben ihre Hilfe offen zu. Auch den Rheintalern, die sich zunächst an Zürich, als den vordersten Ort der Eidgenossenschaft, gewandt, versprach diese Stadt, sie von Gottes Wort nicht treiben zu lassen.

Es war noch einmal ein Akt von Autonomie, den die Untertanen ausübten. Da die Regierenden entzweit waren, kam es auf ihren freien Entschluß an, welche Partei sie ergreifen wollten. Sie wählten die Sache der Reform.

Im Thurgau gab es bald nur noch neun Edelleute, welche nicht beigetreten, und auch diese baten lediglich um Aufschub; im Rheintal fand sich ein einziges Kirchspiel, wo die Mehrheit nicht für die Verbrennung der Bilder und die Abstellung der Messe stimmte; für die freien Ämter ward es entscheidend, daß in Bremgarten die reformiert gesinnte Gemeinde mit Hilfe von Zürich über den katholisch und fünfortisch gesinnten Rat den Sieg davontrug; hierauf folgte die umliegende Landschaft nach.

So stark man nun auch hiebei versichern mochte,

daß der weltliche Gehorsam, den man den bisherigen
Oberherren schuldig sei, darunter nicht leiden solle,
so ist doch offenbar, daß die Grundlage der Macht,
d. i. der Einfluß, dem der Untertan sich willig
unterwirft, den fünf Orten hiebei verloren gehen
mußte.

Und schon war auf einem anderen Gebiete eine
Irrung eingetreten, die ihnen nicht minder nachteilig
ward.

Unterwalden hatte es gewagt, dem Berner Ober=
lande, wo die Maßregeln, welche die Stadt zur Ein=
führung der Reform traf, namentlich die rasche Ein=
ziehung des Klosters Interlachen, Mißvergnügen und
Widerstand erweckten, zu Hilfe zu kommen und in das
Gebiet eines ihrer Eidgenossen, mit aufgereckten
Fahnen, unabgesagt einzufallen. Bern setzte sich zur
Wehre, brachte die Untertanen zum Gehorsam, zwang
die Eingedrungenen zum Rückzuge; aber es läßt sich
erachten, welche Nachwirkungen ein so offenbarer
Bruch des alten Bundes haben mußte.

An den vier Orten, mit denen Unterwalden über=
haupt verbündet war, fand es auch diesmal Rückhalt.
Aber alle Bürgerstädte waren der Meinung, daß man
Unterwalden strafen müsse. Auch Solothurn und
Freiburg versprachen ihren Verpflichtungen gemäß
den Bernern hiezu ihren Beistand.

Dergestalt politisch und kirchlich überflügelt, mit
Rache bedroht, faßten die fünf Orte den Gedanken, bei
dem Hause Österreich Hilfe zu suchen. War es doch

ohnehin ihr Prinzip, die Verbindungen mit fremden Mächten nicht aufzugeben.

An den schweizerischen Grenzen befanden sich noch alle die im Besitz der Gewalt, welche den Bauernaufruhr gedämpft und der Predigt in diesen Gegenden ein Ende gemacht hatten, Graf Sulz und Graf Fürstenberg sowie der Vogt zu Bregenz, Marx Sittich von Ems. Die Emser Verwandtschaft, die sich soeben durch den Kastellan von Musso verstärkt hatte, hielt überhaupt in den Gebirgen die Fahne des Katholizismus aufrecht. Den Fünforten ward es ohne Zweifel nicht schwer, bei diesen Herren Eingang zu finden. Man hielt Zusammenkünfte in Feldkirch und Waldshut; das schweizerische und das österreichische Wappen waren nebeneinander aufgeschlagen; man behauptet, die alten Bekämpfer des österreichischen Zeichens der Pfauenfeder jetzt mit derselben geschmückt gesehen zu haben. Es kam ein Bund zustande, in welchem König Ferdinand und die fünf Orte einander das Wort gaben, bei dem alten Glauben festzuhalten, einen jeden, der denselben in ihrem Gebiete antaste, zu züchtigen und sich auf den Fall, daß sie darüber angegriffen würden, gegenseitige Hilfe zu leisten. Alles, was dann innerhalb der Eidgenossenschaft erobert werde, solle den fünf Orten, alles, was außerhalb, dem Könige verbleiben.

Die vornehmste Bedingung des Bundes ist wohl, daß Ferdinand den Fünforten alles das garantierte, „was ihnen verpflichtet und verwandt sei", — also auch die gemeinschaftlichen Vogteien, auch den Thurgau, — die Fünforte dagegen ausdrücklich erklärten, Konstanz als nicht eidgenössisch betrachten, es dem König überlassen zu wollen. Die fünf Orte hatten nicht Unrecht, wenn sie den Bürgerstädten, die ihnen dies Bündnis zum Vorwurf machten, entgegneten, daß ja auch sie selbst sich mit Auswärtigen verbündet; aber da war doch allemal ein großer Unterschied. Durch das Burgrecht, das Zürich mit Konstanz geschlossen, ward diese Stadt auf das engste mit der Eidgenossenschaft verbunden. Es war immer ein Gesichtspunkt der österreichischen Politik gewesen, dies nicht zu gestatten, und Maximilian hatte einst deshalb einen großen Teil der Gemeinde in seine Dienste genommen; die Fünforte überließen jetzt Konstanz an Österreich.

Merkwürdig, daß dies in denselben Zeiten geschah, in den ersten Monaten des Jahres 1529, in welchen auch die Majorität der Reichsstände sich wieder an das Haus Österreich anschloß. Aller politische Widerwille verschwand in diesem Augenblick vor der religiösen Gemeinschaft.

Ferdinand suchte die schweizerische Vereinigung so gut wie möglich zu befestigen. In Innsbruck, wo sie verabredet ward, hatte er auch einen Teil der Tiroler Landsassen zu Rate gezogen; alle vorderen Länder, Württemberg eingeschlossen, sollten in dieselbe eintreten. Er hoffte damit vielleicht die Macht der Eidgenossen auf immer zu brechen, gewiß aber den weiter vordringenden neuen Meinungen ein unüberwindliches Bollwerk entgegenzusetzen.

Konnte jedoch ein Bund dieser Art den fünf Orten wohl wirklich Schutz gewähren? Ihre Schritte waren, wenn wir sie vom eidgenössischen Standpunkt aus betrachten, im Grunde durchaus falsch, jener erfolglose Einfall ins bernerische Gebiet nicht minder, als der Bund mit Ferdinand. Sie liefen wider das Bestehen und die Idee der gesamten Eidgenossenschaft. Zu dem glücklichen Fortgange, in welchem die Bürgerstädte vermöge der siegreichen Lehre, die sie verfochten, begriffen waren, kam noch die Macht des vaterländischen Interesses und ein unleugbares Recht.

Auf keinen Fall war nun an weiteren Frieden in der Eidgenossenschaft zu denken. Die Gesandten der Bürgerstädte, welche sich in das hohe Land begaben, um die alten Bundesbrüder von dieser Vereinigung abzumahnen, fanden da wohl ihre Wappen an den Galgen angeschlagen; sie sahen sich als Ketzer und Verräter behandelt; ihnen zum Trotz verhängte man gegen die Abgewichenen die furchtbarsten Strafen. Auch die Reformierten der inneren Schweiz haben ihre Märthrer: ein Prediger aus dem Züricher Gebiet, Jakob Kehser, der von Zeit zu Zeit nach Gaster ging, um auch da eine evangelische Kirche zu versehen, ward auf diesem Wege, auf freier Reichsstraße, in dem Eschibacher Holz, aufgegriffen und nach Schwyz geschleppt. Die Schwyzer hatten damals in Gaster gar nicht zu landvogten. Wäre dies auch der Fall gewesen, so hätte die Sache doch vor die Utznacher Gerichte gehört. Nichtsdestominder verdammte die Landgemeinde den armen unschuldigen Mann zum Tode im Feuer, den er standhaft erlitt.

Da hielt nun aber auch Zürich nicht länger an sich. Als im Juni 1529 ein neuer Vogt von Unterwalden in Baden aufreiten sollte, erklärte es geradezu, dies nicht dulden zu wollen: es wolle mit den Unterwaldnern überhaupt keine Gemeinschaft mehr haben; es werde ihnen fortan in den Herrschaften, die auch ihnen gemein seien, keine Bevogtung mehr gestatten.

Den Schwhzern hatte Zürich längst angekündigt, sich rächen zu wollen, wenn dem Prediger, ihrem Hintersassen, Gewalt geschehe. Seine Hinrichtung war das Zeichen des Krieges.

Am 5. Juni rückte das erste zürcherische Fähnlein aus, um die freien Ämter vor einer blutigen Wiederherstellung des alten Glaubens zu schützen, bald darauf ein zweites nach dem Thurgau und Rheintal, ein drittes, um den schwhzerischen Anteil an Gaster, der zu dem Tode des Predigers Anlaß gegeben, zu besetzen. Da hierauf auch die Feinde sich unverweilt zu Baar am Boden sammelten, so zog am 9. Juni auch das große Banner der Stadt aus, unter dem Bannerherrn Hans Schweizer, der es schon in den mailändischen Kriegen getragen.

So standen, zum erstenmal, infolge der religiösen Unruhen, ein paar schlagfertige Heere, nicht von Bauern und Herren wie früher, sondern von gleich=

berechtigten Gegnern, einander gegenüber. „Sie sind so voll Haß gegen einander," sagt König Ferdinand, „daß man nichts anderes als Tätlichkeiten erwarten darf."

Ohne Zweifel aber hatten die Evangelischen in diesem Augenblicke das Übergewicht.

Das zürcherische Heer hatte seinesgleichen nicht. Es bestand aus den wackeren Männern, welche die Reform mit alle dem sittlichen Ernst in sich aufgenommen, mit welchem Zwingli sie predigte. Keine gemeine Dirne ward geduldet; man hörte kein Fluchen noch Schwören; selbst das Würfelspiel war verbannt; die Erholung bestand in Leibesübungen, Springen, Werfen, Steinstoßen; Streitigkeiten fielen beinahe nicht vor; niemand hätte versäumt, vor und nach Tische zu beten. Zwingli selbst war zugegen; man hatte ihn der Pflicht überhoben, als Prediger mit dem Banner auszuziehen; aber er hatte sich aus freien Stücken zu Pferde gesetzt und die Hellebarde über die Achsel genommen. Zwingli war vor allen anderen von dem Gefühl der Übermacht durchdrungen, und wie ihn die Nachrichten von allen Seiten darin bestärkten — denn wenigstens von Ferdinand, welcher anderweitig beschäftigt war und sich zu wenig versprechenden Anforderungen an seine Stände genötigt sah, hatten die Fünforte nichts zu erwarten —, so faßte er die kühnsten Hoffnungen. Jetzt dachte er zu dem Ziele zu gelangen, welches er sich von Anfang an vor Augen gestellt. Er wollte von keinem Frieden wissen, es wäre denn, daß man die beiden großen Zugeständnisse genehmigte, auf die er schon immer gedrungen hatte. Das Jahrgelderwesen sollte auf ewig verschworen werden, die Predigt des Evangeliums in allen Kantonen der Schweiz erlaubt sein. Er stellte den Regierungsmitgliedern vor, daß nur auf diese Weise Einheit in der Regierung wie in der Kirche zu bewirken sei: „Stehet fest in Gott," ruft er ihnen zu: „jetzt geben sie gute Worte; aber laßt euch nicht irremachen, gebt nichts auf ihr Flehen, bis das Recht aufgerichtet ist. Dann werden wir einen Krieg geführt haben, vorteilhafter, als je ein anderer gewesen ist, Dinge ausgerichtet haben, die Gottes und der Städte Ehre nach viel hundert Jahren noch verkündigen werden."

Wäre es auf Zwingli und auf Zürich allein angekommen, so würden sie alles daran gewagt und ihren Vorteil bis zum äußersten Ziele verfolgt haben.

Allein, Krieg zu beginnen, Blut zu vergießen hat man natürlich immer eine gerechte Scheu. Indem die Züricher schon im Anzuge waren, erschien der Ammann Ebli von Glarus bei ihnen und stellte ihnen vor, wie oft sie Liebes und Leides mit denen erfahren, denen sie jetzt abgesagt. Er machte umsomehr Eindruck, da er als ein braver Mann bekannt war, der im Grunde dieselben Ansichten hegte, welche in Zürich herrschten. Man bewilligte ihm einen Stillstand. Nur Zwingli, der weiter in die Zukunft sah, als die anderen, war mit einer Nachgiebigkeit nicht zufrieden, die ihm sehr unzeitig erschien. „Gevatter Ammann," sagte er zu Ebli, „du wirst Gott müssen Rechenschaft geben."

Und indessen sprach sich auch Bern aus. Das gewaltige Umsichgreifen Zürichs war ihm nicht angenehm. Bern erklärte, es werde seine Hilfe leisten, aber nur, wenn Zürich angegriffen werde, nicht wenn es angreife.

Auch in der Schweiz machte sich der Gedanke der Standesabgeschlossenheit geltend, der in Deutschland herrschend geworden war. Bern hielt die Bedingungen, welche Zwingli vorschlug, nicht für angemessen, weil man nicht so tief in die Regierung der einzelnen Orte eingreifen dürfe.

Aus der eigenen evangelischen Partei gingen die Hindernisse hervor, die den Reformator abhielten, seine Absichten mit den Waffen in der Hand durchzusetzen.

Es kam zu Unterhandlungen, die bei der Kraft, welche die Gegenpartei noch immer besaß, und bei der Gesinnung, die in den Verbündeten noch überwog, nicht zu dem reinen Resultat führen konnten, das Zwingli vor Augen hatte.

Es war schon genug, daß die fünf Orte sich bequemten, die Urkunden des ferdinandischen Bündnisses auszuliefern, Erstattung der Kriegskosten, Bestrafung der Schmähreden versprachen und in die Satzung der Bürgerstädte, daß in den gemeinen Herrschaften die Mehrheit in einem Kirchspiel über den Glauben zu entscheiden habe, förmlich einwilligten. Auch von dem Verbot der Jahrgelder und der Freiheit des Evangeliums war die Rede. Aber sie wurden bei weitem nicht so unumwunden zugestanden, wie Zwingli gewünscht hätte. Die Abschaffung der Pensionen erschien nur als eine Bitte der Bürgerstädte an die Fünforte. Statt der Freiheit der Predigt hieß es nur, kein Teil wolle den Glauben des andern strafen.

Und so schien nun doch nicht wenig erreicht zu sein.

Die fünf Orte mußten sich entschließen, die Urkunde ihres Bundes mit Ferdinand noch in Kappel herauszugeben. Die Vermittler verhinderten, daß sie verlesen würde; sie hätten gefürchtet, der alte Widerwille möchte dadurch wieder angefacht werden. Ammann Ebli durchstach den Bundesbrief, als er zum Vorschein kam, mit seinem Messer und zerriß ihn; die Umstehenden griffen nach dem Wachs der Siegel.

Infolge des unleugbaren Vorteils der Evangelischen nahm nun die Reform nach dem Frieden einen noch viel rascheren Fortgang.

Bei Bullinger kann man sehen, in wie vielen gemeinschaftlichen Orten sich eine Majorität für dieselbe bildete, wie er sich ausdrückt, „das Gotteswort ermehret ward". Noch im Jahre 1529 konnte Zwingli eine Synode im Thurgau halten und das Land evangelisch einrichten. Große Abteien, wie Wettingen und Hitzkirch, traten über; in Wettingen waren nicht mehr als zwei Mönche, die sich weigerten. Der Abt, Georg Müller in Baden, sorgte nur, daß die Bilder, die er aus der Kirche schaffte, nicht, wie an so vielen anderen

Fortschritte der Reformation in der Schweiz.

Orten, vernichtet würden. Endlich ward von Groß- und Kleinräten in Schaffhausen beschlossen, daß man die Messe und die Bilder abschaffen solle. Nicht ohne verhaltenen Schmerz berichtet Hans Stockar, wie Freitag nach Michaelis „der groß Gott im Münster" von dannen getan ward. Die Stadt trat in das Bürgerrecht von Bern, Basel und Zürich. In Solothurn mußte den Neugläubigen fürs erste wenigstens eine Kirche bewilligt werden, und nur ein vermeintes Wunder konnte die Verehrung von St.-Urs noch retten. Unter dem Schutze von Bern erhoben sich die Evangelischen in Neuenburg; schon griffen auch die Katholischen zu den Waffen, und es schien zu Blutvergießen kommen zu wollen, als man den Entschluß faßte, die Majorität entscheiden zu lassen. Sie entschied für die Reform. Oft war die Majorität freilich nur schwach. In Neuenburg betrug sie nur 14, in Neuenstadt 25 Stimmen. So war es aber auch auf der anderen Seite unter entgegengesetzten Einflüssen. Ganz in der Nähe, in Rottweil, übten die sechs katholischen Zünfte gegen die fünf evangelischen die größten Gewaltsamkeiten aus; mehrere hundert Bürger mußten die Stadt verlassen.

Wichtiger als alles andere für den Fortgang der Ideen Zwinglis war nun aber, daß auch in einem der acht alten Orte, die sich bisher neutral gehalten, in Glarus, die evangelische Majorität, die jedoch um vieles ausgesprochener war, zur Alleinherrschaft gelangte. Schon war die reformierte Lehre so weit vor-

gedrungen, daß nur noch ein paar Kirchen ihre
Heiligenbilder behalten hatten. Obwohl die Genossen
derselben um nichts als kurzen Aufschub baten, bis
etwa Kaiser und Reich wegen der Mißbräuche Ver=
fügung träfen, beschloß doch die Landgemeinde im
April 1530, daß auch diese Kirchen zu reinigen und
dem übrigen Lande gleichförmig zu machen seien. Es
mochte noch einige Widerstrebende geben; staats=
rechtlich aber ward Glarus hiedurch wirklich evan=
gelisch.

Zu dem Vorteil, diesen Ort, von welchem Zwingli
im Anfang seines Unternehmens hatte weichen müssen,
gewonnen zu haben, kam noch, daß der Kreis einer
gesetzmäßigen Einwirkung auf andere dadurch er=
weitert ward.

Der Abt Geißberger in St.=Gallen hatte in seinem
Gebiete — nicht der Stadt, welche bereits über=
getreten, sondern dem Lande — den Lauf der Lehre
so viel wie möglich zurückgehalten; doch war sie da=
selbst so mächtig wie anderwärts vorgedrungen. Der
Abt war Fürst des heiligen Reiches; aber Glarus,
Luzern, Schwyz und Zürich übten das Schutzrecht über
ihn aus und maßten sich deshalb auch einen nicht
geringen Einfluß auf die inneren Angelegenheiten an.
Jetzt starb der Abt, und besonders für diesen Fall
war es wichtig, daß von den vier schützenden Orten
zwei evangelisch waren. Zwar wußten die Konven=
tualen wider deren ausdrücklichen Wunsch eine Wahl
zu bewerkstelligen, welche die Bestätigung der höch=

sten Autoritäten, des Kaisers und des Papstes, und die Billigung von Schwyz und Luzern fand; aber Zürich und Glarus weigerten sich, dieselbe anzuerkennen. Sie fühlten sich bei weitem mehr mit der Landschaft, wo nun die evangelischen Regungen die Oberhand bekamen, als mit den Konventualen verbündet. Zürich ging von dem Grundsatz aus, nicht der Abt sei das Gotteshaus, sondern alle Landleute, Gerichte und Gemeinden, die seien den Schirmherren zu schirmen befohlen. In Einverständnis mit den Eingebornen ward eine Landesordnung gemacht, nach welcher immer ein Hauptmann aus den vier Schirmorten und ein Landrat von zwölf Mitgliedern die Regierung führen sollten. Um aber nicht aus Schwyz oder Luzern etwa einen Feind der neuen Lehre zum Hauptmann zu bekommen, setzte man zugleich die Bedingung fest, daß der Hauptmann der evangelischen Lehre zugetan sein müsse; nicht eher sollte ihm gehuldigt werden, bis er geschworen, die Untertanen des Gotteshauses bei dem göttlichen Wort bleiben zu lassen. Auch auf Toggenburg erstreckte sich die neue Freiheit; es kaufte sich, womit es während Zwinglis Jugend begonnen, von den Pflichten gegen das Kloster nun vollkommen los. Zwingli erlebte die Freude, im Anfang des Jahres 1531 in seinem völlig freien Vaterlande erscheinen und es nach seiner Weise kirchlich einrichten zu können.

So umfassend nun aber auch diese Fortschritte waren, so erfüllten sie doch immer noch nicht die Ab=

sicht, welche er ursprünglich gehegt und an deren Erreichung alles lag. Die herrschende Partei in den fünf Orten zeigte sich unerschütterlich: noch auf dem Felde zu Kappel sollen die Machthaber einander versprochen haben, dem ersten Artikel des Landfriedens zum Trotz, den neuen Meinungen nicht Raum zu geben, ja, einen jeden umzubringen, der ihnen davon rede. Gewiß ist wenigstens, daß niemand sich in ihrem Gebiete damit hervorwagte, obwohl es gar nicht an Leuten fehlte, denen sie zusagten. An die Abstellung der Schmähreden war nicht zu denken. Züricher und Berner wurden als ein verräterisches, ketzerisches Krämervolk, ihre Prediger als Kelchdiebe, Seelenmörder bezeichnet; Zwingli, sagte man im Gebirge, sei ein Gott der Lutherischen. Dem Eifer der dortigen Priester galten zwinglische und lutherische Meinung noch gleich viel. War auch der Bundesbrief mit Österreich herausgegeben, so wurden doch fortwährend neue Unterhandlungen gepflogen. Auf dem Reichstage von Augsburg erschienen die Gesandten von Luzern und Zug. Sie waren auf ihrer Reise von den Gleichgesinnten sehr ehrenvoll empfangen worden; in Augsburg wohnten sie auf Befehl des Kaisers in dessen Nähe; man bemerkte, daß sie ihm Schriften einreichten. An ihren alten Verbündeten, Marx Sittich, Eck von Reischach, Hans Jakob von Landau, fanden sie auch jetzt Rückhalt, und man trug sich aufs neue mit weitaussehenden Plänen, wie Straßburg angegriffen und den Eidgenossen, die demselben zu Hilfe kommen würden, der Tod bereitet, wie dann die reformierte Schweiz zugleich von Savoyen, dem Rheinland und dem Gebirge angefallen werden sollte. Diese Dinge fanden um so mehr Glauben, da der Adel von Savoyen wirklich zu einem Angriff auf Genf schritt und zu gleicher Zeit der Kastellan von Musso mit seinen emsischen Verwandten Graubünden anfiel. Die fünf Orte hüteten sich wohl, den Gefährdeten Hilfe zu leisten. Die Walliser erklärten ohne Rückhalt, daß ihnen das des Glaubens halber nicht zu tun sei. Natürlich brachte man in Bern und Zürich alle diese Dinge in Verbindung. Auch auf der andern Seite aber geschah dies. König Ferdinand fürchtete, würden die Bürgerstädte in Graubünden Herren bleiben, so würden sie alsdann die fünf Orte angreifen, sobald sie aber diese bezwungen, ihre Unternehmungen gegen die Erblande und das Reich richten. Er ersuchte den Kaiser hauptsächlich aus diesem Grunde, den fünf Orten, wenn es nötig wäre, Hilfe zu leisten.

Drittes Kapitel.
Versuch einer Vermittelung zwischen den beiden protestantischen Parteien.

In sehr naher Beziehung finden wir nun die Eidgenossenschaft zu dem Reiche.

Einer aufstrebenden, mit der öffentlichen Meinung verbündeten Minorität stand auf den Tagsatzungen wie auf dem Reichstage eine altgläubige Mehrheit gegenüber.

Der nächste Unterschied lag darin, daß Kaiser und Reich zugleich eine kirchliche Autorität besaßen, welche der Tagsatzung, die sich hiebei auch nicht auf den Kaiser berufen konnte, zu dem sie als solche kein gesetzliches Verhältnis hatte, mit nichten zukam. Dagegen hatte aber auch die Minorität in der Schweiz nicht, wie die deutsche, frühere allgemeine Beschlüsse für sich. Der Kampf war in der Schweiz mehr faktischer, in Deutschland mehr rechtlicher Natur.

Beide Majoritäten suchten ihre vornehmste Hilfe bei dem Hause Österreich. Sollten da nicht auch die Minoritäten auf das ernstlichste daran denken, die alte Zwietracht, die sich zwischen ihnen erhoben, fahren zu lassen?

Das Unglück war nur, daß Zwingli sich im Jahre 1530 auf eine Weise ausgesprochen hatte, welche eher

Widerwillen und weitere Entfernung als Annäherung irgendeiner Art hervorbringen mußte. Sei es, daß ihn die ungünstigen Berichte reizten, welche lutherischerseits über das Marburger Gespräch verbreitet wurden, oder daß die Anwesenheit Karlstadts, der eben damals bei Zwingli angekommen war und kurz darauf in der Schweiz wieder zu einem Amte gelangte, auf ihn wirkte; — genug, kaum war ihm die Augsburgische Konfession zu Händen gekommen, so sandte auch er, ohne daß er gerade eine dringende Aufforderung dazu gehabt hätte, eine Rechenschaft über seinen Glauben an den Kaiser, in der er nicht allein der katholischen Kirche lebhafter entgegentrat, als Melanchthon es getan, z. B. die bischöfliche Verfassung ohne weiteres verwarf, sondern auch von einigen früheren Zugeständnissen, namentlich in dem Artikel von der Erbsünde, weiter abwich, ja Luthern fast ausdrücklich den Vorwurf machte, er sehne sich nach den Fleischtöpfen Ägyptens zurück, und ihm die krasseste Auffassung beimaß.

Kein Wunder, wenn nun auch die Lutheraner eine verstärkte Abneigung gegen die Anhänger Zwinglis kundgaben.

Das Bedürfnis des Friedens war aber so dringend, daß in eben diesem Augenblick an einer andern Stelle doch die Absicht gefaßt ward, eine Vermittelung des Streites zu versuchen.

Die oberländischen Stände, namentlich Straßburg, gehörten im Grunde beiden Teilen an.

Auf der einen Seite waren hier die eigentümlichen Verhältnisse deutscher Städte, besonders der Wunsch, die Geistlichen in bürgerliche Pflicht zu nehmen, die Einwirkung der hohen Stifter auf die Besetzungen der Pfarren zu beseitigen, so wirksam gewesen, wie irgendwo sonst; und in allem, was man getan, hatte man sich auf die Abschiede der Reichsversammlungen bezogen. Infolge des Abschieds von 1523 hatte der Rat den Predigern die Weisung zugehen lassen, „hinfüro die heilige Schrift lauter und unvermischt mit Menschenfabeln zu predigen, unerschrocken: denn ein ehrsamer Rat wolle sie dabei handhaben". Aus dem Abschied des Jahres 1526 leiteten die Straßburger ferner das Recht her, auch in den Zeremonien Änderungen zu treffen, namentlich die Messe abzustellen, wovon sie sich durch keine Mahnungen König Ferdinands oder des Reichsregiments abhalten ließen. Dafür gehörten sie auch zu den ersten, welche bei dem Kammergericht verklagt wurden. In allen diesen Beziehungen mußten sie sich nun ganz wie andere deutsche Städte zu verteidigen suchen.

Auf der anderen Seite aber hatten die dogmatischen Vorstellungen Zwinglis den größten Einfluß auf Straßburg und gewannen daselbst nach und nach völlig die Oberhand; man räumte endlich auch Bilder und Altäre weg, übertünchte die mit Gemälden geschmückten inneren Wände der Kirchen mit Steinfarbe; die Prediger machten einen Beweis bekannt, daß bei den Gottgläubigen kein Bild geduldet werden dürfe; keine Instrumentalmusik ward weiter zugelassen; die Orgel verstummte. — Auch politisch hatte Straßburg insofern dieselben Interessen mit den Schweizern, als die österreichische Macht im Elsaß beiden gefährlich war. Im Januar 1530 trat Straßburg in das Bürgerrecht der Schweizerstädte; sie versprachen einander wechselseitige Hilfsleistung; namentlich machte sich Straßburg anheischig, den Schweizern Pulver zuzuführen.

Bei dieser Doppelseitigkeit der politischen und religiösen Haltung war es nun wohl sehr natürlich, daß man nirgends dringender eine Aussöhnung der streitenden Parteien wünschte, als eben in Straßburg.

Und schon war auch der Mann gefunden, der es sich zu einer Lebensangelegenheit machte, eine solche doktrinell durchzuführen.

Es war Martin Butzer, der, nach dem Falle Sickingens, in dessen Diensten er gestanden, überall verfolgt, mit einer schwangeren Frau — er war einer der ersten evangelischen Prediger, die sich verheirateten — und in großer Armut in Straßburg angekommen und hier nicht allein Aufnahme, sondern einen großen Schauplatz höherer Tätigkeit gefunden hatte. Man sagt von ihm, er habe sich in der Jugend bei den scholastischen Disputationen die Methode zu eigen gemacht, das Wesentliche und Notwendige von dem minder Wesentlichen und Zufälligen zu unterscheiden. Indem er nun die einfache Substanz zweier einander entgegenstehenden Behauptungen verglich, fand er wohl ein drittes Moment, das dieselben wieder vereinigte. Butzer steht in dem Rufe einer nicht immer ganz zu rechtfertigenden Beugsamkeit. Die meisten urteilen, er habe den Forderungen der Umstände zuweilen mehr als billig nachgegeben. Unleugbar ist, daß seine Vermittelungsversuche zugleich auf einem echten Bedürfnis des Friedens und innerlichem Nachdenken beruhen; in ihm selber haben sie alle mögliche Wahrhaftigkeit. Für feinere Auffassung fremder Ideen und Weiterbildung derselben, man möchte sagen für sekundäre Produktion, besaß er ein unzweifelhaftes Talent.

Anfangs hatte Butzer in den Ausdrücken Luthers vom Abendmahl, wie er selbst einmal sagt, nichts als eine neue Verbrotung Christi gesehen; allein bei einem tieferen Studium, namentlich des großen Bekenntnisses vom Abendmahl, war ihm klar geworden, daß sich das nicht so verhalte; schon in einer Schrift vom Jahre 1528 macht er darauf aufmerksam, wie Luthers Sinn im Grunde ein weit anderer sei, als man meine. In dieser Ansicht bestärkte ihn das Gespräch von Marburg.

Ebensowenig aber wollte auch er nun die Meinung zugeben, die man lutherischerseits hegte, daß von den Oberländern nichts als Brot und Wein im Abendmahl angenommen werde. Auf dem Reichstage von Augsburg sahen sich die vier Städte, wie wir wissen, genötigt, da man ihre Mitunterzeichnung der sächsischen Konfession abschlug, ein eigenes Bekenntnis ein=

Vermittelungsversuch zwischen den protestantischen Parteien.

zugeben. Butzer, der an der Abfassung desselben den vornehmsten Anteil hatte, wählte solche Ausdrücke, welche jenen Vorwurf ferner unmöglich machten. In dem 18. Artikel der „Bekenntniß der vier Frei= und Reichsstädte, Straßburg, Constanz, Memmingen und Lindau", der sogenannten Tetrapolitana, heißt es: „der Herr gebe in dem Sacrament seinen wahren Leib und sein wahres Blut wahrlich zu essen und zu trinken, zur Speise der Seelen, zum ewigen Leben". Man sieht, das Wort „wahr" ist recht mit Absicht wiederholt, ohne daß man doch darum die geistige Bedeutung des Genusses fallen ließe.

Denn eben darauf beruhte die Vermittelungsidee Butzers, daß auch Luther den Leib nicht räumlich in in das Brot einschließen wolle, sondern nur eine sakramentale Einheit des Leibes und Blutes Christi mit dem Brot und Wein annehme, und daß hinwieder der geistige Genuß die wahrhafte Anwesenheit des Leibes Christi nicht aufhebe. Insofern als Luther dem Leibe Christi eine geistigere Wesenheit zuschrieb, trat ihm Butzer bei. Er gab zu, der Leib könne allerdings eine andere als eine lokale Gegenwart haben; Brot und Wein hören darum nicht auf, Zeichen desselben zu sein, aber des anwesenden, nicht des abwesenden; leibliche Gegenwart, das heiße wahrhafte Gegenwart.

Es fragte sich nur, ob Butzer diese Erläuterungen nach beiden Seiten hin annehmbar machen würde.

In Augsburg legte er sie zuerst Melanchthon vor; dann eilte er zu Luther nach Koburg, dem er die

Stellen seiner Schriften, die von dem sakramentalen, geistigen Genuß am deutlichsten lauteten, vorhielt; er berichtet, daß er von beiden Versicherungen erhalten habe, welche alles Beste hoffen ließen.

Leicht machte es jedoch Luther dem Vermittler nicht. Um nicht getäuscht zu werden, stellte er zwei Fragen auf, die weiter keinem Zweifel Raum ließen, die eine, ob der Leib wahrhaft bei den Zeichen sei, die andere, ob er auch von den Gottlosen empfangen werde. Es ist merkwürdig, daß die letzte und schwerere dieser Fragen schon im zwölften Jahrhundert erhoben worden: schon Otto von Freising in seiner Chronik gedenkt ihrer; doch hält er für besser, sie zu vermeiden, als ihre Bejahung zu gebieten. Luther meinte, diese Bejahung könne so schwer nicht sein, da man doch zugeben müsse, daß Gottes Wort von den Gottlosen gehört werde, daß Gottes Sonne auch über die Blinden scheine. Und in der Tat erklärte sich Butzer in beiderlei Hinsicht genügend. Er bekannte, Christus sei im Sakrament, auch dem Brot und dem Mund, wahrhaft zugegen; da alle Verheißung Christi wahr sein müsse, so zweifle er nicht, daß Gottlose, gleichwie Gläubige, den Leib und das Blut Christi genießen. Für seine Person bekannte er beides. Wegen seiner „Mitdiener am Wort" aber bemerkte er, daß sie zwar von dem ersten Punkte überzeugt, dagegen in Hinsicht des zweiten nicht von allem Zweifel frei seien. Luther hatte schon früher nachgegeben, auf die letzte Frage zunächst noch nicht

Vermittelungsversuch zwischen den protestantischen Parteien. 359

dringen zu wollen, wenn man sich nur in Hinsicht der ersten miteinander einverstehe. So wiederholte er auch jetzt: durch das Bekenntnis, daß das Sakrament bei dem Zeichen sei, werde demselben seine gebührende Eigenschaft gegeben; die Frage, was die Gottlosen empfangen, wolle man für diesmal vertagen.

Wir beschäftigen uns mit einer Epoche, in welcher politische und kirchliche, ja dogmatische Entwickelungen auf das engste miteinander verwebt sind.

Schon die erste Annäherung Butzers hatte die Folge, daß die Abgeordneten im Dezember 1530 zu den Beratungen zugezogen wurden. Nachdem nun aber eine Erklärung, wie die eben berührte, eingegangen, blieb kein Bedenken übrig, sie bei der zweiten Zusammenkunft förmlich in das Bündnis aufzunehmen. Johann Friedrich, der hier die Stelle seines Vaters versah, ließ es sein erstes Geschäft sein, sich mit den Abgeordneten der vier Städte zu besprechen; er forderte sie auf, diese Vergleichung nun auch öffentlich predigen, in alle Welt verkündigen zu lassen. Diese versicherten, da Butzer nicht allein für sich, sondern im Auftrage seiner Herren handele, so sei daran kein Zweifel. Zu Straßburg, Lindau, Kostnitz, Memmingen hatten sich nicht allein Biberach, Isny, Reutlingen, sondern auch das mächtige Ulm gesellt. Auch Ulm nämlich hatte gegen den Abschied von Speier protestiert und den Abschied von Augsburg allen Mahnungen des Kaisers zum Trotz nicht unterschrieben. Es leuchtet ein, wie stark daselbst die reformatorische Tendenz bereits sein mußte, um diese entschiedenen Schritte hervorzubringen. Aber auch die entgegengesetzte Partei war lange Zeit nicht schwach, und es fehlte nicht an unruhigen Gegenwirkungen. Endlich gab die Bürgerschaft dem Rate Vollmacht, die Ordnung herzustellen. Gar bald sehen wir dann ein Bekenntnis im evangelischen Sinne erscheinen, das sich in dem Artikel vom Abendmahl an die Tetrapolitana anschließt. In Schmalkalden unterschrieben diese Städte nun sämtlich das Bündnis zur Gegenwehr.

Nach der sächsischen Seite hin war demnach die Bemühung Butzers gelungen, und er ging nun daran, seine Ansicht auch in der Schweiz geltend zu machen.

Ohne Mühe gewann er von den beiden vornehmsten Reformatoren in der Schweiz wenigstens den einen. Der friedfertige Oekolampadius urteilte, Butzer befleißige sich eben so sehr der Wahrheit, wie der Liebe; er empfahl dessen Auffassung seinem zürcherischen Kollegen Zwingli.

Unmöglich aber konnte auch Zwingli so geneigt sein. Einmal hatte er Luthern allzu häufig und allzu bestimmt jene grobe Vorstellung Schuld gegeben, als daß er davon so leicht hätte zurückgebracht werden können. Sodann war auch nicht zu leugnen, daß sich Butzer bei allem Festhalten des Begriffes vom geistigen Genuß doch der lutherischen Vorstellung vom Mysterium auf eine Weise näherte, die Zwingli nicht billigen konnte. Er war sich zu gut bewußt, daß seine Ansicht von ganz anderem Ursprung ausgegangen. Er verwarf die Formel Butzers nicht geradezu; aber sehr anstößig war ihm die dreimalige Wiederholung des Wortes „wahr"; er meinte, man werde darunter nichts anderes verstehen, als: natürlich. Er hatte nichts dagegen, daß Butzer einen Brief, den er über die Identität beider Lehren verfaßt und den Schweizern mitgeteilt, ausgehen lasse; aber er behielt sich vor, darüber eine Erläuterung zu geben, die seinen eigentümlichen Sinn ausspreche. Wenn er sich zu der Formel bequemte, der Leib Christi sei im Nachtmahl gegenwärtig, so geschah das doch immer mit dem Beisatz „nur der gläubigen Seele"; die Zumutung, zu bekennen, Christi Leib werde dem Munde dargereicht, wies er weit von sich. In ihm, dem Urheber, erhob sich die ganze Energie seiner ursprünglichen Idee, und er war um keinen Schritt weiter zu bringen.

Das hinderte jedoch nicht, daß Basel, von Oekolampadius geleitet, sich jener Vermittelung zugeneigt hätte. Schon sprach man in der Schweiz von einer eigentümlichen Lehre Oekolampads, die doch auch ziemlich zahlreiche Anhänger habe.

Überhaupt war von einem engeren Bündnis zwischen beiden reformierten Parteien unaufhörlich auf das ernstlichste die Rede. — In gewissem Sinne bestand es schon dadurch, daß Straßburg und seit dem 1. Juli 1530 auch Landgraf Philipp in das schweizerische Bürgerrecht getreten und zugleich Mitglieder des schmalkaldischen Bundes waren. Besonders auffallend finde ich folgendes: In dem Geschichtsbuche

Bullingers wird ein Bundesbrief mitgeteilt, welchen Zürich im Februar 1531 bei einer Zusammenkunft mit Bern und Basel vorlegte, mit der Bemerkung, daß er von einigen Deutschen schon angenommen worden. Indem ich denselben näher betrachte, finde ich, daß er von Wort zu Wort, von Anfang bis zu Ende nichts anderes ist, als die Formel des schmalkaldischen Bündnisses. Wie merkwürdig, daß Zürich seinen nächsten Verbündeten den Eintritt in das schmalkaldische Bündnis, wie es wenigstens scheint, so ernstlich vorgeschlagen hat!

Es gibt wohl keinen Zeitpunkt, in welchem die Eidgenossenschaft wie einer inneren Umgestaltung infolge der fortschreitenden Kirchenreform, so auch ihrer Wiedervereinigung mit Deutschland so nahe gewesen wäre, wie damals. Die beiden Parteien, in welche sie zerfiel, waren von den entsprechenden Elementen des deutschen Mutterlandes gewaltig angezogen. Zwingli meinte, man müsse die Sache in der Schweiz zu Ende bringen, ehe der Kaiser in Deutschland freie Hand bekomme. Ferdinand fürchtete eine allgemeine Vereinigung der Evangelischen. In dem ungewöhnlich lebhaften Widerstand, den er überall fand, glaubte er schon die Wirkungen des Selbstvertrauens wahrzunehmen, das ein solcher Bund ihnen einflöße.

Allein die religiöse Differenz verhinderte die Vereinigung auch diesmal.

Auf der Versammlung in Frankfurt a. M. im Juni 1531 kam die Sache noch einmal zur Sprache.

Vermittelungsversuch zwischen den protestantischen Parteien.

Bern und Zürich hatten aufs neue erklärt, die butzerische Formel nicht annehmen zu wollen, nicht weil sie ihnen unchristlich erscheine, sondern weil sie zu dunkel sei und leicht zu gefährlichen Mißverständnissen Anlaß geben könne.

Dagegen hatte der Kurfürst von Sachsen seine Gesandten instruiert, wenn die Eidgenossenschaft nicht ein dem augsburgischen gleichförmiges Bekenntnis ablege, über eine Verbindung mit derselben nicht weiter zu unterhandeln, sogar abzulehnen, etwas darüber an ihn zu bringen.

Notwendig hatte das dann auch auf die inneren Verhandlungen des schmalkaldischen Bundes selber wieder Einfluß.

In Frankfurt ward ein Entwurf zu einer Kriegsverfassung vorgelegt; die Oberländer fanden ihn sehr verständig und angemessen; allein sie weigerten sich, ihn zu unterzeichnen, da die Eidgenossen nicht aufgenommen worden. Sie erklärten, ihre Widerwärtigen rings um sie her seien zu stark; so entfernte Verbündete würden ihnen nicht hinreichende Hilfe leisten können.

Ohne Zweifel wollten sie erst den Ausgang der Dinge in der Schweiz abwarten.

Denn schon ließ sich dort alles zu einer Entscheidung durch die Waffen an, von der dann auch Aktion und Reaktion in dem oberen Deutschland abhing.

Viertes Kapitel.
Katastrophe der Reformation in der Schweiz.

Der Angriff Savoyens auf Genf ward noch 1530 zurückgeschlagen; im Frühjahr 1531 ward auch der Kastellan von Musso aus Graubünden vertrieben. So wenig die Städte in den schmalkaldischen Bund getreten, so wenig war eine wirkliche Verbindung der fünf Orte mit Österreich geschlossen worden. Auf sich allein beschränkt, standen die beiden Teile der Eidgenossenschaft einander gegenüber, aber erbitterter als je.

Die fünf Orte klagten, und in der Tat nicht mit Unrecht, daß man ihre Mehrheit nicht mehr anerkenne, sie ihres Rechtes entsetze. Sie weigerten sich, in Ordnungen zu willigen, wie sie z. B. in St.-Gallen getroffen worden waren. Der erste Hauptmann, der nach der neuen Einrichtung daselbst antreten sollte — er war von Luzern —, verschmähte, den Bauern zu schwören, und ritt davon.

Dagegen waren die evangelischen Städte wohl noch mit augenscheinlicherem Rechte entrüstet, daß man sie in jenen gemein-eidgenössischen Sachen nicht unterstützt hatte; sie fanden, dadurch seien die Bünde im Grunde schon gebrochen; und sollte man die „groben

Katastrophe der Reformation in der Schweiz. 365

unmenschlichen" Schmähreden sich noch länger gefallen lassen? Die Verantwortungen der fünf Orte darüber seien selber ein Schimpf.

Zwinglis Meinung wäre gewesen, der Sache ohne längeren Verzug mit Gewalt ein Ende zu machen.

In politischer Beziehung waltete wenigstens ein nicht minderer Unterschied zwischen Luther und Zwingli ob, als in der Lehre. Luthers Politik, wenn wir ja davon reden können, hing ganz vom religiösen Gesichtspunkte ab und war auf die nächste Verteidigung beschränkt. Zwingli dagegen verfolgte von Anfang an zugleich positiv politische Zwecke: eine Umgestaltung der Eidgenossenschaft war der Mittelpunkt aller seiner Ideen; er hatte dazu die weitaussehendsten Pläne gefaßt; er ist ohne Zweifel in beiderlei Hinsicht der größte Reformer, den die Schweiz je gehabt hat.

Schon öfter war das Mißverhältnis zur Sprache gekommen, welches darin lag, daß die Waldstätte, die in den eidgenössischen Kriegen an Mannschaft und Geld so viel weniger leisteten als die volkreichen Bürgerstäote, doch an den Vorteilen des Sieges und der Herrschaft gleichen Anteil nahmen. Das war eigentlich der Grund der Irrungen nach den Burgunderkriegen gewesen. Schon damals mußten die Wunder der Religion in Tätigkeit gesetzt werden: der Bruder Klaus mußte erscheinen, um die Aussöhnung zu bewirken, die in der Verkommnis von Stans ausgesprochen ist. Zwingli fand nun aber, daß das Verhältnis seitdem noch unerträglicher geworden. Dadurch nämlich, daß sich zu den vier anderen Waldkantonen auch Zug gesellte, hatte sich eine Majorität gebildet, die über alle Geschäfte der Tagsatzung entschied, und gegen die kein gesetzliches Mittel anzuwenden war. Zwingli urteilte, daß dieser Vorteil, der so ruchlos gemißbraucht werde, auch höchst ungerecht sei: die Leitung der Eidgenossenschaft gebühre vielmehr den beiden Städten Zürich und Bern, die doch immer das Beste getan und die Stärkeren gewesen; die müßten die Eidgenossenschaft führen, wie zwei Zugtiere den Wagen. Man müsse den fünf Orten den Bund zurückgeben und sie bei einer neuen Einrichtung entweder aus den gemeinschaftlichen Vogteien, wenigstens diesseits des Gebirges, geradezu ausschließen, eine neue Teilung machen, oder auf jeden Fall ihre Mehrheit abstellen.

Wir sehen: Zwingli wollte der Verfassung einen ganz anderen Schwerpunkt geben und ihre Einheit auf das Übergewicht der faktischen Macht begründen. In dem gesamten Gebiete würden dann die nämlichen religiös-politischen Grundsätze herrschend geworden sein.

Pläne dieser Art lassen sich natürlich nicht ausführen ohne ein energisches Zusammenwirken aller Kräfte in dem günstigsten Augenblick. Es fragte sich erst, ob Meister Ulrich Zwingli, so mächtig und angesehen er auch war, dies in einem solchen Grade sein würde, um seine eigene Partei zu einer Unternehmung dieser Art zu vereinigen.

Selbst in Zürich aber hatte Zwingli noch mit entgegengesetzten Gesinnungen und hartnäckigen Privatinteressen zu kämpfen. Im großen Rate, der doch die kirchlichen Angelegenheiten leitete, gab es noch gegen Ende des Jahres 1528 Leute, welche die alten Gebräuche vorzogen. Zwingli forderte auf dem Predigtstuhl die Reinigung des Rates von den Gottlosen, denen das Wort Gottes nicht munden wolle. In der Tat schritt man endlich dazu, in den Zünften einen nach dem anderen zu hören, ob er sich zum Tisch des Herrn halten wolle, wie andere Christenmenschen, und schloß diejenigen von dem Rate aus, die das weigerten. Doch war damit noch nicht alles geschehen. Unter den adeligen Geschlechtern gab es noch gar manche, welche die früheren Jahrgelder nur ungern entbehrten und nicht alle Verhältnisse zu den Oberhäuptern in den fünf Orten abgebrochen hatten. Konnte Zwingli diesen Zusammenhang nicht zerreißen, so war er doch entschlossen, ihn unschädlich zu machen. Der Einfluß der Geschlechter in Zürich beruhte darauf, daß, während von jeder der übrigen Zünfte nur immer drei Mitglieder in den kleinen und zwölf in den großen Rat traten, die adelige Zunft, die Konstafel, das Vorrecht besaß, aus ihrer Mitte sechs in jenen, achtzehn in diesen treten zu lassen. Zwingli war mächtig genug, diese Ungleichheit abzuschaffen: er setzte durch, daß die Konstafel den übrigen Zünften gleichgestellt wurde.

Nur durch so strenge Maßregeln konnte in Zürich selbst die politisch-religiöse Einheit der öffentlichen

Gewalt zustande gebracht werden, deren Zwingli bedurfte. Allein waren da nicht statt der offenen geheime Gegenwirkungen unvermeidlich? Gar bald sollte er sie zu fühlen bekommen.

Und noch bei weitem größere Schwierigkeiten setzte ihm das verbündete Bern entgegen, wo die Neigung zu den Jahrgeldern an und für sich tiefer eingewurzelt war, eine gewisse Eifersucht gegen Zürich sich immer wieder zeigte, die bisherige Absonderung der verschiedenen Kantone, wenn nicht eifrige, doch zähe Verteidiger fand.

Ich weiß nicht, ob jener Plan, der doch so vorteilhaft für die Berner lautete, ihnen auch nur vorgelegt worden ist; in den Verhandlungen der Tagsatzungen wenigstens finde ich keine Spur desselben. Da beschränkten sich die Forderungen der Bürgerstädte immer auf folgende drei: erstlich, daß die Lästerer gestraft, zweitens, daß die armen Leute, die um des Glaubens willen von Haus und Hof verjagt worden, wiederaufgenommen, endlich, daß auch in den jenseitigen Gebieten die Glaubenslehren der diesseitigen geduldet würden. Forderungen, die ohne Zweifel in der Natur der Sache lagen. Denn welche Eidgenossenschaft konnte es geben, wo die einen den Eid der anderen nicht anerkannten? welche Rechtsgemeinschaft in den Vogteien, sobald der eine Teil der Herrschaften den Glauben verfolgte, in welchem der andere sein Heil erblickte? Wie konnten die evangelischen Mitglieder des Bundes überhaupt zusehen, daß ihre

Glaubensgenossen ein paar Meilen von ihnen mit Gefängnis bestraft wurden? Darin lag doch im Grund nichts, als eine Anerkennung der Christlichkeit des neuen Zustandes; nur diese nahmen sie in Anspruch.

In diesen Zeiten hatte sich aber das religiöse Bekenntnis viel zu eng mit der Staatsgewalt vereinigt, als daß Zugeständnisse auch nur solcher Art anders, als auf dem Wege des Zwanges, hätten durchgesetzt werden können. Die Staatsgewalt in den fünf Orten beruhte auf der ausschließenden Herrschaft des Katholizismus. Hätten die Machthaber sich bequemt, die entgegengesetzten Meinungen zuzulassen, so würde sich unter ihren Augen ein ihnen feindseliges Element in der Bevölkerung gebildet haben, das, von den Tendenzen der Zeit getragen und von außen her unterstützt, ihnen leicht selbst hätte gefährlich werden können. Sie wiesen alle jene Zumutungen entschieden von der Hand.

Da trug nun Zwingli kein Bedenken, Krieg zu fordern, unverzüglichen Angriff, so lange man den Vorteil in Händen habe; er bewirkte, daß Zürich, wo jetzt niemand mehr ihm offen widersprach, sich in seinem Sinn erklärte.

In Bern jedoch war seine Autorität nicht so groß. Zwangsmaßregeln hielt auch Bern für notwendig; aber es wollte nicht zu den äußersten Mitteln schreiten. Es setzte durch, daß man, wie es auch in dem Landfrieden schon vorgesehen war, die fünf Orte zuerst durch Entziehung der Zufuhr zu bekämpfen beschloß.

Wie hätte das aber Zwingli befriedigen sollen? Er sah wohl, daß Verzögerung alles verderben werde. Schon fühlte er aufs neue seine einheimischen Gegner sich regen, und zuweilen klagte er auf der Kanzel über den Rückhalt, den Zürich seinen Feinden selbst gewähre; alles Ernstes wollte er einmal abdanken. Da er, wiewohl nur mit Mühe, daran verhindert worden, machte er noch einmal den Versuch, die Berner von der Notwendigkeit eines anderen Verfahrens zu überzeugen. In tiefem Geheimnis finden wir ihn zu Bremgarten eine Zusammenkunft mit ein paar Berner Abgeordneten halten, bei Nacht, im Hause des Prädikanten Bullinger; Bremgartner Ratsherren hielten Wache. Aber viel Hoffnung kann er auch hier nicht empfangen haben. Ehe der Tag graute, brachte Bullinger seinen Meister durch eine Pforte beim Schützenhause auf den Weg. Über Zwingli lag eine schmerzliche Stimmung. Er weinte, als er von Bullinger Abschied nahm. „Gott behüte dich, Heinrich," sagte er, „und bleib' nur treu am Herrn Christo und seiner Kirche." Im August war ein Komet erschienen. Der Abt Georg Müller von Wettingen fragte eines Tages auf dem Kirchhofe zum großen Münster Zwingli, was der wohl bedeuten möge. „Mein Georg," antwortete Zwingli, „mich und manchen Ehrenmann wird es kosten: die Kirche wird Not leiden; doch werdet ihr darum von Christo nicht verlassen werden."

Die Dinge gingen, wie Zwingli vorausgesehen und wie sie gehen mußten. Wenn Bern gehofft hatte, das gemeine Volk in den fünf Orten werde den Mangel nicht aushalten können und sich wider die Machthaber empören, so geschah eher das Gegenteil. Auch der gemeine Mann wurde dort nun erbittert, weil man ihm unter dem Schein des Christentums die Früchte entziehe, die Gott frei wachsen lasse. Die Gewalthaber brauchten jedes Mittel, um ihr Ansehen aufrechtzuerhalten. Die Züricher hatten ein Manifest zu ihrer Rechtfertigung ausgehen lassen und es auch nach Luzern geschickt; der Rat von Luzern behandelte alle die, die es empfangen und etwa anderen mitgeteilt, als Verräter und spannte sie an das Folterseil. Auch schon an und für sich mußte durch das Gefühl der fortdauernden Beleidigung die feindselige Stimmung von Tag zu Tage wachsen. So scheiterten denn alle Unterhandlungen. Die fünf Orte blieben dabei, die Städte bei ihrem Bund zu mahnen, ihnen den Proviant zu eröffnen oder ihnen Recht zu gestatten. Die Städte verweigerten, auf die Rechtsforderung einzugehen, da ja der Friede ausdrücklich das Abschlagen des Proviants als Strafe für die fortdauernden Schmähungen festgesetzt hatte; eben diese Strafe wollten sie nun vollziehen. Die Vermittler, bei denen wir auch straßburgische Abgeordnete finden, machten den Vorschlag, daß man die Züchtigung der Schmähreden ihnen überlassen möge. Die Städte gingen das ein, die Länder waren nicht dazu zu bringen.

Es war kein Mittel zu erdenken: es mußte, und

zwar nunmehr unter ganz anderen Auspizien, als Zwingli gewünscht, zum Kriege kommen.

Im September hielten die fünf Orte eine Tagsatzung in Luzern, um darüber zu beratschlagen. Anfangs waren Uri, Schwyz, Unterwalden ob dem Wald gegen einen nahen Aufbruch; Uri schlug sogar vor, die Beschlüsse des nächsten Reichstages zu erwarten. Aber Unterwalden nid dem Wald drang darauf, daß man unverzüglich den Krieg an die Hand nehmen müsse; und dahin ging zuletzt die allgemeine Meinung; „denn man könne nicht Hungers verderben; man werde Leib und Seele daran binden".

Die Freunde der fünf Orte sahen ihr Vorhaben nicht ohne eigene Furcht an. König Ferdinand besorgte, sie würden unterliegen und alsdann erst würde die allgemeine Verwirrung überhandnehmen.

Und gewiß waren sie die bei weitem geringere Anzahl; aber vor allem: sie hielten zusammen; die Oberhäupter waren durch gemeinschaftliches Interesse und gemeinschaftliche Gefahr auf das engste verbunden, ihre Gewalt durch die allgemeine Entrüstung noch verstärkt. Überdies, während in den Städten nichts geschah, hatten sie den Vorteil, von der Burg ihrer Alpen her den Angriff plötzlich auf die verwundbarste Stelle ausführen zu können. Einige Tage hindurch hörte man nichts von ihnen; die Pässe wurden auf das strengste bewacht; kein Verdächtiger ward ein= oder auch nur ausgelassen. Es gab auch im hohen Land Freunde der Züricher, die ihnen Nachricht zu geben versprochen hatten, wenn etwas gegen sie im Werke sei: durch die strenge Aufsicht ward ihnen das unmöglich. Und nur wenige Tage reichten schon hin, um dort alles zum Aufbruch fertig zu machen. Plötzlich, am 9. Oktober, überschritt von Luzern her ein Fähnlein die Grenzen und fiel plündernd in die freien Ämter ein; am 10. sah man auf dem Zuger See Schiffe mit Kriegsleuten daherfahren: der Klang der Hörner kündigte ihre Ankunft in Zug an; an den Grenzen ward das Luhen des Uristiers vernommen. Gleich auf der obenberührten Tagleistung zu Luzern war beschlossen worden, die Hauptmacht in Zug zu vereinigen; die Kriegsräte hatten nur den Tag zu bestimmen und die Dinge dann in Gang zu bringen.

Wären die Städte auf diesen Anfall vorbereitet gewesen, so würden sie ihn leicht abgewehrt haben: Zürich durfte nur den Paß über den Albis besetzen, so behielt es Zeit, sich auf das beste zu rüsten. Allein man war bisher noch immer mit den einmal ergriffenen Zwangsmaßregeln beschäftigt gewesen: man hatte soeben auf die Mittel gedacht, die Zufuhr auch aus dem Elsaß her, zu beiden Seiten der Reuß, zu verhindern. Indem man noch zu zwingen gedachte, sah man sich plötzlich selber angegriffen. Daß der Angriff auf verschiedenen Seiten geschah, brachte eine um so größere Verwirrung hervor, da man nicht wußte, wohin er hauptsächlich gerichtet sei.

Am 11. Oktober 1531 des Morgens schwuren die Mannschaften der fünf Orte auf der Zuger Allmende ihre Ordinanz und setzten sich, 8000 Mann stark, unter ihren fünf Bannern in Bewegung, um in das Gebiet ihrer vornehmsten Feinde, der Züricher, vorzudringen.

Vor ihnen, bei Kappel, hatten sich bei dem Züricher Fähnlein nur ungefähr 1200 Mann geschart.

Zwar hatte man an demselben Morgen in der Stadt Zürich selbst das große Banner ausgesteckt, und die dazu gehörigen Mannschaften fingen an, sich zu sammeln; allein das geschah mit Unordnung und Übereilung. Noch in der nämlichen Stunde zog ein Teil der Truppen nach den freien Ämtern. Jetzt, an dem entscheidenden Tage, zeigte sich, daß nicht alle gleichgesinnt waren. Eine geheime Gegenwirkung hatte jede rasche Maßregel gelähmt. Da Botschaft auf Botschaft einlief, daß die gesamte Macht des Feindes das Fähnlein bei Kappel bedrohe und es vernichten werde, wenn man ihm nicht zu Hilfe komme, so mußte die Mannschaft bei dem Banner, so schwach sie auch noch war — man behauptet, sie habe kaum 700 Mann gezählt —, sich doch entschließen, auf der Stelle ins Feld zu rücken.

Die einzige Rettung wäre gewesen, Kappel aufzugeben, das Fähnlein zurückzuziehen.

Auch geschah wohl bei dem Fähnlein der Vorschlag, vor der Übermacht auszuweichen. Es hätte aber den tapferen Leuten eine Feigheit geschienen, selbst in diesem offenbaren Nachteil einen Schritt rückwärts zu tun. Rüdy Gallmann stampfte bei dem Vorschlag mit dem Fuß auf den Boden. „Gott lasse mich den Tag nicht erleben," rief er aus, „wo ich den Leuten einen Schritt breit weiche! Da muß mein Kirchhof sein."

Schon näherte sich der überlegene Feind, und das Schießen fing an, als der Banner auf dem Albis ankam. Wie gesagt, noch war er sehr schwach. Der Schützenhauptmann Wilhelm Töning sah um sich her und meinte, man würde am besten tun, eine Weile zu halten und sich erst mit dem zusammenlaufenden Volke zu verstärken, ehe man weiter rücke. Aber Meister Ulrich Zwingli, der auch jetzt wieder mit dem Banner ausgezogen war, diesmal jedoch als Prediger, von seines Amtes wegen, das man ihm nicht wieder abgenommen, entgegnete: es würde sich schlecht schicken, dem Schießen der biderben Leute von der Höhe untätig zuzusehen. „Ich will im Namen Gottes zu ihnen hin, mit ihnen sterben oder sie retten helfen." — „Warte, Töning, bis du wieder frisch bist," sagte der Bannerherr. „Ich bin so frisch wie ihr," antwortete Töning, „und ich will mich bei euch finden lassen."

Das Fähnlein hatte eine von Wald umkränzte Anhöhe besetzt, der Schürenberg genannt; da stieß nun der Banner zu ihm. Wohl war es die Macht von Zürich, die hier den fünf Orten gegenüberstand, aber Unbedachtsamkeit früher, Uneinigkeit und Ungestüm zuletzt, hatten bewirkt, daß sie nur etwa 2000 Mann betrug, während die Stadt leicht über 10000 ins Feld stellen konnte.

Auf diese kleine Schar nun rückte jetzt der vierfach größere, wenigstens nicht minder kriegsfertige und bei weitem besser geführte Haufe der fünf Orte heran. Was ist da viel von der Schlacht zu berichten? Sie war durch die Umstände entschieden, ehe sie begann. Die Züricher hatten das Wäldchen am Fuß des Hügels unbesetzt gelassen; durch dieses drangen die Feinde, wenig bemerkt, hervor, und machten von zwei Seiten im vollen Gefühle der Überlegenheit ihren Angriff. Die Tapferkeit der Züricher konnte sie nicht retten: gleich im ersten Moment sahen sie sich geworfen, übermannt, ein wildes Gemetzel begann. Von den 2000 Zürichern sind 500 umgekommen; was aber das Schmerzhafteste, darunter waren eben die namhaftesten Männer, die eifrigsten Evangelischen; denn eben diese hatten sich zuerst unter die Waffen gestellt. Da fand denn Rüdy Gallmann seinen Kirchhof; der Bannerherr Schweizer und Wilhelm Töning fielen (kaum konnte der Banner selbst gerettet werden), der Zunftmeister Funk, der wackere Bernhard Weiß, dem wir so manche gute Nachricht verdanken, der Pfleger Geroldseck, mehrere Prädikanten, in der Mitte seiner Herde auch Zwingli. Die Feinde durchzogen schon siegestrunken und plündernd das Schlachtfeld, als er noch atmend dalag, unter einem Birnbaum, „die Hände gefaltet, die Augen gen Himmel gerichtet". Wagen wir zu viel, wenn wir annehmen, daß, als er so verblutend dalag, seine Seele sich noch einmal einen Gedanken vergegenwärtigte, den er zu=

letzt in trüben Ahnungen ausgesprochen? Die Zukunft der Eidgenossenschaft, in dem Sinne, wie er sie beabsichtigt hatte, mußte er wohl aufgeben; die Zukunft der Kirche und des Evangeliums wird er unerschütterlich festgehalten haben. So fanden ein paar gemeine Kriegsleute den Sterbenden, ermahnten ihn, einem Priester zu beichten oder, da das schon zu spät schien, wenigstens die Jungfrau Maria und die Heiligen in sein Herz zu fassen. Er antwortete nicht mehr, er schüttelte nur den Kopf; sie wußten nicht, daß er der Zwingli war: sie meinten, irgend einen namenlosen „verstockten Ketzer" vor sich zu haben, und gaben ihm den Todesstoß. Erst den anderen Tag bemerkte man, daß unter so vielen anderen namhaften Männern auch Zwingli getötet sei: alles kam herbei, ihn zu sehen. Einer seiner Bekannten aus Zug versichert, das Gesicht des Toten habe den Ausdruck gehabt, wie wenn ihn in der Predigt das Feuer des Gedankens ergriff. Was hätte aber den Gegnern, den Jahrgeldbeziehern, erwünschter sein können, als dieser Anblick? Sie besetzten ein Gericht über Zwingli, vierteilten seinen Leib, verbrannten denselben und ließen die Asche vom Winde verwehen.

Damit waren jedoch die fünf Orte noch nicht vollkommen Sieger und Herren in der Eidgenossenschaft. Die Züricher entschlossen sich jetzt, den Paß über den Albis zu besetzen, und sammelten unter diesem Schutz ihre Kräfte. Gar bald hatten sie aus Eingeborenen und Bundesgenossen ein Heer von 12000 Mann im

Felde. Indes war auch Bern aufgebrochen. Man berechnet die Schar von Bern, Basel und Biel auf eine gleiche Anzahl. Als nun diese Heere sich zu Bremgarten vereinigten, sahen die fünf Orte wohl, daß sie gegen so große Massen nichts ausrichten würden, verließen die ausgeplünderten Gebiete und begaben sich wieder nach Zug, wo sie bei Baar am Boden lagerten.

Und nun schien es wohl, als könne von städtischer Seite ein Angriffskrieg geführt werden, wie ihn Zwingli immer geraten hatte. Allein wie sehr waren jetzt die Umstände verändert!

Die fünf Orte waren durch den ersten Sieg trotziger geworden, als sie jemals gewesen; dagegen bemerkte man, daß es unter den Städten an einem Antriebe fehlte, wie ihn Zwingli vielleicht gegeben haben würde. Zürich vermißte überhaupt seine besten Leute: man sagte da wohl, man habe aus seinem Getreide den Roggen verloren; die Berner hatten niemals großen Kriegseifer gezeigt. So kam es, daß man nicht mit dem nötigen Nachdruck zu Werke ging. Man versäumte, den Feind in dem günstigen Moment anzufallen, da er seine Stellung veränderte. Als man sich dann entschloß, das nunmehr sehr feste Lager desselben von zwei Seiten zugleich, vom Zuger Berg und vom Tal her, anzugreifen, und zu dem Ende den Berg besetzte, tat man das doch mit so wenig Gewandtheit und Vorsicht, daß der Feind, den man hatte überraschen wollen, selber Gelegenheit bekam, einen Überfall auf die Heeresabteilung am Berg auszuführen und ihr einen nicht geringen Verlust beizubringen. Die Städte fühlten trotz ihrer Übermacht hierauf nicht mehr den Mut, dem tapferen und siegreichen Feinde ernstlich zu Leibe zu gehen. Sie dachten nur noch, ihn durch ein Wanderlager, das sie um ihn her ziehen wollten, allmählich zu ermüden.

Wie waren da die kühnen Pläne, die Zwingli einst gehegt, so völlig gescheitert! Wir sehen wohl, daß das politisch=religiöse Prinzip, das er repräsentierte und verteidigte, doch auch in Zürich nicht so stark war, wie er gewünscht hatte, noch viel weniger aber in Bern. Es vermochte die nun einmal vorhandenen Elemente nicht ganz zu beleben, zu durchdringen. In den ent= scheidenden Momenten wurden falsche Maßregeln er= griffen, deren Grund immer der Mangel an Eintracht und großartiger Energie war, die allein zum Ziele hätten führen können.

Hatte man aber bei dem Beginn dieser Bewegungen katholischerseits Unfälle gefürchtet, so machte eine so unerwartete glückliche Wendung derselben auch die größten Hoffnungen rege.

Mit unverhehltem Jubel gab Ferdinand seinem Bruder von dem Tode des großen Ketzers Zwingli und der Schlacht bei Kappel Nachricht: „es sei das Erste, was wieder einmal zugunsten des Glaubens und der Kirche geschehen".

Als hierauf aber auch die Nachricht von dem zweiten glücklichen Treffen einlief, fing er an, Pläne zu ent= werfen. Er erinnerte seinen Bruder, wie gnädig sich

Gott den Verteidigern seiner Sache beweise. Wäre der Kaiser nicht so nahe, so würde er selbst, so schwach und arm er auch sei, zur Fortsetzung so heiliger Unternehmungen schreiten. Jetzt aber könne er wenigstens nicht unterlassen, ihn dazu zu ermahnen, ihn, das Haupt der Christenheit; nie könne eine schönere Gelegenheit sich zeigen, Ruhm zu erwerben. Ohne die Schweiz seien die deutschen Sekten leicht zu bezwingen. Er rät ihm, den katholischen Kantonen offen oder insgeheim zu Hilfe zu kommen. Er geht so weit, dem Kaiser zu sagen, das sei der wahre Weg für ihn, die Glaubensstreitigkeiten zu beendigen und Herr von Deutschland zu werden.

Und keineswegs unempfänglich war Karl V. für Kombinationen dieser Art. Er antwortete, der gute Rat seines Bruders leuchte ihm immer mehr ein, je länger er ihn überlege; etwas zu tun, verpflichte ihn die Würde, die er bekleide, die Fürsorge für die rechtgläubigen Fürsten, die Pflicht, die Christenheit und das gemeine Wesen zu verteidigen, und die Rücksicht auf ihr Haus.

Den fünf Orten waren im Lager am Zuger Berg einige italienische Fähnlein zugezogen; wir erfahren aus demselben Briefe, daß dies mit Vorwissen des Kaisers geschehen war: er meint, daß auch jede künftige Hilfe im Namen des Papstes geschehen müsse.

Indessen blieb er hiebei nicht stehen. Unverzüglich ließ er den König von Frankreich auffordern, die fünf

Orte zu unterstützen und den ungläubigen Kantonen förmlich den Krieg zu machen.

Bei König Franz aber, der die enge Verbindung der fünf Orte mit Österreich sehr ungern gesehen, ein Gegengewicht gegen dieselben in den übrigen Kantonen zu erhalten wünschte, mit diesen sogar noch kurz vor der Katastrophe in Unterhandlung getreten war, fand er wenig Anklang. Der König rechnete dem Gesandten alle die Zahlungen her, die er infolge seiner Verpflichtungen von Cambrai habe machen müssen. Habe er jetzt von seiner Mutter etwas geerbt, so wolle er das zur Verteidigung seines Reiches aufbewahren. Der Kaiser, fuhr er dann immer bitterer und gereizter fort, habe ihm die Hände für alle Dinge gebunden, in denen etwas zu gewinnen sein würde: nur da finde derselbe ihn gut, wo es nichts davonzutragen gebe, als Schläge und Kosten, gegen die Türken und die Schweizer.

Auch mit dem venezianischen Gesandten in Mailand ward unterhandelt. Der päpstliche Nuntius, Bischof von Veroli, bat die Republik um die Erlaubnis, zweitausend Spanier durch das Gebiet von Bergamo in die Schweiz zu schicken. Gleich der Gesandte, Johann Basadonna, ging jedoch nicht darauf ein. Er wollte die Vollmacht des Nuntius sehen, machte demselben bemerklich, daß die Spanier, eingreifend in den inneren Krieg der Eidgenossenschaft, sich leicht zu Herren derselben aufwerfen könnten, und bewirkte, daß er sein Gesuch selber wieder fallen ließ.

Der Nuntius begab sich persönlich in die Schweiz. Er äußerte die Hoffnung, die Abgefallenen durch Freunde und Geld wieder zum alten Gehorsam gegen den römischen Stuhl zu vermögen.

Man sieht: an dem Kaiser und seinem Bruder lag es nicht, daß sich an den Sieg der fünf Orte nicht sogleich ein allgemeines Unternehmen zur Wiederherstellung des Katholizismus in der Schweiz knüpfte.

Indessen hatten aber die Schweizer schon selbst auf eine Beilegung ihrer Streitigkeiten Bedacht genommen.

Das städtische Heer war viel zu wenig in Ordnung, um das Feld zu behaupten, als die schlechte Jahreszeit an dem Gebirg eintrat. Da nun die fünf Orte wieder zum Angriff schritten, mußte erst Zürich, dann auch Bern sich zu dem Frieden bequemen, den dieselben vorschrieben.

Es war eben das Widerspiel des letzten Landfriedens. Jetzt mußten die Städte die Bündnisse herausgeben, die sie mit Auswärtigen geschlossen, und in einer oder der andern Form Kriegskosten zahlen.

Ihre Religion ward ihnen gelassen. So tief waren sie nicht heruntergebracht, daß man ihnen selbst die hätte antasten dürfen: sie hatten einige Verluste erlitten, ihr Angriff war mißlungen; aber besiegt, überwältigt waren sie nicht.

Allein dahin waren sie doch gebracht, daß sie in eine gewaltige Beschränkung ihres politisch=religiösen Einflusses willigten. Die fünf Orte behielten sich vor, nicht allein die Landschaften, welche ihnen näher zugehörten, Rapperschwyl, Toggenburg, Gaster und Weesen, sondern auch die, wo die Städte an der Gewalt Anteil gehabt, die freien Ämter in Aargau, Bremgarten und Mellingen, für ihren Abfall zu züchtigen. In den übrigen gemeinen Vogteien sollte es denen, welche den neuen Glauben angenommen, zwar nicht geboten, aber doch gestattet sein, zu dem „alten christlichen" Glauben zurückzutreten. Ausdrücke dieser Art ließen sich die Städte in der ganzen Urkunde gefallen.

Und schon hatte, als Bern diesen Frieden annahm, die Restauration des Katholizismus allenthalben begonnen.

Gleich nach der Kappeler Schlacht hatte sich die katholische Minorität in Glarus geregt, die schon beschlossene Hilfsleistung des Kantons rückgängig gemacht, auch die demselben Zugehörigen abgemahnt und ihrerseits soviel wie möglich die Wendung befördert, welche die Dinge nahmen. Gar bald mußte ihr wieder eine Anzahl von Kirchen eingeräumt werden, und auf die allgemeinen Geschäfte des Kantons übte sie seitdem bei weitem größeren Einfluß aus, als die evangelische Partei, die sich durch die großen Verluste ihrer Glaubensgenossen gelähmt fühlte. Daher fand Schwyz keinen Widerstand mehr, als es sich Gaster und Weesen unterwarf, die alten Freiheiten vernichtete, Altäre, Bilder und Messe wiederherstellte. Mit Schwyz und Uri bildete Glarus

jetzt die Mehrheit unter den Schirmherren, welche den
Abt von St.=Gallen zurückzuführen unternahm. Sein
Kloster ward ihm zurückgegeben; die Stadt mußte sich
zu schweren Entschädigungen verstehen. Die Gottes=
hausleute wurden aufs neue als Untertanen be=
trachtet, und der Abt behauptete, selbst an das nicht
gebunden zu sein, was etwa in dem zweiten Land=
frieden zu ihren Gunsten vorkam: denn er sei ein
freier Herr, und der Schirm der Orte könne ihm für
seine Regierung kein Maß geben; sie sind allmählich
wieder katholisch geworden. Glücklicherweise hatte sich
Toggenburg noch in dem letzten Moment, bei seinem
Abzuge von den Städten, besser gesichert; es ward
seiner Religion und seiner Freiheiten nicht voll=
kommen entsetzt, wie viel es daran auch verlor. Der
Abt bediente sich aller derer, die in den letzten Un=
ruhen aus dem Lande getrieben worden waren, jetzt
zur Regierung desselben.

Indessen war auch Rapperschwyl wieder herbei=
gebracht worden. Bei der Nachricht von den Vor=
teilen ihrer Glaubensgenossen erhoben sich die Katho=
lischen; durch einen Zuzug von Schwyz verstärkt, be=
kamen sie völlig die Oberhand. Die Häupter der evan=
gelischen Parteien mußten fliehen oder wurden ge=
tötet. Damals lebte dort ein geschickter Büchsen=
schmied, Michael Wohlgemuth aus Köln, der den Mut
hatte, sich im Stil der alten Zeit zu verteidigen; er
verbollwerkte sein Haus, legte seine Büchsen an die
Fenster und wehrte sich eine Zeitlang tapfer und

glücklich, bis man endlich große Stücke auf Rädern gegen ihn auffuhr und ihn gefangennahm. Unter greulichen Martern ward er umgebracht. Von den übrigen unterwarfen sich einige; andere wurden in den Turm gelegt, noch andere verjagt. Schon am 19. November hielt man wieder Messe.

Im Aargau machten die fünf Orte das volle Recht des Siegers geltend. Sowie ihre Fähnlein erschienen, wichen die Prädikanten; es ward ihnen von den Deutschen, besonders aber von den Welschen, der Tod gedroht. Der alte Schultheiß Mütschli, der Bremgarten bisher regiert, lag im Sterben, als ihm die neueingesetzte katholische Behörde den Befehl zugehen ließ, Bremgarten zu verlassen. Er antwortete, er wolle ihr nicht mehr lange beschwerlich sein. Er starb sehr bald und ist in Oberwyhl begraben worden.

Im Thurgau und Rheintal ließ der Friede den fünf Orten nicht so freie Hand: sie mußten sich begnügen, die Klöster herzustellen, die nun aber ihre alten Gerechtsamen wiedererlangten.

Dagegen bekamen die Katholischen zu Solothurn vollkommen das Übergewicht. Etwa siebzig evangelische Familien mußten die Stadt verlassen.

Es war die zweite Restauration des Katholizismus, der wir in unserer Geschichte begegnen, nicht so blutig wie die erste, die in Oberdeutschland nach dem Bauernkrieg eintrat, aber ebenso durch Kriegsereignisse herbeigeführt, ebenfalls gewaltsam und bei weitem nachhaltiger. Hier an den Alpen wurde gleich damals das Verhältnis der beiden Bekenntnisse im ganzen so festgestellt, wie es dann die folgenden Jahrhunderte ausgehalten.

Selbst auf die evangelischen Kantone wirkten die Ideen der Restauration zurück. Die Konstafel in Zürich trat wieder in die verlorenen Rechte ein. Man war schon zufrieden, wenn nur der Katholizismus sich nicht wieder regte. Der große Rat mußte der Landschaft Versicherungen geben, durch die er sich nicht wenig beschränkte.

Der Krieg hatte nur anderthalb Monate gedauert: aber er hatte die Zukunft in der Schweiz vollkommen umgewandelt. In Bullingers Chronik findet sich am Schluß eine kurze Zusammenstellung dessen, was beabsichtigt worden, und dessen, was wirklich eingetreten war. Gewollt hatte man die einhellige Einführung des Evangeliums, die Erniedrigung der Oligarchen, die Abschaffung der Mehrheit der fünf Orte: der Erfolg war, daß die neue Lehre in vielen Gegenden, wo sie schon herrschte, ausgerottet, das Papsttum dagegen wiederhergestellt wurde, daß die fünf Orte nunmehr erst zu einem vollen Übergewicht gelangten, die Oligarchen mehr vermochten als jemals. „Die Ehrbarkeit ist zerrüttet, ein mutwillig Regiment ist angerichtet worden," sagt Bullinger, — „des Herrn Ratschläge sind wunderbar."

Fünftes Kapitel.
Reformation in den niederdeutschen Städten. Vollziehung des schmalkaldischen Bündnisses.

Der reformatorische Geist hatte zwei voneinander sehr verschiedene Bildungen entwickelt: die eine, von weitaussehenderen, kühneren Tendenzen, wie in der Lehre, so in ihrer politischen Haltung, zu unbedingtem Verwerfen des Herkömmlichen geneigt und zum Angriff fertig: die andere auch in der Lehre soviel wie möglich konservativ, politisch nur mit Mühe zu entschlossener Verteidigung zu bringen.

Von diesen war nun die eine in ihrem Vorhaben gescheitert. Ganz von selbst mußte geschehen, daß die Kraft des sich vollziehenden Ereignisses sich hierauf an die andere anschloß. Der schmalkaldische Bund trat den Widersachern gegenüber um so nachdrücklicher auf, da die alten Nebenbuhler fürs erste nicht mehr mit ihm wetteiferten.

Die oberländischen Städte hatten sich schon in den konfessionellen Bewegungen dem religiösen Prinzip des schmalkaldischen Bundes soviel wie möglich angenähert; — jetzt war ihnen auch politisch, da ihre schweizerischen Verbündeten genötigt worden, das mit ihnen geschlossene Bürgerrecht aufzulösen, kein anderer

Rückhalt übriggeblieben, als die Macht der einverstandenen deutschen Stände.

Ihre eigene Gefahr war durch das Unglück der Schweizer noch gewachsen. Man kannte die Teilnahme, welche am Hofe König Ferdinands den eidgenössischen Angelegenheiten gewidmet worden war; man wollte von Rüstungen wissen, die im Elsaß, Breisgau und Sundgau vorgenommen würden.

Jetzt trugen die Oberländer kein Bedenken mehr, auf die definitive Beratung der Kriegsordnung einzugehen. Es geschah zunächst auf einer Versammlung zu Nordhausen im November 1531.

Ehe wir aber die Verfassung, die der Bund sich alsdann gab, betrachten, müssen wir uns noch die Entwickelung vergegenwärtigen, welche die Sache der Reform mittlerweile in den niederdeutschen Städten genommen hatte.

Reform in den niederdeutschen Städten.

Die erste Stadt, die zu den Fürsten getreten, war, wie wir wissen, Magdeburg. Hier, wo man auf Reichsunmittelbarkeit Anspruch machte und sich erst seit kurzem mit vielem Verdruß dem Anschlage des Erzbischofs zugewiesen sah, wo Luther zur Schule gegangen und ihm von dieser Zeit her persönliche Freunde lebten, die nun auch zu Ämtern und Ansehen gelangt waren, hatten seine Ideen sehr früh die ganze Bürgerschaft ergriffen. Eines Tages sang ein

Reform in den niederdeutschen Städten.

alter Tuchmacher dort am Denkmal Ottos des Großen ein lutherisches Lied und bot zugleich Exemplare davon feil. Der Bürgermeister Rubin, der, aus der Messe kommend, da vorüberging, ließ ihn festnehmen. Aber schon bedurfte es nichts mehr, um das schlummernde Feuer zu wecken. Von den Zuhörern des Alten breitete sich die Bewegung über die ganze Stadt aus. Die Bürger, welche hier schon seit 1330 wesentlichen Anteil an den weltlichen Angelegenheiten nahmen, waren der Meinung, daß ihnen ein nicht geringerer auch an der Verwaltung der geistlichen zukomme. Zuerst, noch an demselben Tage, 6. Mai 1524, schritt die St.-Ulrichsgemeinde dazu, sich in den Besitz dieses Rechtes zu setzen. Sie kam auf dem Kirchhofe zusammen und beschloß, acht Männer aus ihrer Mitte zu wählen, die mit ihrer Zustimmung in Zukunft das Kirchenregiment versehen und Prediger wählen sollten. Diesem Beispiele folgten alle anderen Gemeinden; der Rat fand sich nicht berufen, es zu verhindern. Zur Seite der katholischen Pfarrer wurden allenthalben evangelische Prediger gewählt.

Unmöglich aber ließ sich ein Zustand dieser Art lange behaupten. Die Pfarrer verwalteten die Messe nach altem Ritus; die Prediger griffen nichts eifriger an, als eben die Messe. Es wurde keine Ruhe, bis die Pfarrer entweder übertraten, wie M. Scultetus bei der Petrigemeinde, oder schwiegen oder entfernt wurden. Die Kirchspiele St.-Johann und St.-Ulrich eröffneten eine förmliche Verhandlung mit dem

Propste zu U. L. Frau, und da dieser sich weigerte, ihnen Pfarrer nach ihrem Sinne zu bewilligen, so sagten sie sich feierlich von ihm los, „um ihre Zuflucht zu nehmen zu dem einigen, ewigen, mit dem göttlichen Eide bestätigten allerhöchsten Pfarrer, Seelsorger, Bischof und Papst, Jesu Christo; bei dem als bei ihrem Hauptmann wollen sie ritterlich fechten". Am 17. Juli 1525 ward in allen Kirchen der Altstadt ein Abendmahl nach Luthers Weise gehalten. Hierauf versammelten sich Ratsherren und Hundertmänner in ihrem Harnisch, die Bürgerschaft nach ihren fünf Vierteln mit Büchsen und Hellebarden; sie schwuren einander, sich treulich beisammen finden zu lassen, wenn der Stadt durch die Abschaffung der Messe Not entstehe. Man zweifelte nicht, der Erzbischof Kardinal Albrecht werde Ernst gegen sie brauchen. Sie eilten, einen Kanal von der Elbe nach den Stadtgräben zu ziehen, um diese nötigenfalls mit Wasser zu füllen; die Wälle wurden erhöht, die Palisaden mit Böcken versehen, die Arbeiter in den Werkstätten mit einer kleinen Besoldung in Dienst genommen. Dieselben waren entschlossen, die in Besitz genommene geistliche Autonomie mit Leib und Leben zu verteidigen. Die Zeit sollte ein andermal eintreten, wo ihr Entschluß geprüft werden würde; damals kam es nicht so weit.

Einen sehr ähnlichen Gang nahm die Sache ein paar Jahre später in Braunschweig. Man las unter den Bürgern die Bücher Luthers, die Bibelübersetzung;

hauptsächlich fühlte man sich von seinen Liedern ergriffen: in allen Häusern sang man sie; die ganze Schuhstraße erscholl davon. Nun hatte sich auch hier eingeführt, daß die Pfarrer, welche die Pfründe genossen, das Amt der Predigt gemieteten jungen Leuten überließen, die man Heuerpfaffen nannte. Man darf sich in der Tat nicht wundern, wenn diese sich größtenteils zur Neuerung hielten, sich an die Bürgerschaft anschlossen. Zuweilen stimmte wohl einer von ihnen selbst statt des Hymnus zum Lobe der Maria eines von jenen neuen deutschen Liedern an, in welches dann die Gemeinde feurig einfiel.

Schon wollte diese keine Predigten von anderem Inhalt mehr dulden. Scholastische Demonstrationen wurden mit Tumult unterbrochen, unrichtige Zitate aus der Schrift aus der Gemeinde her mit lautem Eifer berichtigt. Die Klerisei berief einen der angesehensten altgesinnten Prediger, den man in diesen Gegenden kannte und der in Behandlung dieser Streitfragen schon geübt war, Dr. Sprengel; hier aber vermochte derselbe nichts auszurichten; beim Schluß seiner Predigt rief ihm ein Bürger zu: „Pfaffe, du lügst," und stimmte das neue lutherische Lied an: „Ach Gott vom Himmel sieh darein", was die Gemeinde freudig nachsang.

Die Pfarrer wußten am Ende kein anderes Mittel, als daß sie den Rat ersuchten, sie ihrer abgefallenen Verweser wieder zu entledigen. Aber eben darum schloß sich die Gemeinde nur desto enger an diese an.

Stadt und Vorstädte vereinigten sich, ernannten Verordnete, an deren Spitze einer der Führer der ganzen Bewegung, Autor Sander, trat, ein Mann, der noch jener älteren literarischen Richtung der Neuerung angehörte; sie ersuchten nun ihrerseits den Rat, die Pfarrer zu entfernen.

Anfangs neigte sich der Rat mehr zu der bestehenden Ordnung der Dinge; aber am Ende riß auch ihn die populäre Bewegung mit sich fort. Es waren die Zeiten, wo man infolge des Reichsschlusses von 1526 allenthalben reformierte, namentlich auch in dem nahen Lüneburgischen. Herzog Heinrich von Braunschweig-Wolfenbüttel, der sich ohne Zweifel widersetzt haben würde, war gerade auf seinem Kriegszuge in Italien begriffen. Unter diesen Umständen faßte der Rat, 13. März 1528, den Beschluß, daß in Zukunft nur das lautere Gotteswort gepredigt werden solle, man das Abendmahl wohl auch unter beiderlei Gestalt austeilen, die Taufe deutsch verwalten möge. Von Wittenberg kam Dr. Bugenhagen herüber, um der neuen Ordnung der Dinge eine Form auf immer in Luthers Sinne zu geben. Der Herzog von Lüneburg versprach der Stadt seinen Schutz.

So ging es nun in den meisten Städten dieser Landesart. Überall erscheinen einzelne Prediger, dringen die Lieder ein, nimmt die Gemeinde Anteil. Der Rat setzt anfangs mehr oder minder Widerstand entgegen, fügt sich aber am Ende. In Goslar wurden fünfzig Männer aus den verschiedenen Pfarren auf=

gestellt, welche die Sache durchsetzten. In Göttingen kam es zu einem Aufruhr, da die Vorsteher der Gemeinde ihr anfangs selbst Widerpart hielten; in Eimbeck bequemte sich der Rat auf Andringen der Gemeinde, eben die Prediger wieder zu berufen, welche er auf Bitte der Chorherren vor kurzem entfernt hatte.

Wir erinnern uns der heftigen Bewegungen, welche 1510—1516 in allen Städten, auch in den niederdeutschen, ausgebrochen waren. Jetzt entstand die Frage, inwiefern der religiöse Impuls sich mit dieser demokratischen Regung vereinigen, ob nicht alsdann eine vorzugsweise politische Tendenz die Oberherrschaft bekommen werde.

In dieser Hinsicht finden wir nun einen großen Unterschied unter den Städten.

Es gab solche, wo sich Rat und Gemeinde noch zur rechten Zeit verständigten. Da wurden die Städteverfassungen erst während der Bewegung wahrhaft stark. Denn nicht allein, daß sie sich des Einflusses der fremden Prälaten, der ihnen immer beschwerlich gewesen, entledigten, sondern durch die Verwaltung der Kirchenangelegenheiten und der Kirchengüter, die ihnen zufiel, bekamen sie auch ein gemeinschaftliches Interesse, das sie noch enger vereinigte. In Magdeburg bildeten sich aus Mitgliedern des bisherigen Rates und den neugewählten Vorstehern der Gemeinden die Kirchenkollegien aus, welche der ohnehin etwas demokratischen Stadtverfassung noch eine neue Stärke verliehen.

Ohne Zweifel am merkwürdigsten in dieser Hinsicht ist Hamburg. Man folgte auch hier dem Rate Luthers, welchen Bugenhagen dann theoretisch in Büchern und praktisch durch seine Einrichtungen in Braunschweig weiter ausgebildet, bei jedem Kirchspiele Gotteskasten zu errichten, um aus dem Kirchenvermögen die Bedürfnisse der Pfarren und Schulen zu bestreiten und Fürsorge für die Armen zu tragen, und wählte zu Vorstehern derselben zwölf angesehene Bürger, die zum Teil schon früher das Amt von Kirchengeschworenen bekleidet, denen man aber jetzt noch 24 Mitglieder jedes Kirchspiels an die Seite setzte. Ähnlich war man auch in den meisten anderen Städten verfahren; Hamburg unterschied sich dadurch, daß die Einrichtung zu einer neuen politischen Organisation diente. Die Kirchspielvorsteher bildeten das Kollegium der Achtundvierzig und mit ihren Beigegebenen vereinigt das der Hundertvierundvierzig, zwei Kollegien, die als eine wahre Repräsentation der erbgesessenen Bürgerschaft angesehen werden konnten. Überdies richtete man noch einen fünften Hauptkasten ein, bei welchem die Verwaltung des gesamten Kirchenvermögens sich vereinigen sollte, und ernannte hiezu die drei Oberalten der verschiedenen Kirchspielvorsteher. Dies geschah mit Vollwort eines ehrbaren Rates am Michaelistage 1528. Es leuchtet ein, welche Bedeutung dieses Kollegium für die Entwickelung der Stadt bekommen konnte, und man weiß, daß es eine solche wirklich gehabt hat. Nach dreihundert Jahren hat man noch den Tag der ersten Einrichtung desselben mit städtischen Festlichkeiten begangen.

Auch in Rostock schlossen sich Rat und Bürgerschaft, im Gegensatz gegen die mecklenburgischen Fürsten, welche sich im Jahre 1531 einen Augenblick der katholischen Geistlichkeit annahmen, nur um so enger aneinander.

Aber nicht allenthalben kam es zu diesem friedlichen Einverständnis. In Bremen, wo die Kirchen schon 1525 in die Hände lutherischer Priester geraten, schon 1527 die beiden Klöster der Stadt, das eine in eine Schule, das andere in ein Spital verwandelt worden waren, hatte sich in der Bürgerschaft während der unaufhörlichen Streitigkeiten, in die sie mit der Geistlichkeit am Dome verwickelt war, ein so heftiger Widerwille gegen dieselbe gebildet, daß ihr noch nicht genügte, sie ihres geistlichen Einflusses auf die Stadt beraubt zu haben. Sie erhob vielmehr Anspruch auf eine ganze Anzahl von Wiesen, Gärten und Kämpen, welche der Dom der Stadt unrechtmäßig entrissen habe; und da der Rat ihr hierin nicht beipflichtete, so wählte sie sich einen demokratischen Vorstand von hundertundvier Männern, der nun nicht allein diese Sache durchzufechten, sondern die gesamte Verfassung zu ändern suchte, ihre bisherigen Grundlagen, Tafel und Buch, umstürzte, überhaupt auf das gewaltsamste verfuhr und endlich nur durch die entschlossene Entwickelung einer bewaffneten Macht beseitigt werden konnte.

Und noch weitaussehender waren die Bewegungen in Lübeck.

Hier hatten sich die vornehmen Geschlechter auf das engste mit der Geistlichkeit vereinigt: Kapitel, Rat, Junker und große Kaufleute bildeten nur eine Partei. Dagegen regte sich das religiöse Begehren hier ebensogut wie anderwärts in der Bürgerschaft; es ward aber mit unnachsichtigem Eifer zurückgedrängt: es wurden Familien gestraft, in denen das Gesinde nur einen deutschen Psalm gesungen; Luthers Postille ward 1528 auf öffentlichem Markt verbrannt.

Das Unglück der regierenden Herren war nur, daß sie die Finanzen der Stadt in Unordnung hatten geraten lassen und sich genötigt sahen, die Bürgerschaft zu versammeln und ihre außerordentliche Beihilfe zu verlangen.

Wohl ging die Bürgerschaft hierauf ein; sie ernannte 1529 einen Ausschuß, der nach und nach auf 64 Mitglieder anwuchs, um mit dem Rate dessen Geldvorschläge zu überlegen; allein sie ergriff zugleich diese Gelegenheit, um nicht allein eine größere politische Macht, sondern auch religiöse Veränderungen in Anspruch zu nehmen. Sie forderte, daß ihr Ausschuß auch an Einnahme und Ausgabe gebührenden Anteil habe, und daß ihr die freie Predigt gestattet werde. Gar bald erhob sich hiefür die allgemeine Stimme. Man drang auf die Zurückrufung der Prediger, die vor einigen Jahren verwiesen worden; auch hier unterbrach der Psalm „Ach Gott vom Himmel sieh darein" den

Reform in den niederdeutschen Städten.

fungierenden Priester; man sang Spottlieder gegen Johann Rode, Kirchherrn zu Unserer Frauen, als welcher behaupte, Christus habe nur die Altväter erlöst; von Spätergeborenen müsse das Heil ihm abverdient werden: „die uns sollen meiden," heißt es in einem dieser Lieder, „das sind, die uns verleiten." Als man einst in einer großen Versammlung von Bürgern diejenigen bei Seite treten hieß, welche katholisch bleiben wollten, tat das nur ein einziger.

Von diesen Manifestationen gedrängt und durch seine finanziellen Bedürfnisse aller nachhaltigen Kraft zum Widerstande beraubt, mußte der Rat Schritt für Schritt nachgeben.

Noch im Dezember 1529 rief er die verjagten Prediger zurück; im April 1530 entfernte er die Katholiken von allen Kanzeln der Stadt; im Juni desselben Jahres sah er sich genötigt, die Kirchen und Klöster zur Unterlassung ihrer bisherigen Gebräuche anzuweisen. Eben indem Karl V. zu Augsburg den alten Glauben in Deutschland wiederherzustellen gedachte, ward derselbe in einer der wichtigsten Städte des Nordens abgeschafft. Wohl blieb das zu Augsburg nicht unbemerkt. Der Kaiser befahl durch ein Pönalmandat den Vierundsechzig auf das ernstlichste, „ihres Tuns abzustehn", und wies den Rat, falls das nicht geschehe, auf die Hilfe einiger benachbarter Fürsten an. Es läßt sich aber denken, welche Wirkung diese Drohungen einer entfernten Gewalt in der gärenden Stadt haben mußten. Die Bewegung erhob sich mit doppeltem Ungestüm; sie wuchs so gewaltig an, daß der Rat sich in der Notwendigkeit sah, die Vierundsechzig selbst um Beibehaltung ihrer Funktionen zu ersuchen, ja, ihre Verstärkung durch einen neuen Zusatz von 100 Bürgern gutzuheißen. Dann ward Doktor Johann Bugenhagen auch nach Lübeck berufen, um mit einer Kommission aus Rat und Bürgerschaft die neue Kirche einzurichten. Die Klöster wurden in Schulen und Krankenhäuser verwandelt, die Klosterfrauen zu St.-Johannis, die man bestehen ließ, zum Unterricht der Jugend verpflichtet; in allen Kirchspielkirchen wurden Pfarrer und Kaplane angestellt, die sich zur Augsburgischen Konfession hielten und denen ein Superintendent, Hermannus Bonnus, vorstand.

Es liegt in der Natur der Sache, daß die Vierundsechzig, deren Ursprung politisch-religiöser Natur war, sich nun mit kirchlichen Konzessionen nicht begnügten: der Rat mußte versprechen, ihnen Rechenschaft abzulegen, ohne ihre Einwilligung kein Bündnis zu machen, sie auch in militärischen Angelegenheiten Mitaufsicht führen zu lassen, genug, seine wesentlichsten Befugnisse mit ihnen zu teilen. Ungern fügten sich die eines ziemlich unumschränkten Regimentes gewohnten Herren. Zwar versöhnten sich die Bürgermeister noch einmal öffentlich mit den Vorstehern der Vierundsechzig und der Hundert; allein feierliche Handlungen dieser Art haben niemals gedient, den einmal eingewurzelten inneren Widerwillen zu beseitigen: wenige Wochen darauf fanden nichtsdestominder die beiden worthaltenden Bürgermeister, Klaus Brömse und Hermann Plönnies, den Zustand der Machtlosigkeit, in den sie geraten waren, das Mißtrauen, das man ihnen bewies, so unerträglich, daß sie die Stadt verließen. Es war zu Ostern 1531. Aber welch ein Sturm trat ein, als diese Entfernung der Bürgermeister unter der Bürgerschaft ruchbar wurde! Man setzte ein Einverständnis derselben und des gesamten Rates mit den benachbarten Fürsten voraus und glaubte, einen Angriff auf die Stadt erwarten zu müssen. Erst wurden die Vierundsechzig, dann die Hundert, dann aufs neue alle Mitglieder der Gemeinde zusammenberufen, die Tore verschlossen, die Ratsglieder entweder in ihren Häusern oder auf dem Rathause selbst festgehalten, bis endlich dieser besiegte, beschränkte, gepeinigte und seiner Vorsteher beraubte Rat sich entschloß, das große Insiegel der Stadt an die Vierundsechzig zu überliefern. Die Gemeinde ging nicht so weit, ihn abzusetzen; niemals hätten das die lutherischen Prediger gutgeheißen. Aber indem sie eine Satzung hervorsuchte, nach welcher der Rat aus einer größeren Anzahl von Mitgliedern bestehen sollte, als die er wirklich zählte, und sogleich zur Ernennung der fehlenden schritt, indem sie auch an Stelle der zwei ausgetretenen Bürgermeister zwei neue ernannte, kam sie doch dahin, den Rat umzuwandeln und der siegreichen Meinung einen überwiegenden Einfluß auf die Beschlüsse desselben zu verschaffen. Nur widerstrebend gaben die Prediger nach, die ihren Begriff von der hohen Würde der Obrigkeit auch auf die Stadträte ausdehnten und bei jeder Bewegung auf der Kanzel eifrig davor warnten, daß man sich an der Obrigkeit vergreife.

Herzog Ernst von Lüneburg war höchlich erfreut, als er von Augsburg nach Hause kam und rings um sich her wahrnahm, wie wenig man sich aus kaiserlicher Gnade oder Ungnade mache, wie vielmehr in allen jenen Städten die Predigt eben jetzt besseren Fortgang habe, als jemals vorher. Der Kaiser hatte soeben die Stadt Lüneburg durch ein besonderes Schreiben ermahnt, bei dem alten Glauben zu verharren; die Folge war, daß sie den Herzog bat, ihr den Reformator, den er aus Augsburg mitgebracht, Urbanus Rhegius, auf eine Zeitlang zu überlassen, um auch ihre Kirche einzurichten; was dieser dann nach und nach wirklich ausführte.

So gewaltig drang der protestantische Geist in den niederdeutschen Gebieten vor. Schon hatte er einen Teil der Fürstentümer inne, schon war er in den wendischen Städten zur Herrschaft gelangt; er griff in Westfalen — wir werden darauf zurückkommen — mächtig um sich; er machte den Versuch, das norddeutsche Wesen ganz zu durchdringen.

Es ließ sich doch vorhersehen, daß, ehe dies gelingen konnte, noch manche Stürme zu bestehen waren.

Dem kirchlichen Bestreben hatten sich überaus starke politische Tendenzen beigemischt, und es war erst die

Frage, inwiefern sich dieselben in das Geleise der herkömmlichen Zustände lenken, oder umwälzende Kräfte in sich entwickeln würden. Damit hingen auch Abwandlungen der religiösen Meinung zusammen, die sich nicht immer innerhalb der Schranken des lutherischen Systems hielten, und von denen nicht abzusehen war, welche Richtung sie noch einschlagen konnten.

Wir werden diese Entwickelungen, die so höchst merkwürdig geworden sind, weiter wahrnehmen; es kam die Zeit, wo der mächtig aufgeregte Geist sich noch einmal auf ganz ungewohnten Bahnen versuchte. Vorerst war jedoch davon noch nicht die Rede.

Zunächst bemerkte man nur die Unterstützung, welche der ruhig sich entwickelnde Protestantismus in einem Augenblicke, wo er von dem Kaiser aufs äußerste bedroht ward, in dieser neuen Erweiterung fand. Vor allem ward der schmalkaldische Bund dadurch gefördert, auf den wir jetzt unsere Augen zurückwenden müssen.

Vollziehung des schmalkaldischen Bundes.

Die Magdeburger waren schon in den früheren Verständnissen begriffen gewesen. Im Jahre 1531 von ihrem Erzbischof mit der Zumutung heimgesucht, sich nach dem Abschied von Augsburg zu halten, sahen sie ihre einzige Rettung in dem Kurfürsten von Sachsen, den sie anriefen, „sie bei dem ewigen Gotteswort zu schützen". Sie zögerten keinen Augenblick, dem Bunde beizutreten.

Unaufgefordert ersuchte Bremen den Herzog von Lüneburg, ihm den ersten Entwurf des Bundes zukommen zu lassen, und erklärte sich sehr bereit, die Versammlung zu beschicken, die ihm aufgelegte Hilfe zu tragen.

Mit Lübeck dagegen mußte der Herzog die Unterhandlung eröffnen. Es geschah noch in einer Zeit, wo der alte Rat einige Macht besaß; der hatte aber ganz andere Sympathien und trug natürlicherweise Bedenken, darauf einzugehen. Allein die Hundertvierundsechzig waren desto leichter gewonnen. Auf deren Antrieb erschien schon bei der zweiten Versammlung zu Schmalkalden im März 1531 ein Abgeordneter der Stadt, der nur noch im voraus zu wissen wünschte, welche Unterstützung sie sich in ihren Streitigkeiten mit dem vertriebenen Könige von Dänemark, wenn der Kaiser ihn zurückzuführen suche, von den Fürsten versprechen könne, und an die Notwendigkeit erinnerte, die Stadt dagegen bei der von ihr zu leistenden Hilfe nicht zu stark anzusehen. Und auch diesen Vorbehalt ließ man fallen, als indes jene große Veränderung in Lübeck eingetreten war. Obgleich der Abgeordnete auf seine Fragen nur sehr ungenügende Antworten empfing, so nahm doch Lübeck das Verständnis unmittelbar hierauf an. Diese drei Städte finden wir gleich in der ersten besiegelten Bundesformel aufgeführt.

In der folgenden Versammlung, im Juni, traten Göttingen und Braunschweig bei. Braunschweig meinte anfangs, durch seine Verbindung mit dem Herzog von Lüneburg dem Bunde schon genugsam anzugehören; allein die Verbündeten urteilten, daß sie der Stadt einmal im Notfalle mit besserem Grunde würden Hilfe leisten können, wenn sie selbst in das Verständnis eintrete. Ein Abgesandter des Landgrafen beseitigte dann vollends ihre Bedenklichkeiten. Einige Zeit darauf folgten auch Goslar und Eimbeck nach.

So mächtig breitete sich das Verständnis der Fürsten über beide Teile von Deutschland aus. Es umfaßte jetzt sieben oberländische und sieben niederländische Städte.

Länger konnte man es nicht verschieben, dem Bunde nun auch eine Verfassung zu geben. Wir wissen, wie sehr die schweizerischen Ereignisse dazu aufforderten, wie auch die Oberländer jetzt dazu bereit waren. Vorläufig ist darüber im November 1531 zu Nordhausen, definitiv im Dezember darauf zu Frankfurt am Main beratschlagt worden.

Die erste Frage betraf die Bundeshauptmannschaft.

Und da lag es nun, wie in der Natur der Sache, so in dem bisherigen Herkommen, daß man nur einen einzigen Bundeshauptmann, der ja auch im Krieg anführen sollte, zu ernennen gedachte. Sachsen wünschte, daß einer der beiden Welfen, entweder der Lüneburger oder der Grubenhagener, gewählt würde. Den Landgrafen, den man für zu rasch, für zu eng mit den

Schweizern verbunden hielt, wünschte man lieber zu vermeiden.

Allein das war doch nicht recht ausführbar. Viel zu mächtig und kriegerisch gesinnt war der Landgraf, als daß er sich von der Hauptmannschaft des Bundes hätte ausschließen lassen. Nach der Niederlage der Schweizer hatte man von einer Hinneigung nach jener Seite nichts mehr zu fürchten.

Da aber auch der Kurfürst von Sachsen neben dem Landgrafen nicht in Schatten treten wollte, so vereinigte man sich in Nordhausen, zwei Hauptleute zu ernennen, eben diese Fürsten. Jeder von beiden soll die Hälfte der Hilfe aufbringen, einer um den anderen die allgemeinen Geschäfte leiten; ist der Krieg in Sachsen und Westfalen zu führen, so soll der Kurfürst, ist er in Hessen und in Oberdeutschland, der Landgraf den Oberbefehl haben. Es wäre aber nicht daran zu denken gewesen, daß man nun den beiden Hauptleuten volle Macht, nach ihrem Gutdünken zu verfahren, gegeben hätte.

Mit nicht minderem Ernst ward die andere Frage erörtert, wie die Beratungen gehalten, die Stimmen verteilt werden, in welchem Verhältnis diese zu den Leistungen stehen sollten.

Der erste Vorschlag von der fürstlichen Seite war, fünf Stimmen einzurichten, zwei für Sachsen und Hessen, zwei für die Städte, die letzte für die übrigen Fürsten und Grafen zusammen. Die einfache Hilfe, zunächst auf 2000 Mann zu Pferde, 10 000 zu Fuß

Vollziehung des schmalkaldischen Bundes.

berechnet, ward auf 70 000 Gulden des Monats angeschlagen, wovon die Fürsten 30 000, die Städte 40 000 zu tragen haben würden.

Auf den ersten Blick sieht man, was sich gegen diesen Entwurf einwenden läßt. Den Herren wäre die größere Hälfte der Stimmen und nur die kleinere der Leistungen zugefallen. Die Städte säumten nicht, einen Gegenentwurf einzubringen, bei dem es auf volle Gleichheit abgesehen war. Jeder Teil sollte 35 000 G. übernehmen und von acht Stimmen vier haben.

Wie aber dann, wenn diese Stimmen sich bei irgend einer Frage nach ihrer Gleichzahl trennten? Ein Übelstand, den man damals bei allen Deliberationen geflissentlich zu vermeiden suchte. Die Städte schlugen vor, in einem solchen Falle solle dem Kurprinzen von Sachsen, der ohnehin sonst nichts werde zu sagen haben, die Entscheidung überlassen bleiben. Dazu aber war der Landgraf nicht zu bringen. Er entgegnete, er wünsche seinem Freund und Bruder alles Wohlergehen der Welt: Johann Friedrich möge römischer König und Kaiser werden; in dieser Sache aber müsse man nach der ersten Zusage auf volle Gleichheit halten.

Und so kam man doch zuletzt wieder auf einen dem ersten sehr ähnlichen Entwurf zurück. Man errichtete neun Stimmen, von denen vier zwischen Sachsen und Hessen, vier zwischen den Städten geteilt wurden; die neunte sollte den übrigen Fürsten und Herren gemeinschaftlich sein. Die Städte hatten nur den Vorteil, daß die Beiträge gleichmäßiger geteilt waren. Von ihren vier Stimmen bekamen die oberländischen zwei, die niedersächsischen die beiden anderen, wie sie denn auch die Beiträge zu gleichen Teilen über sich nahmen. Von den beiden niedersächsischen Stimmen führten Magdeburg und Bremen die eine, Lübeck und die übrigen Städte die andere.

So ordnete man, nachdem der Bund sich nun erst einmal vereinigt, die gemeinschaftlichen Angelegenheiten desselben. Die Verfassung ist nur der Ausdruck des Ereignisses und der Verhältnisse, des einen, inwiefern diejenigen, auf deren erster Vereinigung alles beruhte, nun auch als die Häupter auftreten, der anderen, indem die Macht und die Summe des Beitrages auch den gesetzlichen Einfluß auf die Beschlüsse bestimmte.

Wir brauchen nach allem, was wir wahrgenommen, nicht weiter zu erörtern, daß sich nun hier jenes zugleich erhaltende und defensive Prinzip der Reform, wie es der Sinnesweise Luthers entsprach, zu der stärksten Repräsentation erhob; irre ich aber nicht, so läßt sich hinzufügen, daß dieser Bund, der die beiden sonst noch immer vielfach getrennten großen Provinzen Oberdeutschland und Niederdeutschland umfaßte, auch für die Einheit der Entwickelung des deutschen Geistes von hohem Werte war. Neben den Reichstagen bildete sich nun ein anderer Mittelpunkt, eine Einheit, die nicht durch ein Gebot der höchsten Gewalt auferlegt war, sondern kraft einer inneren

Notwendigkeit von unten her emporstieg, zugleich politisch-militärischer, hauptsächlich aber doch intellektueller Natur.. Luther war der große Autor, der, beiden Teilen verständlich, bei beiden Eingang fand und eine gleichartige Bildung zu begründen vorzüglich beitrug. Es war ein Verein, der nach beiden Seiten bis an die äußersten Grenzen reichte. Wie das nahe Magdeburg, wie Straßburg im Elsaß, so suchten auch Bürgermeister und Ratmannen von Riga, zugleich im Namen der Evangelischen von Dorpat und Reval, gegen die Versuche ihres Erzbischofs, der sie mit der Ausführung des Augsburger Abschieds bedrohte, bei dem Kurfürsten von Sachsen, auf dem nach Gott alle ihre Hoffnung stehe, Hilfe und Schutz.

Zugleich hatte der Bund eine große politische Bedeutung. Alles, was von Österreich zu fürchten oder über dies Haus zu klagen hatte, näherte sich den Verbündeten: der Herzog von Geldern und Jülich, dem man soeben Ravenstein entzogen, der König von Dänemark, der täglich einen neuen Angriff Christians II. mit österreichischer Hilfe fürchtete, endlich jene Wahlopposition, welche Bayern leitete. Im Februar 1531 finden wir den bayerischen Rat Weichselfelder in Torgau, im August Leonhard Eck bei Landgraf Philipp zu Gießen; im Oktober ward eine Zusammenkunft sämtlicher antiferdinandischen Stände zu Saalfeld gehalten. Hier versprachen sie einander, „bei ihren churfürstlichen, fürstlichen und gräflichen wahren Worten, auf Ehre, Treue und Glauben, in die Wahl und besonders in die Administration Ferdinands nicht zu willigen, sich, im Fall sie hierüber angegriffen würden, gegenseitig zu unterstützen". Einige Monate darauf ward auch die Form dieser Hilfe näher verabredet.

Es ist merkwürdig, wie diese Dinge in der Ferne erschienen, wie sich unter anderen Heinrich VIII. in einem Gespräche mit dem dänischen Gesandten, Peter Schwaben, darüber ausdrückte. Der Kaiser, meinte Heinrich VIII., hätte wohl zu Augsburg in den wenigen Artikeln nachgeben sollen, über die man sich nicht vereinigen konnte; aber Campeggi möge ihn daran gehindert haben. „Der Kaiser ist einfältig," fuhr er fort, „er versteht kein Latein. Man hätte mich und den König von Frankreich zu Schiedsrichtern nehmen sollen: wir würden die gelehrtesten Leute aus ganz Europa berufen und die Sache bald zur Entscheidung gebracht haben". Dann kam er auf die Wahl zu reden. „Warum wählen die Fürsten," sagte er, „nicht einen andern zum König, etwa den Herzog von Bayern, der ganz dazu passen würde? Sie mögen sich nicht von dem Kaiser betrügen lassen, wie dieser den Papst betrogen hat". „Herr," setzte er hinzu, gleich als sei er selbst über diese Offenherzigkeit erschrocken, „es darf niemand erfahren, daß ich dies gesagt habe: ich bin der Verbündete des Kaisers". — „In der Tat," fuhr er nach kurzer Pause fort, „es wäre dem Kaiser ein Schimpf, wenn er Deutschland verlassen müßte, ohne diese Unruhen beigelegt zu haben. Ich sehe, die Zeit

Vollziehung des schmalkaldischen Bundes.

ist da, wo entweder der Kaiser sich berühmt machen wird, oder der Kurfürst von Sachsen".

Dahin war es gekommen, daß ein benachbarter geistreicher Fürst die Aussicht auf Ruhm und Weltbedeutung, welche der Kurfürst habe, mit der des Kaisers vergleichen konnte.

Wir lassen uns davon nicht irren: es entgeht uns nicht, daß der König mit Gedanken dieser Art seinem, dem Kaiser feindseligen Herzen schmeichelte.

Aber so viel ist doch auch klar, daß die föderative Stellung, welche der alte Kurfürst jetzt am Ende seiner Tage eingenommen, eine hohe Bedeutung in sich schloß.

Hatte die erobernde Tendenz der schweizerischen Reform bei dem Versuche, die gegenüberstehenden Feindseligkeiten zu brechen, unterliegen müssen, so war ein ähnliches Unglück bei der durchaus defensiven Haltung, die der Bund nahm, nicht zu besorgen. Selbst wenn der Kaiser den schweizerischen Glückswechsel benutzt und den großen Krieg begonnen hätte, so wäre es ihm nicht so leicht geworden, wie Ferdinand vielleicht meinte, den Protestantismus zu unterdrücken, Herr in Deutschland zu werden.

Allein überdies waren Umstände eingetreten, die das auch an sich ganz unmöglich machten.

Sechstes Kapitel.
Angriff der Osmanen. Erster Religionsfriede.
1531—1532.

Das Schicksal hatte, wenn wir so sagen dürfen, dem Kaiser eine Zeitlang freie Hand gelassen, um die religiöse Irrung auf eine oder die andere Weise zu beseitigen. Er hatte zwei Jahre lang Frieden gehabt.

Ein auffallendes Schauspiel aber bietet diese Zeit dar. Diejenigen, welche mit Krieg und Verderben gedroht, sehen wir auseinandergehen, einen jeden seine besonderen Geschäfte besorgen. Die Bedrohten halten dagegen ihre Gesichtspunkte unerschütterlich fest, und es gelingt ihnen, eine religiös=politische Vereinigung von wahrhafter Energie zu gründen. Der Nachteil, den die Reform in der Schweiz erleidet, muß ihrer Organisation in Deutschland zum Vorteil gereichen.

Das ist aber nun einmal immer so, und namentlich bringt es die Natur deutscher Verhältnisse mit sich, daß die erkannte Notwendigkeit gemeinschaftlicher Verteidigung bei weitem besser vereinigt, als ein Plan zu einem gemeinschaftlichen Angriff.

Der Kaiser seinerseits ließ es an einem Versuche

nicht fehlen, zunächst die Kurfürsten zu einem nachdrücklicheren Verfahren zu vermögen. Unmittelbar nach der Wahl Ferdinands hatten sie einen Bund zur Verteidigung derselben gegen etwaige Anfechtung geschlossen. Daran anknüpfend, schlug schon im Frühjahr 1531 der Kaiser ein weiteres Bündnis vor, um jedem Unternehmen der Abtrünnigen gegen den rechten Glauben zuvorzukommen. Die Kurfürsten gingen aber nicht darauf ein. Sie fanden, daß man durch die Satzungen und Abschiede des Reiches hinreichend gesichert sei. Wir wissen schon, daß die Reichsstände überhaupt nicht ganz mit dem Kaiser übereinstimmten; die gesandtschaftliche Korrespondenz zeigt, daß auch nach allen anderen Seiten hin Bezeigen und Inanspruchnehmen von Freundschaft durch geheime Feindseligkeiten unterbrochen ward.

Überdies war jedes Unternehmen gegen die Protestanten durch die Gefahr unmöglich gemacht, welche von der östlichen Welt unaufhörlich drohte.

Endlich erhob sich nun dieser mächtigste und gefährlichste Feind noch einmal in aller seiner Kraft. Sein letzter Versuch auf Wien hatte ihn eher angereizt als abgeschreckt.

Wir haben zugleich mit dem Kriege gegen die Osmanen auch die Rückwirkung, die er auf Deutschland hat, zu betrachten. War schon die Befürchtung desselben den Protestanten förderlich gewesen, so läßt sich erwarten, daß ihnen der Ausbruch des Krieges noch viel mehr zustatten kommen mußte.

Aufbruch der Osmanen.

Im Jahre 1530 war es die Absicht Ferdinands und sogar des Kaisers, die ungarische Sache durch Vertrag mit der Pforte zu beendigen. Da Johann Zapolya sich rühmte, daß er derselben keinen Tribut zahle, so faßte man in Wien die Hoffnung, sie durch Erbieten einer Geldsumme für sich zu gewinnen. Man schmeichelte sich sogar, das ganze Ungarn, wie es König Wladislaw besessen, wiederzubekommen. In diesem Sinne war der Auftrag abgefaßt, mit dem Ferdinand bereits im Mai 1530 eine Botschaft nach Konstantinopel schickte.

Von dem Kriege mit dem Woiwoden hoffte er in der Tat nichts mehr. Ein neuer Versuch auf Ofen war fehlgeschlagen. Die Ungarn beider Parteien zeigten sich der inneren Fehde müde; ja, sie hatten sogar einmal den Plan, zur Wahl eines neuen, dritten Königs zu schreiten, den sie dann sämtlich anerkennen würden. Ferdinand bequemte sich zu einem Stillstande mit Zapolya. Seine Hoffnungen waren nur auf Konstantinopel gerichtet.

Aber wie sehr sah er sich da getäuscht!

Man wußte in Konstantinopel sehr gut, daß in Deutschland, Italien und Spanien unaufhörlich von einer allgemeinen Unternehmung gegen die Türken die Rede war, daß der Papst und das Reich Geld dazu bewilligten, der Kaiser den Ruhm seines Namens durch einen solchen Feldzug zu verherrlichen dachte.

Allein man wußte auch, daß die bewilligten Gelder entweder nicht eingingen oder doch nicht zu ihrem Zweck verwendet werden konnten, daß die Christenheit, allen Friedensschlüssen zum Trotz, doch voll geheimer oder offener Entzweiung war, und spottete der Drohung, daß sie einmal ihre Kräfte gegen die Osmanen vereinigen werde. „Der König der Spanier habe sich das Stirnband der kaiserlichen Krone umgelegt; aber was wolle das sagen? Gehorche man ihm darum wohl mehr? Kaiser sei, wer sein Reich mit dem Schwert erweitere." Als die Gesandten mit jenen Anträgen hervortraten, verfärbte sich der Großwesir Ibrahim und widerriet ihnen, sie dem Sultan auch nur vorzulegen. Denn gar nicht dem Janusch Kral, wie er den König-Woiwoden nannte, gehöre Ungarn, sondern dem Sultan, der eben darum auch keinen Tribut ziehe, sondern vielmehr jenem, seinem Knecht und Verweser, Beihilfe gebe. Der Sultan habe Ungarn mit dem Schwerte, mit seinem und seiner Kriegsleute Schweiß und Blut zweimal erobert, und es gehöre ihm von Rechtswegen. Ja, auch Wien und alles, was Ferdinand in Deutschland besitze, gehöre ihm, nachdem er diese Länder in Person heimgesucht und seine Jagd daselbst gehalten habe. Karl V. drohe, die Türken anzugreifen; er solle nicht weit zu gehen brauchen: man bereite sich vor, ihm entgegenzukommen. „Ich bin der Sultan," hieß es unter anderem in dem Schreiben, das Suleiman den Gesandten mitgab, „der große Kaiser, der höchste und vortrefflichste;

ich habe mir die griechische Krone unterworfen, das
weiße und das schwarze Meer; — mit Gottes Hilfe
und meiner Arbeit, nach der Weise meines Vaters
und Großvaters, mit meiner Person und meinem
Schwert habe ich auch das Reich und den König von
Ungarn an mich gebracht." Dem österreichischen An=
trage begegnete er mit der viel ernstlicher gemeinten
Forderung, daß Ferdinand alle die Festungen heraus=
zugeben habe, die er in einem Teile von Ungarn noch
besitze.

Suleiman II. lebte und webte in dem Gedanken,
Konstantinopel noch einmal zur Hauptstadt der Welt
zu machen; er nannte Karl V. nur König von Spa=
nien; den Titel eines Kaisers nahm er, den der Orient
den Kalifen von Rum nannte, allein in Anspruch und
war entschlossen, demselben seine ganze Bedeutung
zurückzugeben.

Aus einem Schreiben Ferdinands vom 17. März
1531 sieht man, welch einen gewaltigen Eindruck die
widerwärtige Antwort, die seine Gesandten ihm
zurückbrachten, auf ihn machte. Er stellte seinem
Bruder darin vor, wie es gegen alle Vernunft und
Ehre streite, ein Reich, wie Ungarn, so groß und edel
und fruchtbar, und so viele unschuldige Seelen, alles
Bilder des lebendigen Gottes, in die Hände des türki=
schen Tyrannen gelangen zu lassen. Aber man öffne
demselben überdies damit zugleich ganz Europa. Der
Sultan werde auf der einen Seite Böhmen und
Mähren, auf der anderen Innerösterreich und Istrien

in Besitz nehmen; von Signa habe er nicht weit nach der Mark Ancona und nach Neapel.

In einem folgenden Briefe beschwört er den Kaiser, deshalb, weil das Anrücken der Osmanen noch zweifelhaft sei, nicht etwa die Vorbereitung zum Widerstande gegen sie aufzuschieben. „Denn die Gefahr ist groß," sagt er, „die Zeit kurz, meine Macht geringfügig oder null und nichtig."

Sowie man sah, daß es mit der Absicht des Sultans Ernst sei, daß er wirklich daran denke, entweder sogleich oder nach kurzem Verzuge den Weg nach der deutschen Grenze einzuschlagen, mußte dies der Gesichtspunkt werden, welcher die Politik der beiden Brüder beherrschte.

Es war ein Moment, wie im Anfange des zehnten Jahrhunderts, als die Ungarn zuerst ihre Sitze eingenommen und von da plündernd und zerstörend in das Abendland eindrangen. Zwar war das Abendland unendlich vorgeschritten, bei weitem besser gerüstet; aber auch der Feind war ohne Vergleichung mächtiger und gefährlicher.

Überlegte man nun aber, wie demselben zu begegnen sei, so stellte sich die Entzweiung von Deutschland als die vornehmste Schwierigkeit vor Augen. „Die Hilfe des Reiches," sagt Ferdinand in seinem ersten Schreiben, „wird nur langsam erscheinen. Man muß für gewiß halten, daß die Anhänger Luthers, selbst wenn sie die Notwendigkeit der Hilfe einsehen und geneigt sind, sie zu leisten, doch damit an sich halten, weil sie fürchten, daß, wenn man die Türken besiegt hat und der Friede mit Frankreich, England und Italien fortdauert, die Waffen gegen sie gerichtet werden; sie denken, das Kriegsvolk werde sich nach einem glücklichen Schlachttage nicht mit dem vergossenen Blute begnügen, sondern noch andere aufsuchen, um seine Lust zu büßen."

Wir wissen schon, wie viel Ratschläge Ferdinands bei Karl V. vermochten. Sie entspringen immer aus dem Moment, sie sind gut begründet und haben das Gepräge der Entschlossenheit und Raschheit. Jetzt trug Ferdinand kein Bedenken, seinem Bruder eine friedliche Abkunft mit den Protestanten anzuraten, sofern solche ohne Verletzung der wesentlichen Punkte des katholischen Glaubens möglich sei. Man müsse ihren Eifer austoben lassen, der sich nur umsomehr entzünde, je mehr man Öl dazu gieße. Auf einem Reichstage müsse man sie zu gewinnen suchen. Sie werden gern Hilfe gegen die Türken leisten, sobald sie sich in dem gesichert sehen, was „ihre eitlen Glaubensmeinungen" angeht.

Schon im Februar 1531 war, wie das in Deutschland zu geschehen pflegte, sobald irgendeine Entzweiung eine drohende Gestalt annahm, durch Pfalz und Mainz eine Vermittelung bei dem Kaiser versucht worden; da aber die Protestanten als eine Vorbedingung zu allen Verhandlungen wenigstens eine einstweilige Einstellung der kammergerichtlichen Prozesse forderten, so war man nicht weiter gekommen.

Der Kaiser meinte, es sei ihm schwer, etwas aufzutun, was von den Ständen des Reiches beschlossen worden.

Nunmehr aber drang auch Ferdinand darauf. Am 27. April sandte er dem Kaiser ein Gutachten der Kriegsräte über die Verteidigung gegen die Türken. Um aber indes die Gefahr zu heben, welche aus den Verbindungen und Praktiken der Lutheraner entspringe, riet er ihm, jenes Zugeständnis nicht länger zu verzögern.

Indem nun der Kaiser den Reichstag nach Regensburg ausschrieb, wies er in der Tat seinen Fiskal an, „mit den Prozessen, zu denen ihn der augsburgische Abschied in der Religionssache ermächtigt habe, bis auf den nächsten Reichstag innezuhalten". Wenigstens konnte man nun unterhandeln, und es war Aussicht da, die Kräfte des Reiches im dringenden Falle noch einmal zu vereinigen.

Noch lag sie jedoch sehr im weiten.

Dem Urheber der Annäherung, dem Könige Ferdinand, wäre es zuweilen noch lieber gewesen, wenn er ein Abkommen mit den Türken, auch unter ungünstigen Bedingungen, hätte treffen können. In den Tagen, in welchen die schweizerischen Ereignisse seinen Religionseifer und Ehrgeiz gegen die Neugläubigen so lebhaft erweckt hatten, entschloß er sich zu den größten Konzessionen in bezug auf Ungarn. In einer Instruktion vom 5. November 1531 wies er die Gesandten, die er nach Konstantinopel abordnete, fürs erste allerdings an, jede Abtretung in Ungarn abzulehnen; — für den Fall aber, daß der Sultan unter dieser Bedingung keinen Anstand bewilligen wolle, ermächtigte er sie doch wirklich, auch darauf einzugehen. Sie sollten nur wenigstens die Schlösser retten, die der deutschen Grenze zunächst liegen, oder doch die Summe sich ausbedingen, welche der Woiwode früher angeboten. Würde aber auch dies nicht zu erlangen sein, der Sultan Gemüt und Hals stärken und auf eine freie Überlassung aller Schlösser an den Woiwoden bringen, so sollten sie Vollmacht haben, selbst darein zu willigen, nur unter dem Vorbehalt, daß diese Schlösser wie das ganze Königreich nach dem Tode des Woiwoden an Ferdinand gelangen sollten. So weit ließ sich Ferdinand herbei. Auf eine so weit aussehende Bedingung hin, wie der Tod des Nebenbuhlers war, wollte er alles herausgeben, was ihm in Ungarn noch gehörte. So hoch schlug er den türkischen Frieden an. Er wünschte, daß auch der Papst und sein Bruder in den Stillstand aufgenommen würden; sollte sein Bruder ihn brechen, so sollte das ebensoviel sein, als wenn er ihn selbst breche. Wirklich erinnerte ihn Karl V., nichts unversucht zu lassen, um es zu einem Vertrage mit den Türken zu bringen.

Allein schon waren alle diese Erbietungen vergebens. Ehe noch ein Gesandter an die osmanische Grenze gekommen, lief die gewisse Nachricht von den großartigsten Rüstungen des Sultans zu Land und zur See ein. Am 26. April 1532 erhob sich Suleiman

Aufbruch der Osmanen.

in der Tat zu dem entscheidenden Feldzuge wider den mächtigsten Feind, den er in der Welt hatte, den Kaiser Karl, in welchem sich, soweit dies noch möglich war, die Kraft des Abendlandes darstellte.

Ein venezianischer Chronist hat uns eine Beschreibung dieses Auszuges hinterlassen, die noch an den Pomp der ältesten orientalischen Herrscher erinnert.

Hundertundzwanzig Stück Geschütz eröffneten ihn; dann folgten 8000 Janitscharen, denen man das Vergnügen ansah, das es ihnen machte, gegen die Deutschen geführt zu werden; hinter ihnen trugen Scharen von Kamelen ein unermeßliches Gepäck. Hierauf kamen die Sipahi der Pforte, 2000 Pferde stark; ihnen war die heilige Fahne anvertraut, der Adler des Propheten, die schon bei der Eroberung von Rhodus geweht, mit Edelsteinen und Perlen auf das reichste geschmückt. An diese schlossen sich die jungen Knaben an, die eben als ein Tribut der unterworfenen christlichen Bevölkerung ausgehoben worden und an der Pforte ihre Erziehung bekamen, in Goldstoff gekleidet, mit langen Locken wie die Frauen, rote Hüte mit weißen Federbüschen auf dem Kopf, alle mit gleichen, auf die Weise von Damaskus künstlich gearbeiteten Lanzen. Hinter denen ward die Krone des Sultans getragen, die vor kurzem ein Sanuto von San Canzian zu Venedig für 120 000 Dukaten nach Konstantinopel gebracht hatte. Dann erblickte man das unmittelbare Hofgesinde des Sultans, tausend Männer, die schönsten Leute, die man hatte finden können, von gigantischer Gestalt; die einen hatten Jagdhunde an Leitriemen, die anderen führten Falken zur Vogelbeize; alle waren mit Bogen bewaffnet. In deren Mitte nun ritt Suleiman II. in goldverbrämtem, karmesinem Gewand, mit schneeweißem, edelsteinbesetztem Turban, Dolch und Schwert an seiner Seite, auf kastanienbraunem Roß. Dem Sultan folgten die vier Wesire, unter denen man Ibrahim bemerkte, der sich den obersten Ratgeber des Sultans nannte, Befehlshaber des ganzen Reiches desselben und aller seiner Sklaven und Barone, und dann die übrigen Herren des Hofes mit ihren Dienern. Der Anblick drückte Zucht und Gehorsam aus: ohne Geräusch, in stiller Ordnung bewegte der Zug sich vorwärts.

So erhob sich die hohe Pforte von ihrem Sitz, um das Kaisertum der Welt an sich zu bringen. Von allen Seiten eilten die bewaffneten Scharen des Reiches ihr zu. Man berechnete das Heer, als es im Juni die Grenze von Ungarn überschritt, auf dritthalbhunderttausend Mann.

Da waren endlich auch jene Gesandten in dem Lager eingetroffen. Aber wie hätten jetzt noch Unterhandlungen den daherflutenden Strom aufhalten können?

Ich finde nicht, daß sich die Gesandten sehr genau an ihre Instruktion gehalten hätten. Aber so weit gingen sie wirklich, daß sie sowohl dem Sultan, als dem Wesir eine jährliche Zahlung für denjenigen Teil von Ungarn versprachen, der noch in Ferdinands Händen sei. Auf den Wesir machten sie damit aller=

dings einigen Eindruck; der Sultan wies aber auch dies Erbieten von sich: denn wer wolle ihm dafür gutsagen, daß nicht, während er mit Ferdinand Frieden habe, der Bruder desselben, der König von Spanien, ihn angreife? Diesen aber, der sich seit drei Jahren großer Dinge wieder rühme, wolle er aufsuchen. „Wenn der König von Spanien Mut hat," sagte er, „so erwarte er mich im offenen Felde. Mit Gottes Gnade ziehe ich wider ihn. Es wird geschehen, was Gott gefällt!"

Die Gesandten wurden gefragt, wie lange man brauche, um nach Regensburg zu kommen; sie antworten, man reite einen Monat, wenn man den kürzesten Weg nehme. Die Osmanen zeigten sich entschlossen, den weiten Weg zu machen.

Eben in Regensburg nämlich waren indes die Stände des Reiches zu dem lange verschobenen Reichstage zusammengekommen; am 17. April hatte man die Verhandlungen eröffnet.

Der Kaiser wünschte die ihm in Augsburg bewilligte Hilfe noch zu steigern. Es war ein Gutachten der Kriegsräte eingegangen, nach welchem 90000 Mann, wobei 20000 Mann leichte Reiterei, erforderlich waren. Der Kaiser wünschte nun von dem Reiche 60000 Mann zu erhalten; dann versprach er, auf eigene Kosten 30000 Mann ins Feld zu stellen. Es wäre aber ganz gegen das Herkommen des Reiches gewesen, eine frühere Bewilligung noch zu erhöhen. Darauf war keine Gesandtschaft angewiesen. Auch die schon bewilligte Hilfe, 40 000 Mann zu Fuß, 8000 Mann zu Pferde, war größer als jemals eine andere. Am 28. Mai erklärte sich der Kaiser damit zufrieden und drang nur darauf, daß die Mannschaften so rasch und vollständig wie möglich aufgebracht würden. Zum Sammelplatz ward nicht, wie anfangs der Plan gewesen, Regensburg, sondern, dem Feinde näher, Wien bestimmt: am 15. August sollte alles Volk daselbst zusammentreffen. Zum erstenmal trat hiebei die Kreisverfassung in einer wahren und bemerkenswerten Tätigkeit auf. Noch während des Reichstages wurden Kreistage berufen, Hauptleute ernannt und mit Gehalt versehen, die Rüstungen allmählich in Gang gebracht.

Worauf nun aber bei der Ausführung dieser Beschlüsse alles ankam, das waren die Unterhandlungen mit den Protestanten.

Was ihre Weigerung zu bedeuten habe, sah man sogleich, als der Kaiser sein eigenes Heer ins Feld zu bringen Anstalt machte. Es mangelte ihm vor allem an Geschütz und Pulver, und er mußte sich entschließen, die Städte Straßburg, Augsburg, Ulm, Nürnberg, Kostnitz, Frankfurt anzugehen, ihm dabei mit dem ihrigen zu Hilfe zu kommen. Das waren sämtlich Protestanten.

Aber auch die katholischen Stände machten den Kaiser aufmerksam, daß man des inneren Friedens sicher sein müsse, um den äußeren Krieg zu führen.

Ja, man darf wohl sagen, daß die religiöse Ent=

zweiung der Deutschen unter den Beweggründen Suleimans zu seinem Unternehmen nicht der letzte war. Als die Gesandten in dem türkischen Lager viel davon sprachen, daß der Kaiser sich des Gehorsams und der Liebe seiner Untertanen erfreue, fragte man sie, ob er Frieden mit Martin Luther gemacht habe. Die Gesandten entgegneten, es geschehe wohl zuweilen, daß in der Christenheit eine Irrung entstehe; doch verhindere dies nicht die gemeine Wohlfahrt: solch ein Friede werde sich bald schließen lassen.

Das mußte man nun eben sehen. Wenden auch wir unsere Aufmerksamkeit diesen Unterhandlungen zu, welche für uns, so wichtig und dringend auch der Moment ist, doch noch eine andere, darüber hinausreichende Bedeutung haben.

Hauptsächlich auch deshalb, um gegen die Osmanen Vorkehrung zu treffen, hatte der Kaiser das Konzilium gefordert; allein noch war man in entfernten Vorbereitungen dazu begriffen, die zunächst keinen Erfolg versprachen. Es ist doch auffallend, daß der Legat Campeggi noch von Augsburg her dem Papste den Rat gegeben hat, wenn er ja glaube, das Konzilium zugeben zu müssen, es durch die Bedingung der Beistimmung der übrigen Fürsten und durch Erörterungen über Zeit und Ort der Zusammenkunft ins weite zu schieben. Dies Gepräge tragen wirklich alle ferneren Verhandlungen. Schon im Frühjahr betrachtete man in Rom den ganzen Lärm über das Konzilium wie einen vorübergegangenen bösen Traum.

War nun aber demnächst kein Konzilium zu erwarten, so war man in Deutschland auf eine besondere Verhandlung mit den Protestanten angewiesen, welche bei dem bevorstehenden großen Angriffe notwendig beruhigt werden mußten.

Verhandlungen mit den Protestanten.

Als man im Sommer 1531 die Unterhandlungen eröffnete, dachte man sie katholischerseits da wieder aufzunehmen, wo sie in Augsburg abgebrochen worden waren.

Aber es zeigte sich sogleich der ganze Unterschied der Verhältnisse. Die Protestanten baten jetzt nicht mehr: sie wurden gebeten. Sie erklärten: auf einen Vergleich in der Religion zu denken, scheine ihnen jetzt nicht mehr ratsam; sie seien entschlossen, an ihrer Protestation und Konfession festzuhalten; vor einem christlichen Konzilium würden sie davon weiteren Bescheid geben.

Auch auf alle anderen Anträge hatten sie eine entsprechende Antwort bereit.

Man mutete ihnen zu, die Geistlichen „des Ihren" nicht weiter zu entsetzen. Sie entgegneten, sollte den Bischöfen ihre Jurisdiktion verbleiben — denn diese hauptsächlich verstand man unter dem Ihren —, so würden dieselben ein Schwert in der Hand behalten, um damit die Lehre jederzeit auszurotten.

Ferner erneuerte der Kaiser die Forderung, daß in

den protestantischen Ländern die Ausübung des alten Ritus, namentlich der Kommunion unter einer Gestalt, gestattet werde. Der sächsische Kanzler Brück erwiderte, daß dann auch in dem ganzen Reiche beide Gestalten erlaubt sein müßten: erst das werde ein Friede zu nennen sein, wenn man sich in bezug auf die beiden wichtigsten Sakramente in der ganzen Nation gleichförmig halten dürfe.

Endlich gedachte man auch der Wahl: der mainzische Kanzler Türk äußerte die Ansicht, daß die protestantische Partei durch ihre Opposition in dieser Sache wohl nur die Religionsangelegenheit zu fördern gedenke. Dr. Brück versetzte, er müsse ihm sagen, man habe diesseits der Religion halber keinerlei Furcht; sie sei zu tief in das Volk gedrungen: jedermann wisse Recht oder Unrecht zu unterscheiden. Die Meinung der Protestanten gehe ernstlich dahin, daß der König die Sache entweder zum rechtlichen Austrag kommen lassen oder zufrieden sein möge, über die zu herrschen, welche ihn gewählt.

Das sind die wichtigsten Punkte dieser Unterhandlungen, welche in mehr als einem Archiv dicke Aktenstöße anfüllen. Unaufhörlich korrespondierten der Kurfürst von der Pfalz mit dem Landgrafen, der Kurfürst von Mainz mit dem Kurfürsten von Sachsen, diese beiden untereinander und mit ihren Bundesgenossen. Zuweilen trafen kaiserliche Bevollmächtigte in Weimar ein; der Kurfürst von Mainz nahm auf seinen Reisen zwischen Halle und Aschaffenburg Gelegenheit, mit einem oder dem anderen einflußreichen sächsischen Beamten zu sprechen; dann kamen die Kanzler in Bitterfeld zusammen und faßten neue Vorschläge ab, die sie nach Brüssel überbringen ließen. Der Kaiser erblaßte, wenn ihm diese widerwärtige Sache wieder einmal vorgetragen werden mußte; doch entzog er sich ihr nicht, holte seines Bruders Rat ein, ermäßigte oder bestätigte seine Anträge.

Solange nun nicht alle Möglichkeit eines Abkommens mit den Osmanen verschwunden war, dürfen wir uns nicht wundern, wenn die Sachen doch nicht fortschreiten wollten. In Schweinfurt, wo in den ersten Monaten des Jahres 1532 die Konferenzen gehalten wurden, kam man im Grunde keinen Schritt vorwärts: die Vermittler hielten es für das Beste, die Sache der Wahl ganz und gar fallen zu lassen. Auch in Nürnberg, wohin man die Verhandlungen verlegte, um dem Kaiser näher zu sein, erneuerten die Vermittler anfangs nur die alten Vorschläge, und zwar noch etwas eingeschränkt.

Erst als die sichere Kunde einlief, daß der Sultan nicht abzuhalten sei, daß er stärker als jemals vorrücke, begann man sich einander ernstlich zu nähern. Überhaupt ein großer Moment, in welchem man auf allen Seiten die ungeheure Gefahr der Spaltung inneward und sich zu einer Versöhnung bereit zeigte. Aus neuentdeckten Briefschaften entnehmen wir, wovon bisher niemand eine Ahnung gehabt hat, daß der Papst damals geneigt war, sich die Augsburgische Konfession gefallen zu lassen. Er legte sie im April 1532 gemäßigten römischen Theologen vor, die dann fanden, daß einiges darin ganz katholisch, anderes auf katholischen Sinn zu deuten, über noch anderes eine Verständigung wohl möglich sei. Hätte man eine solche Ansicht doch im Juli 1530 gefaßt! Jetzt ersuchte der Papst den Kaiser, alles zu einer Abkunft mit den Gegnern zu tun, damit der Türke nicht etwa schwächeren Widerstand finde; seien sie gleich Lutheraner, so seien sie doch Christen.

In Deutschland faßte man jedoch diese höchsten Gesichtspunkte damals nicht weiter ins Auge; man blieb hauptsächlich bei den reichsrechtlichen Streitfragen stehen. Die Protestanten wünschten nichts, als die Stellung, die sie eingenommen, wenigstens vorläufig von dem Kaiser anerkannt zu sehen. Sie forderten die Verkündigung eines allgemeinen Friedens und die Einhaltung der Prozesse am Kammergericht, durch die sie sich bedrängt fühlten. — Noch zeigten die Verhandlungen hierüber große Schwierigkeiten. Die Vermittler hatten aufs neue den Ausdruck gebraucht: „Niemand solle den anderen des Seinen entsetzen"; kein Wunder, wenn die Protestanten widersprachen. Es war abermals nur von dem Frieden unter den Ständen die Rede: die Protestanten forderten, daß der Friede „zwischen J. Kais. Maj. auch allen Ständen der deutschen Nation" verkündigt würde.

Eine andere Weiterung veranlaßte die Bezeichnung des Konziliums. Die Protestanten hatten vorgeschla=

gen „ein Konzilium, worin nach dem reinen Wort Gottes determiniert würde". Man fand eine solche Bezeichnung verfänglich und nicht katholisch. Indem man aber dafür schrieb: „ein gemeines, freies Konzilium, wie solches auf dem Reichstage von Nürnberg beschlossen worden ist", konnten die Protestanten sich leicht zufriedengeben, da sie immer bei jenen alten Beschlüssen geblieben waren.

Noch viel größer aber war die Schwierigkeit, die nun in Hinsicht der Prozesse entstand.

Der Gedanke, die Protestanten rechtlich anzugreifen, gehörte bei weitem mehr der Majorität an, als dem Kaiser. Das Gericht selbst war, wie wir wissen, ein ständisches Institut. Wir erinnern, wie viel Mühe es gekostet hatte, den Einfluß, den der kaiserliche Hof auf dasselbe ausübte, zu beschränken. In dem zu Augsburg beschlossenen und schon in vollem Gange begriffenen Verfahren des Gerichtes gegen die Protestanten sah die katholische Partei ihre vornehmste Waffe. Und noch fortwährend beharrte sie darauf, so sehr sie auch zuweilen die Notwendigkeit des Friedens hervorhob. In dem Entwurf eines Abschiedes, den sie dem Kaiser am 10. Juli vorlegte, lautet ein Artikel dahin, daß es in Sachen der Religion nach dem Augsburger Abschiede gehalten werden müsse, wie überhaupt, so besonders am Kammergericht. Auch der päpstliche Legat weigerte sich, zu einer Inhibition des kaiserlichen Fiskals in Glaubenssachen seine Beistimmung zu geben.

Wir sehen, in welche Verlegenheit der Kaiser hiedurch geriet. Um den Türken zu widerstehen, war die Ruhe im Reiche schlechterdings notwendig. Aber die einzige Bedingung, durch welche die Protestanten des Friedens versichert werden konnten, schlugen ihm die Katholischen ab.

Endlich entschloß man sich am kaiserlichen Hofe zu der Auskunft, in dem öffentlichen Erlaß nur den Frieden zu verkündigen, über den Stillstand der Prozesse aber den Protestanten eine abgesonderte Versicherung zu geben. Auch diese fiel nicht ganz so vollständig aus, wie die Protestanten wünschten. Sie hatten die Erklärung gefordert, daß der Kaiser weder durch seinen Fiskal, noch durch sein Kammergericht, noch an anderen Gerichtsstühlen, und zwar weder von Amts wegen, noch auf jemandes Ansuchen, gegen Sachsen und dessen Zugewandte prozedieren lassen solle. Der Kaiser war zur Annahme so vieler ausdrücklichen Klauseln nicht zu bringen. Er versprach nur, daß er alle Rechtfertigungen in Sachen des Glaubens durch „J. Maj. Fiskal und andere" wider den Kurfürsten von Sachsen und dessen Zugewandte bis zum Konzilium einstellen wolle. Diese Zusage verletzte die Majorität nicht geradezu, ließ sich aber doch auch nach dem Sinne der Protestanten auslegen und erfüllte ihre vornehmste Forderung.

Dagegen hatten nun aber auch diese sich zu einem großen Schritte der Nachgiebigkeit, der schon in jenen Worten begriffen ist, entschlossen. Ihre ursprüngliche

Meinung war gewesen, daß die Versicherungen, die
ihnen geschähen, auch allen denen zugute kommen
sollten, die noch in Zukunft zu ihrer Konfession treten
würden; ja, sie hatten die Freiheit der Predigt und
des Abendmahles nach ihrem Ritus auch für die
Untertanen fremder Gebiete gefordert. Das ließ sich
aber hinwiederum bei dem Kaiser nicht erreichen.
Darin, daß man den Protestantismus durch den Ver=
trag doch auch wieder beschränke, lag das vornehmste
Motiv, durch welches er den Widerstand des Legaten
beseitigen konnte. Und war namentlich die zweite
Forderung nicht im ganzen dieselbe, welche die Bürger=
städte der Schweiz aufgestellt, — die dort den Krieg
veranlaßte, der zu einem so unglückseligen Ausgang
führte? Luther selbst sprach aus, es könne von den
Gegnern nicht zugestanden werden; oder dürfe man
hoffen, daß Herzog Georg das Evangelium in Leipzig
freigebe? — unmöglich; — würde man doch auch dies=
seits den benachbarten Fürsten keinen Eingriff in die
inneren Landesangelegenheiten gestatten! Luther war,
wie man sieht, mit der Territorialmacht der Fürsten
wahrhaft verbündet. Aber auch sein Begriff vom
Reiche verhinderte ihn, jene Forderung gutzuheißen.
Er sagt, es sei, als wolle man sich diesseits das Kaiser=
tum anmaßen; das heißt wohl: als nehme man einen
über die Verteidigung hinausgehenden Einfluß auf die
Leitung der öffentlichen Angelegenheiten in Anspruch.
Vielmehr fühlte er sich in seiner Seele getröstet, daß
„der Kaiser, die höchste, von Gott geordnete Obrigkeit,

sich so gnädiglich erbiete und so milden, freien Befehl gebe, Frieden zu machen." „Ich achte es nicht anders als biete uns Gott seine Hand." Daß man damit dem Evangelium seinen weiteren Lauf hemme, machte ihm wenig Sorge; er meinte, „ein jeder müsse auf seine Gefahr glauben", d. i. sein Glaube müsse so stark sein, daß er in der Gefahr aushalte. Ganz dieser Meinung war nun auch Kurfürst Johann; sie entsprach der nur defensiven Haltung, welche er von Anfang an genommen; seiner Gesinnung war eine vollkommene innere Rechtfertigung Bedürfnis. Durch die glänzende Ausbreitung des Bündnisses, an dessen Spitze er stand, ließ er sich doch nicht hinreißen, über die Grundsätze hinauszugehen, auf denen es ursprünglich beruhte. Auch er meinte, wie Luther, daß man nicht um der vielleicht künftig einmal Hinzutretenden willen das gegenwärtige Gut, das höchste irdische, den Frieden, aufgeben müsse. Und so ließ er geschehen, nicht, daß in den Vertrag eine beschränkende Klausel aufgenommen würde — durch ein Versprechen band er sich nicht für die Zukunft —, sondern nur, daß ausschließlich diejenigen Stände in denselben einbegriffen wurden, die zum Bunde gehörten, auch Markgraf Georg und Nürnberg, alle die Fürsten und Städte, die wir bereits kennen, zu denen jetzt noch Nordhausen und Hamburg gekommen waren. Der Landgraf von Hessen, der die entgegengesetzte Meinung hegte, war anfangs nicht zufrieden; doch trat er später hinzu.

Man darf es wohl als eine besondere Gunst der

Vorsehung betrachten, daß der alte Kurfürst von Sachsen diese Tage des Friedens noch erlebte. Wir sahen oben, welch großes Verdienst sich dieser einfache Mann um die Gründung der evangelischen Kirche erworben hat. Er genoß nun eines hohen Ansehens im Reiche. Selbst ein Mitglied des kaiserlichen Hofes, Graf von Nuenar, bezeichnet ihn als „den einigen Vater des deutschen Vaterlandes in göttlichen und menschlichen Dingen". Doch war sein reichsfürstliches Gemüt nicht befriedigt, solange er sich noch in Widerspruch mit seinem Kaiser befand. Es gehörte zur Vollendung seines Schicksales, daß auch dieser wieder sein Freund wurde, daß er auch in Beziehung auf die höchste Gewalt im Reiche den Boden der anerkannten Legalität wiedergewann, von dem man ihn hatte verdrängen wollen; für die Fortdauer der religiösen Stiftung, die von ihm ausgegangen, war dadurch ein neuer großer Schritt geschehen. Im August erschienen sowohl die öffentlichen Erklärungen, als die private Versicherung des Kaisers. Kurz darauf, nachdem der Kurfürst sich noch einmal mit seinen beiden Töchtern und der geflüchteten Kurfürstin von Brandenburg auf der Jagd vergnügt — er kam sehr heiter zurück —, überraschte ihn ein plötzlicher Tod am Schlagfluß. „Wer nur auf Gott vertrauen kann," sagt Luther in seiner Grabschrift auf den Abgeschiedenen, „der bleibt ein unverdorben Mann."

Indem nun aber der Kaiser, von der Notwendigkeit gedrängt, sich entschloß, den Protestanten Zugeständ=

Verhandlungen mit den Protestanten.

nisse zu machen, die von der Mehrheit nicht ausgegangen waren, noch gebilligt wurden, veränderte sich seine Stellung überhaupt. Was er in Augsburg versucht hatte, mit der Majorität zu regieren, gab er jetzt auf. Aber auch die Majorität sah, daß sie an ihm den Schutz nicht fand, den sie erwartete; sie setzte ihm auf dem Reichstage von Regensburg einen Widerspruch entgegen, wie er noch nie erfahren. Die Stände machten dem Kaiser tadelnde Vorstellungen über seine ganze Regierungsweise, die Verzögerung der Geschäfte, die Anstellung von Fremden, selbst in der Kanzlei, die Rückstände seines Anteils an der Besoldung des Kammergerichts, sein eigenmächtiges Verfahren gegen Württemberg, Maastricht, das er wirklich wieder von Brabant trennen und in seine Libertäten herstellen mußte, sowie gegen Utrecht. Er durfte nicht allein jene Versicherung zugunsten der Protestanten nicht publizieren, sondern in offenem Widerspruch mit derselben war er genötigt, die Beschlüsse zu bestätigen, die bei der soeben beendigten Visitation des Kammergerichts gefaßt worden waren, worin die Ausführung des Augsburger Abschiedes neuerdings geboten ward. Ja, schon ließ man in der Ferne eine Möglichkeit der Vereinigung der beiden Religionsparteien gegen ihn erscheinen. Wenn man in dem Reichsabschiede liest, daß die Stände lebhaft auf das Konzilium gedrungen, so macht das einen so großen Eindruck nicht. Erwägt man aber die Worte näher und kennt man ihren Ursprung, so hat das eine große Bedeutung. Schon im

Sommer 1531 nämlich hatten sich Bayern und Hessen hiezu vereinigt: auf einer Zusammenkunft, welche Landgraf Philipp mit Dr. Leonhard von Eck zu Gießen hielt, war beschlossen worden, wenn der Papst das Konzilium noch länger verzögere, den Kaiser anzugehen, es aus eigener Macht zu berufen; würde es aber auch der Kaiser aus einem oder dem anderen Grunde unterlassen, so solle eine Ständeversammlung berufen werden, um sowohl von der Einigkeit in der Religion, als von der Abstellung anderer Gebrechen zu verhandeln.

Es fällt in die Augen, daß die Opposition gegen den Kaiser dazu gehörte, um zwei Oberhäupter der entgegengesetzten Parteien zu diesem Beschluß zu vereinigen; von allgemeiner Bedeutung ist, daß es dahin kam. Die deutsche katholische Welt war darin einig, für den Fall, daß das allgemeine Konzilium länger verzögert werde, ein Nationalkonzilium zu fordern. Wohl wurde am Reichstage der Einwand erhoben, daß die Lutheraner, wenn sie die Oberhand darin gewönnen, einen unermeßlichen Vorteil davontragen, wenn aber das Gegenteil erfolge, aller Wahrscheinlichkeit nach dennoch in ihrem bisherigen Zustande verharren würden; allein darauf schien man es ankommen lassen zu wollen: mit ungewöhnlicher Eintracht bestanden die Stände auf ihrer Forderung. Die anwesenden päpstlichen Bevollmächtigten waren erstaunt und erschrocken: denn das könne das Unheil nur vermehren und dürfte leicht ein Schisma hervorrufen;

Verhandlungen mit den Protestanten.

sie besorgten anfangs, der Kaiser selbst möge seine Hand dabei im Spiel haben. Bald aber überzeugten sie sich, daß das doch nicht der Fall sei. Der Kaiser entschuldigte die Zögerung des Papstes und ließ vernehmen, daß er ein Nationalkonzilium nimmermehr zugeben werde. Ihn, den König von Spanien, der nach einem allgemeinen Übergewicht durch ein Konzilium strebte, hätte jenes mit sich selbst in Widerspruch gesetzt. Seine Räte behandelten die Idee wie eine Narrheit, einen Unsinn. Aber die Stände waren diesmal mit allgemeinen Zusagen nicht so leicht abzufinden, wie einst in Augsburg. Sie forderten von dem Kaiser das Versprechen, bei weiterer Verzögerung über eine bestimmte Zeit hinaus das Konzil selbst zu berufen, von Amts wegen, wie seiner kaiserlichen Gewalt gebühre. Auch darauf aber wollte der Kaiser nicht eingehen: denn er würde darüber mit dem Papst in die schwersten Irrungen geraten sein; man würde in Rom geglaubt haben, er wolle den Weg Friedrich Barbarossas betreten. So weit jedoch mußte er nachgeben, daß er in dem Reichsabschied zu Regensburg versprach, wenn das allgemeine Konzilium nicht binnen sechs Monaten von dem Papst ausgeschrieben und binnen einem Jahr nicht wirklich gehalten werde, eine Reichsversammlung zu berufen, wo über die gemeine Notdurft deutscher Nation beratschlagt und Mittel zu ihrer Abhilfe gesucht werden sollten, sei es durch ein Generalkonzilium oder durch einen anderen „austräglichen Weg". Die Idee eines Nationalkonziliums blieb damit vorbehalten. Das war aber das Schicksal der deutschen Nation in dieser Epoche, daß ihr Oberhaupt noch ein anderes Interesse als das ihre hatte und nichts befördern konnte, was seiner allgemeinen Stellung Eintrag getan hätte. Karl V. hat acht Jahre lang vermieden, wieder einen Reichstag zu berufen, aus Besorgnis, daß derselbe sich als Nationalversammlung konstituieren und im Widerspruch mit ihm religiöse Beschlüsse fassen würde.

So sah es nun in diesem Augenblicke in Deutschland aus. Die beiden religiösen Parteien standen einander nicht nur feindselig gegenüber, sondern in der Mitte jedweder selbst waren neue Entzweiungen ausgebrochen. Die katholische Majorität war mißvergnügt über den Kaiser; der Landgraf von Hessen wechselte in diesen Tagen anzügliche, ja beleidigende Briefe mit dem Kurprinzen Johann Friedrich von Sachsen, der nach dem Tode seines Vaters nun selbst an dessen Stelle trat. Hessen und Bayern waren dagegen in ein näheres politisches Verhältnis getreten; allein wohin konnte dies führen, da der Gegensatz der religiösen Tendenzen gerade zwischen diesen Fürsten am stärksten war? Der Kaiser und Sachsen hatten ein Abkommen getroffen; es ließ sich aber schon voraussehen, welche Schwierigkeiten die Ausführung desselben haben mußte.

Der Kaiser selbst erschien nicht mehr, wie noch zuletzt in Augsburg, in der Fülle der Kraft, wie die jugendlichen Jahre, in denen er noch stand, es mit sich zu bringen schienen; den ganzen Sommer über war er leidend. Eine Verletzung am Bein, die er sich durch einen Sturz auf der Wolfsjagd zugezogen, nahm eine so gefährliche Wendung, daß man meinte, man werde ihm den Schenkel ablösen müssen, und ihm einst in der Nacht bereits die Sakramente gab. Das Übel hatte sich später durch unzeitige Teilnahme an einer Prozession, vielleicht auch durch Exzesse irgendwelcher Art erneuert; während des Reichstages suchte er in dem Bade von Abbach Heilung und war zuweilen selbst für seinen Bruder unzugänglich. Als die Stände ihn aufsuchten, um ihm die Bewilligung der Türkenhilfe anzukündigen, fanden sie ihn in seiner Schlafkammer auf einer ungepolsterten Bank sitzen, ohne allen Schmuck, mit einem Maienreis in der Hand, womit er sich die Fliegen abwehrte, „in seinem Leibröcklein," sagt der Frankfurter Gesandte, „so demütiglich, daß der geringste Diener nicht so gebaren konnte".

Feldzug gegen die Osmanen.

Und dieser körperlich so schwache Kaiser, dies durch so tiefeingreifende Zwistigkeiten gespaltene Reich waren es nun, die der gewaltige Fürst der Osmanen an der Spitze seiner unzählbaren Kriegsbanden überzog. Wie ganz anders nahm dieser sich aus! Als die Gesandten Ferdinands unfern Belgrad bei ihm Audienz haben sollten, zogen sie erst weit und breit durch das Lager der Fußvölker wie der Reisigen, die auf das köstlichste herausgeputzt waren, dann durch die Reihen der Janitscharen, die ihnen ziemlich übermütig begegneten, bis sie, in der Nähe des kaiserlichen Gezeltes von Heerpaukern und Trompetern empfangen, endlich daselbst eintraten und nun den Herrn in seiner Pracht erblickten, sitzend auf einem goldenen Throne, neben sich eine kostbare Krone, vor sich an den Säulen oder Stollen des Thrones zwei prächtige Säbel in perlenbesetzten Scheiden, reichgeschmückte Köcher und Handbogen. Die Gesandten schätzten den Schmuck, den sie sahen, auf 1 200 000 Dukaten. Am 20. Juli ging das türkische Heer auf 12 Schiffbrücken in der Gegend von Esseg über die Drau. Suleiman zog in Ungarn aufwärts, als sei es sein eigenes Gebiet. Die Schlösser, bei denen er vorüberkam, schickten ihm ihre Schlüssel entgegen. Er bestrafte die Magnaten, die etwa von Zapolya abgefallen. Seine Ankunft machte auch auf die übrigen großen Eindruck, und viele von denen, die bis jetzt zu Ferdinand gehalten und sich verlassen sahen, wurden irre.

Denn erst jetzt fing man in Deutschland ernstlich an, sich zu rüsten.

Die ersten, welche im Feld erschienen, noch ehe man mit den Unterhandlungen zu Ende gekommen, waren die Nürnberger. Sie hätten nur ein Fähnlein zu stellen gehabt; allein „dem Kaiser zu Ehren und gemeiner Christenheit zum Besten" hatten sie deren zwei gerüstet, zusammen 800 Mann, bei denen 200 Mann mit Handrohren und 50 Mann mit Halbhaken waren.

Zu gleicher Zeit ließen sie, mit einigen ihrer Nachbarn zusammen, im Braunschweigischen eine Schar von 100 Reitern werben, bei denen wir einen Kamp, einen Bürsberg, zwei Münchhausen finden, die, bei ihrer Ankunft in der Stadt gastlich empfangen, mit Bier und Wein und Hafer verehrt, am 21. August unter Sebastian von Jessen und Martin Pfinzing ihren Weg gegen den Feind nahmen. Überdies gab Nürnberg dem Kaiser 15 Stück grobes Geschütz, 175 Zentner Pulver, 1000 Fußknechtspieße, 200 Harnische für die Trabanten und einen großen Vorrat von Mehl. Man sieht, was eine einzige Stadt leistete. Und alle anderen wetteiferten mit Nürnberg. Der kaiserliche Abgeordnete, welcher der Stadt Ulm die Aufforderung zur Rüstung gebracht, war noch nicht wieder nach seiner Herberge zurück, als er schon die Trommel rühren hörte, um das geforderte Volk zu werben. Augsburg erklärte sich auf der Stelle bereit, sein Geschütz nach Wien abgehen zu lassen. Aus einem Schreiben des Frankfurter Gesandten sehen wir, daß die feste Haltung, die der Kaiser der Majorität gegenüber genommen, auf die Städte den größten Eindruck machte. Einen Augenblick warfen die Protestanten die Frage auf, ob es für sie nicht ratsam sei, sich zusammenzuhalten und unter einem Hauptmann zu stehen; allein bald wies man diesen Gedanken von sich: es hätte darin eine neue Trennung gelegen; man unterwarf sich der Ordnung der Kreise. Allenthalben wurden die Kreistage gehalten. Es ward ein Hauptmann ernannt, dem jeder

Stand im Kreise ein Verzeichnis der Leute überlieferte, die er stellen wollte, der dann darauf sah, daß sie vollständig waren. Der Stand wies sie an, dem ernannten Hauptmann gehorsam zu sein. Dieser hatte das Recht, die Ämter mit den tüchtigsten Leuten des Kreises zu besetzen. Es ward bestimmt, von wem er seine Besoldung empfangen, wie diese dann hinwiederum den Zahlenden zugute kommen sollte. In dem niedersächsischen Kreise konnte man es, ohne Zweifel der täglich überhandnehmenden religiösen Irrungen wegen, nicht zur einmütigen Wahl eines Hauptmanns bringen: der Kaiser ernannte, kraft seines in diesem Fall eintretenden Rechtes, den jungen Markgrafen Joachim von Brandenburg.

Zu Anfang des August war das ganze Reich in kriegerischer Bewegung. „Täglich sehen wir," schreibt der Kardinal Campeggi am 8., „hier in Regensburg die schönsten Kompagnien zu Pferd und zu Fuß durchziehen; sie gehen mit großem Mut zu ihrer Unternehmung und zweifeln nicht an dem Siege". Auch der Kaiser war voll guten Mutes. Er machte die Bemerkung, daß er bei diesem Kriege nur gewinne, möchte er nun siegen oder unterliegen. Sollte er unterliegen, so werde er doch einen guten Namen auf der Welt zurücklassen und in das Paradies eingehen; sollte er aber siegen, so werde er sich nicht allein ein Verdienst bei Gott erwerben, sondern vielleicht das Kaisertum bis an seine alten Grenzen wieder ausdehnen, auf Erden glorreich leben, der Nachwelt einen großen Namen

Feldzug gegen die Osmanen.

hinterlassen. Er schien nichts sehnlicher zu wünschen, als diesen Gegner persönlich zu bestehen.

Indessen war es bereits in Ungarn zu einer überaus ruhmwürdigen, ja fast wunderbaren Waffentat gekommen.

Wir kennen schon den Namen des Niklas Jurischitz, des einen von den beiden Gesandten König Ferdinands an den Sultan 1530, 1531. Als damals alle Unterhandlungen vergeblich waren, sagten die Gesandten, sie sähen wohl, Ungarn solle der Kirchhof der Türken und Christen werden. Jurischitz schien jetzt dieses Wort selbst bewähren zu wollen. Er war eben im Begriff, Stadt und Schloß Güns, wo er die Stelle eines Hauptmanns bekleidete, einem Stellvertreter zu überlassen und mit einer kleinen Reiterschar, zehn schweren, zwanzig leichten Pferden, seinem Könige zuzuziehen, als die Türken in die Nähe kamen und der Ort sich mit Scharen von Flüchtlingen anfüllte. Da beschloß auch er, zu bleiben, so viele Unglückliche wenigstens eine Zeitlang zu verteidigen, den großen Zug ein paar Tage aufzuhalten. Denn den Feind wirklich abwehren zu können, traute er sich nicht zu: „ich hatte meine Sache," sagt er, „in gewissen Tod gestellt". Hierauf erschienen die Türken mit aller ihrer Macht und begannen die Belagerung auf gewohnte Weise, pflanzten ihr Geschütz auf den nächsten Anhöhen auf, gruben Minen und suchten durch die Breschen einzudringen. Jurischitz hatte keine anderen Soldaten, als jene 30 Reiter; die übrigen Mannschaf=

ten waren sämtlich Einwohner des Ortes oder zusammengelaufene Bauern: es mochten ihrer siebenhundert sein. Aber elfmal schlugen sie den Sturm der Türken ab; sie leisteten den beherzten Widerstand, welchen allein der Entschluß, sich bis zum Tode zu verteidigen, hervorbringen kann; zuletzt aber war, wie natürlich, doch alles vergebens. Die Türken hatten zwei große Schütten von Reisig bis zur Höhe der Mauer aufgeworfen; auf der einen pflanzten sie ihr Hauptgeschütz auf, das nun die Mauer beherrschte, und unter dessen Schutze von der anderen ein breiter Weg nach der Mauer geführt werden konnte. Den so vorbereiteten Sturm liefen am 28. August Janitscharen und Reisige an: wie hätte man ihrer Überzahl, bei diesem Vorteil, zu wehren vermocht? Bald waren die Verteidiger in einen letzten Verhau zurückgedrängt, wo sie sich noch mit sinkenden Kräften schlugen; schon wehten die türkischen Banner an acht Stellen auf der Mauer; Jurischitz erwartete nur den Tod: „ich freue mich," sagte er, „daß mir die Gnade Gottes ein so ehrenvolles Ende bestimmt hat". Wunderbar, was ihn dennoch rettete! Jene wehrlosen Flüchtlinge, Weiber, Greise und Kinder, sahen sich nun doch der Wut des entsetzlichen, barbarischen Feindes preisgegeben. Indem er auf sie eindrang, stießen sie ein Geschrei aus, in dem sich das Anrufen der Gottheit mit dem Tone der Verzweiflung vermischte, jenes durchdringende Geschrei, wie es die Natur aus dem lebendigen Geschöpfe bewußtlos hervortreibt, wenn es sich von dem

Feldzug gegen die Osmanen.

unabwendbaren Verderben bedroht sieht. Kann man dies ein Gebet nennen, so ward nie ein Gebet unmittelbarer erhört. Die siegreichen Osmanen erschraken vor der Verzweiflung. Längst war ihnen der Widerstand, den sie hier fanden, wunderbar vorgekommen; jetzt meinten sie aus dem Schlosse, aus jedem Hause frische Mannschaften vordringen zu sehen; sie glaubten in den Lüften einen Ritter in seinem Harnisch zu erblicken, der ihnen mit gezücktem Schwerte drohe. So wichen sie zurück. „Der allmächtige Gott," ruft Jurischitz aus, „hat uns sichtbarlich gerettet".

Ein Ereignis, welches an die delphischen Götter gemahnen könnte, die sich dem Einbruch der Gallier in Griechenland entgegenstellten, an die Erscheinung, die dem Drusus mitten in Deutschland zurief: „Bis hierher und nicht weiter," an andere Wendungen des Geschicks, welche die Meinung der Menschen in dem Moment ihres Geschehens mit einer höheren Waltung, wie sie dieselbe nun auch auffassen mochte, in Verbindung gebracht hat; — jedoch wir wollen so weit nicht gehen: genug, daß selbstvergessene Tapferkeit und vollkommene Hingebung auch hier einen großen Erfolg nach sich zogen.

Suleiman entschloß sich, dem wackeren Feinde, der sich allerdings keine Stunde länger hätte wehren können, eine Schutzwache zu geben und vorüberzuziehen.

Aber indessen hatte der Kaiser Zeit gehabt, seine Streitkräfte zu sammeln. Er selbst hatte 12 000

Landsknechte geworben und in der Gegend von Augsburg mustern lassen. Spanische Granden waren eingetroffen, um unter den Augen ihres Königs im Kriege gegen die Ungläubigen Ruhm zu erwerben. Der Herzog von Ferrara hatte 100 italienische Huomini d'armi gesendet. Andere Italiener führte der junge Hippolyt Medici, Neffe Papst Klemens' VII. Die Erblande König Ferdinands hatten ihr Bestes getan, und kein Mittel war versäumt worden, Geld herbeizuschaffen; selbst an einzelne niederländische Große, an devote reiche Frauen — denn eine bessere Anwendung könne niemand von seinem Reichtum machen — hatte er sich gewendet. Doch den Kern des Heeres bildeten ihm immer die Mannschaften des Reiches. Auf dem Tullner Feld in der Nähe von Wien geschah die große Versammlung. Die Gesamtzahl der Truppen läßt sich nicht genau bestimmen; die glaubwürdigsten Angaben schwanken zwischen 76000 und 86000 Mann. Darin aber kommen alle überein, daß es das schönste Heer war, das man seit Jahrhunderten in der Christenheit gesehen hatte. Es bereinigte die Elemente, welche in Italien die großen Siege davongetragen, deutsche Kraft und Ordnung, italienische Beweglichkeit und die beharrliche Verschlagenheit der Spanier. Doch war der deutsche Bestandteil bei weitem überwiegend.

Suleiman war in der Erwartung ausgezogen, daß die Entzweiungen der Christenheit, namentlich die deutschen, dem Kaiser die Hände binden, ihm jeden großartigen Widerstand unmöglich machen würden.

Da er ein so zahlreiches, trefflich gerüstetes Heer sich gegenüber sah, hatte er nicht den Mut, wie er sich so oft vermessen, es im Felde aufzusuchen.

Indem er nun seine Akindschi, an Zahl 15000 — leichte Truppen, unter einem Anführer, auf dessen Helme man Geierflügel erblickte, Flüchtigkeit und Raub zu bezeichnen —, nach Österreich schickte, wandte er selbst sich nach Steiermark und erschien vor Graz. Aber die Akindschi wurden von einem Haufen der Deutschen einem anderen in die Hände gejagt und fast völlig vernichtet; Graz leistete Widerstand, und indessen mögen auch von der See her, wo Doria in den ionischen Gewässern über Zai=begh offenbar die Oberhand hatte, ungünstige Nachrichten eingelaufen sein. Suleiman glaubte die glücklichen Gestirne seines Nebenbuhlers zu erkennen und entschloß sich, dem gefährlichen Kampfe durch raschen Rückzug auszuweichen.

Der Kaiser hätte, wie wir wissen, dem Feinde zwar eine Schlacht zu liefern gewünscht: ein entschiedener Sieg hätte seinem Bruder Ungarn wieder verschaffen können; aber auch schon mit dem geringeren Erfolge war er zufrieden. „Gottes Gnade hat uns," schrieb er dem Papste, „die Ehre und das Glück verliehen, daß wir den gemeinschaftlichen Feind der Christenheit zur Flucht genötigt und das Unglück verhütet haben, das er uns zuzufügen im Sinne hatte." Auch fühlte er wohl, daß man nicht bloß einen Vorteil für den Augenblick davongetragen; es war ein Ge=

winn auf immer, daß die Furcht vor den Kriegs=
rüstungen der Deutschen, der Eindruck ihrer Über=
legenheit dem Sultan den Kampf verleidet, ihn zum
Rückzuge bewogen hatten.

Und indessen hatte auch Doria dem Kaiser glän=
zende Vorteile erfochten. Er hatte das osmanische Ge=
schwader aus dem ionischen Meere verjagt, bis nach
Cerigo verfolgt und dann rasch hintereinander Koron,
Patras und die Dardanellen von Morea erobert. Ge=
waltige Kanonen mit arabischen Inschriften wurden
nach Genua gebracht und in der Kapelle der Doria
am Molo aufgestellt.

Bei weitem minder zufrieden war König Ferdi=
nand. Seine Hoffnung war wirklich gewesen, im
Sturme des Sieges ganz Ungarn wiedereinzunehmen,
Belgrad nicht ausgeschlossen. Allein die Truppen
glaubten schon genug getan zu haben, daß sie den
Feind von der deutschen Grenze entfernt hatten. Die
Kriegshauptleute zogen ihre Instruktionen hervor, in
denen von einer Eroberung Ungarns nicht die Rede
war. Der oberste Feldhauptmann, Pfalzgraf Fried=
rich, weigerte sich, vorzurücken. Der Grund davon
war hauptsächlich, daß Ferdinand durch den Eifer für
das Papsttum, den er bewies, die Gunst der Nation
wieder verloren hatte: sie wollte keine Eroberungen
für ihn machen. Sie wollte ihn lieber schwächer als
stärker sehen, wie sich das sogleich weiter an den Tag
legte.

Siebentes Kapitel.
Einwirkung von Frankreich, Restauration von Württemberg.
1533—1534.

Es hatte geschienen, als werde die lateinische Christenheit, unter Kaiser und Papst vereinigt, sich auf die von ihr Abgewichenen stürzen, um sie zu vernichten.

Statt dessen sah sich das eine ihrer Oberhäupter genötigt, um den Anfall einer entgegengesetzten Weltmacht, der doch zunächst ihm und seinem Hause galt, abzuwehren, mit den Protestanten in Vertrag zu treten und ihnen einstweilige Sicherheit zuzugestehen. Das positive Zugeständnis war nicht das einzige, was diese hiebei gewannen: einen nicht minderen Vorteil gewährte es ihnen, daß sie sich der großen nationalen Unternehmung zugesellt, zu der glücklichen Verteidigung des Vaterlandes so viel wie irgend jemand sonst beigetragen hatten.

Aber indessen waren nun in jener Welt, welche sie bedroht, die inneren Feindseligkeiten, deren Regung wir erwähnten, noch einmal ausgebrochen.

König Franz wäre durch die Verträge allerdings verpflichtet gewesen, dem Hause Österreich gegen die Türken Hilfe zu leisten. Es widerstrebte jedoch seinem

Stolze, dies auf eine Weise zu tun, wie es der Kaiser gewünscht hatte. Er faßte vielmehr den großartigen Gedanken, die Türken in Ägypten anzugreifen; er versprach, 50 Galeeren in See zu bringen und sie mit 25 000 Mann auszurüsten. Leicht werde man sich Alexandrias bemächtigen können, das nicht imstande sei, ihnen zu widerstehen. Aber die Kaiserlichen meinten, sein Zweck sei wohl nur, sich unter diesem Vorwande zu rüsten und dann Genua und Neapel anzufallen, und alles zerschlug sich.

Wir wissen, wie heftig er jene Anträge auf einen gemeinschaftlichen Krieg gegen die Schweiz zurückwies.

Auch in Hinsicht des Konziliums gab er nur eine ausweichende Erklärung. Ihm lag bei weitem mehr an der Gunst des Papstes, der es vermeiden wollte, als an der Freundschaft des Kaisers, der es wünschte.

Denn keinen Augenblick war seine Meinung, die Abtretungen, zu denen er sich in Cambrai hatte verstehen müssen, namentlich die Verzichtleistung auf Genua und Mailand, als definitiv zu betrachten. Er sah dieselben als sein Eigentum an, dessen er seine Kinder gar nicht einmal habe berauben dürfen. Er fühlte seine Ehre gekränkt, so oft er daran dachte, daß er jene Herrschaften verloren hatte.

Um sie aber wieder zu erwerben, schien ihm eine neue Verbindung mit dem Papste das einzige Mittel.

Schon zeigten sich von Tag zu Tage neue Differenzen zwischen Papst und Kaiser.

In Rom war man unglücklich, daß der Kaiser immer aufs neue eifrig auf das Konzilium drang. Man hat ihm wohl einmal vorgestellt, daß er Geld vom Papste fordere und demselben doch zugleich die Mittel entreiße, solches aufzubringen. Kein Mensch wollte sich dazu verstehen, auf die kirchlichen Einkünfte etwas darzuleihen, deren Reduktion man von dem Konzilium erwarte. Überdies fühlte sich Klemens VII. gekränkt, daß man auf seine Empfehlungen wenig achtete, bei den Verleihungen bakanter Pfründen auf seinen Neffen Hippolyt nicht die Rücksicht nahm, auf die er gerechnet, daß man in Neapel dem Kardinal Colonna freie Hand ließ, der ein geschworener Feind des römischen Hofes war. Was nun aber den alten Widerwillen am meisten erweckte, das war der Ausspruch des Kaisers in der Sache von Ferrara. Der Kaiser soll dem Papste zugesagt haben, wenn er sehe, daß das Recht nicht auf seiten Seiner Heiligkeit sei, einen Ausspruch überhaupt nicht zu tun. Nichtsdestominder entschied er nun zugunsten von Ferrara. „Dies," sagt ein Vertrauter des Papstes, „hat das Herz Seiner Heiligkeit verwundet." „Wollte Gott," ruft der Geschäftsträger des Königs Ferdinand aus, „der Kaiser hätte diesen Spruch nicht getan"; er glaubte zu bemerken, daß sich die kaiserliche Partei bei Hofe und im Kollegium deshalb vermindere.

Dagegen schlug nun der König von Frankreich dem Papste die ehrenvollste Verbindung vor, die je einem päpstlichen Hause angetragen worden war. Einen

seiner Söhne, Heinrich, Herzog von Orleans, der eine
nicht allzu entfernte Aussicht auf den französischen
Thron hatte, wie er ihn denn wirklich bestiegen hat,
bot er der Nichte des Papstes, Katharina Medici, zum
Gemahl an.

Wie viel das dem Papste wert war, sieht man aus
dem Vertrage, der am 9. Juni 1531 hierüber abge=
schlossen worden ist.

Der König hatte nicht wenig gefordert, vor allem
die Bildung eines Fürstentums für das künftige Ehe=
paar, bestehend aus Pisa und Livorno, Reggio,
Modena, Rubiera, Parma und Piacenza; damit sollte
denn auch Urbino, das dem Vater Katharinas eine
Zeitlang gehört hatte, ja selbst Mailand und Genua
vereinigt werden. Der Papst sollte seine Hilfe zur
Wiedereroberung dieser Landschaften versprechen.

Klemens ging hierauf in der Tat ein. In Gegen=
wart der französischen Gesandten, des Kardinals
Grammont und des Herzogs von Albany, erklärte er
sich bereit, nachdem die Vermählung vollzogen worden
war, Pisa, Livorno, Modena, Reggio und Rubiera dem
jungen Ehepaar zu übergeben, sobald als er und der
König es tunlich und nützlich erachten würden, auch
Parma und Piacenza, wofür jedoch der König der
Kirche einen Ersatz gewähren müsse, über den ihre
beiderseitigen Kommissare sich zu einigen hätten; er
zeigte sich sehr willig, zur Wiedereroberung von
Urbino das Seine beizutragen. Nur über Mailand
und Genua sprach er sich nicht bestimmt aus. Aber

er erklärte doch, daß er die geheimen Artikel, in denen diese Forderung vorkam, überhaupt billig und recht finde und ihre Ausführung wünsche, sobald sich nur eine gute Gelegenheit dazu zeige.

Man sieht, welch ein enges gemeinschaftliches Interesse sich hiedurch zwischen König und Papst für die Umgestaltung Italiens bildete, wie sehr dies mit dem Vorteil des Kaisers in Widerspruch stand, und begreift es, daß diese Verabredungen, wie sie denn auch noch kein vollkommenes Verständnis enthielten, demselben sorgfältig verborgen gehalten wurden.

Der in Rom anwesende Beichtvater des Kaisers ließ sich leicht überreden, daß der Papst zwar Rücksicht auf Frankreich nehmen müsse, aber seinen Herrn über alles liebe und niemals etwas tun werde, was demselben entgegen sei. Es schien nur auf diesen anzukommen, daß die Nichte des Papstes mit dem in Mailand wieder eingesetzten Sforza statt mit dem Sohne des Königs von Frankreich vermählt würde.

Im August 1531 wagte Klemens einmal, den österreichischen Bevollmächtigten zu sagen, er halte für notwendig, etwas zur Befriedigung des Königs von Frankreich zu tun; er sehe wohl, der Kaiser werde dem Könige Mailand und Genua niemals abtreten; aber könne man ihm nicht wenigstens Hoffnung dazu machen, ohne es ihm wirklich zu geben? Allein der Eindruck, den selbst ein solcher Vorschlag machte, war wohl sehr ungünstig. Wenigstens erklärte der Papst dem französischen Gesandten hierauf, er sehe sich in der Notwendigkeit, seinen guten Willen noch zu verheimlichen, um Aufschub zu bitten. An seiner Gesinnung brauchten darum die Franzosen keinen Augenblick zu zweifeln. Im Vertrauen gestand er zu wiederholten Malen ein, der Kaiser habe in dem letzten Traktate seinen Vorteil zu weit getrieben; es sei zu wünschen, daß er dem Könige dessen Eigentum zurückgebe. Der Gesandte hielt sich im März 1532 überzeugt, des Papstes wahrhafter Wunsch sei, daß der König in Mailand, der Kaiser in Neapel herrsche; dann werde er glauben, in der Mitte von beiden etwas zu vermögen.

Man erwartet in diesen Jahren Pläne gar nicht mehr, wie die, zu denen den Papst all dies Hin- und Herüberlegen seines Vorteils, diese Hinneigung zu Frankreich, die er doch zu verheimlichen suchte, am Ende geführt hat.

Im Mai 1532 ließ er dem Könige Ferdinand den Vorschlag machen, Ungarn, wie er es noch besitze, dem Woiwoden zu überlassen und sich dafür in Italien, und zwar im Venezianischen, zu entschädigen. Wie ganz vergessen hatte er doch die Lehre, die andere aus dem Kriege der Ligue von Cambrai gezogen! Der Woiwode, den er, obwohl geheim, vor dem Richterstuhl des Gewissens, von jenen Zensuren befreit hatte, die er einst, den österreichischen Brüdern zugunsten, ausgesprochen, sollte sich jetzt mit denselben wider Venedig verbinden. Auch der König von Frankreich sollte das tun. Dafür sollte er den größten Teil von Mailand und einen Teil von Piemont bekommen. Franz Sforza sollte zum Herzog von Cremona gemacht und mit einem aus mailändischen und venezianischen Besitztümern gebildeten Gebiete befriedigt werden. In der Tat, ganz ein Anschlag im Sinne seiner letzten, politisch so unruhigen Vorfahren. Auf das sonderbarste hatte sich der Wunsch verhüllt, den König von Frankreich noch einmal in Italien mächtig zu sehen.

Wirklich hatte man darüber unterhandelt: den Bevollmächtigten Ferdinands und wahrscheinlich auch ihm selbst kam die Sache nicht so ganz unannehmbar vor; aber indes näherte sich der Anfall der Osmanen: alle Aufmerksamkeit mußte auf die Abwehr derselben gewendet werden, und indes waren die Umstände verändert.

Auf der Stelle erschien auch der Kaiser selber wieder in Italien.

Es mag wahr sein, was man behauptet, daß Mangel an hinreichenden Geldmitteln ihn bewog, das große Heer wieder aufzulösen und seinen Bruder nur mit unzureichenden Kräften zurückzulassen; ein anderes Motiv lag aber ohne Zweifel darin, daß persönliche Unterhandlungen mit dem Papste noch einmal sehr dringend geworden waren. Am 12. Dezember traf er zu einer neuen Zusammenkunft mit demselben in Bologna ein.

Vor allem mußte hier die Sache des Konziliums vorgenommen werden. Der Kaiser wußte längst, daß der Papst, auch auf Frankreich gestützt, es vermeide. Aber er mochte hoffen, seine persönliche Gegenwart, erneuerte Vorstellungen über die Lage der Dinge in Deutschland, namentlich die Gefahren einer Nationalversammlung, würden dem Papste doch etwas abgewinnen. Unverzüglich begannen die Konferenzen; der Papst bildete eine Kongregation dafür, die aus den Kardinälen Farnese, Cesis, Campeggi und jenem Erzbischof von Brindisi, Aleander, bestand; Konsistorien wurden darüber gehalten. Die Frage war, ob man das Konzilium definitiv berufen oder erst den Versuch machen wolle, die noch obschwebenden Feindseligkeiten zwischen den christlichen Fürsten beizulegen. Denn mit diesen Zwistigkeiten pflegte der Papst seine Verzögerung zu entschuldigen. In dem ersten Konsistorium erklärten sich in der Tat die Kardinäle für unverzügliche Berufung: denn zu weitaussehend sei der Versuch jener Versöhnung. Der Papst verschob die Beschlußnahme bis auf die nächste Sitzung. In dieser, am 20. Dezember, fiel dann die Entscheidung im Sinne des Papstes aus. Die Stimmenmehrheit erklärte, daß vor der Versöhnung das Konzilium nicht gehalten, ja sogar keine gemeinschaftliche Maßregel gegen die Türken oder gegen die Lutheraner genommen werden könne. Es läßt sich denken, wie mißvergnügt der Kaiser hierüber war. Man suchte nur den Schein zu retten, erließ Erklärungen, daß das Konzilium auf jeden Fall gehalten werden solle, schickte Abgeordnete, um es scheinbar vorzubereiten, nach Deutschland; das war aber, wenn ich mich dieses Ausdruckes bedienen darf, alles Spiegelfechterei. Ernstlich beabsichtigte man durch diese Missionen nichts weiter, als den Deutschen den Gedanken des Nationalkonziliums auszureden. Darin allein verstanden sich Kaiser und Papst.

Hierauf kam die Erhaltung des Friedens in Italien zur Sprache. Der Kaiser glaubte, einen Angriff Franz' I. auf Genua erwarten zu müssen, und sein Entwurf war, denselben durch ein gegenseitiges Verteidigungsbündnis aller italienischen Staaten zu verhüten. Allein auch hiebei sah er sich von dem Papste nur wenig unterstützt. In Gegenwart des Kaisers sprach sich Klemens wohl für diesen Bund aus; aber insgeheim ließ er den venezianischen Gesandten wissen, was er da geäußert, habe er nur als die Meinung des Kaisers gesagt, nicht als die seine: er möge davon der Republik vorsichtige Meldung tun. Die Venezianer erklärten, ihr Verhältnis zu den Osmanen hindere sie, in ein Bündnis zu treten, das zugunsten Andrea Dorias geschlossen werde. Eine andere Schwierigkeit machten die Mißverhältnisse des Papstes mit Ferrara. Nur mit großer Mühe konnte Klemens dahin gebracht werden, dem Herzog auf 18 Monate Sicherheit zuzusagen. Endlich ward denn der Bund geschlossen; es wurden die Beiträge bestimmt, die ein jeder besonders im Falle des Krieges zu leisten habe. Aber schon die Verhandlungen zeigen, wie wenig zusammenhaltende Kraft demselben innewohnen konnte.

Franz hatte eher den Vorteil davon, daß er Gelegenheit bekam, sich über die Feindseligkeit des Kaisers, die sich in diesen Vorkehrungen ausspreche, zu beklagen.

Und hätte der Kaiser gehofft, durch ein Abkommen dieser Art das Verhältnis zwischen dem Papst und dem König aufzulösen, so wäre er in einer schweren Täuschung befangen gewesen. Gegen eine so ehrenvolle Familienverbindung, wie die vorgeschlagene, vermochte keine Einwendung etwas auszurichten.

Im folgenden Herbst machte sich der Papst persönlich auf den Weg, um seine Nichte nach Frankreich zu führen. In Marseille hielt er eine Zusammenkunft mit König Franz, die ohne Vergleich wichtiger geworden ist, als die letzte mit dem Kaiser.

Die Natur der Sache bringt es leider mit sich, da die Verhandlungen mündlich gepflogen wurden, daß wir keine Aufzeichnungen finden, die uns darüber eine authentische Kunde zu gewähren vermöchten.

Allein wie man den Kaiser von Rom aus warnte — denn es sei nicht anders möglich, als daß der Papst mit dem König etwas gegen ihn geplant habe, — so versichern uns die florentinischen Vertrauten des Papstes und ein so scharfer und guter Beobachter, wie der venezianische Gesandte, einstimmig, daß dies geschehen sei.

In Marseille wurden nicht allein französische Kardinäle ernannt; bei weitem mehr hatte zu bedeuten, daß der Papst sich entschloß, seinen Nuntius in der

Schweiz, den Bischof von Veroli, welcher für kaiserlich gesinnt galt, auf Bitten des Königs zurückzurufen.

Bald aber stellte sich noch weiter heraus, was zwischen den beiden Fürsten verabredet sein mochte.

Der Herzog von Orleans, Gemahl der Nichte des Papstes, machte auf Urbino Anspruch, welches das Erbteil seiner Gemahlin sei, und der päpstliche Nuntius in Deutschland verhehlte nicht, daß der Papst denselben unterstützen werde. Allerdings sei ihm durch die Traktate verboten, Neuerungen anzufangen; aber unmöglich könne man es eine Neuerung nennen, wenn jemand das Seine zurückfordere. Sei doch Urbino ein Lehen der Kirche; gewiß werde sich der Kaiser keines päpstlichen Vasallen gegen dieselbe annehmen.

Das bekam aber eine noch weit höhere Bedeutung, als auch der König seine Ansprüche auf Mailand bald darauf stärker als bisher erneuerte. Er forderte, daß Sforza durch ein Jahrgeld abgefunden und Mailand ihm auf der Stelle eingeräumt werde.

Bemerken wir nun, daß dies die Stipulationen des Ehevertrages waren, so wird wohl höchst wahrscheinlich, daß die Besprechungen in Marseille eben die Vollziehung desselben zur Absicht hatten. Wie sollte es nicht auch dem Papst erwünscht sein, seine Nichte als mächtige italienische Fürstin zu begrüßen? Mailand in den Händen der Franzosen, Neapel im Besitz der Spanier, darin schien manchem Italiener die Unabhängigkeit des Kirchenstaates und die Sicherheit der Medici in Florenz zu liegen.

Den Kaiser brauchte der Papst wegen seiner Annäherung an Frankreich nicht sogleich zu fürchten; wir werden sehen, wie er demselben durch Erfüllung seiner Wünsche in der englischen Sache doch wieder die Hände band, ja seiner Politik eine andere Richtung zu geben suchte.

Es fragte sich nur, wie man ihn in den italienischen Angelegenheiten zur Nachgiebigkeit nötigen wollte, ob durch offene Gewalt oder durch indirekte Mittel.

Die Versicherung des venezianischen Gesandten ist, daß der Papst das erste abgelehnt, aber zu dem letzten seine Zustimmung gegeben habe.

Nachdem die politische Opposition gegen das Haus Österreich, welches dem katholischen Europa zuletzt mit den Waffen seinen Willen aufgenötigt hatte, einen Augenblick beschwichtigt gewesen, erwachte sie wieder und nahm die alten Pläne auf. Der Gedanke des Papstes und des Königs war, sich zunächst fremder Feindseligkeiten zu ihrem Zwecke zu bedienen.

Der venezianische Gesandte urteilt, daß in Marseille auch von einer Bewegung seitens der Osmanen die Rede gewesen sei; doch will er es nicht behaupten. Ohne allen Zweifel versichert er, daß eine Erhebung der Waffen in Deutschland hier beraten worden sei; auch Guicciardini behauptet, daß der König dem Papste seine Absicht, die deutschen Fürsten gegen den Kaiser in Bewegung zu setzen, mitgeteilt habe.

Ich finde nichts, was diesen Versicherungen ihre

Einwirkung v. Frankreich, Restauration v. Württemberg. 459

Glaubwürdigkeit nehmen, ihnen mit Grund entgegengesetzt werden könnte.

Denn zunächst waren die Verbindungen, welche der König mit den deutschen Fürsten unterhielt, doch lediglich politischer Natur.

Vor allem unterstützte er den Widerspruch gegen die Wahl König Ferdinands. Als sich die opponierenden Fürsten im Mai 1532 enger vereinigten und sogar eine förmliche Kriegsverfassung verabredeten, machte sich Franz I. verbindlich, für den Fall des Krieges 100000 Kronen bei den Herzögen von Bayern niederzulegen. Die kühnsten und umfassendsten Pläne tauchten zuweilen auf, z. B. im Februar 1533 der eines Anfalls der Franzosen auf die Besitztümer Karls V. und zugleich der deutschen Fürsten und Zapolyas auf Ferdinand. Unaufhörlich durchzogen königliche Agenten, besonders Gervasius Wain, ein geborener Memminger, und Wilhelm von Bellay, das deutsche Reich, um die Opposition in Gang zu erhalten, diese Fäden enger zu knüpfen.

Noch wichtiger aber als die Wahl wurde bald die württembergische Angelegenheit.

Seit dem Tage, an welchem der Herzog von Württemberg aus seinem Lande getrieben worden, hatten auch die Versuche begonnen, ihn wiederherzustellen. Unzählige Verhandlungen und Verabredungen hatte man darüber gepflogen; doch war noch alles an der entschiedenen Feindseligkeit des schwäbischen Bundes gescheitert. Auf dem Reichstage von Augsburg war Ferdinand von seinem Bruder auf das feierlichste mit Württemberg belehnt worden.

Im Jahre 1532 trat nun ein Ereignis ein, das allen Ansprüchen des Fürstenhauses einen neuen Nachdruck gab.

Nach der Verjagung Herzog Ulrichs war auch dessen Sohn, Christoph, ein fünfjähriger Knabe, aus Württemberg weggeführt worden. Man erzählte sich, bei seinem letzten Nachtlager im Lande habe er mit einem Lamme gespielt und dies dann beim Abschiede dem Wirt dringend empfohlen: wenn er wiederkomme, werde er ihm die Bemühung vergelten. Dieser kindische Traum sollte jedoch lange unerfüllt bleiben. Der Knabe wuchs in Innsbruck und Neustadt unter der Obhut Ferdinands auf. Man hat da nicht immer aufs beste für ihn Sorge getragen, weniger vielleicht aus üblem Willen, als weil die Hofhaltung überhaupt nicht ganz in Ordnung war: er hat zuweilen Mangel gelitten; er sagt selbst, sein Zustand habe bei jedermann Mitleiden erregt; er ist sogar einmal in Gefahr geraten, von den Türken weggeführt zu werden. Aber frühes Mißgeschick ist einem Fürsten oft nützlicher, als der Müßiggang und die Schmeichelei des Hofes; ihm wollte das Glück in der Hauptsache doch wohl. Er bekam einen Lehrer, der gute Wissenschaften besaß und sich mit voller Hingebung an ihn anschloß, Michael Tifernus. Das Schicksal dieses Mannes vergegen=

wärtigt uns recht den Zustand jener Zeiten. Als Kind war dieser Michael von den Türken weggeführt worden, man wußte nicht, von wo; doch hatten sie ihn zuletzt wieder liegen lassen. Man brachte den armen Fremdling nach Thbein, Duino, wovon er seinen Namen führt, unfern von Triest; da ist er von guten Menschen auferzogen, darnach in ein Kollegium in Wien gebracht und dort gebildet worden. In jener Stunde der Gefahr hatte er hauptsächlich seinen Zögling gerettet. Unter seiner Leitung gedieh Christoph nun vortrefflich. Und allmählich zog man ihn auch an den Hof, denn nicht unfürstlich wollte man ihn halten; er war 1530 mit dem Kaiser in Augsburg. Da mußte sich ihm aber auch die Welt aufschließen: es konnte nicht an Leuten fehlen, die ihm seine Ansprüche in Erinnerung brachten. Wie mochten ihn bei jener Belehnung Ferdinands die Fahnen von Württemberg und Teck in dessen Händen ansehen! Das Gefühl seines Rechtes erwuchs in ihm mit der Zunahme seiner männlichen Jahre und Kräfte; doch mußte er es zurückdrängen, verschlossen halten. Und in dieser gespannten Stimmung nun ward ihm zugemutet, den Kaiser, mit dem er ganz gern nach den Niederlanden gegangen war, jetzt auch durch Italien nach Spanien zu begleiten. Es liegt wohl sehr nahe, daß er dazu keine Neigung empfand. Hatte man doch auch einst bald nach der Vertreibung seines Vaters, den Gedanken gehabt, denselben nach Spanien zu bringen! Christoph war ohnedies entschlossen, „seine Gerech=

tigkeit in Deutschland" nicht zu verlassen; er sagt sehr einfach, es sei nichts für ihn, mit nach Spanien zu reisen. Als sich der kaiserliche Hof nach dem Türkenkrieg im Herbst 1532 durch die Alpen nach Italien begab, fand er mit seinem Lehrmeister Gelegenheit, zu entfliehen. Unbemerkt verloren sie sich aus dem Gefolge und schlugen den Weg nach Salzburg ein. Von wegekundigen Bauern wurden sie geführt und waren schon weit entfernt, als man sie vermißte und ihnen nacheilte. Wenn es sich so verhält, wie man noch im sechzehnten Jahrhundert ausführlich erzählt hat, war ihre Flucht mit mancherlei Gefahr verknüpft: das eine ihrer Pferde erkrankte ihnen; um dadurch nicht verraten zu werden, entschlossen sie sich, es in einem See zu ersäufen; während dann der junge Fürst auf dem anderen seinen Verfolgern entging, verbarg sich Tifernus vor ihren Blicken im hohen Rohr. Genug, sie verschwanden vom Hof, und man glaubte wohl, sie seien im hohen Gebirge durch nachziehende Kriegsbanden oder Bauern umgekommen. Aber indes waren sie an einen sicheren Zufluchtsort gelangt, wahrscheinlich unter dem Schutze der Herzöge von Bayern; und von da erschollen nun plötzlich die Klagen Christophs, der sein Erbe zurückforderte, in alle Welt.

Es war an sich ein bedeutendes Ereignis, daß ein Fürst von Württemberg wieder erschien, mit gerechten, unverjährten Ansprüchen, von dem alten Stamm und Namen, der die Zuneigung der angeborenen Untertanen besaß. Für den Moment bekam es aber erst dadurch rechten Nachdruck, daß auch die Herzöge von Bayern, denen der Vater höchst widerwärtig gewesen, deren Vereinigung mit dem schwäbischen Bunde hauptsächlich die Vertreibung desselben bewirkt hatte, dem Sohne ihre Unterstützung gewährten.

Überhaupt stand der schwäbische Bund bereits auf dem Punkte, sich aufzulösen. Ein Motiv dazu war das alte, daß sich die Fürsten nicht gewöhnen konnten, dem Bundesrat unterworfen zu sein, in welchem Prälaten und Städte so viel wie sie selbst galten, ein geschicktes Mitglied die Entschließungen zuweilen nach seinem Gutdünken lenkte. Hessen, Trier und Pfalz trafen 1532 eine besondere Vereinigung, in der sie einander versprachen, in die Erneuerung des Bundes nicht zu willigen. Aber auch die Städte waren mißvergnügt, namentlich über die streng katholische Haltung des Bundesgerichts: Ulm, Augsburg und Nürnberg sehen wir sich untereinander selbst zu gemeinschaftlicher Verteidigung vereinigen. Die vornehmste Verstimmung jedoch bewirkten eben die Verhältnisse von Württemberg. Im Jahre 1530 war Württemberg mit allen Vorrechten von Österreich begabt, sogar aus der Kammergerichtsmatrikel weggelassen worden; aller Lasten des Reiches sollte es überhoben sein. Und indessen waren dem Bunde die Kriegskosten, die er 1519 bei der Eroberung aufgewendet, noch immer nicht erstattet. Der Kaiser und der König sahen wohl ein, wie viel ihnen für den Besitz des

Landes daran liege, den wohlgeordneten, kriegsfertigen
Bund in die Waffen rufen zu können; ihr Bevoll=
mächtigter, der Bischof von Augsburg, gab sich im
Frühjahr 1533 alle mögliche Mühe, ihn zusammen=
zuhalten. Aber schon da zeigte sich der Erfolg sehr
zweifelhaft. Bei den obwaltenden Umständen wollte
niemand mehr die Verteidigung Württembergs für
Ferdinand übernehmen. Bayern erklärte, es halte die
Sache des Herzogs Christoph für seine eigene.

Im Dezember 1533 ward noch ein Bundestag zu
Augsburg gehalten, um die Sache definitiv zu ent=
scheiden.

Der arme, beraubte, fast verschollene junge Fürst
erschien jetzt mit einer glänzenden Schar von Bei=
ständen, Räten von Kursachsen, Braunschweig, Lüne=
burg, Hessen, Münster, Jülich, Mecklenburg, Preußen.
Die Kommissare Ferdinands sahen sich sogleich in der
Notwendigkeit, mit ihm zu unterhandeln, eine Ent=
schädigung anzubieten, Cilli oder Görz oder Nellen=
burg. Der junge Herzog ging jedoch nicht mehr darauf
ein. Er führte an, der Vertrag, auf den sich dies
Erbieten gründe, sei niemals erfüllt worden und da=
durch aufgelöst. Überhaupt betrug er sich mit Um=
sicht und Klugheit. Er hütete sich wohl, die Ursachen,
weshalb sein Vater verjagt worden, zu berühren; er
blieb nur dabei stehen, daß seinem Hause, und dann
auch ihm besonders, dem man nichts von allem ge=
halten, was ihm bedungen worden, ein unerhörtes
Unrecht geschehen sei. Er gab die Versicherung, daß

Einwirkung v. Frankreich, Restauration v. Württemberg.

er bei alledem doch niemals daran denken werde, an den Bundesständen zu rächen, was sie seinem Hause angetan. Dasselbe versicherten die hessischen Gesandten im Namen seines Vaters. Unter diesen Eindrücken konnten die Kommissare keinen Schritt vorwärts kommen. Als die Versammlung auseinanderging, sah jedermann, daß der große Bund, auf welchem die Macht von Österreich im oberen Deutschland größtenteils beruhte, sich auflösen würde.

Auch ein französischer Gesandter war bei dieser Versammlung zugegen. Wir haben die pathetische Rede übrig, die er dort zugunsten Herzog Christophs gehalten haben will. Wohl noch mehr als seine Beredsamkeit wirkte die einfache Tatsache, daß der große benachbarte König sich für den jungen Fürsten verwandte.

Zu derselben Zeit geschah das, als der König und der Papst in Marseille beisammen waren. Sowie der Papst sich entfernte, eilte der König, des Einverständnisses mit Rom sicher, die Gunst der Umstände zu einer entscheidenden Bewegung zu benutzen.

Im Januar 1534 schloß er in der Sache der Wahl einen noch engeren Bund mit den deutschen Fürsten. Auf den Fall, daß es um derselben willen zum Krieg komme, verpflichtete er sich, den dritten Teil der Kosten zu übernehmen. Jetzt erst zahlte er jene 100 000 Sonnenkronen, die bei den Herzögen von Bayern niedergelegt wurden.

Und noch unmittelbarer mußte ihn die Förderung

der württembergischen Sache, auf die er in demselben Augenblick einging, zum Ziele führen.

Schon längst hatte sich Landgraf Philipp — dem Herzoge Ulrich von Württemberg persönlich zugetan und dem Hause Österreich aus mancherlei Gründen noch abgeneigt — entschlossen, bei der ersten günstigen Gelegenheit die Restauration des verjagten Hauses zu unternehmen. Es war ein Hauptgesichtspunkt seiner gesamten Politik alle diese Jahre daher. Jetzt lagen die Umstände günstiger als jemals. Es fehlte ihm an nichts, als an Geld, um den Schlag so viel wie möglich rasch und ohne hemmende Verbindung mit andern deutschen Fürsten ausführen zu können.

Hauptsächlich durch den Grafen Wilhelm von Fürstenberg, einen jener Kriegsanführer, die sich bald der einen, bald der andern Partei anschlossen, der, nachdem er dem Hause Österreich noch im Jahre 1528 gedient, sich jetzt auf die französische Seite geworfen hatte, ward die Verbindung zwischen König Franz und Landgraf Philipp vermittelt.

Von Marseille begab sich der König nach den östlichen Grenzen seines Reiches; im Geleite des Grafen von Fürstenberg erhob sich dann auch Landgraf Philipp von Kassel; er nahm seinen Weg über Zweibrücken; am 18. Januar finden wir ihn in St.-Nikolas an der Meurthe.

Unmittelbar hierauf fand die Zusammenkunft zwischen dem Könige und dem Landgrafen in Bar-le-Duc statt. Es ist hier von allen obschwebenden Fragen die Rede gewesen, dem Konzilium und der Wahl, den hessisch=nassauischen, den niederländisch=geldrischen Interessen; — der König äußerte sich über jede als ein Freund der deutschen Unabhängigkeit und im allgemeinen auch der protestantischen Fürsten; — hauptsächlich aber wurde, worauf alles ankam, über die Unternehmung auf Württemberg unterhandelt. Der Landgraf, dem es an Truppen und an Kriegsmitteln nicht gebrach, forderte vor allen Dingen Geld, um dieselben in Bewegung zu bringen. Der König, durch den Traktat von Cambrai ausdrücklich verpflichtet, sich der Gegner des Kaisers, unter anderen des Herzogs von Württemberg, nicht anzunehmen, trug doch Bedenken, so in offenem Widerspruch damit durch förmlichen Vertrag Subsidien zu dessen Gunsten zu bewilligen. Man traf die Auskunft, die Zahlung einer Summe von 125 000 Kronentalern, zu der sich Franz I. verstand, durch einen Kaufkontrakt über Mömpelgard, in welchem dem Herzoge das Recht des Wiederkaufs vorbehalten ward, zu verstecken. In einer Nebenverschreibung erklärte dann der König, daß er 75 000 Kronen dem Herzoge geradezu schenke. Am 27. Januar ward der Traktat abgeschlossen; unverweilt machte sich der Landgraf auf den Rückweg; schon am 8. Februar war er wieder in Kassel. Und nun säumte er keinen Augenblick, alles zu seinem Unternehmen vorzubereiten. Er trug, wie sich versteht, Bedenken, sein Geheimnis dem Papier anzuvertrauen; aber von seinen vertrauten Räten hatte er zuweilen keinen

einzigen zu Hause, so oft verschickte er sie; zu den
Kurfürsten von Trier und von der Pfalz begab er
sich persönlich. Auch er nahm an dem Vertrag über
die Wahl teil; aber indem er dem Könige die Rati=
fikation desselben übersendete, bemerkte er ihm doch,
er werde auf die Herzöge von Bayern nicht warten.
Schon sei er beschäftigt, für sich ans Werk zu gehen.
Der König war glücklich über die Aussichten, die sich
ihm eröffneten. Am Ostermontag 1534 sagte er zu
einem Agenten des Woiwoden, der bei ihm war, der
schwäbische Bund sei aufgelöst; er zahle Geld nach
Deutschland und habe viele Freunde daselbst, Bundes=
genossen, die auch schon in den Waffen seien; bald
werde Zapolya einen Frieden erlangen können, wie
er ihn nur wünsche.

Noch eine Gefahr hatte der Landgraf zu beseitigen,
ehe er losbrach. Jene Kurfürsten, welche Ferdinand
gewählt, konnten fürchten, daß ein glücklicher Kriegs=
zug gegen den König auch ihnen späterhin verderblich
werden dürfte; es schien sehr möglich, daß sie sich
deshalb des Königs annehmen möchten, wie denn
wirklich bereits ein Kurfürstentag nach Gelnhausen
anberaumt worden. Bei jener Reise war es ohne
Zweifel Philipps vornehmste Sorge, Trier und Pfalz
hierüber zu beruhigen. Statt an einen Krieg der
Wahl halber zu denken, legte man jetzt vielmehr den
Grund zur Beilegung dieser Sache. Bayern versprach,
wenn nur Württemberg wieder in die Hände des an=
gestammten Hauses komme, die Wahl nicht weiter an=

fechten zu wollen; hierauf versprachen Brandenburg, Köln und Pfalz, dem Landgrafen in seinem Unternehmen nicht entgegen zu sein. Trier verstand sich sogar zu einer Hilfszahlung.

Wie sah sich König Ferdinand plötzlich so ganz isoliert!

Der Kaiser war entfernt, der König von Frankreich feindselig, der Papst, wie sich bald noch näher auswies, höchst zweifelhaft. Die alte Feindseligkeit, welche den schwäbischen Bund zusammengehalten, war verloschen; Herzog Ulrich bestätigte feierlich die Versicherungen des Landgrafen, daß die Städte nichts von ihm zu fürchten haben würden. Weder die Wahlverpflichtungen der Kurfürsten, noch die religiösen Differenzen wollten jetzt zu seinen Gunsten wirken. Die Geistlichen waren so gut gegen ihn, wie die Weltlichen.

Denn daß ein altes deutsches Fürstenhaus seines Erbteils so ganz und gar verlustig gehen sollte, konnte doch von keinem anderen Fürsten gebilligt werden.

Die Wittenberger Theologen sowie die eigenen Untertanen warnten den Landgrafen: sie meinten, er werde Hessenland ins Verderben bringen. Fast scherzend entgegnete er: für diesmal will ich euch nicht verderben; er übersah die Lage der Dinge besser als sie und fühlte sich seiner Sache sicher.

Nur mit Ferdinand, und zwar nur mit dessen württembergischen Kräften hatte er zu tun; denen fühlte er sich wohl gewachsen.

Während er selbst hauptsächlich eine stattliche Reiterei um sich sammelte — die Waffe, durch welche Niederdeutschland im sechzehnten Jahrhundert dem übrigen Europa überlegen war —, aus Pommern und Mecklenburg, Braunschweig und Eichsfeld, den westfälischen Bistümern und den kölnischen Stiftslanden, deren Kern seine eigenen hessischen Vasallen bildeten, ohne Zweifel die Lehnsmannschaft, die damals in Deutschland am häufigsten aufgeboten ward und diesmal nicht sehr gern Folge leistete, brachte Graf Wilhelm von Fürstenberg am Oberrhein und im Elsaß, wo die besten Landsknechte den Winter über auf den Kriegsruf gewartet, nicht ohne Hilfe der Stadt Straßburg, 24 Fähnlein zu Fuß zusammen. Die Vereinigung beider Haufen geschah zu Pfungstadt am Odenwald. Dienstag, den 5. Mai, traf die Nachricht ein, daß auch der Feind eine stattliche Macht in Stuttgart zusammengebracht habe und sich ohne Zweifel in offenem Feld entgegenstellen werde. Alles war freudig und kampfbegierig. Mittwoch, den 6., gleich nach Mitternacht, brach man auf. Der Landgraf zu Pferde, selbst seinen Rennspieß in der Hand, musterte die Truppen. Voran zogen die Wagen mit Munition und Lebensmitteln, von sechstausend Bauern geführt, sämtlich streitbaren Leuten. Dann folgte das Rennfähnlein, hierauf das Geschütz, darnach die große Schwadron der gepanzerten Reiter unter der Hauptfahne, welche der Erbmarschall von Hessen trug; hierauf die Fußvölker, sowohl die, welche der Landgraf mitgebracht, als die oberländischen, zu denen noch der Graf Georg von Württemberg eine nicht unbedeutende Verstärkung stoßen ließ. Es waren ungefähr 20 000 Mann zu Fuß, 4000 zu Pferd, ein Heer, zwar bei weitem nicht das größte, das man in diesen Zeiten gesehen, doch für einen einzelnen Reichsfürsten, der dem Range nach nicht einmal zur ersten Klasse gehörte, über Erwarten zahlreich und dabei trefflich ausgerüstet, mit allen Kriegsbedürfnissen auf das beste versehen. Man hatte sich angelegen sein lassen, besonders evangelisch-gesinnte Rittmeister und Hauptleute zu werben; bei den Gemeinen herrschte diese Gesinnung ohnehin vor. Es war das erste Heer religiös-politischer, europäisch-deutscher Opposition gegen das Haus Österreich, das im Feld erschien.

Dem gegenüber hatte sich nun auch die österreichisch-württembergische Regierung gerüstet. Die Männer- und Frauenklöster, Stifte, Ruralkapitel hatten Beihilfe geleistet, die Städte eine Kriegssteuer gezahlt. Die alten Kriegsbefehliger aus den italienischen Feldzügen, Kurt von Bemmelberg, Kaspar Frundsberg, Marx von Eberstein, Thamis, genannt Hemstede, hatten Landsknechte zusammengebracht; noch einmal hören wir die Gegner Hessens aus dem sickingenschen Kriege nennen: Hilch von Lorch, die Söhne Sickingens, Dietrich Spät. Der König selbst erschien nicht. Seine Stelle vertrat der Statthalter von Württemberg, der bei der Verteidigung von Wien sich einen Namen erworben, Philipp von der Pfalz. Obwohl die Truppen an Zahl dem Landgrafen nicht gewachsen waren — sie mochten 10 000 Mann zählen, mit Einschluß einer Anzahl von Böhmen —, so hatten sie doch Mut genug, ihn auf seinem Wege, bei Lauffen am Neckar, in offenem Felde zu erwarten. Nicht einmal den Übergang über den Fluß trugen sie Sorge ihm zu erschweren.

Das erste Zusammentreffen fand am 12. Mai statt. Die Königlichen hielten den Angriff, der auf sie geschah, ziemlich gut aus. Aber sie hatten nicht allein das Unglück, daß ihr Anführer, der Pfalzgraf, verwundet wurde, sondern es entwickelte sich auch eine so entschiedene Überlegenheit des Landgrafen, daß sie anerkannten, sie würden ihn, wie sie waren, hier am Ort nicht bestehen können. Noch in der Nacht brach Dietrich Spät auf, um mehr Reiterei zu holen. Das Heer selbst suchte des anderen Tages, am 13., früh am Morgen, eine festere Stellung zu gewinnen.

Sollte ihnen aber der feurige Landgraf dies gestatten? In diesem Augenblick war auch er schon in Bewegung. Durch keine Widerrede ließ er sich abhalten; er sah wohl, welch ein Vorteil es für ihn war, mit seiner Überzahl an Reiterei und seinem guten Geschütz den Feind so im Moment des Aufbruchs anzufallen. So waren einst die streitbaren Haufen der Bauern besiegt worden. Das österreichische Heer hatte zwar geübte Landsknechte, tapfere Anführer; aber der Mangel an Pferden brachte es in dieselbe mißliche Lage, die jene Bauern zu bestehen gehabt. Durch einen Reiterangriff in der Flanke hielt Landgraf Philipp die Abziehenden an einem Weingarten so lange auf, bis sein Geschütz herangekommen. Er eilte dann zurück, um auch die Fußvölker zum entscheidenden Anlauf herbeizuführen, aber ehe diese noch angelangt, hatten Reiterei und Geschütz schon so gut zusammengewirkt, daß der Feind in volle Unordnung geriet und über die Steige Bidembach zurückwich. Die wenigen Reiter, die er noch hatte, nahmen ihren Weg nach dem Asperg; das Fußvolk ward auseinandergesprengt; viele fanden im Neckar ihren Tod. Der Landgraf wundert sich selbst, daß so namhafte Anführer so wenig standgehalten.

Ein Schlachttag ist in der Regel auch deshalb merkwürdig, weil da die gesamten Momente der inneren Entwickelung zusammengreifen und sich gegeneinander versuchen. Landgraf Philipp hatte die glückliche Kombination der europäischen Verhältnisse, die geheime oder offene Zustimmung von ganz Deutschland, die religiösen Sympathien für sich; Ferdinand war auf sich allein angewiesen, verfocht nur ein zweifelhaftes Recht und unpopuläre Ideen: er blieb in dem Lande, das er besaß, der Schwächere.

Dieser Schlachttag verdient nun aber auch seiner Folgen wegen alle Aufmerksamkeit: er entschied über das Schicksal eines der wichtigsten deutschen Fürstentümer. Das Land fiel ohne weiteres den Siegern anheim. Herzog Ulrich erschien nach so langer Abwesenheit wieder. Nachdem er den Tübinger Vertrag be-

stätigt hatte, huldigte ihm die Bürgerschaft seiner
Hauptstadt Stuttgart auf einer Wiese an der Straße
nach Kannstatt; ihrem Beispiele folgten die übrigen
Städte und Ämter. Auch die Schlösser hielten nicht
stand für Ferdinand. Entweder waren die Befehls=
haber in ihrem Herzen dem zurückkehrenden Landes=
fürsten gewogen, oder sie fürchteten für ihre Güter,
die den Siegern bereits in die Hände gefallen waren,
oder sie wurden mit Gewalt genötigt. Auch der
Asperg ergab sich am 2. Juni.

So ward Württemberg wieder württembergisch.
Herzog Ulrich war von seinen Gegnern wohl mit dem
Spottnamen „der Besenmacher" belegt worden; man
scherzte jetzt von der anderen Seite, nun sei er ge=
kommen, um die Spinneweben im Lande auszufegen.
Mit Freuden sah man das Jägerhorn wieder, nach
dem man sich so lange gesehnt; die Lieder preisen
das Glück des Landes, daß ihm sein angeborener Fürst
wieder überantwortet sei. Politisch war es ein großer
Erfolg, daß ein Fürst, in welchem die Opposition gegen
Österreich durch alles, was vorangegangen, nun erst
recht gesteigert worden, in der Mitte von Oberdeutsch=
land auftrat. Es konnte bei seiner bekannten Ge=
sinnung wohl von Anfang an keine Frage sein,
welche Haltung er auch in religiöser Hinsicht nehmen
würde.

Merkwürdig aber, wie sich Papst Klemens VII.
hiebei betrug. Der Gesandte König Ferdinands er=
suchte ihn im Auftrage seines Herrn um Beihilfe in

einer so großen Gefahr, die auch für die Kirche sowie für Italien überaus drohend werden könne. Wirklich brachte der Papst die Angelegenheit im nächsten Konsistorium zur Sprache; er wiederholte die Worte des Gesandten, steigerte selbst seine Ausdrücke; über die Hilfe aber, die dem Könige zu leisten sei, machte er nicht einmal einen Vorschlag. Hierauf lief ein Schreiben Ferdinands an den Papst selbst ein; noch einmal ward die Sache im Konsistorium vorgenommen. Aber der Papst wählte diesen Augenblick, um zugleich die Forderungen des Kaisers in bezug auf das Konzilium, die der Kurie so höchlich verhaßt waren, in Anregung zu bringen; die Folge war, daß man die Hilfsgelder aufzählte, die dem Kaiser und dem Könige schon gewährt worden, den neuen Antrag aber zur weiteren Beratung einer Kongregation überwies. Der Papst sagte, der König liege an einer Krankheit darnieder, in der ihm keine leichte Arznei, nicht etwa ein Sirup, sondern nur ein starkes Heilmittel nützen könne. Demgemäß entschied die Kongregation: da man nicht imstande sei, dem König eine bedeutende Subsidie zu gewähren, so sei es besser, ihm gar keine zu bewilligen. Zum Verdruß des Gesandten war die Nachricht eingelaufen, daß der Landgraf bei seinem Eintritt in das Land nichts gegen die Kirchen tue. Der Papst erklärte hierauf, die Sache sei ein Privatkrieg, auf den er sich nicht einlassen wolle; sollten aber die Feinde die Kirche beleidigen, dann werde er daran denken, Hilfsgelder zu zahlen. Der Gesandte bemerkte mit aller Lebhaftigkeit, die seine Ehrerbietung gestattete, wie viel an der Sache liege, wie teuer sie dem römischen Stuhle zu stehen kommen könne, ja selbst der Stadt Rom und ganz Italien. Aber auch der Papst ward lebhaft und beinahe zornig; er fragte, wo denn der Kaiser sei, warum er nicht Fürsorge getragen; er, der Papst, habe ihn ja schon längst auf die Bewegung, die von dem Landgrafen zu erwarten sei, aufmerksam gemacht. Genug, der Papst war zu keiner Teilnahme zu bringen, nicht der geringsten. Er wollte erst von dem Ruin der Kirche hören, ehe er etwas dagegen tue; zunächst sah er die Sache lediglich vom politischen Standpunkt an. Die deutschen Fürsten, wie Herzog Georg von Sachsen, machten dem Papste Vorwürfe, daß er mit dem König einverstanden sei, Deutschland in Unruhe zu halten, nur um nicht zum Konzil schreiten zu müssen.

Diese Lage der Dinge schien nun allerdings dem Könige von Frankreich die großartigste Aussicht zu eröffnen.

Am 18. Juni standen die Sieger zu Taugendorf an der österreichischen Grenze: „Meine Freunde," sagte Franz I., „haben Württemberg erobert; nur mehr! weiter!" Indessen war auch Barbarossa in See erschienen, hatte die neapolitanische Küste weit und breit geplündert und sich dann auf Tunis gestürzt, das in seine Hände fiel. Er nahm, wie wir weiter berichten werden, eine für Spanien überaus drohende Stellung daselbst an. Franz I. meinte, daß der Kaiser unter so mannigfaltiger Gefahr seines Hauses ihm nachgeben werde. Er forderte Genua, Montferrat und auf der Stelle wenigstens einen Teil von Mailand. Die Pläne auf Urbino regten sich.

In Deutschland schien ein Feuer angezündet zu sein, welches nicht so leicht gelöscht werden könnte.

Sowie der Kaiser Nachricht erhielt, schickte er sogleich einen Gesandten mit nicht unbedeutenden Geldmitteln ab, um ein Heer ins Feld zu bringen und den Landgrafen zu strafen. Nichts hätte der Absicht seiner Feinde besser entsprechen können.

In Deutschland aber war man doch weder von der einen, noch von der anderen Seite geneigt, die Sache so weit kommen zu lassen.

Die angreifenden Fürsten fühlten sich nicht imstande, den Krieg lange hinzuziehen. Am wenigsten wollten sie sich für ein fremdes Interesse schlagen.

Hatte Franz I. die deutschen Feindseligkeiten für sich zu benutzen gedacht, so war es auch ihre Absicht gewesen, mit französischer Hilfe zum Zweck zu kommen: nichts weiter.

Allerdings war in dem Vertrage wegen der Wahlsache ausgemacht, daß kein Teil ohne den anderen Frieden schließen dürfe; aber wie Philipp von Hessen erinnerte, dieser Krieg war gar nicht zum Ausbruch gekommen. Noch ehe er zu den Waffen griff, hatte er dem vorgebaut. Die Herzöge von Bayern hatten sich still verhalten; unbenutzt lag das französische Depositum in ihren Koffern.

Die ganze Frage war, ob König Ferdinand sich entschließen könne, Württemberg aufzugeben.

Aber auch für diesen war die Lage der Dinge höchst bedenklich. Sollte er, um das einmal Verlorene wiederzuerobern, alles in Gefahr setzen, was er mit besserem und unzweifelhaftem Rechte besaß? Man erinnerte ihn, wenn er nicht in ein paar Tagen schlagfertig sei, werde er alles gefährden. Seine Räte, Roggendorf, Hofmann und der Bischof von Trient vereinigten sich zu dem Gutachten, daß er sich entschließen möge, auf Württemberg Verzicht zu leisten.

Schon war um dieser und anderer Dinge willen eine Versammlung deutscher Fürsten in Annaberg eröffnet.

Um persönlich an den Unterhandlungen teilnehmen zu können, begab sich König Ferdinand selbst in die Nähe, nach Caban, einem kleinen Orte zwischen Saaz und Annaberg.

Dazu zwar verstand er sich nicht, Württemberg ganz und gar aufzugeben: denn auf das feierlichste, bei versammeltem Reichstage, sei er damit belehnt worden; sein Bruder habe selbst die Fahne angefaßt; er könne und wolle sich diese Gerechtigkeit nicht entreißen lassen. Allein er willigte ein, daß Herzog Ulrich Württemberg als ein Afterlehen von Österreich, jedoch mit Sitz und Stimme im Reiche, besitzen solle. Damit war Landgraf Philipp, am Ende auch Herzog Ulrich zufrieden.

Dagegen erklärte sich nun auch der Kurfürst von

Sachsen bereit, Ferdinand als römischen König anzuerkennen. Er gestand darum nicht zu, daß er Unrecht getan habe; er forderte vielmehr einen Zusatzartikel zur Goldenen Bulle mit solchen Bestimmungen für künftige Fälle, daß sein Verfahren in dem gegenwärtigen im Grunde gutgeheißen ward. Allein dieser Vorbehalt hinderte ihn nicht, sich doch schon am 27. Juni nach Cadan zu begeben und seinem bisherigen Gegner alle einem römischen Könige zukommende Ehre zu erweisen. Auch seine Anhänger, denen sein Widerspruch allein einen legalen Grund zur Verweigerung der Obedienz gegeben, hätten dieselbe nun nicht länger versagen können. Nach und nach fügte sich alles.

Soeben hatte der Gesandte des Kaisers Karl seine Unterhandlungen wider den Landgrafen am Rhein begonnen, als diese Nachricht einlief und er sie einstellen mußte.

Indem König Franz täglich von weiteren Feindseligkeiten in Deutschland zu hören hoffte, war schon der Friede geschlossen. Von dieser Seite wenigstens durfte er weiter nichts für die italienischen Verhältnisse erwarten.

Vielmehr zeigte sich, daß das Unternehmen des Landgrafen, zu welchem es nur vermöge einer europäischen Kombination gekommen, doch zunächst keine Rückwirkung auf die allgemeinen Verhältnisse haben werde; seine Folgen waren auf die deutschen Grenzen beschränkt, hier aber keinesweges, wie man erwartet hatte, lediglich politisch, sondern zugleich von hoher Bedeutung für die Religion. Noch einige andere Stipulationen wurden in Caban getroffen, die für das Bestehen des Protestantismus auf immer von der größten Wichtigkeit geworden sind, aber zu einem anderen Kreise von Ereignissen gehören, den wir nunmehr betrachten.

Achtes Kapitel.
Fortschritt der Kirchenreformation in den Jahren 1532—1534.

Es leuchtet ein, wie sehr das reformatorische Prinzip in den Gebieten, wo es infolge des Reichsschlusses von 1526 die Herrschaft erlangt hatte, schon durch ein Ereignis, wie der Nürnberger Friede war, befestigt und entwickelt werden mußte.

Die Protestanten hatten sich daselbst die bischöfliche Jurisdiktion nicht wieder aufbringen lassen; durch die Zusage des Kaisers glaubten sie gegen die Prozesse des Kammergerichtes und mithin gegen die nächsten Feindseligkeiten der in demselben ausgesprochenen Mehrheit der Reichsstände gesichert zu sein.

Hierauf trug der sächsische Landtag, der gegen Ende 1532 zu Weimar versammelt worden, kein Bedenken weiter, die Wiederaufnahme der in den Zeiten, wo alles schwankte, natürlicherweise unterbrochenen Visitation der Kirchen zu genehmigen.

Nun erst ward die Messe, die sich noch an einigen Stellen gehalten, vollends überall aufgehoben; die wenigen Klöster, die noch bestanden, wurden auf die evangelische Lehre angewiesen; man verbot ihnen, Novizen aufzunehmen. Unter ständischer Mitwirkung ward eine allgemeine Sequestration der Klostergüter angeordnet. Die Stände beabsichtigten, mit dem Ertrag einige der dringendsten Bedürfnisse des öffentlichen Haushaltes zu erledigen, namentlich die Landesschulden zu tilgen, wozu sie soeben überdies eine Steuer bewilligten. Wie sie sich aber hierüber sehr bescheiden ausdrücken, so daß sie sogar eine Rückzahlung, wenn es notwendig werde, in Aussicht stellten, so hob der Fürst fast noch eifriger die Notwendigkeit hervor, den ursprünglichen Zweck der Stiftung im Auge zu behalten. Da kam es nun vor allem auf eine Ausstattung der Pfarren an. Die Idee war anfangs, daß sich die Pfarren mit den kleinen Stiftungen, Brüderschaften, Kalands, Seelgeräten und, wo diese unzureichend seien, mit neuen Anlagen auf die Gemeinden würden ausstatten lassen. Allein das zeigte sich ganz unausführbar. Namentlich erinnerte man die Gemeinden, Bürger und Bauern so gut wie Edelleute, nur vergebens, wie viel ihnen früher Messestiftungen und Ablaß gekostet; sie antworteten: jetzt seien andere Zeiten. Es mußte daher ein guter Teil der Klostergüter, die überdies, wenigstens im Anfang, wo man noch gar manchen Mönch zu versorgen und eine kostspielige Administration einzurichten hatte, keine besonderen Erträge abwarfen, für die Pfarren verwendet werden. Es ist fast unglaublich, wie vernachlässigt man sie fand. Indessen mit der Zeit gelangte man zum Ziele. „Mit großer Sorge, Mühe und Arbeit," versichert Myconius, selbst einer der Visitatoren, „sei doch erreicht worden, daß jede Pfarre ihren Lehrer und ihr gewidmet Einkommen habe, jede Stadt ihre Schulen und was zur Kirche gehöre". Die Visitation erstreckte sich jetzt auch über die reußischen und schwarzburgischen Besitzungen. Bei den Geistlichen, die man daselbst fand, zeigte sich weniger Widersetzlichkeit, als Unwissenheit und Sittenlosigkeit; man konnte sie nicht behalten, so gern sie geblieben wären; fast überall traten Zöglinge der Wittenberger Schule an ihre Stelle. Diese selbst, die Metropole des Protestantismus, ward jetzt ein wenig besser ausgestattet. Die alte Ordnung der Dinge in ihrem eigenen Lande hatte sie nunmehr vollkommen gesprengt. Sie selbst stand an der Spitze der neuen Kirche. Sie hatte die Doktrin gefunden und aufgestellt, auf die man bereits anfing die Prediger zu verpflichten; von den geistlichen Mitgliedern der Universität gingen die Ordinationen aus.

Und dieses System ward nun auch fast unverändert auf Hessen übertragen, wo jener erste Entwurf einer auf die Idee der Gemeinde gegründeten Kirchenverfassung längst beseitigt worden war. Visitationen wurden gehalten, die Pfarren, wie der Landgraf rühmt, besser instand gesetzt, als sie jemals gewesen, Superintendenten eingeführt, die gottesdienstlichen Einrichtungen nach der Wittenberger Art und Weise getroffen. Den vornehmsten Unterschied machte, daß die Kirche in Hessen bei weitem reicher ausgestattet war, als in dem kurfürstlichen Thüringen und Sachsen. Daher konnte es dort zu einigen großen Stiftungen kommen. Im Jahre 1532 wurden die Klöster Wetter und Kaufungen mit Einkünften, die man einer kleinen Grafschaft gleich geschätzt hat, zur Ausstattung adeliger Fräulein, im Jahre 1533 die Häuser Haina und Merxhausen, bald darauf auch Hofheim und Gronau zu Landeshospitälern bestimmt. Der Universität Marburg wurden nach und nach zehn Klöster aus dem oberen und niederen Fürstentume geradehin einverleibt, von fünf anderen ein Anteil an den Einkünften gewährt. Ein theologisches Seminar ward auf Beiträge des Fürsten und sämtlicher Bürgerschaften des Landes gegründet.

In Lüneburg hatten sich sonst die Jurisdiktionen von Bremen, Verden, Magdeburg und Hildesheim geteilt. Die oberste Superintendentur über alle diese Länder war jetzt, nach Beseitigung dieser Jurisdiktionen, dem Urbanus Rhegius aufgetragen. Er hielt es für seine Pflicht, in dieser mühevollen und selbst nicht ganz gefahrlosen Stellung zu verharren, auch als man ihn wieder nach dem Oberlande berief, von wo er stammte. Mit tätigstem Eifer stand ihm sein Fürst, Herzog Ernst, genannt der Bekenner, zur Seite. Wir sehen ihn in Person mit seinem Kanzler und einem oder dem anderen Prediger in den Klöstern erscheinen und die Sache der Reform empfehlen; ohne alle Schwierigkeit traten die Äbte und Stiftsherren, nach einigem Widerstreben auch die Priorinnen mit ihren Nonnen zur evangelischen Lehre über. Zuweilen hatten die Stifte ein gleiches Interesse mit dem

Zwangsgewalt des geistlichen Standes loszureißen, [d]ie, wenn sie ausgeübt wurde, unendlich drückend und, [w]enn man sich davon entband, für die Moralität ver[d]erblich war, darin lag eine der vornehmsten Ten[d]enzen der gesamten Bewegung. Man wollte den [E]influß und die geistliche Macht der hohen Prälaten [ni]cht mehr; aber dem von dem hierarchischen Systeme [a]bgetretenen niederen Klerus verwandte Rechte zu [ü]bertragen, fühlte man auch Bedenken. Der Forde[run]g einer strengen Kirchenzucht setzte sich sogleich die [di]e entgegen, daß das christliche Prinzip durch an[ge]gte Freiwilligkeit die Herzen durchdringen, nicht [durc]h Gewalt und Zwang sie entweder unterjochen [od]er entfremden solle.

[In]dem man nun aber mit diesen Einrichtungen und [Be]wegungen beschäftigt war, denn vollkommen ge[sicher]t glaubte man sich durch die Zugeständnisse von [Nürn]berg, zeigte sich doch, daß das nicht so ganz der [Fal]l sei; die hohe Geistlichkeit der katholischen Kirche [hatte] in der Reichsverfassung eine allzustarke Re[präsen]tation, in dem Reichsrechte einen zu stark aus[gede]hnten Rückhalt, um ihre Sache sofort aufzu[geben].

[Aller]dings wies der Kaiser, von Mantua aus, am [... Nove]mber 1532, das Kammergericht an, alle Späne [und Ver]handlungen, Sachen der Religion belangend, bis [auf ei]nen weiteren Befehl einzustellen.

[Es] war bei demselben eine ganze Anzahl von [Prozessen] anhängig. Straßburg, Kostnitz, Reutlingen,

---

Herzog, z. B. in Bardewik, welches der Erzbischof von Bremen mit Verden vereinigen wollte. Allmählich wurden die sächsischen Formen hier wie in Hessen vorherrschend; alle Jahre ward eine Kirchenvisitation gehalten.

Auch in dem fränkischen Brandenburg fuhr man fort, die Klöster fürstlicher Verwaltung zu unterwerfen. Noch gab es jedoch an vielen Orten Mönche; zuweilen hatten sie Frauen genommen; hie und da hatte dies der Abt selbst getan. Neue Äbte und Äbtissinnen durften jedoch nicht mehr gewählt werden; höchstens Verwalterinnen finden wir noch eintreten, wie Dorothea von Hirschhard in dem Fräuleinstift Birkenfeld. Es ward eine Kammerordnung entworfen, nach welcher der Überschuß der Klosterverwaltung zu einer Gesamtkasse, einem Vorrat aufgespart werden sollte für irgendeinen Fall der Not, in welche das ganze Fürstentum geraten dürfte. Alles aber, was von anderen Stiftungen und zur Erledigung gelangenden Pfründen aufkomme, sollte zum Unterhalt der Pfarren und Schulen dienen. Im Jahre 1533 ward eine Kirchenordnung entworfen, gemeinschaftlich mit Nürnberg, nach welcher Kirchen und Klöster sich richten sollten.

Alles war noch im Werden, noch ziemlich formlos; an eine befestigte Kirchenverfassung war noch nicht zu denken. Nur so viel sehen wir, daß das Prinzip des weltlichen Standes überhaupt einen großen Vorteil über die geistliche Seite davontrug.

Ein Teil der geistlichen Einkünfte kam entweder dem Fürsten oder dem Adel, oder auch den Städten oder der Gesamtheit des Landes zugute. Überall trat eine Geistlichkeit, die ihre Stellung und Bedeutung den Anstrengungen und dem Eifer der fürstlichen Gewalt verdankte, an die Stelle einer anderen, deren Recht sich von der bischöflichen Autorisation herschrieb.

Wie wenig sich aber der weltliche Stand auch dieser neuen Geistlichkeit zu unterwerfen geneigt war, davon zeugt unter anderem jene nürnbergisch-brandenburgische Kirchenordnung.

Die Geistlichen wünschten hier die Wiedereinführung des Kirchenbannes; die nürnbergischen trugen förmlich darauf an; die brandenburgischen waren wenigstens nicht dagegen; in ihrem Gutachten führen sie vielmehr Gründe für den Nutzen dieses Institutes auf. Allein sie konnten nicht durchdringen. Die Weltlichen wollten sich diesem Zwange nicht wieder unterwerfen. Bei der Publikation der Kirchenordnung ward der Paragraph weggelassen, der davon handelt.

War man doch auch in Wittenberg selbst nicht dafür! Luther fand, zu dem öffentlichen Banne werde eine vorhergehende Untersuchung und hernach allgemeine Meidung des Gebannten gehören: jenes lasse sich nicht wohl einrichten, dieses werde namentlich in großen Städten Verwirrung veranlassen. Er sah wohl ein, daß die Religion nicht dazu da ist, durch irgendeine eigene Zwangsanstalt äußere Ordnung zu handhaben,

Fortschritt der Kirchenreformation i. d. Jahren 1532—1534.

Magdeburg, Bremen, Nürnberg waren sämtlich von der hohen Geistlichkeit verklagt, nicht minder einige Fürsten, wie Ernst von Lüneburg, Georg von Brandenburg. Meistens wurden eingezogene Güter zurückgefordert; zuweilen wurden aber auch wohl einem Kapitel, einem städtischen Stifte die ihm gehörenden Zinsen vorenthalten; oder die verehelichten Prediger sollten abgeschafft, in einer protestantischen Stadt katholisch-eifrige Priester eingesetzt werden, was sich diese nicht gefallen lassen wollte.

Die Protestanten glaubten wohl, durch die Weisung auf immer gesichert zu sein. Das Kammergericht war jedoch nicht dieser Meinung.

Es war auf die Beobachtung des Augsburger Abschiedes verpflichtet; es wußte sehr wohl, daß die Majorität ihm die Kriegführung wider die Protestanten aufgetragen; niemand auf Erden läßt sich gern Befugnisse entreißen, die ihm Macht verleihen. Durfte es aber wohl auf der anderen Seite einer Weisung des Kaisers widersprechen, von dem sich sein Gerichtszwang herschrieb, in dessen Namen seine Urteile ergingen?

Das Kammergericht ergriff den Ausweg, zu erklären, die schwebenden Prozesse seien keine Sachen der Religion; es seien Landfriedensbruch-, Spoliensachen; es sei von den Übertretungen des Reichsabschieds dabei die Rede.

Zunächst in den Händeln der Stadt Straßburg über die Renten und Kleinode des Stiftes Arbogast kam die

Unterscheidung zur Sprache. Der Anwalt der Stadt, Dr. Herter, hatte die Klage gegen Straßburg für eine Sache aller Protestanten erklärt, die aber außerdem die Religion anbelange und daher nach dem neuen kaiserlichen Erlaß jetzt nicht erörtert werden könne. Der Anwalt des Bischofs entgegnete, sein gnädiger Herr habe mit der Gesamtheit der Protestierenden nichts zu schaffen; die Sache betreffe auch ganz andere Dinge, als die Religion. Die Protestanten wandten ein, an einem Frieden, wie ihn das Gericht verstehen wolle, könne ihnen nichts liegen; darum würden sie Seine Majestät nicht bemüht haben: der Stillstand schließe zugleich Personen, Güter, Kondependentien ein. Mit alledem erreichten sie weiter nichts, als daß man beschloß, den Kaiser um eine Erklärung seiner Worte zu ersuchen.

Der Kaiser war noch in Bologna, gleichsam im Hause des Papstes, in täglichen Unterhandlungen mit demselben begriffen, als ihm diese Frage vorgelegt ward. Er durfte den Papst, der ohnehin schwankte, nicht aufs neue beleidigen; er durfte auch die Majorität der Stände nicht verletzen. Und doch konnte er auch seinen Stillstand nicht zurücknehmen. Er gab eine Entscheidung, dunkel wie ein Orakelspruch. „Die Worte unserer Abrede," sagt er, „erstrecken sich nur auf Religionssachen; was aber Religionssachen sind, darüber kann keine bessere Erläuterung gegeben werden, als wie es die Sachen selbst mitbringen". Wahrscheinlich hat Held, ein alter Kammergerichtsbeisitzer, der den Kaiser in Bologna begleitete, diese Erklärung ausgesonnen. So dunkel sie ist, so läßt sie doch an ihrer Tendenz nicht zweifeln. Man wünschte das Gericht in seinem Verfahren zu bestärken.

Dahin wirkte dann auch, daß eine Kommission, die im Mai 1533 das Gericht visitierte, die Mitglieder desselben aufs neue anwies, den Abschied von Augsburg besonders in Hinsicht auf die Religion zu beobachten.

Auf diesen doppelten Anhalt gestützt, kannte nun das Kammergericht keine Rücksicht weiter. Die Klagen wurden angenommen und reproduziert; die Einwendung der Beklagten, daß das Kammergericht in Religionssachen kein ordentlicher Richter sei, machte keinen Eindruck; die Kläger brachten die Attentatklage ein; es konnte nicht anders gehen, die Acht mußte erfolgen.

Hätten die Protestanten sich dies gefallen lassen, so wäre ihre ganze Verbindung unnütz gewesen.

Zuerst wandten sie sich — nach Beschluß ihrer Versammlung zu Schmalkalden im Juli 1533 — an die Kurfürsten von der Pfalz und von Mainz, die den Frieden vermittelt und doch jetzt durch ihre Räte an dem Abschiede der Visitation teilgenommen. Die Kurfürsten versicherten, daß ihnen derselbe nicht zur Last gelegt werden könne. Hierauf gingen die Protestanten das Gericht selbst an. Um zu beweisen, daß die schwebenden Prozesse Religionssachen seien, erinnerten sie an das Herkommen der römischen Kirche, kraft dessen alles für geistlich gelte, was eine Pfründe betreffe. Ihre Absicht bei dem Frieden sei allein dahin gegangen, sich der Klagen der Geistlichen zu erwehren, daß sie bei Änderung der Lehre einer oder der anderen Nutzung beraubt worden. Überdies aber habe man ihnen damals die Abstellung des Straßburger Prozesses ausdrücklich verheißen. Sie drangen auf eine lautere Erklärung, ob das Kammergericht kaiserlichem Befehle gemäß in dem Prozesse stillstehen wolle oder nicht. Die direkten Antworten des Gerichts waren dunkel, ausweichend; desto deutlicher waren die indirekten, tatsächlichen. Im November 1533 wurden Meister und Rat von Straßburg für schuldig erklärt, den gerichtlichen Krieg zu befestigen. Der Anwalt der Stadt wandte aufs neue ein, es sei nicht mehr eine Sache von Straßburg, sondern aller Protestanten. Der Anwalt des Bischofs fragte den Kammerrichter Grafen von Beichlingen, ob Seine Gnaden seinen ohne Zweifel mit gutem Bedacht gegebenen Bescheid jetzt so unbilligerweise wolle anfechten lassen. Richter und Gericht erklärten nach kurzem Verzuge, wenn sich binnen 14 Tagen niemand von seiten der Stadt Straßburg einlassen wolle, so werde auf das Begehren des bischöflichen Anwalts ergehen, was recht sei.

In denselben Tagen wurden dem protestantischen Prokurator Helfmann widerwärtige Schwierigkeiten gemacht, weil er den Eid für Gefährde nur zu Gott, nicht auch zu den Heiligen schwören wollte.

Fortschritt der Kirchenreformation i. d. Jahren 1532—1534.

Die Protestanten sahen, daß das im Vertrage zu Nürnberg erworbene Zugeständnis ihnen unter diesen Umständen nichts mehr helfen werde. Indessen waren sie weit entfernt, ihren Anspruch fallen zu lassen. Am 30. Januar 1534 schritten sie zu einer förmlichen Rekusation des Kammergerichts.

Das Regiment war aufgehoben, der Kaiser fern, König Ferdinand damals noch nicht zu voller Obedienz gelangt; und man weigerte sich, die Administration, die ihm der Kaiser übertragen, anzuerkennen. Da kam es nun auch dahin, daß das Gericht, das noch allein die Einheit des Reiches repräsentierte, von einem großen Teile der Stände verworfen ward.

Es liegt am Tage, wie sehr diese Irrungen zu der Verstimmung beitrugen, welche den raschen Erfolg des Landgrafen Philipp in dem württembergischen Kriegszuge so wesentlich beförderte.

So gehörten sie denn auch zu den wichtigsten Gegenständen, über die man in Cadan und Annaberg verhandelte.

Ein Hauptgrund für den Kurfürsten von Sachsen, in der Wahlangelegenheit nachzugeben, lag darin, daß König Ferdinand, von dem ja sonst nichts als niedrige Einwirkungen auf das Gericht zu erwarten gewesen wären, sich anheischig machte, „nachdem ein Mißverstand wegen des nürnbergischen Friedens vorgefallen", den in demselben Begriffenen eine wirkliche Einstellung der bisher wider sie eingeleiteten Prozesse zu verschaffen. Man muß diese Worte wohl er=

wägen. Das Geständnis, daß ein Mißverstand vorgefallen, das Versprechen einer wirklichen Abstellung sind offenbar bestimmt, die von dem Kammergericht vorgebrachte Einwendung, soviel an dem Könige liegt, zu beseitigen. So verstand man es auch von seiten der Protestanten. Wir kennen die Weisung nicht, die der König hierauf an das Kammergericht erlassen haben wird; aber in der Tat finden wir auch keine Klagen über ein weiteres Vorschreiten dieses Gerichtshofes.

Dabei blieb es allerdings, daß die Wohltat des Stillstandes nur denen zu gute kommen sollte, welche in dem nürnbergischen Frieden namentlich aufgeführt worden; allein zugleich ward doch auch in Cadan eine andere Bestimmung getroffen, welche eine der wesentlichsten Erweiterungen des Protestantismus möglich machte.

König Ferdinand hatte den Herzog von Württemberg in dem Frieden anfangs nicht allein verpflichten wollen, das Land von ihm zu Lehen zu empfangen, sondern auch keine Veränderung in Hinsicht der Religion vorzunehmen; ein Artikel war in Vorschlag gebracht, daß der Herzog in Hinsicht der Religion einen jeden in dem Wesen lassen solle, wie er ihn gefunden. Bestand aber Ferdinand, wie wir wissen, unerschütterlich auf der ersten Forderung, so beharrte der Kurfürst ebenso fest auf der Zurückweisung der zweiten: denn unmöglich könne er zugeben, daß das Wort Gottes nach seines seligen Vaters und seinem Bekenntnis nicht gepredigt werden solle; er könne den Lauf des Evangeliums nicht hindern; er werde es nicht tun, selbst wenn es der Herzog bewilligen solle; eher werde er auch in der Wahlsache zurücktreten. Jener Artikel mußte wirklich gestrichen werden. Alsdann ward der Herzog mit Freuden benachrichtigt, er solle des Glaubens halber unverstrickt bleiben und Gewalt haben, christliche Ordnung mit seinen Untertanen vorzunehmen. Nur in Hinsicht derjenigen, welche, mit Regalien ausgestattet, nicht eigentlich als seine Untertanen zu betrachten seien, ward ihm eine gewisse Beschränkung auferlegt.

Eben dies sind nun aber die Bestimmungen, welche den Frieden von Cadan für die Religion so wichtig machen. Wir sahen, daß es bei der württembergischen Unternehmung nicht darauf abgesehen war, die protestantischen Theologen davon nichts hofften, der Papst nichts fürchtete. Allein, vollzogen von einem der Oberhäupter der evangelischen Partei, zugunsten eines Fürsten, der sich während seiner Verbannung mit gleichen Gesinnungen durchdrungen hatte, und unter Bedingungen zum Ziel gebracht, wie die angeführten, konnte sie gar nicht anders als eine vollkommene Veränderung des religiösen Zustandes in Württemberg nach sich ziehen.

Auch war durch den Gang des Ereignisses gewissermaßen schon die Form vorgeschrieben, welche die Reformation hier nehmen mußte.

Wäre die Wiederherstellung des Herzogs früher,

vielleicht durch eine jener politischen Kombinationen, welche Zwingli beabsichtigte, bewirkt worden, so würde wahrscheinlich dessen Auffassung auch in dem Fürstentum das Übergewicht gewonnen haben.

Jetzt aber, da der Krieg durch Hessen geführt, der Friede durch Sachsen bewirkt worden, nach der Niederlage der Schweizer und der Annäherung der Oberländer an das sächsische Bekenntnis, war das nicht mehr zu erwarten. Vielmehr eignete sich der Herzog jetzt die Ausdrucksweise an, welche seit jener Annäherung vorwaltete; er machte bekannt, er werde niemanden dulden, der etwas anderes als die wahre Gegenwärtigkeit des wahren Leibes und Blutes Christi in dem Nachtmahl predige. Lautete doch ein Artikel des cadanschen Friedens ausdrücklich wider die Sakramentierer!

Zu gleicher Zeit berief er einen der angesehensten oberländischen Theologen, Ambrosius Blaurer, vertrauten Freund Butzers, und den Marburger Professor Erhard Schnepf, einen entschiedenen Anhänger Luthers, um die württembergische Kirche einzurichten. Sie begannen damit, sich zu einer Formel zu vereinigen, die ihnen beiden genugtat (2. August 1534). Ihre Vereinigung bezeichnet die sich bildende Einheit der deutschen evangelischen Kirche.

Hierauf übernahm Blaurer die Reformation des Landes oberhalb, Schnepf unterhalb der Staig. Die Priester wurden nicht mehr nach den bisherigen Ruralkapiteln, sondern nach der weltlichen Abteilung

Fortschritt der Kirchenreformation i. d. Jahren 1532—1534.

der Amteien zusammenberufen und, nachdem ihnen die Hauptpunkte der evangelischen Lehre vorgehalten worden, aufgefordert, sich zu erklären, was man von ihnen zu erwarten habe. Nachdem die österreichische Regierung so viel Mühe angewendet, die Religionsedikte aufrechtzuerhalten, fand sich doch selbst unter den Pfarrern noch immer eine ganze Anzahl, die auf den ersten Ruf den Evangelischen beitraten. Im Tübinger Amt waren es sieben; die übrigen zwölf baten sich Bedenkzeit aus. Unter diesen Umständen wurden die Zeremonien ohne alle Schwierigkeit geändert. Die Messe ward an vielen Orten von selbst unterlassen, an den anderen auf Befehl abgeschafft. Schnepf stellte eine Form des Abendmahls auf, mit welcher auch die Oberländer zufrieden waren.

Dann griff man zu den Klöstern. Herzog Ulrich hatte gar kein Hehl, daß er die Güter „zur Bezahlung der Landesschulden und Hinlegung obliegender, unträglicher Beschwerden" zu verwenden gedenke. Da er so lange außer Landes gewesen, die Schulden Ferdinands an den schwäbischen Bund übernommen, kann man sich nicht wundern, wenn er sich in der größten Geldverlegenheit befand, der er nur auf diese Weise abhelfen konnte.

Durch die in den cadanschen Frieden aufgenommene Beschränkung ließ er sich dabei nicht hindern. Die österreichische Regierung hatte ihm darin selbst vorgearbeitet; sie hatte auch über Stifte zweifelhafter Untertänigkeit landesherrliche Rechte geltend gemacht und konnte nicht viel einwenden, wenn nun ihr Nachfolger dasselbe tat.

So ward das ganze Land in kurzem umgebildet. Herzog Ulrich erwarb sich das Verdienst, der Universität besondere Sorgfalt zu widmen. Unter den Lehrern finden wir gar bald berühmte Namen; nach dem Muster von Hessen ward das Stipendienwesen eingerichtet, das hier wohl noch größere Wirksamkeit entwickelt hat als dort; Tübingen wurde allmählich eine der vornehmsten Pflanzstätten protestantischer Gelehrsamkeit.

Württemberg war eine Eroberung des Protestantismus auf den Grund des alten Erbrechts deutscher Fürsten, — eine Eroberung von doppeltem Wert, da sie gerade in denselben Gegenden vollbracht ward, wo bisher der schwäbische Bund die evangelischen Regungen niedergehalten hatte. In allen Oberlanden erhoben sich dieselben nun aufs neue: im Elsaß, wo der Einfluß von Straßburg nicht hingereicht, in den benachbarten dynastischen Gebieten — Markgraf Bernhard von Baden, Graf Philipp IV. von Hanau, Ludwig von Falkenstein und der Mitanführer im württembergischen Kriege, Wilhelm von Fürstenberg, reformierten nach und nach in ihren Territorien —, in kleinen und großen Reichsstädten. Kaum konnte die Nachricht von der Schlacht bei Lauffen erschollen sein, so stellte Michael Kreß, Pfarrer in Weißenburg im Wasgau, die Messe ein (Juni 1534); der Rat war mit ihm einverstanden und zögerte nicht, die mißvergnügte Dienerschaft des Stiftes aus der Stadt zu verweisen. Den größten Eindruck aber machte es, daß endlich auch Augsburg förmlich übertrat. Die reformierte Lehre war hier längst in Aufnahme; doch hatten auch die alten Meinungen noch mächtige Beschützer, z. B. die Fugger. Hätte man etwas gegen Bischof und Kapitel unternommen, so würden diese bei dem schwäbischen Bunde rechtliche oder faktische Hilfe gefunden haben. Es liegt aber am Tage, daß der Zustand, der unter diesen Umständen eintrat, wo die Gemüter täglich durch entgegengesetzte oder feindselige Predigten entzweit wurden, sich in einer Kommune, die auch etwas im Reiche bedeuten wollte, nicht halten ließ; eben die Differenzpunkte bildeten jetzt den wichtigsten Teil der öffentlichen Angelegenheiten. Unter den politischen Einflüssen der damaligen Zeit bekam nun die evangelische Gesinnung, die schon lange die Majorität hatte, auch den Mut, ihre Rechte geltend zu machen. Der Geistlichkeit ward eine Disputation angeboten. Da sie sich darauf entweder gar nicht einlassen wollte, oder doch nur unter Bedingungen, welche die Stadt hinwieder nicht annehmen konnte, so faßte auch ohnedies der große und kleine Rat unter der Leitung des Bürgermeisters Wolf Rehlinger den Beschluß, daß keine papistische Predigt weiter zugelassen, keine Messe, außer in den unmittelbar dem Bischof zugehörigen Kirchen, geduldet werden solle. Dies geschah am 22. Juli. Hierauf wurden die meisten Kapellen geschlossen; ein Teil der Geistlich=

keit verließ die Stadt; ein anderer schloß sich um so enger an Bischof und Kapitel an.

Nahe verwandte Motive des innern städtischen Lebens bewirkten in denselben Zeiten den förmlichen Übertritt Frankfurts, obgleich ohne so entschiedenen Einfluß der politischen Ereignisse.

Überhaupt bedarf es weiter keiner Erörterung, daß, wenn die religiöse Meinung durch den Gang der Politik begünstigt wurde, ihr doch auch an und für sich eine große Selbständigkeit zukam: sie hatte die Ereignisse vorbereitet, durch welche sie hinwiederum entbunden ward.

Noch war sie kräftig genug, sich zuweilen in geradem Widerspruche mit dem, was die politische Lage zu fordern schien, geltend zu machen, wie das eben damals in Anhalt geschah.

Denn was konnte wohl für die Mehrheit der anhaltischen Fürsten, für welche der eine von ihnen, Fürst Johann, den Reichsabschied von Augsburg unterschrieben hatte, gefährlicher sein, als hievon zurückzutreten, in Widerspruch mit den mächtigen Nachbarn, deren Gunst sie nicht entbehren konnten, dem Herzog Georg von Sachsen, dem Kurfürsten Joachim von Brandenburg und dem Erzbischof Albrecht? Der eine von den Brüdern, Fürst Georg, war geistlich, bereits Dompropst in Magdeburg und in Merseburg; seine Zukunft schien an das Bestehen der römischen Kirche geknüpft zu sein. Eben dieser aber trug zur Veränderung gerade das meiste bei. Er ver-

Fortschritt der Kirchenreformation i. d. Jahren 1532—1534.

sichert, auch ihm, so nahe er gewesen, habe man doch die lutherische Sache so ungünstig als möglich vorgestellt, gleich als seien darin gute Werke verboten, gute Ordnungen umgestoßen, alles unchristliche Wesen zugelassen. Allein gar bald habe er sich eines anderen überzeugt. Er habe gefunden, daß bei den Protestanten der Heiligen Schrift, der alten und sogar der römischen Kirche gemäß gelehrt werde. Nach und nach ward er mit seinen Brüdern so eifrig, daß sie es nicht mehr dulden wollten, als am grünen Donnerstag des Jahres 1532 ein Dominikaner sich auf ihrer Kanzel in Dessau in harten Ausdrücken wider den Gebrauch von beiderlei Gestalt vernehmen ließ. Sie ersetzten ihn durch einen Freund Luthers, Niklas Hausmann. Herzog Georg versäumte nicht, sie an die Ungnade des Kaisers zu erinnern, ihnen Ungedeihen zu weissagen; er meinte, Fürst Georg werde nun nicht mehr dazu gelangen, wozu er wohl sonst Hoffnung gehabt; aber er machte weder mit Betrachtungen dieser Art, noch mit doktrinellen Einwendungen Eindruck bei ihnen. Getrost fuhren sie fort. Und da hatte es nun eine besondere Bedeutung, daß hier ein Mitglied des fürstlichen Hauses zugleich eine hohe geistliche Stelle in der Diözese bekleidete. Als Archidiakonus und Dompropst der magdeburgischen Kirche glaubte Fürst Georg eine regelmäßige geistliche Autorität in seinem Gebiet ausüben zu können. Auf den Grund einer diesmal vereinigten geistlichen und weltlichen Gewalt wurden die Geistlichen der anhaltischen Länder am 16. März 1534 zusammenberufen und angewiesen, in Zukunft das Abendmahl unter beiderlei Gestalt auszuteilen. Der Erzbischof-Kardinal war damit, wie sich denken läßt, nicht zufrieden; aber Fürst Georg bestand darauf, daß die geistliche Jurisdiktion zunächst ihm, dem Archidiakonus, zustehe, wobei dem Kardinal die erzbischöfliche Aufsicht vorbehalten bleibe. Er ließ sich nicht abhalten, nach und nach die Pfarren diesseit der Elbe mit Schülern Luthers zu besetzen. Als nun aber die Reform auch in dem jenseitigen Gebiete beginnen sollte, wo die Jurisdiktion dem Bischof von Brandenburg zustand, änderte sich das Verhältnis. Anfangs ersuchte Fürst Georg den Bischof, die Priester zu ordinieren, die er ihm zusenden wolle. Natürlich weigerte sich dieser, verheirateten Priestern die Weihen der katholischen Kirche zu geben. Aber auch Fürst Georg trug kein Bedenken weiter, seine Kandidaten nach Wittenberg zu Luther zu schicken, der sie prüfte und, wenn er fand, daß sie der reinen Lehre zugetan seien, ihnen darüber ein Zeugnis ausstellte und sie ordinierte.

Ein Glück war es auf jeden Fall, wenn die Sachen irgendwo so in Ruhe sich entwickelten.

In anderen Ländern, wie in Pommern, kam es dagegen zu den heftigsten inneren Kämpfen. Hier waren die Gegensätze schon immer überaus heftig gewesen. In den Bürgerschaften war es hie und da zu bilderstürmerischen Unruhen gekommen; mit welchem Hasse ihnen die Anhänger des Papsttums dafür begegneten, davon zeugen ihre Schimpflieder, die uns übrig sind. Adel und Klerus des ganzen Landes hielten den Städten gegenüber zusammen. Die beiden Fürsten, Georg und Barnim, entzweiten sich. Von Georg fürchteten die Protestanten noch 1531 tätige Teilnahme an dem Kriege, der sie bedrohte. Aber Barnim, derselbe, der an der Leipziger Disputation teilnahm, ließ den Bund wissen, wo sein Bruder aufgebiete, wolle er niedergebieten. Er hätte auch darum Teilung der Landschaften und getrennte Regierung gewünscht, um die religiöse Neuerung zu unterstützen. In diesem Moment aber starb Herzog Georg, und dessen Sohn Philipp, — jung, lernbegierig, gegen seine katholische Stiefmutter eher in Opposition, — war nun leichter zu gewinnen. Wahrscheinlich haben sich Barnim und Philipp auf einer Zusammenkunft zu Kammin im August 1534 bereinigt, das, was so viele andere getan, nun auch in ihren Ländern zu unternehmen. Auf einem Landtage zu Treptow im folgenden Dezember legten sie einen Reformationsentwurf vor, der eigentlich auf einen Vorschlag der Städte gegründet ist und bei diesen — einige Kleinigkeiten abgerechnet — die freudigste Aufnahme fand. Der treffliche Pomeranus, Doktor Bugenhagen, ward herbeigerufen, um eine Kirchenvisitation im Sinne von Wittenberg zu unternehmen. Aber um so heftigeren Widerspruch erhoben nun Klerus und Adel. Der Bischof von Kammin, den man gebeten hatte, die Veränderung zu leiten, wies das weit von sich; der Abt von Altenkamp brachte ein Mandat des Kammergerichts aus, das den Herzögen jede Neuerung untersagt. Die Ritterschaft ward überredet, es sei auf einen Bund zwischen den Fürsten und den Städten abgesehen, der nur zu ihrem Verderben ausschlagen könne, und ließ sich nicht die mindeste Teilnahme abgewinnen.

Das war überhaupt der Zustand eines großen Teils von Niederdeutschland. Dem Herzog Heinrich von Mecklenburg, der 1534 das Abendmahl unter beiderlei Gestalt genommen, stand sein Bruder Albrecht mit dem größten Teile der Landschaft entgegen. Welche Opposition die Umwandlung in Holstein noch immer fand, beweist ein Schreiben Landgraf Philipps an Herzog Christian über die Mittel, den Adel für dieselbe zu gewinnen. Fast überall finden wir Kapitel und Ritterschaften mit den reformatorischen Tendenzen der Städte in Widerstreit. Namentlich in Westfalen war soeben der heftigste Kampf ausgebrochen.

In den westfälischen Städten setzte sich die Bewegung fort, wie sie in den niedersächsischen begonnen. Lutherische Lieder wurden von den Knaben vor den Türen, von Männern und Frauen innerhalb der Häuser, erst bei Abend, dann bei Tage gesungen; lutherische Prädikanten erschienen. Hie und da lösten sich die Klöster von selbst auf, wie in Herford; Frater und Süsterhaus, welche bestehen blieben, nahmen die Reformation an. In Lemgo fand sich der Pfarrer

Fortschritt der Kirchenreformation i. d. Jahren 1532—1534.

Piderit, lange Zeit ein Anhänger von Johann Eck, endlich durch die Gegenschriften überzeugt, reiste noch einmal nach Braunschweig, um die Art und Weise der Veränderung sich anzusehen; als er wiederkam, trat er als evangelischer Pfarrer auf und reformierte die Stadt. Der alte Bürgermeister Flörke, der die hierarchischen Ordnungen bewunderte und sie für die einzig zulässige Darstellung des Christentums hielt, mußte endlich den Neuerern weichen, welche die scholastischen Doktrinen aus der Epistel an die Römer widerlegten.

Es waren jedoch nur zwei, drei Orte, wo die Bewegung im ganzen so friedlich abging; in anderen kam es darüber zu gewaltsamen Ereignissen, z. B. in Soest und Paderborn.

In Soest waren die Bürgermeister und Ratsherren wider ihren Willen genötigt worden, die lutherische Predigt zu gestatten, die Augsburgische Konfession, eine evangelische Kirchenordnung anzunehmen. Da sie jedoch im Amte blieben, konnte es an Reibungen zwischen ihnen und den Wortführern der evangelischen Partei in der Gemeinde nicht fehlen. Besonders war ihnen ein Gerber verhaßt, des Namens Schlachtorp, und um ihr wankendes Ansehen wenigstens in bürgerlichen Dingen wiederherzustellen, ergriffen sie die Gelegenheit, beim ersten Exzeß, den derselbe mit ein paar anderen beim Weine beging — sie hatten da eigentlich nur tapfer geschimpft —, ihn festzunehmen, vor Gericht zu stellen und, was niemand erwartete, er selbst am wenigsten, denn sonst hätte er leicht entfliehen können, mit den übrigen zum Tode zu verurteilen. Da half nun keine Einrede über die Geringfügigkeit des Vergehens, keine Fürbitte: der Tag der Hinrichtung ward festgesetzt. Um diesen Akt zu schützen, vertraute der Rat den ergebensten unter den Bürgern, die noch zum Teil katholisch waren, die Waffen an. Wir sind genötigt, das Schlachtopfer auf das Schafott zu begleiten. Als der Unglückliche dahin kam, wendete er sich noch einmal an die Menge der evangelisch gesinnten Bürger, die sich überaus zahlreich, aber unbewaffnet versammelt hatten, und indem er beteuerte, daß er nur um der Religion willen sterben müsse, stimmte er das Lied an: „Mit Fried und Freud fahr ich dahin"; die ganze Menge fiel ein. Man wußte wohl, daß dem armen Manne Gewalt geschehe; aber der Rat hatte nun einmal das Recht des Schwertes: man hielt sich nicht für befugt, in dasselbe einzugreifen. Der Henker fragte, wer von den Verurteilten zuerst sterben wolle. Schlachtorp forderte diese Ehre für sich, saß auf den Armensünderstuhl nieder, ließ sein Hemd abstreifen und bot seinen Nacken dem Streiche dar. Da wollte nun das Glück, daß der Henker denselben nicht richtig führte, nicht den Hals traf, sondern den Rücken, so daß Schlachtorp mit dem Stuhl umschlug, eine furchtbare Wunde empfangen hatte, aber noch lebte. Der andere Henker kam herbei, hob ihn auf und richtete ihm schon den Hals zu dem wiederholten Schlag auf. Indem aber hatte Schlach=

torp sein Bewußtsein wiederbekommen; er meinte, dem Rechte sein Recht getan zu haben und zu nichts weiter verpflichtet zu sein: mit rascher Wendung, obwohl ihm die Hände gebunden waren, entriß er dem Henker das schon wieder gezückte Richtschwert und hielt es mit einer durch die Todesnot verdoppelten Kraft fest, solange bis er den Strick um seine Hände mit den Zähnen zerrissen hatte, worauf er die mit eigenem Blut gefärbte Waffe so gewaltig um sich schwang, daß die beiden Henker ihm nicht ankommen konnten. Alles das Werk eines Momentes, in welchem zugleich die mit Mühe zurückgedrängte Sympathie des Volkes zum Ausbruch kam. Der Magistrat gebot den Henkern, abzustehen; die Menge führte den Schlachtorp, der das eroberte Schwert in den Händen hielt, triumphierend nach Hause. Hier starb er zwar, infolge des Blutverlustes, der Wunde und der Anstrengung, am andern Tage; aber nie hatte man ein Leichenbegängnis erlebt wie das seine. Männer und Weiber, Alt und Jung, Evangelisch- und Päpstlich-Gesinnte waren in der Begleitung; jedermann wollte das Richtschwert sehen, das auf dem Sarge lag. Man kann sich denken, wie sehr hiedurch die Gärung der Gemüter, der Widerwille gegen den Rat anwachsen mußte: bei jeder Gelegenheit sah derselbe den Aufruhr drohen und hielt zuletzt für das beste, die Stadt zu verlassen (Juli 1533). Dann trat ein neuer Rat ein, und die evangelische Organisation ward vollständig vollzogen.

Auch die Ereignisse von Paderborn führen uns an ein Hochgericht, obwohl sie sich nicht so grauenvoll entwickelten. Auch hier nämlich hatte sich die Gemeinde, nicht ohne Auflauf, die Freiheit der Predigt ertrotzt und schon ein paar Kirchen an protestantische Prädikanten überliefert — keine Unterhandlung des Landdrosten, keine Verordnung des Landtages hatte sie davon zurückzubringen vermocht —, als endlich der neugewählte Administrator des Stiftes, Hermann von Köln, mit den Vornehmsten des Landes und bewaffnetem Gefolge daselbst einritt, um die Huldigung anzunehmen. Hermann war von Natur kein Eiferer — wir werden ihm noch auf ganz anderem Wege begegnen —; aber die Vorstellungen der Domherren und des Rates sowie einige Nichtachtung seiner Oberherrlichkeit, die er erfahren, bewogen ihn jetzt zu einem gewaltsamen Schritte. Noch einmal, und zwar, wie er sagte, um einen gnädigen Abschied zu nehmen, berief er die Bürgerschaft nach dem Garten des abdinkhovischen Klosters; als sie aber hier zusammengekommen, sah sie sich von bewaffneten Mannschaften umgeben: die Anführer der evangelischen Partei wurden ergriffen und ins Gefängnis geworfen. Man bezichtigte sie des Vorhabens, die Stadt an den Landgrafen von Hessen zu überliefern, unterwarf sie der Tortur und sprach ihnen endlich vor dem versammelten Volk, im Angesicht des Schafotts, das schon mit dem Sand bestreut war, der ihr Blut trinken sollte, das Todesurteil. Allein hier ging es nicht wie in

Soest. Der erste Scharfrichter erklärte, die Leute seien unschuldig, er wolle lieber selber sterben als sie hinrichten; aus der Menge hörte man einen alten Mann, der deshalb an seinem Stabe herbeigeschlichen, ausrufen, er sei so schuldig wie die Verurteilten, er fordere, mit ihnen hingerichtet zu werden; und indem traten aus einem nahen Hause die Frauen und Jungfrauen der Stadt hervor, jene mit offener Brust, diese mit zerstreuten Haaren, und flehten um Gnade für die Gefangenen. Dem Kurfürsten Hermann, einem geborenen Wied, der, wie erwähnt, Gewaltsamkeit dieser Art nicht liebte, traten die Tränen in die Augen; da er auch seine weltlichen Großen erschüttert sah, schenkte er den Verurteilten das Leben. Nur kam damit die Lehre nicht wieder empor. Die Evangelisch= Gesinnten wurden unter strenger Aufsicht gehalten, nach Befinden mit Geldstrafe belegt. Ein Rezeß ward aufgerichtet, durch welchen die neue Lehre auf das schärfste verpönt ward.

Man sieht, welche Kräfte hier in Westfalen miteinander kämpfen: auf der einen Seite geistliche Fürsten, Domkapitel, Ritterschaften, Stadtobrigkeiten eng verbündet; ihnen gegenüber lebhaft aufgeregte, durch eifrige Prädikanten angefeuerte Bürgerschaften: die einen so gewaltsamer Natur wie die anderen. Jene tragen kein Bedenken, ihre jurisdiktionellen und oberherrlichen Rechte mit äußerster Härte zur Dämpfung der Lehre anzuwenden; diese dagegen, gehorsam, so lange es das strenge Recht gilt, sind doch augenblicklich zum Aufruhr fertig, sowie dasselbe im mindesten verletzt zu sein scheint. Der geistliche Staat, der hier die höheren Klassen durch gemeinschaftliche Interessen zusammenhält, sieht sich von den unteren, die seine Berechtigung leugnen, mit aller Heftigkeit eines beginnenden Abfalls angegriffen.

Nirgends aber stießen die Gegensätze gewaltiger aufeinander als in dem Mittelpunkt der geistlichen Organisation, dort, wo die Bezeichnung des einst zurzeit der der Einführung des Christentums an der Aa gestifteten Klosters die alten Namen des Ortes und des Gaues verdrängt hatte und selber zum Namen der Stadt und des Landes geworden war, — in Münster.

Da hatte sich ein lutherischer Prädikant, der schon einmal entfernt worden war, Bernhard Rottmann, doch wieder zu St.-Moritz vor der Stadt festgesetzt und sich einen solchen Beifall erworben, daß ihm endlich der Bischof auf Antrieb der städtischen Geistlichkeit das sichere Geleit aufkündigte. Die Folge hievon war jedoch nur, daß ihn seine Anhänger in die Stadt selbst aufnahmen, wo sie ihm anfangs eine hölzerne Kanzel auf einem Kirchhof errichteten, gar bald aber, und zwar wohl mehr durch Androhung von Gewalt als durch Anwendung derselben, die Kirche zu St.-Lamberti eröffneten. Hierauf ward ein Ausschuß der Bürgerschaft ernannt, der die neue Lehre gegen Klerisei und Rat verteidigen sollte. Es erschienen noch andere lutherische Prädikanten, und man veranstaltete eine Disputation, um die Mißbräuche des bisherigen Dienstes zu widerlegen. Da sich niemand recht zu dessen Verteidigung erhob, so bekam die Gesinnung der Gemeinde auch auf den Rat Einfluß, der hier überhaupt der alten Verfassung gemäß einer populären Einwirkung Raum gab, und gewann zuletzt die Majorität. Dann schritt man, ohne zu zögern, zu einer definitiven Einrichtung. In feierlicher Versammlung auf dem Schauhause wurden die sämtlichen Pfarrkirchen von Rat, Oldermännern und Gildemeistern den neu angekommenen Predigern überliefert. Die Klerisei samt der Minorität des Rates verließ die Stadt. Die religiöse Umwandlung war, wie wir sehen, mit einer bürgerlichen Bewegung verbunden, wie sie in jenen Zeiten so häufig vorkam.

Noch weniger aber in Münster als anderwärts hätten die Vertriebenen ihre Sache aufgegeben: sie fanden an Ritterschaft und Kapitel natürliche Verbündete. Auch hier ward der Eintritt eines neuen Bischofs, Franz von Waldeck, benutzt, um allgemeine Maßregeln des Landes gegen die Stadt hervorzurufen. Die Zufuhr ward ihr abgeschnitten, ihre Zinsen und Renten wurden zurückgehalten, die Bürger selbst, wo man sie betraf, gefangen. Die Aufhebung dieser Zwangsmaßregeln knüpfte man an die Bedingung, daß die alte Religion wiederhergestellt würde.

Die Evangelischen aber, die in ihrem Rechte zu sein glaubten, waren nicht der Meinung, zu weichen. Kam es auf Gewalt an, so fühlten auch sie sich stark genug dazu. Gar bald zeigte sich ihnen die beste Gelegenheit,

einen kühnen Schlag auszuführen, der alles ent=
scheiden mußte.

Soeben war der Bischof mit den Landständen zu
seiner Huldigung in Telgte, eine Meile von Münster,
eingeritten. Von hier aus kam, am ersten Weihnachts=
feiertage 1532, den Bürgern jene Zumutung zu, der
alten Religion wieder beizutreten. Sie waren so=
gleich entschlossen, was sie tun sollten. In der nächsten
Nacht machten sie sich, 900 Mann stark, zum Teil
streitbare Bürger, zum Teil geworbene Soldaten, mit
Handgeschütz und ein paar kleinen Kanonen auf vier=
rädrigen Karren gegen Telgte hin auf. Das Glück
wollte ihnen so wohl, daß die Reiterposten des Bischofs
doch nicht mit ihnen zusammentrafen. In der
Morgendämmerung langten sie bei Telgte an, stießen
die Tore mit Hebebäumen ein, besetzten die Straßen
und drangen in die Häuser, wo ihre Feinde ruhig
schliefen. Sie nahmen sie beinahe alle gefangen, die
Räte des Fürsten, die vornehmsten Mitglieder des
Domkapitels, des Ritterstandes, ihre eigenen aus=
getretenen Ratsherren; der Fürst selbst war zu seinem
Glück schon abgereist. Die Abgeordneten der kleinen
Städte ließen sie gehen; die übrigen aber, eben alle
ihre alten Widersacher, führten sie auf ein paar
Wagen nach Münster zurück. Wie freudig rührte der
Spielmann die Trommel, als der Zug nach wohlaus=
geführtem Unternehmen, mittags um 11 Uhr die
Stadt wie im Triumph wieder erreichte!

Und hiedurch nun gelangten sie zunächst wirklich

Fortschritt der Kirchenreformation i. d. Jahren 1532—1534.

zu ihrem Zweck. Zu einem eigentlichen Angriff konnte der Bischof nicht schreiten: hätte er auch die Kräfte dazu gehabt, so hätte er doch die Rache der Bürger an ihren Gefangenen fürchten müssen. Vielmehr ersuchten ihn die besorgten Verwandten dieser Gefangenen, die Feindseligkeiten einzustellen, die sie einst selbst veranlaßt hatten. Unter hessischer Vermittelung kam im Februar 1533 ein Friede zustande, in welchem der Stadt für ihre sechs Pfarrkirchen in Hinsicht der Zeremonien so gut wie der Predigt die Freiheit gewährt wurde, der Augsburgischen Konfession zu folgen; nur sollte sie dagegen auch die Ausgewanderten wieder zurückkommen und den alten Ritus für Bischof, Kapitel und Stift bestehen lassen. Der Landgraf als Vermittler, Bischof und Kapitel, die Abgeordneten der Ritterschaft, unter ihnen ein Raesfeld, zwei Drosten, ein Büren, die Ratsherren der Städte unterzeichneten den Frieden. Damit schien denn alles beigelegt. Der Bischof traf in der Stadt ein und nahm die Huldigung ab; eine evangelische Kirchenordnung ward publiziert, in der man auch für die Armen Sorge trug; man eröffnete die Unterhandlungen über den Eintritt in den schmalkaldischen Bund.

Hätten diese Dinge Bestand gehabt, sagt Kersenbroik, so würde die münstersche Klerisei unter ein nie wieder zu hebendes Joch geraten sein; wir dürfen hinzufügen, in Stadt und Land würde der Protestantismus noch heute herrschen. Schon ahmten die benachbarten Ge-

meinden, Warendorf, Beckum, Aalen, Coesfeld, das
Beispiel von Münster nach. Der Bischof selbst, der
so wenig fest war wie Hermann von Köln, würde zuletzt mit fortgerissen worden sein; Münster würde über
ganz Westfalen entschieden haben.

Allein eben an dieser Stelle sollte sich wieder zeigen,
welche Gefahren mit der Veränderung altgewohnter
Zustände nun einmal immer verknüpft sind.

Über ganz Deutschland hin war das Prinzip der
Reformation aufs neue in lebendigem Fortschritt, in
Ausbreitung und Eroberung begriffen; aber eben des=
halb setzte es sich auch überall in freie und unberechen=
bare Beziehung zu den Bestrebungen, Bedürfnissen,
Leidenschaften der Menschen. Zwar hatte sich jetzt in
den Protestanten eine Macht gebildet, die demselben
einen regelmäßigen Ausdruck gab, — einen solchen,
dessen Legalität und Vereinbarkeit mit den Zuständen
des Reiches sich Anerkennung verschafft hatte, wenn
auch fürs erste eine noch unvollkommene und ein=
seitige; allein auch an diese konnten sich die Neue=
rungen nicht so geradehin anschließen. Die Mitglieder
des schmalkaldischen Bundes, denen der Friede zugute
kam, waren namentlich genannt, und noch wagten sie
nicht, sich mit anderen zu vereinigen. Allerwärts
mußte sich die Neuerung lediglich mit eigenen Kräften
durchsetzen; natürlich, daß sie dabei auf ungewohnte,
von der schon gebildeten evangelischen Kirche ab=
weichende Wege geriet.

Auch schon früher, in den niedersächsischen Städten,

hatte sich die Bewegung nicht leicht bei den Resultaten ihrer ersten Siege, bei der bloßen Freiheit des Gottesdienstes nach neuem Ritus beruhigen wollen. In Magdeburg war noch unter dem Einfluß der Bauernunruhen von der Gemeinschaft der Güter gepredigt worden; nur ein so entschlossener Wille, wie Amsdorfs, der zum Superintendenten der magdeburgischen Kirche berufen ward, konnte die friedfertigen Intentionen Luthers da durchkämpfen und festhalten. In Braunschweig tat sich bald nach Aufstellung der lutherischen Kirchenordnung, unter den Predigern selbst, welche dieselbe hatten abfassen helfen, eine Neigung zum Zwinglianismus kund; sie verwarfen Orgel und Figuralgesang, vor allem aber gewisse Lieder während der Kommunion, in welchen der lutherische Begriff ausgesprochen war; aber der Rat der Stadt, besonders der Syndikus Levin von Emden, erklärte sich gegen jede Neuerung; er wollte nicht dulden, daß man in Widerspruch mit der soeben angenommenen Kirchenordnung wieder etwas Besonderes anrichte; er fürchtete ohne Zweifel, einer neuen Bewegung nicht so bald wieder ein Ziel setzen zu können. In Goslar finden wir dieselben Erscheinungen. Zum Teil waren es die von Braunschweig verjagten Zwinglianer, von denen sie herrührten; aber auch hier wachte Amsdorf über die wittenbergische Ordnung: die Gegner wurden auch hier entfernt.

In Münster nun traten verwandte, aber bei weitem stärkere Regungen ein. In den Predigern, die in dem

Kampfe emporgekommen, von denen der eifrigste, Rottmann, jetzt die Aufsicht eines Superintendenten über die andern führen sollte, zeigte sich nicht allein Hinneigung zu der zwinglischen Auffassung der Abendmahlslehre, sondern, was bei der Verflechtung der Meinungen in jener Zeit noch viel bedeutender war, eine starke Abweichung selbst von Zwingli in Beziehung auf das andere Sakrament; Rottmann verwarf die Kindertaufe. Alles, was in Münster die Ruhe liebte und sich mit dem bereits Erworbenen zufrieden fühlte, erschrak hierüber; der Rat, so demokratisch er auch konstituiert war, setzte sich dagegen: es ward eine Disputation veranstaltet, deren Ausfall eine förmliche Erklärung wider Rottmann zur Folge hatte. Auch die Marburger Universität gab ein Gutachten gegen ihn, und ein paar hessische Theologen erschienen, den Rat wider die Neuerer zu unterstützen. Mit alle dem war aber der neue Rat, der noch immer die Tendenzen der katholischen Partei zu bekämpfen hatte, nicht stark genug, energische Maßregeln zu ergreifen. Rottmann und seine Anhänger blieben in der Stadt und hatten eine um so größere geheime Wirksamkeit, je mehr man ihre öffentliche beschränken wollte. Einer weltlichen Behörde, die doch ihr Dasein der von ihnen geleiteten religiösen Bewegung verdankte, waren sie nicht geneigt, sich zu unterwerfen.

In dieser Opposition gerieten sie auf den Gedanken, einem Element der geistigen Bewegung, dem sie sich bereits genähert — wir sind ihm schon öfter begegnet und wissen, wie es, von aller gesetzmäßigen Gewalt ausgestoßen und verfolgt, doch immer fortschritt und eine unwiderstehliche Macht auf die Gemüter ausübte —, dem wiedertäuferischen, öffentlich Eingang in Münster zu gestatten.

Ein Ereignis, das zugleich eine allgemeine Bedeutung hat.

Das reformatorische Prinzip, wie es sich bisher gestaltet, sah aufs neue, wie in den Zeiten des Bauernkrieges, Tendenzen neben sich aufkommen, von denen es selber wieder zerstört worden wäre.

Hatte es sich auf der einen Seite gegen die Mächte der alten Kirche unerschütterlich aufgestellt, so mußte es nach dieser andern hin abermals Gefahren bestehen, die doch auch Momente hatten, wo sie sich sehr drohend erhoben.

Die Bahn freier geistiger Kämpfe war nun einmal eröffnet: man sollte innewerden, daß die Siege in diesen Regionen nicht leicht erfochten werden.

Neuntes Kapitel.
Wiedertäufer zu Münster.
Blick auf die Wiedertäufer im allgemeinen.

Wie hätte sich in einem Augenblicke, wo das große kirchliche Institut, welches die Überzeugungen so viele Jahrhunderte daher mit mehr oder minder willkürlichen Satzungen gefesselt hatte, erschüttert, zum Teil gestürzt, seines Einflusses beraubt wurde, überhaupt denken lassen, daß die Geister sich doch wieder sämtlich zu gleichen positiven Meinungen vereinigen würden?

Ich wundere mich weniger, daß es nicht vollständig stattfand, als darüber, daß es noch in so hohem Grade geschah, wie es geschehen ist.

Jetzt aber sollten doch noch einmal die Gegensätze sich gewaltig erheben.

Wir sahen, welchen Widerspruch sowohl Zwingli als Luther in einer dritten Partei fanden, welche die Kindertaufe verwarf. Dort bemerkten wir jedoch zugleich, daß diese Verwerfung keinesweges die ausschließende Unterscheidungslehre, sondern nur das Wahrzeichen einer Partei ausmachte, die noch in unzähligen anderen Dingen abwich und in sich selbst die mannigfaltigsten Verschiedenheiten entwickelte.

Es wäre wohl der Mühe wert, diesen exzentrischen

Bildungen weiter nachzuforschen, die seltenen Schriften, in denen sie sich ausgesprochen haben, zusammenzusuchen, ihrem inneren Zusammenhange nachzuspüren.

Soweit ich die Sache übersehen kann, finde ich in Hinsicht der Lehre zwei, obwohl von demselben Punkte ausgehende, doch ganz verschiedene Richtungen der Meinung.

Das Dogma von der Rechtfertigung beschäftigte die Wiedertäufer so gut wie die anderen Zeitgenossen; sie schritten davon weiter fort zu den Fragen über die Naturen in Christus und die Kräfte der Seele. Sie blieben wohl sämtlich von der Freiheit des Willens überzeugt und widersetzten sich in dieser Hinsicht den Lehren Luthers; allein sie zogen daraus verschiedene Schlüsse.

Die einen meinten, die Sache sei überaus einfach. Der Mensch könne durch gutes Verhalten und eignes Wirken allerdings die Seligkeit verdienen: Christus sei nicht sowohl unser Genugtuer, als unser Lehrer und Vater. Besonders Hans Denk, ein übrigens ausgezeichneter junger Mann, gelehrt, bieder, auch bescheiden — er bekannte wenigstens, was beinahe kein anderer aus diesem Kreise zugestehen wollte, daß er auch irren könne —, hat diese Meinung ausgebildet. Er ging davon aus, daß Gott die Liebe sei, welche Fleisch und Blut nicht begreifen würden, wenn er sie nicht in einigen Menschen darstellte, die man göttliche Menschen, Gottes Kinder nenne. In einem aber habe sich die Liebe am höchsten bewiesen, in Jesu von Nazareth: der sei in Gottes Wegen nie gestrauchelt; er sei nie uneins mit Gott geworden. Er sei ein Seligmacher seines Volkes: denn er sei ein Vorgänger aller derer, die selig werden sollen. Das wolle es sagen, wenn es heißt: alle sollen durch Christus selig werden.

In enger Verbindung mit Hans Denk stand Ludwig Häher; sie haben miteinander einen Teil der Propheten ins Deutsche übersetzt. Nur schritt Häher, wie er in seinem Lebenswandel ausschweifender war, so auch in seinen Doktrinen bis zu den äußersten Konsequenzen fort. Er war der erste in dieser Epoche, der die Gottheit Christi leugnete. Doch können wir nicht sagen, wie er zu dieser Meinung kam, mit welchen Gründen er sie verteidigte: das Buch, das er darüber geschrieben, ist nie gedruckt worden; das letzte handschriftliche Exemplar hat Ambrosius Blaurer verbrannt.

In einem verwandten Sinne erklärte sich auch Hans Kautz von Bockenheim zu Worms. Er meinte, Jesus Christus von Nazareth erlöse uns dann, wenn wir seinen Fußtapfen nachfolgen; wer anders lehre, mache einen Abgott aus ihm.

Und man sollte nicht glauben, wie weit diese Ansichten sich verbreitet haben. Wir finden sie unter andern in Salzburg, ohne daß wir sagen könnten, wie sie dahin gekommen. Eine Gemeinde von armen Leuten hegte sie, die sich von allem Gottesdienst lossagten, in Einöden zusammenkamen, durch gemeinsame

Beisteuern Brüderschaften errichteten; sie nannten sich Gärtnerbrüder. Sie meinten, der Geist, Gutes zu tun, sei allen Menschen angeboren; es sei schon genug, wenn man nur das Gesetz erfülle: denn eben dadurch ziehe uns Gott an sich, daß man äußerlich Recht tun müsse; Christus sei keinesweges der Erfüller des Gesetzes, sondern ein Lehrer christlichen Lebens. Behauptungen von nicht sehr tiefsinniger, aber wahrhaft unschädlicher Natur. An diesen armen Leuten wurden sie aber furchtbar gestraft. Einige von ihnen waren auf einer ihrer Versammlungen in dem Hause eines Pfarrers entdeckt worden und hatten kein Bedenken getragen, auch die abwesenden Mitglieder ihres Bundes zu nennen. Hierauf wurden sie sämtlich dem Gericht überliefert. Die Glaubensschwächeren, die sich zum Widerruf bewegen ließen, wurden erst mit dem Schwerte gerichtet; dann verbrannte man ihre Leiber. Die, welche nicht widerriefen, wurden auf dem Fronhofe bei lebendigem Leibe dem Feuer übergeben. „Die haben lange gelebt," sagt eine gleichzeitige Nachricht, „und Gott hart angerufen, ist gar erbärmlich zu hören gewesen". Oder man brachte sie in das Haus, wo sie häufig ihre Zusammenkünfte gehalten und untereinander gepredigt hatten, sperrte sie hier ein und zündete das Haus an. „Die haben," fährt jene Nachricht fort, „jämmerlich untereinander geschrien, zuletzt ihr Leben aufgegeben. Gott helfe ihnen und uns allen"! Unter anderen hatte ein junges schönes Fräulein von 16 Jahren auf keine

Weise zum Widerruf gebracht werden können, wie denn in diesem Alter die Seele der stärksten und schwungvollsten moralischen Hingebung fähig ist; gewiß war sie der Dinge, deren man sie anklagte, schuldig, aber übrigens mit dem Bewußtsein und dem Ausdruck der reinen Unschuld. Jedermann bat um ihr Leben. Der Nachrichter nahm sie auf den Arm, trug sie an die Roßtränke, tauchte sie unter das Wasser, so lange bis sie ertrunken war; dann zog er den entseelten Leib wieder hervor und übergab ihn dem Feuer.

Auf ganz verschiedene Folgerungen wurden nun aber andere von denselben Fragen über Erlösung und Rechtfertigung geführt. Sie nahmen eine durchgreifende Trennung zwischen Geist und Fleisch an. Statt zu sagen, der Mensch könne durch eigene Kraft das Gute tun, er werde durch Rechttun selig, das sei die Lehre Christi, behaupteten sie vielmehr, nur das Fleisch sündige, der Geist werde davon nicht berührt, er sei bei dem Sündenfall nicht mitgefallen. Durch die Wiederbringung werde der ganze Mensch so frei wie vor dem Falle, ja noch freier. Indem sie nun Christo diese Wiederbringung zuschrieben, lehrten sie doch, daß dessen Menschheit von besonderer Art gewesen sei. Er habe durch die Geburt von seiner Mutter nichts angenommen; in ihm sei das reine Wort Fleisch geworden: denn Adams Fleisch sei verflucht. Sehr verbreitet waren auch diese Ansichten; wir finden wiedertäuferische Kirchenlieder, in denen

Wiedertäufer zu Münster.

sie unumwunden ausgesprochen sind. Wahrscheinlich sind sie von Kaspar Schwenkfeld ausgegangen, der ebenfalls die konstituierte Kirche und die Kindertaufe verwarf und die Kreatürlichkeit des Leibes Christi leugnete; denn der sei eine gnadenreiche, von Gott entsprungene Substanz, ein Fleisch der wiedergebrachten Natur. Wohl nicht ohne Anstoß von Schwenkfeld hat sich Melchior Hoffmann so viel mit diesen Lehren zu schaffen gemacht. Hoffmann erklärte sich anfangs für die unbedingte Gnadenwahl; später behauptete er dagegen, ein jeder könne der Gnade teilhaftig werden: verloren sei nur ohne Erbarmen der, wer, einmal erleuchtet, alsdann wieder abweiche. Alle die, an welchen sich eine Spur der Gnade zeige, dachte er durch die Wiedertaufe zu einer Gemeinde zu vereinigen.

Noch viel mannigfaltigere Verschiedenheiten zeigten sich nun aber unter den Wiedertäufern in Hinsicht des Lebens und der Gebräuche.

Die einen hielten die Kindertaufe nur für unnütz, die anderen für einen Greuel. Die einen forderten die strengste Gütergemeinschaft; die anderen blieben bei der Pflicht gegenseitiger Unterstützung stehen. Die einen sonderten sich so vollkommen wie möglich ab und hielten es selbst für unchristlich, den Sonntag zu feiern; die anderen erklärten es für unerlaubt, so vielen Besonderheiten nachzugehen. Bei Sebastian Frank, der diese Sektierer sehr wohl kannte und selbst zu ihnen gerechnet ward, findet sich ein langes Verzeichnis von Abweichungen, die er unter ihnen wahrgenommen.

Da konnte nicht fehlen, daß sie nicht auf mancherlei Weise mit dem Staat in Widerspruch geraten wären.

Zuerst fallen uns diejenigen auf, welche Kriegsdienst und Eid verweigerten. Zu töten hielten sie in jedem Falle für ein Verbrechen, zu schwören für unerlaubt und sündlich. Unmöglich konnte man sich das in den Städten gefallen lassen, wo man noch immer auf Verteidigung durch die eigene Armee der Bürger angewiesen war, oder wo sich, wie in Straßburg, der ganze Gehorsam an den Bürgereid knüpfte, welcher an dem jährlichen Schwörtage geleistet werden mußte.

Weiter nehmen wir andere wahr, die sich etwa für berufen hielten, die Ehe zu reformieren: denn nur eine solche sei gültig, die im Geiste geschlossen worden. Der Kürschner Klaus Frei hatte sein Eheweib verlassen und zog mit einer anderen durch die Welt, welche er „seine einzige rechte geistliche Eheschwester" nannte.

Alle fanden das Kirchenregiment, welches durch Magistrate und Prediger vereinigt aufgerichtet worden, unerträglich: einen jeden sollte man predigen lassen, dann würde keine Spaltung sein. Sie erklärten, die Einrichtungen der Evangelischen seien eben nichts anderes, als ein neues Papsttum.

Auch waren sie überzeugt, daß es damit nicht lange dauern könne. Eines der wesentlichsten Stücke ihres

Glaubens ist die apokalyptische Erwartung einer baldigen Umkehr der Dinge, eines vollkommenen Sieges, welche schon Münzer und Storch genährt. Nach deren Beispiel hatten auch die späteren Oberhäupter die großartigsten Einbildungen, ein jeder von sich selbst, mit denen sie sich wenigstens bei ihrer nächsten Umgebung Eingang verschafften.

Hubmahr verglich Nikolsburg, wo er bei einem Lichtenstein Aufnahme gefunden, mit Emmaus, wohin sich Christus zurückgezogen: „denn es fange an, Nacht zu werden, und die letzte Zeit sei vor der Tür".

Jener Melchior Hoffmann, ein wandernder Kürschner, den wir nach und nach im Elsaß, in Stockholm, in Livland, in Kiel, in Ostfriesland finden, bald mit mächtigen Fürsten in enger Verbindung, bald im Gefängnis schmachtend, begab sich endlich wieder nach dem Elsaß, nach Straßburg, wo, wie er meinte, der Sitz des neuen Jerusalems sein solle, von wo, nach Apokalypse 14, hunderttausend und vierundvierzigtausend jungfräuliche Apostel mit ihm ausziehen würden, um alle Auserwählten Gottes in den Schafstall zu sammeln.

Allmählich regte sich nun aber auch die Idee wieder, einen Zustand dieser Art mit Gewalt herbeizuführen.

Hans Hut meinte aus Moses und den Propheten beweisen zu können, daß die Wiedertäufer als Kinder Gottes, wie einst die Israeliten, bestimmt seien, die Gottlosen auszurotten; Gott selbst werde sie dazu auffordern.

Im Württembergischen bekannte im Jahre 1528 ein Gefangener, der Zuberhans aus dem Schorndorfer Amt, daß er mit anderen Gläubigen beschlossen, künftige Ostern zur Tat zu schreiten: 700 Mann stark, wollten sie sich dann in Reutlingen bereinigen, zunächst in Württemberg die Obrigkeit abschaffen, die Pfaffen töten, eine allgemeine Änderung bewirken.

Melchior Hoffmann drohte nicht, selbst das Schwert in die Hand zu nehmen; aber er war überzeugt, daß es ergriffen werden müsse. Er hatte eine Zeitlang mit König Friedrich I. von Dänemark in persönlichen Verhältnissen gestanden. Er meinte jetzt, der werde der eine der beiden Fürsten sein, durch welche, wenn die Zeit gekommen — denn noch sei sie nicht da —, alle Erstgeburt Ägyptens erschlagen werden müsse, bis daß das wahre Evangelium die Erde einnehme und die Hochzeit des Lammes erscheine. Doch waren nicht alle seine Schüler so zurückhaltend wie er. Einige meinten, die Zeit sei in der Tat schon eingetreten, und sich selber hielten sie für bestimmt, das Schwert zu ergreifen.

So erheben sich diese Meinungen von einem mehr sonderbaren als gefährlichen Partikularismus der Stillen im Lande gar bald bis zur entschiedenen Feindseligkeit enthusiastischer Weltverbesserer.

Alle deutschen Landschaften waren aber von diesen flüchtigen Aposteln bald der einen, bald der anderen Sekte durchzogen; man wußte nicht, von wo sie kamen, wohin sie gingen. Ihr erster Gruß war der

Friede des Herrn, an welchen sie die Lehre von der Notwendigkeit brüderlicher Gemeinschaft in allen Dingen knüpften. Dann kamen sie auf das Verderben der Welt zu reden, die Gott jedoch nun im Begriff sei zu züchtigen, wie denn in der Gewalt, die er den Türken verstatte, schon der Anfang solcher Züchtigung eingetreten. Sie lehnten sich an die damals sehr weit verbreitete Erwartung von einer bevorstehenden mystischen Umwandlung aller Dinge. Von Osten her verkündigte man die unter Zeichen und Wundern von allerlei Art zu Babylon bereits geschehene Geburt des Antichrists, der jetzt sogar schon erwachsen sei und als Gott verehrt werde. In dem Westen hatte hie und da das Glück Kaiser Karls V. die ausschweifendsten Hoffnungen erregt: er werde Jerusalem erobern und das Gebot ausgehen lassen, einen jeden auf Erden zu töten, der das Kreuz nicht anbete; dann werde er von einem Engel Gottes gekrönt werden und in den Armen Christi sterben. Hie und da erwartete man allen Ernstes das Ende der Welt, wofür man Tag und Stunde festsetzte. An Träume dieser Art knüpften nun auch die Wiedertäufer ihre Prophezeiungen an. Sie verkündigten, schon seien die Boten Gottes in der Welt, um die Auserwählten Gottes mit dem Bundeszeichen zu versiegeln. Sei die Zeit gekommen, so werde die Schar der Versiegelten sich von den vier Enden der Welt versammeln; dann werde Christus, ihr König, unter sie treten und ihnen das Schwert in die Hand geben. Alle Gottlosen werde man vertilgen:

den Auserwählten aber sei ein neues, seliges Leben
beschieden, ohne Gesetz, noch Obrigkeit, noch Ehe, in
der Fülle des Überflusses.

Wir sehen wohl: die Wiedertäufer gingen von
Grundlehren aus, die bald mehr von mystischer, bald
mehr von rationalistischer Tendenz waren; immer aber
trafen sie in dem Bedürfnis engster Vereinigung und
dem stolzen Gefühl des Auserwähltseins zusammen,
was denn sofort zu überschwenglichen, sinnlichen
messianischen Hoffnungen führte. Neu war es nicht,
was sie vorbrachten. Es waren im Grunde nur dieselben Versprechungen, die der Talmud den gläubigen
Juden macht, daß am Ende der Tage alle Völker vertilgt werden oder den Auserwählten dienen und diese
Gerechten nun in ihrer Herrlichkeit Behemoth und
Leviathan schmausen sollen. Aber die allgemeine
Gärung der Gemüter bewirkte, daß sie damit doch
eine gewisse Wirkung hervorbrachten. Sie wendeten
sich diesmal nicht an die Bauern, sondern an die Handwerker. Die mühevollen, aber dem Geiste doch zu
einer gewissen Beschaulichkeit Raum lassenden dunk-
len Werkstätten wurden plötzlich von diesen Meteoren
einer nahen seligen Zukunft erleuchtet. Unwidersteh-
lich griff dieser Wahn um sich.

Die deutschen Regierungen von beiderlei Bekenntnis, durch Reichskonstitutionen dazu verpflichtet,
unterließen nicht, sie mit aller Strenge zu verfolgen.

Bei den Protestanten fühlte man sich zuweilen in
Verlegenheit: auf den schmalkaldischen Versamm-

lungen sind wohl die Reichskonstitutionen für zu streng erklärt worden, und man hat den Beschluß gefaßt, an den Leuten nicht den Glauben zu strafen, sondern nur das Verbrechen, die aufrührerische Lehre. Es existiert ein kleiner Wittenberger Druck, worin diese Unterscheidung näher ausgeführt wird; dem Berliner Exemplar desselben hat ein Wiedertäufer Anmerkungen an den Rand geschrieben, in denen er dabei bleibt, daß die Wiedertäufer mit dem Aufruhr nichts zu schaffen haben. Aber die Schwierigkeit lag wohl eigentlich nur darin, diese ineinander verfließenden Tendenzen gehörig zu sondern. In Sachsen hielt man daran fest, die Lehrsätze eines jeden zu untersuchen und ihn demgemäß zu behandeln. Landgraf Philipp dagegen zog immer die milderen Maßregeln vor; Wiedertäufer von offenbar aufrührerischen Grundsätzen begnügte er sich gefangenzuhalten. Darauf gestützt, erklärten auch die oberländischen Regierungen, ihre Hände nicht mit dem Blut der armen Leute beflecken zu wollen. In Straßburg ließ man wohl die Kinder sieben Jahre alt werden, ohne ihre Eltern anzuhalten, sie taufen zu lassen.

In den katholischen Ländern dagegen, wo man nicht allein den Aufruhr, sondern vor allem die Ketzerei strafte, wurden Exekutionen in Masse verhängt. Die Gärtnerbrüder wurden in München so streng behandelt, wie in Salzburg, „einige an den Gliedern gestümmelt, andern der Kopf abgeschlagen, andere in die Isar gestürzt, noch andere auf dem Scheiterhaufen lebendig verbrannt". In Passau wurden ähnliche Strafen verhängt. Ihrer dreißig mußten im Gefängnisse verschmachten. In ausführlichen Erzählungen ist zu lesen, wie Georg Wagner zu München, Hätzer zu Konstanz, Hubmahr zu Wien den Tod im Feuer erlitten. Was ist das für ein klägliches Hilfsgeschrei, das Jakob Hutter erhob, als die Wiedertäufer, welche sich unter den Schutz mährischer Herren geflüchtet, nun auch von da wieder verjagt werden sollten: „Wir sind in der Wüste, auf einer wilden Haide, unter dem lichten Himmel"; aber auch da wollte man sie nicht dulden.

Mit allen diesen Verfolgungen jedoch kam man nicht zum Ziele, und zwar am wenigsten dort, wo sie am härtesten waren, wie in den Niederlanden. Von Anfang an hatten hier die lutherischen Meinungen in weiten Kreisen Beifall gefunden; so gewaltsam sie auch zurückgedrängt wurden, so hören wir doch im Jahre 1531 das Bekenntnis, daß alles Volk ihnen beifallen würde, wenn der Zwang aufhören sollte. Eben dieses Zurückdrängen dieser reformatorischen Tendenzen bereitet nun aber den Boden für Lehren der Wiedertäufer am besten vor. Ein Schüler Hoffmanns, Jan Matthys, Bäcker zu Lehden, verband mit den schwärmerischen Religionsansichten des Lehrers zugleich die Meinung, daß die Wiederbringung aller Dinge in kurzem bevorstehe und mit dem Schwerte herbeigeführt werden müsse. Er selbst erklärte sich für den Henoch, der diese Zukunft ankündigen solle, richtete sich seine prophetische Haushaltung ein und schickte zwölf Apostel nach den sechs benachbarten Provinzen aus, die nun überall Proselyten machten und mit dem Bundeszeichen der Wiedertäufer sie versiegelten. Unter anderen begleiten wir Jan Bockelson von Leyden nach Brielle, Rotterdam, Amsterdam, Enkhuizen, Alkmaar; überall tauft er und stiftet kleine Gemeinden von 10, 12, 15 Gläubigen. In Holland und Friesland regte sich an vielen Stellen ein starkes wiedertäuferisches Element, das für die weitere Entfaltung seiner Triebe einen freien Raum zu gewinnen sucht.

Da geschah, daß die Dinge in Münster sich auf eine Weise entwickelten, daß den Trägern desselben Prediger und Mitglieder der Gemeinde Aufnahme zu gewähren geneigt wurden.

Emporkommen der Wiedertäufer in Münster.

Es war nicht das erste Mal, daß sich bei den Predigern, die sich mit dem Mark der evangelischen Lehre genährt hatten, eine ähnliche Hinneigung zeigte. Unter anderen bemerken wir sie eine Zeitlang bei Capito in Straßburg, obwohl dieser sie durch reiflicheres Nachdenken überwand.

Daß sich ihr aber der bisherige Führer der Reformation in Münster, Bernhard Rottmann, vollkommen ergab, hatte, wenn wir einer Nachricht, die von Melanchthon stammt, glauben, noch folgenden sehr persönlichen Grund.

In Münster lebte ein Syndikus Wiggers aus Leipzig, ein braver, ehrenwerter Mann, aber mit einer Frau von zweideutiger Aufführung verheiratet. Von den Schranken, in welche Sitte und Religion die geschlechtlichen Verhältnisse einschließen, ließ sie sich nicht fesseln, und dabei besaß sie jenen unwiderstehlichen und unerklärlichen Zauber, der zuweilen auch geistig entwickelte Männer ergreift und festhält. Sie sah sich täglich in ihres Mannes Hause und Garten von leidenschaftlichen Verehrern umgeben. Unter denen erschien nun auch Bernhard Rottmann, und sehr bald entspann sich zwischen beiden ein Verhältnis, das sie wie ihn völlig in Besitz nahm; als ihr Mann in kurzem starb, sagte man geradezu, sie habe ihn vergiftet. Rottmann verheiratete sich mit ihr. Schon aus den Gerüchten, die darüber umliefen, wenn sie auch nicht alle gegründet sind, läßt sich erklären, daß Männer, welche an Ernst und Ehrbarkeit festhielten, sich von Rottmann entfernten. Das hatte aber nur wieder die Folge, daß Rottmann durch eine auffallend strenge Haltung seinen Ruf wiederherzustellen suchte. Er fing an, von dem Verderben der Welt, von der Notwendigkeit der Werke der Barmherzigkeit zu reden, und zeigte sich nicht zufrieden mit dem durch die lutherische Reform hervorgebrachten Zustande. Auch in Hinsicht des Dogmas wich er immer weiter ab; war es nun Einfluß der heimlich umherziehenden

Wiedertäufer, oder kam er von selbst darauf: nachdem er den Ritus des Abendmahls verändert, begann er die Rechtmäßigkeit der Kindertaufe zu bestreiten. Sowie die Wiedertäufer zahlreicher wurden, schloß er sich ihnen offen an. Rottmann und seine Amtsgenossen waren soeben mit dem Rat in bittere Streitigkeiten geraten; sie hatten fürs erste nachgeben, sich zurückziehen müssen. Welch bessere Verbündete aber konnten sie finden, als die neuen Propheten, deren Verheißungen und Doktrinen sich überall einen so mächtigen Einfluß verschafften? Das lutherische System sprach der weltlichen Gewalt, auch den städtischen Magistraten, eine große Macht zu; denn in der Anerkennung der Selbständigkeit des weltlichen Elements lag eben sein Wesen. Die wiedertäuferische Doktrin dagegen war demselben entschieden feindselig: sie strebte selbst nach einer jede anderweite Macht ausschließenden Alleinherrschaft; den münsterischen Predigern konnte nichts willkommener sein. Einer von ihnen gibt in seinem Verhör als den Zweck, zu welchem man den Propheten angenommen habe, an: damit er verkündige, wie es hier heißt „vorwittige", daß Gott der Herr in Münster die Stätte reinigen und die Gottlosen daraus verjagen wolle.

Darin liegt nun eben das Ereignis, daß der in Holland emporgekommene Anabaptismus bei seiner Berührung mit Münster in einen Zeitpunkt traf, wo die politisch-religiöse Bewegung noch kein Ziel gefunden und eine kaum zurückgedrängte Partei sich zu neuen Kämpfen gegen das noch Bestehende rüstete. Die Führer derselben ergriffen ihn, zum Teil aus Überzeugung, zum Teil als ein Mittel; er konnte alle seine Kraft in einer zahlreichen Gemeinde entwickeln.

Am Ende des Jahres 1533 und in den ersten Tagen des folgenden füllte sich Münster mit wiedertäuferischen Aposteln aus den Niederlanden. Ein angesehener Bürger der Stadt, Bernhard Knipperdolling, der, einst aus Münster verwiesen, in der Fremde, namentlich in Stockholm, mit den Wiedertäufern Verbindung geschlossen, nahm einen und den anderen von ihnen in sein Haus auf. Die Fremdlinge nun, in ihrer abgesonderten Haltung, in der sie aber die tiefste innere Gemeinschaft unter sich selbst kundgaben, wie sie einander erkannten und begrüßten, überhaupt in ihrem verwegenen und doch die Landesart anmutenden Wesen, machten in Münster einen großen Eindruck. Noch war die religiöse Meinung in lebhaften Schwingungen begriffen; sie sah noch nach neuen Dingen aus. Es ist sehr begreiflich, daß Frauen, zuerst Klosterfrauen, von Lehren fortgerissen wurden, die ein heilig-sinnliches Leben in naher Zukunft erwarten ließen. Sieben Nonnen aus dem Ägidienkloster ließen sich auf einmal taufen; die Nonnen von Overat folgten ihnen nach. Dann schlichen auch bürgerliche Frauen in die Versammlungen der Täufer und brachten wohl als das erste Pfand ihrer Ergebenheit dem Propheten ihr Geschmeide mit. Anfangs waren die Männer entrüstet; später wurden sie selber nachgezogen. Nach=

dem die Prediger der Stadt die Taufe zuerst empfangen, vollzogen sie diese selbst. Besonders warf sich Rottmann mit alle dem Talent und alle dem Eifer, die er früher der Reformation gewidmet, in diese neuen Doktrinen und verkündigte sie mit dem größten Erfolge. War es nicht dieselbe Stimme, die einst zuerst von der römischen Kirche abgeführt hatte? Niemand konnte ihr widerstehen. Man erzählte sich, er führe einen Zaubertrank bei sich, mit welchem er einen jeden, den er taufe, auf immer dafür festbanne.

Und hiedurch ward er nun bald so stark, dem Rate, der ihn zu beherrschen, in Schranken zu halten gedachte, Trotz bieten zu können. Frauen stellten den Bürgermeister zur Rede, daß er einen hessischen Prediger begünstige, der nicht einmal münsterisch sprechen könne; Nonnen schalten auf öffentlichem Markte auf den hessischen Gott, den man esse. Sechzehnjährige Mädchen riefen Wehe über die Lasterhaften. Die Schmiedegesellen zwangen den Rat einen der ihren, den man festgenommen, weil er gepredigt hatte, herauszugeben.

Noch waren sie nicht die Herren; aber sie faßten Mut, es zu werden.

Unter den angekommenen Fremden bei weitem der einflußreichste war damals Jan Matthys, derselbe, der im Gegensatze mit Hoffmann die Wiedertaufe ohne Verzug auszubreiten unternommen hatte — denn der Wahrheit gehe jede andere Rücksicht vor —, und vor allem die Lehre verkündigte, daß man widerstrebende Obrigkeiten mit dem Schwerte bekämpfen dürfe.

Am 8. Februar kam es in der Stadt zu einem Auflauf, in welchem die Wiedertäufer den Marktplatz einnahmen, sei es nun, daß eine wirkliche oder eine eingebildete Gefahr sie dazu veranlaßte, der Rat und die Nichtwiedergetauften dagegen Mauern und Tore besetzten. Es zeigte sich wohl, daß die letzteren das Übergewicht der Anzahl und der Macht besaßen; sie fuhren Kanonen an den Zugängen zum Marktplatz auf, und viele meinten, daß man heute ein Ende machen, den Marktplatz einnehmen und die Wiedertäufer, von denen so viele ohnehin Fremde waren, vertreiben müsse. Ein paar Pforten wurden den Drosten des Bischofs und den herangezogenen Bauern geöffnet. Schon waren die Häuser der Nichtwiedergetauften mit Strohkränzen bezeichnet, um sie bei der bevorstehenden Plünderung schonen zu können. In den Wiedergetauften auf dem Marktplatze dagegen brachten Enthusiasmus und Befürchtung, Mut und Gefahr eine exaltierte Stimmung hervor, in der sie wunderbare Erscheinungen zu erblicken meinten: — feurige Wolken, die sich um die Stadt und über dieselbe erhoben, gleich als stehe Dom und Stadt im Feuer; einen Mann mit goldener Krone, das Schwert in der einen, eine Rute in der anderen Hand; eine andere Mannesgestalt, die Faust voll herauströpfelnden Blutes, den Reiter mit dem Schwerte auf weißem Rosse aus der Apokalypse. Sollte man nun aber so abenteuerliche Schwärmer mit Kanonen angreifen? Jener hessische, soeben verunglimpfte Prediger, namens Fabricius, wandte allen seinen Einfluß an, dies zu verhüten; er ermahnte die zum Kampfe Bereiten, des verwandten Blutes zu schonen. Auch in einigen Mitgliedern des Rates regte sich Mitleiden, wenn nicht geheime Übereinstimmung. Man bedachte doch, daß man auch Widerstand finden, daß vielleicht in dem allgemeinen Getümmel der Bischof sich zum Herrn der Stadt machen könne. Genug, statt zum Angriff zu schreiten, knüpfte man Unterhandlungen an. Bevollmächtigte wurden ernannt, Geiseln gegenseitig gegeben; endlich setzte man fest, daß ein jeder Glaubensfreiheit genieße, jedoch Frieden halten und in weltlichen Dingen der Obrigkeit Gehorsam leisten solle. Die Wiedergetauften hielten ihre Errettung nicht mit Unrecht für einen Sieg. In einer ihrer Schriften, der Restitution, heißt es: „die Angesichter der Christen" — denn diesen Namen legten sie sich ausschließlich bei — „wurden schön von Farbe". Auf dem Markte weissagten selbst die Kinder von sieben Jahren: „Wir glauben nicht, daß jemals eine größere Freude auf Erden gewesen ist".

Und in Wahrheit war dies die Stunde, von welcher an sie Tag für Tag bis zur entschiedenen Übermacht fortschritten.

Sie waren jetzt in Münster zum ersten Male in der Welt zu einem gesetzlich anerkannten Dasein gelangt. Von allen Seiten strömten die Gleichgesinnten daselbst zusammen, Männer ohne ihre Frauen, Frauen ohne ihre Männer, auch ganze Familien. Rottmann hatte jedem, der sich einfinden würde, zehnfältigen Ersatz alles dessen, was er verlassen, versprochen. Bei dem Anblick verließen die reichen Bürger die Stadt, um ihre Barschaft zu retten; aber dadurch ward der Umschwung in derselben nur um so rascher. Als es am 21. Februar zu einer neuen Ratswahl kam, gewannen die Wiedertäufer die Oberhand. Schon die Wahlherren wurden nicht mehr nach dem Fleisch, sondern nach dem Geist gewählt; es waren lauter erleuchtete Handwerker; sie besetzten, wie sich versteht, alle öffentlichen Stellen mit ihren Glaubensgenossen. Knipperdolling ward zum Bürgermeister gewählt. Die ganze städtische Gewalt ging über in die Hände der Wiedertäufer.

Und diese waren nun nicht gemeint, die, welche von ihren Gegnern noch anwesend waren, zu schonen, zumal da man bereits einen Angriff der Geistlichen und des Bischofs erwartete; sie wollten die Verbündeten ihrer Feinde nicht neben sich dulden. Am 27. Februar ward eine große Versammlung bewaffneter Wiedertäufer auf dem Rathause gehalten. Eine Zeitlang brachten sie im Gebet zu; der Prophet schien wie in Schlaf verfallen; plötzlich aber fuhr er auf und erklärte, man müsse die Ungläubigen, wofern sie sich nicht bekehrten, sofort verjagen, das sei der Wille Gottes. Er verbarg nicht, worauf es zunächst abgesehen war. „Hinweg mit den Kindern Esaus", rief er;

Emporkommen der Wiedertäufer in Münster.

"die Erbschaft gehört den Kindern Jakobs". Mit dem Enthusiasmus vereinigte sich die Habsucht. Hierauf erscholl das Geschrei: "Heraus ihr Gottlosen," furchtbar durch die Straßen. Es war ein stürmischer Tag des späten Winters. Der Schnee, der noch sehr hoch lag, fing an zu schmelzen; ein heftiger Wind jagte Regen und Schnee durch die Atmosphäre. Die Häuser wurden mit Gewalt eröffnet und alle von ihrem Herde verjagt, die ihre Taufe nicht verleugnen wollten. Ein Augenzeuge hat den kläglichen Anblick geschildert, wie die Mütter, ihre halbnackten Kinder auf den Armen, nichts weiter mit sich nehmen durften, als eben diese; wie die kleinen Knaben neben ihren Eltern mit bloßen Füßen durch den Schnee wateten; wie man den alten Männern, die an ihrem Stabe die Stadt verließen, unter dem Tore noch den letzten Zehrpfennig abnahm, den elenden Rest von dem Erwerbe eines langen arbeitsamen Lebens. Die Wiedertäufer hielten es noch für eine Handlung der Gnade, daß sie ihre offenbaren Gegner, die doch nur gegen sie raten und helfen würden, davonziehen ließen.

So wurden die Wiedertäufer nicht allein die Herren in der Stadt, sondern auch ihre alleinigen Inhaber. Was ihre Gegner an ihnen zu tun sich gescheut, vollzogen sie nun an diesen mit fanatischer Begier. Die Faktion der Prediger, der mit ihnen einverstandenen Bürger und der Fremdlinge behielt den Platz und teilte die Stadt unter sich aus. Die verschiedenen Landsmannschaften nahmen die geistlichen Gebäude ein. Die fahrende Habe der Vertriebenen ward auf die Kanzlei zusammengebracht; Matthys bezeichnete sieben Diakonen, welche dieselben den Gläubigen, einem jeden nach seinem Bedürfnis, nach und nach verteilten sollten.

Und nun würden wohl die Wiedertäufer sofort dazu geschritten sein, ihre Herrschaft auch nach außen aus= zubreiten, hätte sich nicht der Bischof, diesmal von den benachbarten Fürsten unterstützt, mit einer ganz stattlichen Macht um sie her gelagert.

In Klebe und Köln hatte man anfangs gezweifelt, ob man bloß das eigene Land rein halten, oder den Bischof unterstützen solle. Die Betrachtung, daß auch der Landgraf von Hessen ihm zu Hilfe kommen und daß unter dessen Einfluß nach dem Siege irgendeine Ver= änderung mit dem Stift überhaupt versucht werden könne, bewog doch die beiden westlichen Nachbarn, ebenfalls Anteil zu nehmen. Sie fanden, der Bischof sei gar zu schlecht gerüstet, schlecht beraten; sie sahen, wie gefährlich es werden könne, wenn es den Wieder= täufern etwa gelingen sollte, auch die kleineren Städte, die anderen Untertanen des Stiftes an sich zu ziehen; und so beschlossen sie, zuerst mit Geschütz und Fußvolk, dann auch mit Reiterei Hilfe zu leisten, immer jedoch unter der Bedingung, daß das Stift ihnen dereinst ihren Aufwand vergüte. Hier strengte der Bischof alle seine Kräfte an. Es wurden neue Steuern ausge= schrieben; sämtliche Kleinode aus den Kirchen sollten zum Kriege verwendet werden; die Vasallen des

Bischofs erschienen auf eigene Kosten im Felde. Im April und Mai 1534 ward die Stadt auf allen Seiten eingeschlossen. Wenn man, da sie mit Kriegsbedürfnissen sehr gut versehen war, sich nicht schmeicheln durfte, sie sogleich zu erobern, so erreichte man doch, was schon kein geringer Vorteil war, daß die Bewegung, die sonst das Land ergriffen haben würde, in Münster eingeschlossen ward.

Da hat es nun ein nicht geringes Interesse, den Gang derselben noch weiter zu begleiten. Ein religiöses Element, wie es in den kirchlichen Bewegungen von mehr als einem Jahrhundert auf eine oder die andere Weise hervorgetreten ist, entwickelt sich hier in engem Kreise, aber innerhalb desselben in voller Freiheit, und entladet sich in den merkwürdigsten Phänomenen.

Entwickelungen des münsterischen Anabaptismus.

Vor allem wollte die Sekte, sowie sie zur Herrschaft gekommen, durch den Sieg in ihrer natürlichen Beschränktheit verhärtet, nicht allein nichts um sich dulden, was ihr widersprochen hätte, sondern auch nichts, was ihr nur nicht selber eigen angehörte. Alle Bildwerke am Dom und auf dem Markte wurden zertrümmert. Wenn die Denkmale der westfälischen Malerschule, welche sonst einen Platz neben der kölnischen behaupten würde, für die Nachwelt beinahe ganz verschwunden sind, so rührt dies ohne Zweifel von

dem schnöden Übermute her, mit dem sie in dieser
Epoche vernichtet wurden. Rudolf von Langen hatte
in Italien eine herrliche Sammlung alter Drucke
und Handschriften zusammengebracht, an die sich das
Andenken der großen literarischen Umwandlung
knüpfte; sie wurden jetzt feierlich auf dem Markte
verbrannt. Selbst musikalische Instrumente zu ver=
tilgen hielt man für nötig. Es sollte nichts übrig=
bleiben, als höchstens die Bibel, unterworfen der
Auslegung des Propheten.

Unter den Wiedergetauften selbst aber sollte nun
alles gemein sein. Die Maßregel, die man in Hin=
sicht der Güter der Vertriebenen getroffen, ward gar
bald auch auf die Habe der Gläubigen erstreckt. Bei
Strafe des Todes wurden sie angehalten, ihr Gold und
und Silber, Schmuck und Barschaften, die sie besaßen,
zum allgemeinen Gebrauch auf die Kanzlei zu liefern.
Wir können sagen, es war eine Art von Saint=Simonis=
mus, was man einrichtete. Der Begriff des Eigen=
tums hörte auf; aber gleichwohl sollte ein jeder sein
Geschäft treiben. Wir haben die Satzungen übrig, in
welchen die Schuhknechte, die Schneider namentlich
bezeichnet werden; die letzteren sollten zugleich dafür
sorgen, daß keine neue Tracht sich einschleiche; ebenso
die Schmiede, die Schlosser; jedes Handwerk war zu=
gleich als ein Auftrag, als ein Amt betrachtet. Von
allen Geschäften das vornehmste war, wie sich versteht,
die Verteidigung. Auch die Knaben wurden dabei an=
gewandt, und im Pfeilschießen — denn noch immer

war dies neben dem Feuerrohr in Gebrauch — erwarben sie sich eine außerordentliche Fertigkeit. Diejenigen, welchen ein besonderes Amt übertragen war, wurden dafür von dem Dienst der Wachten freigesprochen. Es war alles eine einzige religiös-kriegerische Familie. Für Speise und Trank ward auf gemeinschaftliche Kosten gesorgt. Bei Gastmahlen saßen die beiden Geschlechter, „Brüder und Schwestern", voneinander abgesondert; schweigend aßen sie, während ein Kapitel aus der Bibel verlesen wurde.

Es liegt am Tage, daß ein so höchst eigentümliches Gemeinwesen nicht mit den Formen einer Stadtverwaltung, selbst nicht einer solchen, bei der Bürgermeister und Ratsherren Erleuchtete waren, bestehen konnte. Der Prophet Jan Matthys gelangte auch sehr bald in Besitz einer höchsten Autorität. Die Zeitgenossen schildern diese als wahrhaft königlich, unbedingt; er gab die Gesetze und war über den Gesetzen. Aber schon gegen Ostern 1534 kam Matthys um. Bei einem Ausfall, wo er voran war — denn sein Fanatismus war wenigstens nicht feig — wurde er getötet.

Mit ihm war, wie berührt, Jan Bockelson nach Münster gekommen, geboren zu Leyden, Sohn eines Schulzen dort in der Nähe und einer leibeigenen Westfälin, die dann von ihrem Manne losgekauft worden war. Als Schneidergeselle war er in England und Flandern auf der Wanderschaft gewesen und hatte sich endlich zu Leyden niedergelassen, nahe am Tore, wo der Weg nach dem Haag führt. Da hatte er jedoch nicht

lange Gefallen an seinem Handwerk gefunden, viel=
mehr es vorgezogen, mit seiner Frau, der Witwe eines
Schiffers, eine muntere Herberge zu eröffnen und sich
in kaufmännischen Geschäften zu versuchen, die ihn
von Lissabon nach Lübeck führten, in denen er jedoch
nur Verlust erlitt. Zu Hause war sein Ehrgeiz in dem
poetischen Verein, den Leyden so gut wie die meisten
anderen niederländischen Städte besaß, der Kammer
van Rhetoryke, zu glänzen. Seine Referehne flossen
am leichtesten; seine Schüler lernten am geschwinde=
sten; in den Schauspielen, die er entwarf, spielte er
wohl selbst eine Rolle; schon da mag er sich mit dem
Geist der Opposition gegen die Kirche durchdrungen
haben, der den rhetorischen Kammern überhaupt eigen
war. So traf ihn die Bewegung der Wiedertäufer und
riß ihn an sich. Er ward von Jan Matthys selbst ge=
tauft und las die Schriften von Hoffmann; er erwarb
sich eine ziemliche Kunde der Heiligen Schrift, wobei er
aber, wie diese autodidaktischen Handwerksleute
pflegten, nationale und religiöse Elemente vermischte
und, was er mit feuriger Imagination ergriffen, mit
allen zufälligen Nebenbeziehungen auf die gegen=
wärtige Welt anwandte. Er besaß eine glückliche
äußere Bildung, natürliche Wohlredenheit, Feuer und
Jugend; bereits unter Matthys spielte er eine Rolle;
als dieser gefallen (er behauptete, es vorhergesagt zu
haben), trat er an seine Stelle. Und wenigstens an
Kühnheit stand er seinem Vorgänger nicht nach. Schon
erhob sich die Meinung, daß man auch in bürgerlichen

Entwickelungen des münsterischen Anabaptismus.

Dingen nach keiner Menschensatzung, sondern bloß nach Gottes Wort sich halten dürfe; das zog nun der neue Prophet in Betracht. Nachdem er einige Tage geschwiegen, weil Gott ihm den Mund verschlossen habe, erklärte er endlich, daß man in dem neuen Israel zwölf Älteste haben müsse, wie in dem alten, die er sogleich bezeichnete. Rottman versicherte auch seinerseits der Gemeinde, daß dies der Wille Gottes sei, und stellte ihr die Gewählten vor. Dahin war es bereits gekommen, daß der Prediger und der Prophet die Vorsteher der Stadt ohne alle Wahl ernannten; jedermann fügte sich und nahm sie an. Sechs von ihnen sollten immer früh und nachmittags zu Gericht sitzen; was sie sprechen würden, das sollte der Prophet Jan Bockelson der ganzen israelitischen Gemeinde ankündigen; Knipperdolling sollte ihre Sprüche mit dem Schwerte vollziehen.

Es ward eine Gesetztafel verkündigt, die auf lauter Stellen der Schrift, besonders der Bücher Mosis, beruhte.

Und sogleich sollte sich noch weiter zeigen, zu welch abenteuerlichem Mißbrauch diese Anwendung der Schrift führen könne.

Jan Matthys hatte seine schon ältere Frau verlassen, sich mit einem jungen, schönen Mädchen, genant Divara, die er überredete, das sei der Wille des Himmels, verheiratet und diese mit nach Münster gebracht. Jan Bockelson trug Verlangen, wie nach dem Amte, so auch nach der Frau seines Vorgängers;

da er aber bereits verheiratet war, stellte er die Behauptung auf, daß es einem Manne jetzt so gut wie in den Zeiten des alten Bundes erlaubt sein müsse, mehrere Frauen zu nehmen. Anfangs war jedermann aus natürlichem Gefühl dagegen. Wir erinnern uns, daß auch Luther einst ähnliche Wünsche vorgetragen worden sind; der hatte sie aber mit seinem Grundsatz, daß die Ehegesetze eine Sache der weltlichen Ordnung seien, der man Gehorsam leisten müsse, zurückgewiesen. In Münster verachtete man Argumente dieser Art; man gedachte durchaus nach den Anweisungen der Schrift zu leben. Auch Rottmann predigte die neue Lehre ein paar Tage lang auf dem Domhof. So weit aber war es noch nicht gekommen, daß eine so schreiende Verhöhnung der Sitte und des ehrbaren Herkommens nicht auch unter den obwaltenden Umständen Widerspruch gefunden hätte. Eigentlich hierüber ist es noch einmal zu einem offenen Kampf in Münster gekommen.

Ein früherer Oldermann, Mollenhök, und Knipperdolling gerieten auf offener Straße in Wortwechsel darüber; der Erste sagte laut, was man da vornehme, Vielweiberei und Gütergemeinschaft, sei unrecht; der Andere bestand darauf, daß es recht sei; Mollenhök wendete seine Augen gen Himmel und rief Gott zum Schiedsrichter an. Eine ansehnliche Partei in der Stadt scharte sich um ihn, welche die Abschaffung der Ältesten und ihres Regimentes, der Vielweiberei und der Gütergemeinschaft forderte; alles sollte wieder werden, wie früher, oder sie wollte die Stadt aufgeben. Eines Tages gelang es ihr, den Propheten selbst, Knipperdolling und die vornehmsten Prädikanten in ihre Gewalt zu bringen; sie erhob sich alsdann selbstständig und nahm mit einer kleinen Schar Landsknechte den Marktplatz ein. Wäre sie in Besitz eines Tores gelangt, so würde sie wahrscheinlich die Belagerer eingelassen und der Sache ein Ende gemacht haben. Aber unter den Bürgern gab es auch eifrige Anhänger der neuen Ordnung der Dinge; ein anderer früherer Oldermann, Redecker, und ein früherer Bürgermeister, Tilebecke, die sich zu den echten Wiedertäufern hielten, riefen die bewaffnete Macht derselben zusammen. Sie bestand hauptsächlich aus Holländern und Friesen; denn der fremde Mann, wie Gresbeck sagt, hatte die Stadt inne. Indem diese die Tore sorgfältig besetzt hielten, so daß ihre Gegner innerhalb der Stadt eingeschlossen wurden und gleichsam schon ihre Gefangenen waren, rückte ihr größerer Haufe nach dem Marktplatze. Die Volksmenge sammelte sich, war jedoch unentschieden und wollte warten, wie die Sache ablaufen werde. Auf der Stelle sahen die Mollenhökschen, daß sie die Schwächeren waren; sie zogen sich nach dem Rathause zurück; — aber auch hier waren sie bald genötigt, die unteren Räume zu verlassen, so daß die gefangenen Anabaptisten befreit wurden; dann wurden kleine Geschütze gegen sie aufgefahren, die zum Teil von Weibern herangezogen worden sind, nach dem oberen Stock=

werk gerichtet und beschossen das Gebäude; nur eine
kurze Zeit wehrten sich die Eingeschlossenen: dann
reichten sie ihre Hüte zu den Fenstern hinaus und
ergaben sich. Es waren ihrer hundertundzwanzig.
Anfangs ward die Absicht gehegt, sie sämtlich um=
zubringen; dann machte man einen Unterschied zwi=
schen denen, welche den Auflauf angefangen, und
denen, welche später hinzugetreten. Die ersten — man
zählte ihrer sechsundsechzig — wurden zum Tode ver=
urteilt. Unbarmherziger wurden nie Überwundene
behandelt, als diese von jenen, die noch soeben ihre
Brüder im Geiste gewesen waren. Viele wurden an
Bäume gebunden und erschossen. „Wer den ersten
Schuß tut", rief Bockelson aus, „erweist Gott einen
Dienst damit." Die anderen enthauptete man.

Die fanatische Beschränktheit, mit der man nichts
anerkannte, als die eigene Lehre, erhob sich auf eine
neue Stufe, indem man jede Abweichung mit Tod
und Verderben bestrafte. Aus der alles andere
negierenden Idee erhebt sich notwendig und allemal
der Schrecken. Bei der Bekanntmachung jener Gesetz=
tafel war einem jeden, der dawider verstoße, die Aus=
rottung aus dem Volke Gottes angedroht. Und wehe
dem vollends, der die göttliche Berechtigung der
Machthaber antastete! Schon Matthys ließ einen ehr=
lichen Schmied, Meister Truteling, der ihm ein ge=
ringschätziges Wort gesagt, dafür mit dem Tode be=
strafen. Knipperdolling empfing die Gewalt, einen
jeden, den er bei einer Übertretung der neuen Gesetze

betroffen, auf der Stelle, ohne alles Gericht, umzubringen: denn das Böse müsse ausgerottet werden auf der Erde. Von vier Trabanten begleitet, das bloße Schwert in der Hand, Schrecken erregend, zog er durch die Straßen.

Wie nun aber auch das von der Regel Abweichende doch wieder dem Naturgesetze folgt und die Triebe seines Entstehens vollständig ans Licht zu bringen strebt, so trat auch diese Erscheinung, nachdem der Widerspruch in ihrer Nähe beseitigt worden war, in die letzten Stadien ihrer Entwickelung ein.

Der Anspruch der Prediger, im Kampfe mit der weltlichen Obrigkeit, durch die Propheten verstärkt, hatte sich zuerst zur gewaltigen Opposition erhoben, aber eine Partei gebildet, die, zu den Waffen bereit, den Herrschenden die Spitze bot, diese durch Majorität stürzte, auch im weiteren Kampfe die Oberhand behielt, alle Gegner vertrieb oder vertilgte. Bei einem Regiment, das dadurch zustande kam, sollte es aber sein Bewenden nicht haben. Die Theokratie wird meistens monarchisch sein; denn sie setzt immer eine persönliche Bevorzugung, Begnadigung voraus. Der vornehmste Prophet mochte sich nicht begnügen, bloß den Willen der Ältesten, obwohl er auf ihre Ernennung den größten Einfluß gehabt, dem israelitischen Volke zu verkündigen; er faßte die Idee, König dieses Volkes zu sein.

Ein anderer Prophet, der neben ihm aufgestanden, Dusentschuer von Warendorf, früher ein Goldschmied, ersparte ihm die Mühe, dies selbst erklären zu müssen. Dusentschuer verkündigte eines Tages, Gott habe ihm offenbart, Johann von Leyden solle König sein. Dieser selbst schrie auf, daß auch ihm eine solche Offenbarung zuteil geworden sei, und daß er Gott um Vernunft und Weisheit bitte, das Volk zu regieren. Die Prädikanten, welche hier immer die extremsten Ideen verfochten, sprachen sich sofort dafür aus; Johann selbst versichert, ohne ihre Hilfe würde er weder die Vielweiberei eingeführt, noch die Errichtung des Königtums durchgesetzt haben. Auch ließ er sie an seiner Gewalt teilnehmen. Als das Volk seine neue Würde gebilligt hatte (jedermann ließ sich aufschreiben), erklärte er, nicht allein könne er in dem Allerheiligsten verharren; die Gemeinde möge Gott mit ihm bitten um ein gutes Hausgesinde. Nachdem alles Volk gebetet, erschien Rottmann und las von einem Zettel die Namen derer, die durch göttliche Eingebung zu den höheren Würden bestimmt worden. Einer der vornehmsten war er selber. Er war Worthalter, wie jene worthaltenden Bürgermeister in den freien Städten; Knipperdolling, der selbst oft prophetische Entzückungen hatte, wurde Statthalter, Tilebecke, der in dem letzten Strauß das beste getan, sein Haushofmeister; so war auch der geheime Rat des Königs aus Prädikanten und den namhaftesten Fanatikern zusammengesetzt; Redecker erhielt darin eine Stelle. Das geistlich=fanatische Prinzip gewann nun erst in der Form der monarchischen Theokratie seinen volleren Ausdruck.

Entwickelungen des münsterischen Anabaptismus.

Vergegenwärtigen wir uns noch mit einem Wort den Kreis ihres Meinens und Denkens.

Das Unterscheidende ist, daß sie von den Grundüberzeugungen abwichen, welche die ältere Kirche in langen Kämpfen sich gebildet, Athanasius und Augustin ausgesprochen hatten, und welche die Reformatoren nicht allein festhielten, sondern in ihrem ursprünglichen Sinne wiederherzustellen suchten. Die Wiedertäufer wollten von der wahren Menschheit des Erlösers, von seiner Abstammung von David und Maria nichts hören; denn wie sollte, sagten sie, eine Unreinigkeit mit der anderen abgewaschen werden? Das wahre Wort, Gottes Sohn, sei auf wunderbare Weise Fleisch geworden, um die Sünde der Kreatur zu tilgen. Diese Tilgung aber erstrecke sich nicht weiter als auf die Krankheit des Fleisches, was sie den ersten Tod nannten: sie mache frei von der Unwissenheit; aber für spätere Vergehungen gelte sie nicht. Ungefähr wie die Pelagianer die Erlösung in das Versprechen Gottes setzen, die Menschen zu Miterben seines Eingeborenen zu machen, wenn sie nämlich fortan seinem Willen folgen.

Die Wiedertäufer verwerfen die Taufe kleiner Kinder als unchristlich: denn sie sei eben die Rettung aus der Unwissenheit; nur denen gehöre sie an, welche unterrichtet und gläubig seien; sie sei das Zeichen ihrer Aufnahme in eine heilige Gemeinde. Das Mysterium verschwindet ihnen im Sakrament; welch ein Irrtum sei es, bei dem Nachtmahl darüber zu streiten, inwiefern das Brot der Leib des Herrn sei! Sie vermieden bei der Feier die Einsetzungsworte; alles lag ihnen an der höchsten Gemeinschaft. Man müsse sich nur dessen erinnern, was der Herr für die Menschen getan habe, und sich entschließen, seinem Beispiel zu folgen, seinen Willen zu tun; denn den Willen Gottes mit der Tat zu vollbringen, das gehöre zur Seligkeit. Alle jene Streitigkeiten über die Freiheit des Willens, in denen sich Protestanten und Katholische bewegten, erschienen ihnen unnütz, denn eben das sei der Sinn der Taufe, daß Christus den Gläubigen die Macht gebe, seinen Willen zu tun; er verbinde sie mit sich zu einem einigen heiligen Volke. So fallen die beiden Direktionen der Ansicht, die sich in den vereinzelten Äußerungen zeigen, bei den Wiedertäufern in Münster zusammen. Doch kam es hier nicht so sehr auf die Doktrin an sich an: man begann unverzüglich, die Gemeinschaft der Heiligen, wie sie im Anfang gewesen, in Münster wiederherzustellen; darauf gründete sich jenes kommunistische Wesen. Wir haben, sagt Rottmann, unsere Güter unter der Hand der Diakonen gemein gemacht; bei uns ist in Kraft der Gemeinschaft alles gefallen, was der Eigensucht und dem Eigentum dient: Kaufen und Verkaufen, Arbeiten um Geld, Rente und Wucher, Mißbrauch der Arbeit des Nächsten zum eigenen Genuß; wir wissen, mit solchem Opfer behagt man dem Herrn, und würden lieber den Tod leiden, als zu dem Alten zurückkehren. Man begreift es, wenn ihr Gedankengang sie nun auch zu einer anderen

Entwickelungen des münsterischen Anabaptismus. 553

Vorstellung von der Ehe führte. Sie behaupten, daß die Gemeinschaft des Glaubens zu derselben gehöre, daß Gläubige an die Ehe mit Ungläubigen nicht gebunden seien. In einer früheren Schrift weisen sie alles, was man weiter von ihnen sage, als Verleumdung zurück, in der Restitution dagegen wird die Doktrin von der Vielweiberei offen gepredigt. Sie sehen dieselbe als eine Folge der bisher ganz verdunkelten Freiheit und Würde des Mannes an. Der Mann, sagen sie, sei Gott unmittelbar unterworfen, Gottes Ehre und Abbild; die Frau dagegen sei dem Manne unterworfen: wie Gott ihm, so sei er der Frau ein Herr und Haupt. Was dann den Altvätern, wie man in der Schrift lese, den heiligen Gottesfreunden, erlaubt gewesen sei, das könne auch den Späteren nicht verboten werden. Wie sie die religiösen Grundanschauungen verwarfen, so und noch mehr setzten sie sich den sittlichen Grundlagen entgegen, auf denen die menschliche Gesellschaft beruht, und die eben in den germanischen Völkern auf das lebendigste wurzelten: sie hoben die Fundamente des bürgerlichen Lebens auf. Indem sie die höchste Gemeinschaft zu realisieren vorgaben, traten sie aus der Gemeinschaft des Lebens und Denkens der Welt heraus, oder vielmehr, sie warfen sich in eine bewußte Feindseligkeit dagegen. Sie erklärten es für einen Wahn, daß das Reich Christi erst nach dem jüngsten Tage eintreten solle; noch habe es niemand gewußt, aber ihnen sei es klar, wenn Christus König sein wolle, so müsse das noch auf Erden geschehen: Gottes Volk müsse die Welt noch bei dieser Zeit innehaben.

Die Wiedertäufer fanden den verborgenen Sinn der Schrift darin, daß durch Gottes Wort im Anfang alle Dinge gut geschaffen; aber sie seien nicht gut geblieben; die Ordnung Gottes fordere ihre Wiederherstellung durch das Wort. Alles aber habe „in dreien", in drei Perioden, seinen Verlauf: neben das eine trete ein anderes, so daß das vorige von dem gegenwärtigen verdunkelt werde, bis zuletzt ein drittes, nämlich das erscheine, was nicht weiter möge verändert werden.

Die erste Lebenszeit der Welt habe mit der Sündflut geendet. Jetzt stehe sie in ihrer zweiten Epoche. Da habe Gott mannigfaltige Mittel ergriffen, die Menschen zu sich zu bekehren, Abraham und die Propheten erscheinen lassen, Wundertaten bewiesen, sein Wort schriftlich gegeben, endlich seinen eigenen Sohn gesendet, aber alles vergebens: der Mensch wolle die Gerechtigkeit nicht bei sich dulden, viel weniger sie über sich herrschen lassen; da müsse denn der Grimm Gottes, eben wie bei den Zeiten Noä, ausgehen und sich auf den Kopf der Schuldigen entladen. Denn ehe Christus wieder erscheine, müsse seinen Feinden die Macht genommen, die ungerechte Herrschaft des Widerchrists bezwungen, das Reich der Gerechtigkeit aufgerichtet werden. Vor allem müsse der Stuhl Dabids sich wieder erheben, die Feinde Gottes demütigen und das Reich bereiten, das der Gesalbte des

Entwickelungen des münsterischen Anabaptismus.

Herrn, der friedenreiche Salomo, einzunehmen habe; in ihm erscheine dann die dritte Zeit und der ganzen Welt Vollendung.

Von einer anderen Seite griff Rottmann in seiner Schrift über zeitliche und irdische Gewalt die Sache an; doch läuft es auf dasselbe hinaus.

Er sagt, Gottes Wille sei gewesen, daß alles nur unter ihm stehe, sich brüderlich vertrage, beständig und lustig unter ihm lebe. Aber durch den Sündenfall sei die göttliche Ordnung erloschen und eine irdische Gewalt notwendig geworden; doch auch diese widme sich der Ungerechtigkeit, sei böse und werde immer böser. Vier Monarchien habe Gott von Anfang an bestimmt. Die erste habe Daniel wenigstens mit einem Tiere verglichen, doch nicht die letzte: dieses letzte vierte Ungeheuer habe wegen seiner blutdürstigen Thrannei seinesgleichen nicht auf Erden. Aber schon sei auch dessen Zeit gekommen; an seinem Erkrachen höre man bereits, wie nahe sein Fall sei: all sein Reichtum soll den treuen Hausgenossen zur Beute werden.

Man kann das nicht lesen, ohne hie und da an die Ideen der Herstellung der Welt und ihrer ursprünglichen Gerechtigkeit durch gewaltsame Reinigung erinnert zu werden, wie sie der revolutionäre Enthusiasmus einer späteren Epoche verkündigt hat. Auch noch andere Anklänge, wie wenn man in Münster aufhörte, den Sonntag zu begehen, die Straßen und Tore nach den Weltregionen benannte, lassen sich bemerken; sie erscheinen kariktert in der Verkleinerung. Wie dort die klassischen Erinnerungen, so herrschten hier die alttestamentlichen vor. Der König gab den Neugeborenen in der Stadt ihre Namen nach denen der Altväter oder nach dem Alphabet.

Die Wiedertäufer hielten dafür, daß der Moment der Welterneuerung vorhanden sei und ergriffen werden müsse, damit es nicht auch den Christen gehe wie einst den Juden, welche die Zeit ihrer Heimsuchung nicht wahrgenommen.

Die Einwendung, daß Christi Reich nicht von dieser Welt sei, wußten sie auf ihre Weise zu beseitigen. Sie unterschieden ein geistliches Reich, das in die Zeit des Leidens gehöre, und ein leibliches Reich der Glorie und Herrlichkeit, welches Christus mit den Seinen in dieser Welt haben solle, tausend Jahre lang. Sie waren überzeugt, daß ihr Reich in Münster bis zum Anbruch dieses tausendjährigen Reiches dauern und es indes im Bilde darstellen solle. Die Belagerung, die sie duldeten, fanden sie notwendig: denn das Opfer in der Wüste müsse vollbracht werden, das Weib ihren Streit leiden, der Vorhof sich mit Toten erfüllen. Gott aber werde nicht allein die Gewalt abwehren, sondern ohne Verzug auch seinem Volke das Schwert in die Hand geben, zu vertilgen alles, was Bosheit treibe auf der ganzen Erde. Rottmann schließt eines seiner Bücher mit dem Gebet, daß der Herr der Heerscharen seine Hand ausstrecken, seinen David und dessen Volk streiten lehren und ihre Finger zum Kriege geschickt machen möge.

Entwickelungen des münsterischen Anabaptismus. 557

In diesen Ansichten lag auch der mystische Grund, weshalb sie sich einen König setzten. Die Prophezeiungen gedachten vorzüglich eines Königs, der dann Herr auf Erden werden solle. Dusentschuer rief Jan Bockelson zum Könige der ganzen Welt aus.

Dieser junge phantastische Handwerker glaubte nicht anders, als daß die Zukunft der Welt auf ihm beruhe. Er nannte sich „Johann den gerechten Konink in dem neuen Tempel"; in seinen Verordnungen sagte er, in ihm sei das von Christus verkündigte Reich unwidersprechlich vorhanden: er sitze auf dem Stuhle Davids. An einer goldenen Kette trug er das Zeichen der Herrschaft am Halse, eine goldene Weltkugel, durch die ein goldenes und ein silbernes Schwert ging; über deren Handgriffen erschien ein Kreuz. Dasselbe Abzeichen trugen seine Diener auf grünem Ärmel; denn grün war seine Farbe. Er liebte als ein Emporkömmling die Pracht. Dreimal in der Woche erschien er mit Krone und Kette auf dem Markte, saß nieder auf seinen Thron und hielt Gericht; eine Stufe tiefer stand Knipperdolling mit dem Schwerte. Wenn der König durch die Stadt ritt, gingen zwei Knaben neben ihm, der eine mit dem Alten Testament, der andere mit dem bloßen Schwerte; wer ihm begegnete, fiel auf die Knie. Nicht immer hielt er sich in dieser stolzen Ferne. Mit seinen Schützen und Reitern schwang er den Rennspieß nach einem auf einer Stange aufgehängten Rosmarinkranze, in dem Dom hielt er Fechtübungen

mit allen anderen; er trug den Preis im Laufen da=
von; einmal, soviel man weiß, erlaubte er auch einen
Tanz auf dem Rathause und eröffnete ihn selbst mit
seiner Königin; die Frauen konnten sich nicht sättigen
an dem langentbehrten Vergnügen. In der Kirche
gab es zuweilen Schauspiele, in denen die Messe ver=
spottet, oder auch ein Gleichnis der Heiligen Schrift
dargestellt wurde. Die alten rhetorischen Spiele
waren noch nicht vergessen; aber dabei ließ er sich an
seiner Würde nichts abbrechen. Einige seiner friesi=
schen und holländischen Freunde hatten den Gedanken,
daß man neben den weltlichen König noch einen geist=
lichen setzen müsse; er ließ sie ins Gefängnis werfen;
wären es Einheimische gewesen, so würden sie nicht
mit dem Leben davongekommen sein. Er trotzte dar=
auf, daß er nicht gewählt, sondern von Gott zum König
gesetzt sei. Wohl gab es einige, die an seinem Pomp,
an der Zahl seiner Weiber, deren er immer eine über
die andere nahm, den goldenen und silbernen Ketten
seiner Diener, Mißfallen äußerten. „Pfui über euch!"
rief er aus; „aber ich will über euch herrschen und
über die ganze Welt, euch zum Trotz!" Knipperdolling
sah die Sache nicht ohne Ironie an. Auf dem Markt=
platze schwang er sich einmal über die dichtgescharte
Menge empor, um einen jeden mit dem Geist an=
zublasen. Er führte vor dem Könige unanständige
Tänze auf und setzte sich auf dessen Stuhl: denn er
sei es ja, der ihn zum Könige gemacht habe. Es war
ihnen, wie man von den Wahnsinnigen sagt: ein

tieferes Bewußtsein von der Unwahrheit ihrer Ein=
bildungen konnten sie nicht übermeistern. Knipper=
dolling entzweite sich wohl einmal ernstlich mit dem
Könige; dann aber versöhnten sie sich wieder: Knipper=
dolling tat Buße, und alles kehrte in das Geleise des
einhelligen Glaubens und Gehorsams zurück.

Im Oktober 1534 feierte die ganze Stadt das Abend=
mahl in folgender Gestalt. Es waren Tische aufgerich=
tet für alle erwachsenen Frauen, deren bei weitem
mehr als Männer waren, und für die Männer, welche
nicht auf der Mauer Wacht hielten, 4200 Gedecke;
Johann von Leyden und seine Gemahlin Divara er=
schienen mit ihrem Hofgesinde und dienten bei Tisch;
ein förmliches Mahl ward gehalten. Hierauf nahmen
sie Weizenkuchen, genossen zuerst davon und gaben ihn
den anderen, der König das Brot, die Königin den
Wein: „Bruder, Schwester, nimm hin; wie die
Weizenkörnlein zusammengebacken und die Trauben
zusammengedrückt, so sind auch wir eins". Darauf
sangen sie das Lied: „Allein Gott in der Höh sei
Ehr". In der Tat, man könnte dies religiös, un=
schuldig finden. Aber man höre! Bei diesem Abend=
mahl nahm der König unter den Seinen einen Fremd=
ben wahr, „der kein hochzeitliches Kleid anhatte". Er
bildete sich ein, das sei der Judas, ließ ihn hinaus=
führen, ging selbst und enthauptete ihn; er glaubte
einen Befehl Gottes dazu in sich empfunden zu haben;
um so fröhlicher kam er zu dem Gelage zurück.

Von allen Erscheinungen einer so ungeheuren Ver=

irrung ist diese Vermischung von Frömmigkeit, Genußsucht und Blutdurst die widerwärtigste. In dem zur Gewalt gelangten Schwärmer bringen geistlicher Hochmut und ungezähmte Genußsucht, wilder Wahn und halbverstandene, flexible Doktrin, Roheit und Schwung ein seltsame, man möchte sagen groteske Seelenmischung hervor, die als psychologisches Naturprodukt merkwürdig ist.

Es war zu Münster ein Weib, das sich gerühmt, kein Mann werde sie bändigen können; eben dies hatte den Jan von Leyden gereizt, sie unter die Zahl seiner Weiber aufzunehmen; aber nach einiger Zeit ward sie seines Umganges überdrüssig und gab ihm seine Geschenke zurück. Der wiedertäuferische König hielt dies für das äußerste aller Verbrechen, führte sie selbst auf den Markt, enthauptete sie da und stieß den Leichnam mit den Füßen von sich. Hierauf stimmten seine übrigen Weiber das Lied an: „Allein Gott in der Höh sei Ehr".

Wie kontrastiert dieses Wesen so entsetzlich mit der Unschuld, in der sich jene Gartenbrüder, die kleine Sekte in Salzburg, darstellen! Und dennoch fesselte es die Menschen: man kämpfte dafür mit äußerster Erbitterung.

Eine Friesländerin von Sneek, Hille Feike, die nach Münster gegangen, um, wie sie sagte, ihrer Seele Seligkeit bei dem Worte Gottes zu suchen, fühlte sich durch die Geschichte der Judith, die sie einst bei Tisch verlesen hörte, angetrieben, diesem Beispiel nach=

zufolgen. Sie ging in der Tat hinaus, so gut wie möglich herausgeputzt, mit Schmuck, den man ihr aus der Kanzlei mitgegeben, und mit einigem Gelde versehen. Aber eben schon ihr ungewohnter Aufzug erregte Verdacht. Sie ward nicht bis zu dem Bischof gelassen, den sie durch ihre Reize zu fesseln und dann zu töten im Sinne gehabt hatte. In dem Verhör bekannte sie ihr Vorhaben und starb dafür.

Aber es ist Zeit, daß wir auch wieder der Belagernden und ihrer Unternehmungen gedenken.

Belagerung und Eroberung von Münster.

Man hätte erwarten sollen, nachdem eine durch alle Reichsabschiede so streng verpönte Meinung in einer bedeutenden Stadt zur Herrschaft gelangt und dadurch auch an so vielen andern Stellen zu neuem Leben erwacht war, das gesamte Reich werde sich in seiner Kraft erheben, um sich dieser jeden Stand bedrohenden Gefahr zu erledigen.

Die Sache wurde dennoch lange Zeit lediglich dem Bischof von Münster und dessen politischen Freunden überlassen.

Wir sahen schon, wie vor allem die Eifersucht auf Hessen und dann die eigene Gefahr Köln und Kleve bewogen, dem Bischof zu Hilfe zu kommen.

Zuerst sendeten sie jeder einiges Geschütz, jedoch auf Versicherung des Kapitels und sogar unter der Bedingung, daß der Schade, der daran geschehe, wieder=

erstattet werde. Dann kamen die kölnischen und klevischen Räte zusammen, weitere Maßregeln zu verabreden. Zu Orsoh, am 26. März 1534, beschlossen sie, dem Bischof mit Leuten zu helfen, nicht mit Gelde: jeder Fürst habe auf seine Kosten demselben 2 Fähnlein Knechte zu schicken. Am 7. Mai zu Neuß fügten sie hinzu, daß ein jeder überdies auch 200 gerüstete Pferde vor Münster haben solle, um auf den Sturm zu warten. Schon hatte der Herzog von Klebe seinen Landsassen befohlen, keine fremden Dienste zu nehmen und deren nehmen zu lassen, bis diese Sache abgetan sei.

Aber mit Menschen allein konnte der Bischof den Krieg nicht führen; er brauchte Geldmittel, die er aus seinem Lande nicht aufbringen konnte; unaufhörlich drang er auf Darlehen „einer tapferen Summe Geldes". Zuerst dachte man, ihm 10000 Gulden durch Bürgschaft zu verschaffen. Da sich dies aber entweder als untunlich oder doch ungenügend erwies, so ward auf einer neuen Zusammenkunft der münsterschen Räte mit den kölnischen und klevischen zu Neuß am 20. Juni der Beschluß gefaßt, daß von jedem Teil 20000, zusammen 60000 Goldgulden aufgebracht werden sollten — wobei sich aber der Bischof verpflichtete, den beiden anderen nach der Eroberung von Münster ihr Darlehen wiederzuerstatten —, um alles vorzubereiten, was zu dem Sturme notwendig sei.

Am 30. August 1534 wagten es die versammelten Truppen die Stadt zu stürmen. Allein hier war man auf das beste vorbereitet, sie zu empfangen. Ein Kern

Belagerung und Eroberung von Münster.

von tapferen Mannschaften stand auf dem Markte, um unter der Führung des Königs immer derjenigen Stelle, die am meisten bedroht sein würde, zu Hilfe zu kommen. Andere waren hinter den Mauern ringsher in den Baumgärten aufgestellt. Die Hauptmacht erwartete unmittelbar auf den Wällen den Feind; zwischen den Männern standen Knaben und Frauen, jene mit Bogen und Pfeil, diese mit großen Kesseln, um darin, wie sie sagten, das Morgenessen für die Feinde zu kochen. Früh um fünf Uhr gab in dem Lager die große hessische Kartaune, genannt der Teufel, das Zeichen; gegen sechs verschiedene Stellen auf einmal setzten sich die Landsknechte in Bewegung; es gelang ihnen wirklich, über die Gräben und Zäune zu kommen; dann legten sie die Leitern an; schon pflanzte der eine und der andere Fahnenträger sein Zeichen auf den Wällen auf. Man hatte sie aber eben darum ruhig kommen lassen, um sie in der Nähe desto sicherer zu verderben. Jetzt erst schlug das Geschütz in die dichtgescharten herandringenden Haufen ein. Die Weiber warfen den Heraufklimmenden brennende Pechkränze um den Hals, oder sie gossen den Kalk, den sie in den Kesseln gekocht, glühend über sie hin. Der Sturm ward vollständig abgeschlagen, ohne daß es der Teilnahme der weiter zurück Aufgestellten bedurft hätte, die Einwohner hatten eine Schlagfertigkeit bewiesen, welche den Landsknechten den Mut zu einer Wiederholung ihres Anfalles benahm.

Der Fürst und seine beiden Verbündeten mußten sich begnügen, die Stadt mit Blockhäusern zu umgeben; schon viel, wenn sie die dazu nötigen Kosten aufbrachten; für den Bischof bedurfte es dazu einer neuen Steuer.

Notwendig wuchs nun aber durch einen glänzenden Sieg der Mut der Wiedertäufer.

Im Oktober, nach jenem Abendmahl, wurde einigen Gläubigen aufgegeben, sich in die nächsten Städte zu verfügen und die Wunder auszubreiten, die bei ihnen geschehen seien. In derselben Stunde, in der ihnen dieser Befehl angekündigt worden, machten sie sich auf, ihn auszuführen. Sie fielen großenteils den bischöflichen Leuten in die Hände und büßten ihr Vorhaben mit dem Tode. Aber auch auf die Landsknechte selbst hoffte man zu wirken. Man warf Exemplare des Buches von der Restitution in das Lager oder steckte sie auf langen Stangen in der Nähe der Blockhäuser auf.

Denn keinen Augenblick ließ Johann von Leyden seine weltumfassenden Pläne fallen, und obgleich umlagert, war er doch nicht ganz ohne Aussicht.

Wir erinnern uns, welche allgemeine Gärung die unteren Volksklassen, namentlich die Handwerker, in den deutschen Städten ergriffen hatte und wie das wiedertäuferische Treiben gerade in jenem Stande gewaltig Wurzel schlug. In diesem Augenblick begegnen wir demselben fast in allen deutschen Ländern. In Preußen genossen die Wiedertäufer den Schutz eines

Belagerung und Eroberung von Münster.

der mächtigsten Männer im Lande, Friedrichs von Heideck, der in hohen Gnaden bei Herzog Albrecht stand, ein paar Gläubige aus Schlesien mitbrachte, ihre Bücher verbreitete, sogar einen Teil des Adels für sie gewann. So viele ihrer auch aus Mähren flüchteten, so begegnen sie uns doch noch immer zu Tausenden daselbst. Die sächsischen Visitatoren fanden im Jahre 1534 das obere Werratal von ihnen angefüllt; in Erfurt ward bekannt, 300 Propheten seien ausgesendet, um die Welt zu bekehren. Wir treffen 1534 einzelne Emissäre in Anhalt, im fränkischen Brandenburg; hier legte man die Taufregister auch deshalb an, um sich der Wiedertaufe zu erwehren. Im Württembergischen gewährte ihnen der Erbmarschall des Herzogs, ein Thumb von Neuburg, Verwandter Schwenkfelds, in seinen Besitzungen im Remstal eine Zeitlang Zuflucht. In Ulm glaubte man Meinungsabwandlungen, die sich den wiedertäuferischen nur annäherten, wie Sebastian Franks oder Schwenkfelds, fürchten zu müssen; in der Gegend bei Augsburg tauchte ein Wiedertäufer-Walz auf. In der Schweiz bemerkte man sie noch immer auch in den protestantischen Gebieten; in Bern benutzte der eifrige Haller ihre Erscheinung: denn besonders das böse Leben der angeblichen Christen war es, was sie tadelten, um eine bessere Kirchenordnung durchzusetzen. In Straßburg ließen sich viele den Glauben nicht nehmen, Hoffmann werde, von Herrlichkeit umstrahlt, aus seinem Gefängnis hervorgehen;

sie fügten diesem ihrem Elias auch einen vermeinten Henoch hinzu. Den ganzen Rhein hinab regten sich diese Tendenzen. In Köln und Kleve ließ man das Land von einigen Trupps leichter Reiter durchstreifen, um wiedertäuferische Zusammenrottungen zu verhüten. Aber bei weitem am stärksten waren sie doch in den Niederlanden. In Amsterdam, wo vor kurzem ein Emissär von Münster eine große Anzahl Proselyten gemacht hatte, wagten sie sich mehr als einmal öffentlich hervor. Als der geheime Rat der Regentin, Graf Hoogstraten, im Oktober dahin kam und einige strengere Maßregeln zugleich gegen Lutheraner und Wiedertäufer durchführen wollte, entstand ein nächtlicher Auflauf, der leicht die schlimmsten Folgen hätte haben können. Und unaufhörlich war seitdem von der Absicht der Wiedertäufer, sich der Stadt zu bemächtigen, die Rede. In Leyden glaubte man Brandstiftung und Empörung von ihnen fürchten zu müssen. Im Gröningerlande fand zu Anfang des Jahres 1535 eine Versammlung von nahe an tausend Wiedertäufern statt, die der Statthalter mit bewaffneter Macht zerstreuen mußte. In Ostfriesland sprach ein Prophet die Hoffnung aus, ganz Oberdeutschland und Niederdeutschland werde sich erheben, wenn nur erst der König mit seinem gewaltigen Banner ausziehe. Auch Nichteinverstandene meinten wohl, wenn Johann von Leyden nur ein paar glückliche Schläge vollführe, werde er Anhänger genug finden und vielleicht die Welt in Bewegung setzen, wie einst die Longobarden

Belagerung und Eroberung von Münster.

oder die Franken. Wir wissen, Johann von Leyden nahm die ganze Welt als Besitztum in Anspruch. Die benachbarten Reichsfürsten behandelte er als seinesgleichen. In einem Briefe an Landgraf Philipp von Hessen redet er ihn „lieber Lips" an, wie dessen vertraute fürstliche Waffenbrüder wohl zu tun pflegten. Er ersuchte ihn, die Bibel zur Hand zu nehmen und besonders die kleinen Propheten zu studieren; da werde er finden, „ob wir uns," sagt er, „selbst zum König aufgeworfen, oder ob dies von Gott zu etwas anderem angeordnet ist".

Seine vornehmste Hoffnung war auf die Landsleute und Gleichgesinnten in den Niederlanden gerichtet. Johann verkündigte, daß sie, gegen hunderttausend Mann stark, kommen würden, ihn zu entsetzen und mit ihm gemeinschaftliche Sache zu machen. In der Stadt sonderte man bereits diejenigen, welche mit ausziehen, von denen, welche zu Hause bleiben, Mauern und Wälle behaupten sollten. Die Frauen sollten an der Verteidigung regelmäßigen Anteil nehmen; sie wurden nach den Pforten verteilt; zuweilen schlug man Lärm, um zu sehen, ob sie nach ihren Sammelplätzen kommen würden. Die anderen wurden in fünf Fähnlein, in einen gewaltigen und einen verlorenen Haufen geordnet und auf dem Domhofe militärisch eingeübt. Nur die Vollkommensten sollten an dem Auszuge teilnehmen. Auch gegen dreihundert Frauen hatten sich dazu gemeldet; man wählte fünfzig von ihnen aus, welche, mit Hellebarden

bewehrt, auf dem Domhofe erschienen. Die Absicht
war, sowie man Luft habe, sich zuerst des Stiftes
Münster zu bemächtigen, dann der Stifte Osnabrück
und Köln, dann des Herzogtums Klebe; von hier aus
sollte die Welteroberung unternommen werden.

In den Niederlanden kam es in der Tat zu der
versprochenen Regung. Das Geschrei erneuerte sich,
man müsse Pfaffen und Herren totschlagen; man
fügte hinzu, die einzige rechte Obrigkeit in der Welt
sei der König von Münster. Gegen Ostern 1535 waren
sie alle in Bewegung. Die Westfriesischen nahmen
Oldenkloster unfern Sneck ein; die Gröninger machten
sich auf den Weg nach dem Kloster zu Warfum; die
Holländer, mehrere Tausend stark, setzten nach Ober=
yssel über; in dem Bergkloster in der Gegend von
Hasselt dachten sie mit anderen Gläubigen zusammen=
zutreffen. Es ist, als hätten sie geglaubt, von den
Klöstern her, von wo einst das Christentum ausge=
breitet worden, das Land mit der Wiedertaufe zu
erfüllen und alsdann ihren vermeinten König aufzu=
suchen. Allein die organisierte bewaffnete Macht war
in diesen Provinzen stärker, als jene ungeordneten
Haufen. Die Gröninger und Holländer wurden ohne
Mühe noch auf dem Wege zerstreut. Oldenkloster, das
die Wiedertäufer bereits eingenommen, leistete Wider=
stand; es konnte nicht ohne Anstrengung und Verlust
wiedererobert werden. Noch später machten sie einen
Versuch, Amsterdam für den König Zions einzu=
nehmen, und setzten sich wirklich einst bei Nacht in

Belagerung und Eroberung von Münster.

Besitz des Rathauses, wiewohl nur für eben diese Nacht. Sie wollten die Bedingungen nicht bemerken, unter denen es ihren Glaubensgenossen in Münster gelungen war, zur Gewalt zu gelangen, und schrieben ihr dortiges Glück einer wunderbaren Veranstaltung Gottes zu, die sie nun auch anderwärts erwarteten, aber, wie sich versteht, vergebens. Unaufhörlich hatte der Prophet das Volk auf die Hilfe seiner Landsleute vertröstet, welche kein Schwert noch Tod, weder Wasser noch Feuer abhalten werde, durchzudringen, um ihren König zu sehen; es war die große Wendung seines Schicksals, daß sich seine Prophezeiungen nicht bewährten. Denn indessen nahm auch die Belagerung eine ernstere Gestalt an.

Die drei verbündeten Fürsten beschlossen, was schon immer in Vorschlag gewesen, sich an die nächstgesessenen Kreise zu wenden und diese herbeizuziehen. Köln gehörte zu dem kurrheinischen Kreise; der Herzog von Kleve war Oberster des niederrheinisch=westfälischen. Zum erstenmal im letzten Türkenkriege hatten die Kreise angefangen, eine wesentliche Wirksamkeit auszuüben; die Fürsten waren durch die Reichsabschiede berechtigt, auch in einem Falle, wie der damalige, die Mitwirkung derselben zu fordern.

Zuerst in Mainz auf einer Versammlung des kurrheinischen Kreises kam die Sache zur Sprache. Köln und Kleve berechneten ihre Kosten und forderten, wie eine Entschädigung dafür, so besonders eine unmittel=

bare Teilnahme der übrigen Kreisstände. Allein der Erfolg war nur, daß man sie, so sehr sie auch widersprechen mochten, zu fernerer Erhaltung der Blockhäuser verpflichtete, übrigens aber die Beschlußnahme in der Sache auf eine allgemeinere Versammlung verwies.

Am 27. Oktober traten dann auch die Stände des niederrheinisch-westfälischen Kreises im Predigerkloster zu Köln zusammen. Da eine allgemeine Zusammenkunft bereits in Aussicht gestellt war, so ersparten sie sich, eine beharrliche Hilfe zu beschließen. Aber um für eine eilende in jedem Augenblick gerüstet zu sein, kamen sie überein, sich mit so viel Geld zu versehen, als ein monatlicher Anschlag für den letzten Türkenkrieg betragen habe.

Mittlerweile waren auch entferntere Stände, wie Sachsen und Hessen, herbeigezogen worden. Sächsische Räte kamen im Anfang des November mit den kölnischen und klebischen zu Essen, die hessischen bald darauf mit den Räten von Pfalz, Mainz, Trier und Würzburg zu Oberwesel zusammen. Was ihren Beratungen Nachdruck gab, war die Furcht, daß der Bischof etwa das Haus Burgund zu Hilfe rufen und dasselbe bei dieser Gelegenheit sich Münsters bemächtigen möchte, wie denn Maria in den Niederlanden von ihren Landständen schon Hilfe für Münster forderte. Da verpflichtete sich Sachsen, doch lieber selbst an den Kosten jener Blockade gleichmäßig Anteil zu nehmen. Ehrgeizige Pläne waren auch hier im Spiel; doch trieb die

Belagerung und Eroberung von Münster.

gegenseitige Eifersucht einen jeden immer wieder in die gesetzlichen Schranken.

Im Dezember kam jene in Mainz beschlossene Zusammenkunft der drei Kreise — der beiden schon genannten und des oberrheinischen — in Koblenz zustande. Sie ließen sich bereit finden, die Kosten der ferneren Blockade gemeinschaftlich zu tragen. Es sollten 3000 Mann vor Münster gehalten und zu dem Ende 15 000 Gulden monatlich aufgebracht werden. Ein Feldhauptmann, Graf Whirich von Dhaun, ward ernannt; vier Kriegsräte, von Köln, Trier, Kleve und Hessen sollten ihm zur Seite stehen; das Kriegsvolk sollte den Kreisständen schwören.

Man sieht jedoch, daß auch dies mehr eine Verteidigungsmaßregel gegen etwaige Ausfälle der Belagerten war, als daß sich die Eroberung der Stadt davon hätte erwarten lassen. Diese zu bewerkstelligen, hielten auch die Kreise sich für nicht mächtig genug; sie beschlossen, das ganze Reich zu Hilfe zu rufen.

Der Gang dieser Sache gibt recht eigentlich den Charakter des deutschen Gemeinwesens zu erkennen. Nicht das Kaisertum setzte sich in Bewegung, um eine in offenbarer Rebellion begriffene Stadt zu bezwingen, sondern der Fürst, dem sie gehörte, und dessen nächste Nachbarn mußten es lange Zeit allein versuchen, bis die wachsende Gefahr immer weitere Bezirke und endlich die Gesamtheit, wiewohl nicht ohne Widerspruch, herbeizog.

Es war eines der ersten Reichsgeschäfte König Ferdinands nach seiner Anerkennung, daß er auf die Bitte der drei Kreise einging und auf den 4. April eine allgemeine Versammlung nach Worms ausschrieb.

Zwar erklärte sich nicht jedermann damit einverstanden; der Kurfürst von Brandenburg z. B. behauptete, die drei Kreise seien allein imstande, den Wiedertäufern ein Ende zu machen, und weigerte sich, an allgemeinen Vorkehrungen zu diesem Zweck teilzunehmen. Allein bei weitem die meisten Stände schickten doch ihre Abgeordneten. Der Beschluß ward gefaßt, $1\frac{1}{4}$ Monat der letzten Reichshilfe auf alle Stände des Reiches auszuschreiben. Der Ertrag, der sich hievon erwarten ließ, war wohl nicht so ansehnlich, um eine bedeutende Vermehrung der Streitmacht ins Feld zu stellen. Der Vorteil bestand nur darin, daß man nunmehr sicher wurde, die Blockade bis zu einem entscheidenden Erfolge fortsetzen zu können. Der zu Koblenz aufgestellte Feldoberst ward von Reichs wegen bestätigt; nur sollten ihm statt jener vier von jetzt an sechs Räte zur Seite stehen; nach der Eroberung der Stadt sollte von Kaiser und Ständen über ihre Einrichtung verfügt werden.

Es wäre nun sehr überflüssig, die Taten dieses kleinen Heeres ausführlich zu erörtern. Die Hauptsache ist, daß die Blockhäuser durch Schanzen ringsum verbunden wurden, an denen die Landsknechte bei Tag und Nacht gute Wache hielten, so daß es gelang,

Belagerung und Eroberung von Münster.

der Stadt alle Zufuhr abzuschneiden und sie aus=
zuhungern.

Hier traten alsdann die Dinge in ein neues
Stadium ein, welches ihren Charakter noch recht eigen
in das Licht stellt. Jene Idee einer wirklichen Gleich=
heit und Gütergemeinschaft war doch nicht vollkom=
men ausgeführt worden. So oft auch die Diakonen
die Häuser nach den verborgen gehaltenen Lebens=
mitteln durchsuchten, so gab es noch immer Leute,
welche noch insgeheim für sich mahlen und backen
ließen. Der König hatte reiche Vorräte an Wein und
Eßleckereien. So waren auch seine Räte und Prädi=
kanten, Hauptleute und Doppelsöldner ziemlich gut
versehen. Der König gab ihnen auch Schmausereien,
z. B. als er es nötig gefunden, an jeder Pforte einen
Befehlshaber aufzustellen, dem er den herzoglichen
Titel erteilte; aber indem die Faktion, welche die
Gewalt in Besitz genommen, sich noch gütlich tat,
verschmachtete das Volk. Die Armen erhielten noch
eine Zeitlang Brot aus der Gemeinheit; bald hörte
auch dies auf, und der Mangel nahm allmählich auf
unerträgliche Weise überhand. Die Glaubens=
schwächeren begannen, an dieser Sache zu zweifeln,
und verließen die Stadt. Das Lager wies sie anfangs
zurück; wir finden, daß Frauen mit ihren Kindern,
die nicht aufgenommen worden, sich an dem Graben
an das Stacket setzten, wo ihnen dann mitleidige
Landsknechte etwas zu essen hinausreichten; unmög=
lich aber konnte man ganze Haufen wieder in die Stadt

treiben. Sie boten einen Anblick dar, der die gelehrten Zeitgenossen an Sagunt und Numantia erinnerte. Über dem nackten Gebein gerunzelte Haut, ein Hals, der den Kopf kaum tragen konnte, spitze Lippen, dünne, durchsichtige Wangen, alle voll Grauen über den ausgestandenen Hunger; mit Mühe hielten sie sich aufrecht. Allein viele waren doch auch entschlossen, wie der König sich ausdrückte, „nicht wieder nach Aghyptenland zurückzufliehen". Die Aufforderungen des Feldhauptmanns wiesen sie noch im Anfang des Juni mit einer Art rechtgläubiger Entrüstung von sich. Zwar verhehlten sie sich nicht, daß sie vielleicht auch noch von den Füßen des letzten danielischen Ungeheuers zerstampft werden würden; aber sie hielten an der Hoffnung fest, bald werde dasselbe nichtsdestominder von dem Eckstein zertrümmert und das Reich den Heiligen des Allerhöchsten übergeben werden. Sie sollen die Absicht gehegt haben, wenn alles verloren sei, die Stadt anzuzünden und sich den feindlichen Geschützen entgegenzustürzen.

Und vielleicht wäre es in der Tat so weit gekommen, hätten sich nicht unter den Ausgetretenen ein paar wohlunterrichtete Leute gefunden, welche den Belagerern die Beschaffenheit der Verteidigungswerke auf das genaueste angaben und ihnen Mut machten, einen Versuch der Überraschung zu wagen. Wenn man nur nicht mit Wall und Geschütz zu kämpfen hatte, so konnte der Erfolg nicht zweifelhaft sein. Bei den ersten vorläufigen Besichtigungen fand man die Be-

Belagerung und Eroberung von Münster. 575

festigungen fast unbewacht. Als den Landsknechten der Plan eröffnet und das Versprechen gegeben wurde, der Oberst samt Adel und Hauptleuten werde voran sein, zeigten sie sich willig; denn die Zeit währte ihnen auf ihrem Stroh in den Bollwerken auch lange. Es ist kein erfreulicher Anblick, den diese abenteuerlichen, gewaltsamen, zu Verbrechen fortgerissenen, jetzt ausgehungerten, zur Verzweiflung gebrachten, noch immer enthusiasmierten Phantasten, und dagegen die mühsam zusammengehaltenen, langsam und ohne Energie vorschreitenden, erst, als an dem Erfolge kein Zweifel sein kann, zu der entscheidenden Unternehmung entschlossenen Landsknechtshaufen darstellen. Sie wären auch dann nicht dazu gebracht worden, hätte ihnen der Bischof nicht die Hälfte der Beute zugesagt. Zu besonders ruhmwürdigen Taten konnte es da nicht kommen. In der bestimmten Stunde, in der Johannisnacht, gingen ein paar Hundert Landsknechte unter der Führung jener Übergetretenen und mit ihrer Hilfe über den äußeren Graben und erstiegen mit ihren Leitern die Wälle, wo sie am niedrigsten waren. Sie kannten die Losung der Wiedertäufer, täuschten damit die Schildwächter und stießen sie dann nieder: so nahmen sie ein Bollwerk am Zwinger ein und drangen bis auf den Domhof; dann, ohne erst lange ihrer Kameraden zu warten, schrien sie „Lerman" und rührten die Trommel. Die Wiedertäufer sprangen aus ihren Betten und sammelten sich zur Gegenwehr. Es gelang ihnen, die be-

reits eröffnete Pforte wieder zuzuschlagen; nur mit
den Eingedrungenen, etwa vierhundert an der Zahl,
unter dem einen der beiden Führer, Henning von der
Straßen, hatten sie zu kämpfen. Eine Weile jagte
man sich die Gassen auf und ab und schlug sich auf
den Plätzen; die Wiedertäufer fochten mit großer Erbitterung; Rottmann soll sich, um dem Hohn der Gefangenschaft nicht ausgesetzt zu werden, in das dichteste
Gewühl gestürzt und so den Tod gefunden haben. Die
Landsknechte erlitten noch einmal bedeutende Verluste; aber endlich auf dem Domhofe bekamen sie die
Oberhand. Die Wiedertäufer hielten sich nur noch
hinter einer Wagenburg auf dem Markte, die aber
dem Könige keine rechte Sicherheit darbot, so daß er
sich mit einem Teil seiner Getreuen nach seinem
festeren Bollwerk, einem der verschanzten Tore, zurück-
zog. In dieser Stellung konnte er selbst noch unterhandeln; die Hauptleute der Landsknechte bewilligten
ihm und den Seinen Gefangenschaft; die Bürger
sollten in ihre Häuser gehen, bis der Bischof zur Stadt
käme. Indem aber — es war bereits gegen Morgen —
ward ein Tor von innen her eröffnet, durch welches
nun der große Haufe der Belagerung eindrang. Es
scheint, als habe sich noch ein Teil der Bürger hinter
jener Wagenburg gehalten, denen man das Leben
unter der Bedingung augenblicklicher Räumung zusagte. Gewiß hat man denen, welche noch die Waffen
in der Hand hatten, Versprechungen gemacht; aber
sie sind nur schlecht gehalten worden. Die durch ihre

Belagerung und Eroberung von Münster.

Verluste erbitterten Landsknechte stürzten den Abziehenden in die Häuser nach, man konnte ihrer Metzelei nur mit Mühe Einhalt tun, und auch dann ward den Hinrichtungen lediglich etwas mehr Form gegeben.

Wie die Sachen nun einmal standen, so darf man sich nicht wundern, wenn auf eine vollkommene Ausrottung des wiedertäuferischen Elements gedacht ward. Auch die Frauen wurden aus der Stadt verjagt; jedermann, der sie aufnehme, ward bedroht, als Wiedertäufer behandelt zu werden; man weiß nicht, wohin sie geraten sind. Allmählich kehrten die aus der Stadt Verjagten wieder in dieselbe zurück; es war ungefähr ein Drittel der vorigen Bevölkerung. Da jedoch auch diese nicht ohne Schuld waren, so mußten sie dem Bischof für die Zurückgabe ihrer Besitztümer eine kleine Rekognition zahlen. Für jeden, welcher der Wiedertaufe verdächtig war, mußten, wenn er in die Stadt wiederaufgenommen werden wollte, 400 Gulden Bürgschaft gestellt werden. Kleve und Köln suchten einen die Reaktion mildernden Einfluß auszuüben; namentlich mißbilligten sie den Plan, eine Festung in der Stadt anzulegen. Wir werden später sehen, welche Entwürfe diese beiden Fürsten in Hinsicht der Religion hegten: der Bischof sollte sich im voraus ihnen anzuschließen versprechen. Auch eine Reichsdeputation forderte wenigstens eine Wiederherstellung der Stadt in ihre alten Rechte. Allein daran ließ sich nun nicht mehr denken. Bischof, Kapitel und Ritterschaft waren zwar nur durch die Hilfe ihrer Nachbarn von dem äußersten Verderben gerettet, und in Kraft eines Reichsschlusses war das Heer zusammengebracht worden, das ihnen den Sieg verschaffte; aber die Verwaltung des Reiches hatte bei weitem nicht Energie genug, nun auch die Sache selbst in ihre Hand zu nehmen. Vielmehr benutzten Kapitel und Ritterschaft die Gelegenheit, die bürgerliche Selbständigkeit der Stadt, die ihnen längst verhaßt gewesen, nunmehr vollständig zu unterdrücken. Trotz jener Einrede ward doch beschlossen, eine Festung in Münster zu errichten, und zwar auf Kosten der Stadt selbst; die Hälfte ihrer Einkünfte sollte dazu dienen; der Befehlshaber der Feste sollte aus der einheimischen Ritterschaft genommen, nur mit Einwilligung von Kapitel und Ritterschaft ernannt werden, auch diesen seinen Eid leisten und den Befehl führen, selbst wenn der Fürst zugegen sei. Auch der Rat der Stadt sollte von dem Fürsten in Zukunft mit Beirat des Kapitels und der Ritterschaft ernannt werden. Hatte sich die Stadt einst der Einwirkung von Adel und Geistlichkeit schon beinahe entzogen gehabt, so geschah nun infolge des Aufruhrs, daß sie derselben aufs neue unterlag. Kapitel und Ritterschaft setzten sich bei weitem mehr als der Fürst in Besitz der Gewalt; noch Bischof Franz sollte später ihre mächtige Opposition erfahren. Es versteht sich gleichsam von selbst, daß bei diesem Gange der Dinge auch der Katholizismus in aller seiner Strenge wiederhergestellt ward.

Belagerung und Eroberung von Münster.

Indessen war auch über den gefangenen König und seine Räte, Knipperdolling und Krechting, bereits Gericht gehalten worden. Der König zeigte sich anfangs sehr trotzig, dutzte wohl den Bischof, scherzte mit denen, die ihm seine Vielweiberei vorwarfen, vermaß sich, daß er die Stadt niemals aufgegeben haben würde, und wären alle seine Leute an Hunger gestorben. Auch in dem ersten Gespräche, das ein paar hessische Theologen mit ihm hielten, zeigte er sich eher starrsinnig. Aber gar bald ließ er selbst ein zweites fordern, wo er denn bemerkte, daß sie alle in Münster vom tausendjährigen Reiche nichts Gewisses gewußt; erst im Gefängnis sei ihm die Einsicht davon gekommen; er erklärte nun selbst den Widerstand, den er der Obrigkeit geleistet, für unrechtmäßig, die Vielweiberei für übereilt, ja selbst die Kindertaufe für eine Pflicht. Er versprach, wenn man ihn zu Gnaden annehme, mit Melchior Hoffmann und seinen Frauen alle Täufer zum Stillschweigen und zum Gehorsam zu bewegen. Er blieb in dieser Stimmung, auch als er schon wissen konnte, daß sie ihm nichts helfen werde. Dem Kaplan des Bischofs gestand er ein, wenn er den Tod zehnmal erleiden könne, so habe er ihn zehnmal verdient. Knipperdolling und Krechting dagegen zeigten sich überaus hartnäckig; sie erscheinen der theologischen Streitfragen lange nicht so kundig, wie Johann von Leyden, von minder durchgebildeter, aber von um so unbeugsamerer Überzeugung; sie blieben dabei, nur den Weisungen Gottes gefolgt zu sein.

Sie wurden sämtlich verurteilt, auf dem Markte von Münster mit glühenden Zangen gezwickt und so vom Leben zum Tode gebracht zu werden.

Protestanten und Katholiken sahen der Exekution zu, welche ihre vereinten Anstrengungen hervorgebracht. Aber in welcher Stimmung waren sie schon wieder! Einer jener hessischen Theologen beschreibt dem sächsischen Hofprediger das Vergnügen, das die Hinrichtung den Meßpriestern gemacht. Einigen aber, fügt er hinzu, schien zur vollen Genugtuung nur das zu fehlen, daß die Lutheraner nicht auch auf ähnliche Weise abgetan wurden. Die Lutheraner verbargen sich nicht, daß für ihre Lehre nun hier zunächst keine Aussicht weiter sei.

Auf die Wiedertäufer hatte dieser Ausgang die Wirkung, daß die Prinzipien des Aufruhrs, wiewohl sie noch immer Verfechter fanden, doch nach und nach verlassen wurden und die mildere Auffassung den Platz behielt. Es leuchtet wohl ein, daß ihnen das nicht sogleich viel helfen konnte: sie wurden nichtsdestominder sehr streng und blutig verfolgt.

Diesen späteren Zeiten gehören die Lieder an, die aus ihren Gesangbüchern von Zeit zu Zeit bekannt geworden sind. Darin lesen wir wohl, wie sie sich auf beiden Seiten im Kampfe mit falschen Schlangen fühlen: Der Drache hat sich aufgemacht und durchreitet in seinem Neide Deutschland; aber sie sind entschlossen sich weder von Feuer, noch Wasser, noch Schwert schrecken zu lassen; sie wissen, daß Gott seine

Belagerung und Eroberung von Münster.

reinen Kinder retten kann, daß er auf jeden Fall die Seele behütet, sollte das Fleisch auch bluten. Ihnen gegenüber erscheinen „Tyrannen vom burgundischen Hofe", nehmen Männer und Frauen gefangen und legen ihnen Glaubensfragen vor. Sie zeigen ein einfach=standhaftes Gemüt; sie wollen den nicht verleugnen, der das ewige Gut ist, und den Glauben an ihn mit ihrem Blute besiegeln. Und so müssen sie dann nach dem Gefängnis wandern. Sie sind glücklich; denn sie sehen sich von den himmlischen Heerscharen, den Märtyrern umgeben; sie erblicken Gott in der Gnadensonne und wissen wohl, daß niemand sie von ihrem Vaterlande bannen wird, welches bei Gott ist. Sie ziehen verwandte Ereignisse herbei, Wunder der ältesten Märtyrergeschichte, die sie in ihrem Sinne betrachten. Endlich aber bereiten sie sich, als Schlachtopfer sich auf den Altar zu legen, nach der Richtstätte gebracht zu werden; die klare Fontäne des göttlichen Wortes tröstet sie mit der Hoffnung, den Engeln gleich zu werden.

In Deutschland konnten sie es höchstens in ihren mildesten Formen zu einer Art von Duldung bringen.

In demselben Augenblick aber, wo sie in Münster eine so große Niederlage erlitten, haben sich viele, an Deutschland verzweifelnd, nach England gewendet. Hier nahm unter den Stürmen des siebzehnten Jahrhunderts das baptistische Wesen nicht allein eine höchst merkwürdige Form an, wie z. B. in der Lebensweise der Quäker sich gar vieles von dem wiederholt, was Justus Menius an den deutschen Wiedertäufern verwarf, sondern es eröffneten sich ihnen auch die nordamerikanischen Kolonien. Wofür in einer konstituierten Gesellschaft, auf welche ihr Versuch nur zerstörend wirken konnte, kein Platz war, das ließ sich dort, in einer ganz von neuem einzurichtenden Welt, eher ausführen. In Providence und Pennsylvanien haben die Ideen der Wiedertäufer, inwiefern sie von religiös=sittlichem Inhalt waren, erst ihre Entwickelung gefunden.

Zehntes Kapitel.
Der Bürgermeister Wullenweber in Lübeck.

Die wiedertäuferischen Unruhen waren nicht die einzigen, welche den regelmäßigen Gang der deutschen Reform bedrohten. Noch andere Bewegungen, die sich in sehr abweichenden Richtungen ergossen, entsprangen aus denselben Quellen.

Bei der Neigung zum Aufruhr, die sich in den Städten schon seit dem Anfang des Jahrhunderts kundgegeben, bei dem großen Anteil ferner, den die Gemeinden an dem Durchsetzen der Reform nahmen, konnte es, wie wir sahen, gar nicht anders sein, als daß sich demokratische Regungen mit den religiösen vereinigten und zur Geltung zu kommen suchten.

Das Prinzip der deutschen Reform war jedoch, das politisch Bestehende zu schonen. Bei weitem in den meisten Städten behielten die gesetzmäßigen Obrigkeiten den Platz. Von den größeren waren es im Grunde nur zwei, in denen die alten Räte vollkommen unterlagen, Münster und Lübeck.

Dahin aber warfen sich nun auch die vorwärtsdrängenden Tendenzen, das Neue suchend, mit aller Kraft.

In Münster, wo die Geistlichkeit von jeher vorgeherrscht, kam es zu dem theokratisch=sozialistischen Versuche, den wir eben beobachteten.

In Lübeck, dem Mittelpunkte der Hanse, gab es andere Interessen, kaufmännisch=kriegerischer Art, und eben diese waren es nun, welche hier von dem demokratisch=religiösen Geist auf das lebendigste angeregt wurden; denn eine geistige Bewegung, der man ihren Lauf läßt, wird allemal die eigentümlichsten Triebe des Organismus, den sie ergreift, in Tätigkeit setzen; es kam in Lübeck zu nicht viel weniger merkwürdigen Ereignissen als in Münster, obwohl sie von ganz anderer Natur waren.

Um sie zu verstehen, haben wir uns erst auf dem Boden umzusehen, wo sie vorfielen.

Erinnern wir uns zuvörderst, daß die Macht der alten Hanse auf zwei Momenten beruhte, erstlich der Vereinigung der sämtlichen deutschen Küstenstädte von Narwa bis nach Brügge unter sich, sodann dem Verhältnis der Superiorität, in das sich die mittleren von ihnen, die sogenannten wendischen Städte, zu den skandinavischen Reichen gesetzt hatten.

Noch in diesem Jahrhundert war Skandinavien für ihren gesamten Handel von der größten Wichtigkeit. In gleichzeitigen Verzeichnissen wird aufgezählt, was die Gebirge der großen Halbinsel, die Ebene der Vorlande und das Meer, das sie umgibt, dem Verkehr liefern: das Eisen und Kupfer von Schweden, die Pelleterie des Norder= und die Masten des Süderlandes von Norwegen, die Produkte der Viehzucht und des Landbaues von Dänemark, der Gewinn, welchen dann vor allem der Fang des Herings abwirft, mit welchem das ganze nördliche Deutschland bis Schwaben und Franken versorgt wird, endlich der Vorteil, den die Herrschaft über den Sund gewährt.

Wie nun aber überall Regierungen aufkamen, welche die natürlichen Hilfsquellen ihrer Länder selber zu benutzen dachten, so finden wir schon lange die nordischen Könige und Gewalthaber gegen das Übergewicht der Städte ankämpfen.

Das würde jedoch so viel nicht zu sagen gehabt haben, hätte der Bund sich nicht selber entzweit. In der Fehde, in welche die wendischen Städte 1427 mit dem Unionskönige Erich gerieten, sonderten sich die Niederländer von denselben ab, ließen sich besondere Privilegien geben und verfolgten ein eigentümliches Interesse. Zwar war Lübeck in dem fünfzehnten Jahrhundert noch stark genug, sie nicht die Oberhand gewinnen zu lassen; aber es vermochte doch auch nicht, ihren Einfluß auf den Osten völlig zu unterdrücken.

Indem sich der letzte Unionskönig, Christian II., mit der Schwester Karls V. vermählte, hatte er nicht allein die Absicht, sich politisch mächtige Verbündete zu verschaffen, sondern auch für seine Handelsentwürfe in den Niederlanden einen nachhaltigen Beistand zu erwerben.

Es hängt sehr gut zusammen, daß Christian bei seinem Unternehmen auf Schweden von den Niederlanden her — namentlich durch die Aussteuer der

burgundischen Prinzessin — unterstützt wurde und
gleich darauf, allen Verträgen zum Trotz, die Privi=
legien der Hanse zu verletzen begann. Hansische Kauf=
leute wurden vor Schonen angehalten, Schiffe die von
Riga kamen, aufgebracht, ungewöhnliche Zölle auf=
gelegt. Der Sinn des Königs wäre gewesen, sich ganz
von Lübeck zu emanzipieren, Kopenhagen zum großen
Stapelplatz des nordischen Handels zu erheben. Die
Seestädte glaubten nicht anders, als „daß der König
gegen Brief und Siegel und alle seine Gelübde allein
nach dem Verderben der Seestädte trachte".

Jedermann weiß, wie kühn sich Lübeck dagegen zur
Wehre setzte. Nach Schweden sendete es dem Unions=
könig einen Gegner, vor welchem sein Gestirn ver=
bleichen sollte, Gustav Wasa, und unterstützte ihn mit
seinen besten Kräften. Als Stockholm sich demselben
unterwarf, wurden die Schlüssel der Stadt den beiden
Ratsherren eingehändigt, welche die lübische Flotte
führten; diese überlieferten sie dann dem neuen
Könige, der ihnen dagegen in eben diesen Tagen einen
herrlichen Freiheitsbrief zugestanden hatte.

Einen nicht viel geringeren Anteil nahm die Stadt
an dem Umschwunge der Dinge in Dänemark. Als
Friedrich von Holstein die ihm von den Großen dieses
Reiches angebotene Krone angenommen hatte und sich
nach Kopenhagen begab, begleitete ihn ein lübeckisches
Heer zu Lande, und zur See war ihm eine lübeckische
Flotte zur Seite.

Severin Norby, der die Flagge Christians II. noch

eine Zeitlang in der Ostsee wehen ließ, erlag am Ende vornehmlich den Anstrengungen der Lübecker Marine, welche seine Schiffe an der Küste von Schonen verbrannte.

Unaufhörlich bedrohte seitdem Christian seine verlassenen Reiche mit einem Angriff. Er trat mit England in Bund, brachte mit Hilfe seiner Verwandten und Freunde Mannschaften in Deutschland auf, schickte von Seeland und Brabant aus Schiffe wider die Hansen in See, und da er im Innern der Länder Verständnisse hatte, in den Städten sich auch fortwährend eine kaiserliche Partei hielt, so ward er immer gefürchtet. Lübeck genoß die erworbenen Privilegien hauptsächlich auch deshalb so ungestört, weil die beiden Könige die Hilfe der Stadt gegen den drohenden Feind nicht entbehren konnten.

Und noch enger ward ihre Verbindung, als Christian dem evangelischen Eifer, den er früher bewiesen, zum Trotz wieder zum Katholizismus zurückgetreten war und nun mit wirksamer Unterstützung des Kaisers auf seine Rückkehr Bedacht nahm. Es liegt zwar am Tage, daß zwischen beiden Schwägern nicht immer das beste Vernehmen obwaltete. Während Christian in Friesland rüstete, suchte ein kaiserlicher Gesandter eine Vermittelung zwischen ihm, König Friedrich von Dänemark und den Hansen zu stiften. König Friedrich erklärte, daß er sich einem schiedsrichterlichen Spruch unterwerfen wolle, wenn auch Christian sich dazu entschließe, und vor allem, wenn er seine Feindseligkeiten einstelle; der Gesandte eilte nach Friesland und machte dem verjagten Könige in der Tat diesen Vorschlag. Christian aber antwortete ihm nur mit heftigen Klagen, wieviel Jahre er nun schon von seinem Lande entfernt sei, und daß er noch nicht dahin zurückkehren, noch immer nicht zu seinem Rechte gelangen solle. Statt sein Heer aufzulösen, rückte er ohne weiteres in Holland ein. Was man ihm nicht in Güte gewährte, das erzwang er sich mit Gewalt, Schiffe und Geld. Er wußte, daß der kaiserliche Hof, wenn auch nicht im gegenwärtigen Augenblicke, doch im ganzen sein Unternehmen billigte und demselben Erfolg wünschte. Hatte doch der Kaiser sich oft genug so erklärt, als halte er die Sache Christians für seine eigene. Niederländische Kaufleute unterstützten den König freiwillig; die Häuser Frei zu Kampen, Schultis zu Enkhuizen, Bur zu Amsterdam, Rath zu Alkmaar werden als die vornehmsten Beförderer genannt. Christian gab ihnen dafür vorteilhafte und glänzende Freibriefe. So gingen sie am 15. Oktober 1531 zu Medemblik in See.

Die Lübecker versicherten beim schmalkaldischen Bunde: es sei dabei auch zugleich auf eine Zerstörung des Protestantismus abgesehen, mit allen Bischöfen ein Einverständnis geschlossen. König Friedrich versprach, mit seinen Erblanden in den schmalkaldischen Bund zu treten, wenn wenigstens die vornehmsten Mitglieder desselben, Sachsen, Hessen und Lüneburg, eine weltliche Einung auch in bezug auf sein Wahl=

reich mit ihm schließen wollten: denn so gut evangelisch er sei, so werde er doch durch die Macht seiner Bischöfe, deren jeder einen großen Anhang in der Ritterschaft habe, noch verhindert, dies auszusprechen. Kurfürst Johann von Sachsen jedoch wollte von einer zwiefachen Eigenschaft eines Mitgliedes des seinem Wesen nach auf die Religionssache gerichteten Bundes nichts hören. Das angetragene Verständnis kam nicht zustande. Noch einmal wurden die merkantilen Verhältnisse die entscheidenden.

Das große Interesse von Lübeck war, den Verkehr zwischen Ostsee und Nordsee wenigstens zum Teil in seinen Händen zu befestigen. Es machte den livländischen Städten das Recht streitig, überhaupt durch den Sund nach Westen zu schiffen; hauptsächlich aber bestand es darauf, daß gewisse Waren, aus dem Osten Wachs, Kupfer, Pelzwerk, aus dem Westen besonders popperingische, englische und andere Laken, seine Stapelgüter seien, die man zunächst nach der Trabe führen müsse. Die holländische Schiffahrt in der Ostsee fanden die Lübecker überhaupt gefährlich und meinten, nicht neben ihr bestehen zu können. Damals auf ihre Hilfe angewiesen, gewährte ihnen König Friedrich wirklich, wenngleich in der Weise der Zeit in nicht vollkommen bindenden Formen, einen Vertrag, kraft dessen die Holländer kein Stapelgut durch den Sund führen, auch in bezug auf die osterländischen Seefahrten die Interessen von Lübeck wahrgenommen werden sollten. Christian war im Augenblicke, der Entscheidung, im Mai 1532, in Norwegen angelangt und hatte dies ganze Reich bis auf wenige feste Plätze ohne Mühe in seine Hand gebracht; aber schon waren vier lübische Orlogschiffe in See erschienen, ehe die Dänen selbst sich gerüstet hatten. Die Lübecker suchten jetzt hier Schiffe an der Küste auf und verbrannten sie, verproviantierten Aggerhus und bildeten den Kern für die größere Macht, die sich nunmehr sammelte, Aggerhus entsetzte und Christian nötigte, zu unterhandeln, zu kapitulieren, sich endlich in die Gewalt seines Feindes zu ergeben. Soviel ich finde, war es der Abgeordnete von Lübeck, welcher den Rat gab, Christian auf immer festzuhalten.

Und wie das nun eine Niederlage zugleich der Holländer war, so bekamen diese auf der Stelle die Folgen davon zu empfinden. Auf den Grund, daß nach den alten Verträgen zwischen den Holländern, Dänemark und der Hanse jedem Teil verboten gewesen sei, die Feinde des anderen zu unterstützen, machten König Friedrich und Lübeck auf einen Ersatz der Kriegskosten und des Schadens, den das letztere Unternehmen veranlaßt habe und der denn sehr hoch angeschlagen wurde, Anspruch; da sich die Holländer weigerten, darauf einzugehen, so gewannen die Verhältnisse nach mancherlei Verhandlungen und Vertragsversuchen ein kriegerisches Ansehen.

Im Sommer des Jahres 1532 lagen über 400 Kauffahrer in Holland still; 10 000 Bootsleute waren unbeschäftigt; die Last Getreide stieg auf das Doppelte

Der Bürgermeister Wullenweber in Lübeck.

ihres gewöhnlichen Preises. Ein kaiserlicher Gesandter versichert, daß sich König Friedrich mit Lübeck, Rostock, Wismar und Stralsund in aller Form vereinigt habe, um die Holländer von der Ostsee auszuschließen; die Lübecker wenigstens wünschten es zum Kriege zu bringen, nahmen die Kirchenschätze, die sie eingezogen, aus ihrer Tresekammer und rüsteten damit ein Geschwader aus, welches sich im Jahre 1533 in den Sund legte.

Hierauf rüsteten auch die großen Städte in Holland eine Flotte zur Bestrafung derer von Lübeck, „Seiner Majestät Aufrührer und Feinde". Sie erinnerten an die hohe Würde, die ihr Landesfürst, der Kaiser, bekleidete, gleich als erwachse ihnen daraus eine größere Berechtigung.

Zwischen den beiden Teilen der alten Hanse schien es zu einer Entscheidung mit den Waffen und auf immer kommen zu sollen, zumal da jene demokratische Faktion in Lübeck, deren Emporstreben während der religiösen Irrungen wir wahrgenommen, jetzt daselbst ans Ruder gelangte und sich mit frischem Eifer auf diese Angelegenheiten warf.

Bei der Gründung von Lübeck, in den ersten, einfachen Zeiten, da man es dort wie in Venedig als eine Last ansah, an der Verwaltung der öffentlichen Angelegenheiten teilnehmen, in den Rat kommen zu müssen, war das Statut gemacht worden, daß es einem jeden, wenn er zwei Jahre darin gesessen, freistehen solle, im dritten herauszubleiben. Seitdem aber hatte man sich längst gewöhnt, diese Last als eine Ehre zu betrachten, und verstand sich ungern dazu, sie mit anderen zu teilen. Dennoch legte die aufstrebende Faktion das Statut dahin aus, daß niemand länger als zwei Jahre im Rat sitzen dürfe, das Kollegium demnach alle Jahre zum dritten Teil erneuert werden müsse. Besonders ward diese Auslegung von Georg Wullenweber durchgesetzt, einem der Direktoren der Hundertvierundsechzig; er mochte es für das beste Mittel halten, sich unter dem Anschein der Gesetzlichkeit der höchsten Gewalt zu bemächtigen; die aufgeregte Bürgerschaft gab ihm Beifall. Im Februar 1533 ward der Rat erneuert, und Wullenweber befand sich unter den ersten, die in denselben eintraten; kaum hatte er 14 Tage darin gesessen, so ward er (8. März) zum Bürgermeister ernannt. Noch blieben viele Mitglieder des alten Rats; doch gewann die Partei der Neuerung faktisch das Übergewicht in der Verwaltung der Stadt.

Wullenweber vereinigte nun die Macht eines Volksoberhauptes und einer gesetzmäßigen Obrigkeit. Seine Familie, die, wenn nicht zu den angesehenen, doch zu den achtbaren Geschlechtern von Hamburg gehörte, hatte sich bisher mehr dem kaufmännischen Gewerbe als den bürgerlichen Geschäften gewidmet; seinen Bruder, den Hamburger Oberalten Joachim Wullenweber, finden wir als Vogt des letzten Unionskönigs auf den Faröern und in mancherlei persönlichen Verwickelungen mit diesem; Georg selbst hatte schon an

Der Bürgermeister Wullenweber in Lübeck.

den letzten Verhandlungen lebendigen Anteil genommen; es schien nicht anders, als werde er den holländischen Krieg sofort mit aller Anstrengung führen. Zu diesem Behuf ließ er die großen Kronleuchter aus der Marienkirche wegnehmen und Geschütz daraus gießen.

Ehe er aber dazu schritt, traten Veränderungen ein, welche seiner Tätigkeit eine ganz andere Richtung gaben.

Es liegt an und für sich in der Natur der Dinge, daß die nordischen Regierungen, des Feindes entledigt, den sie so lange gefürchtet, sich nicht mehr so eng an die städtische Macht anschlossen, welche sie vor demselben beschützt hatte. Sie fühlten jetzt aufs neue den Druck, den diese selbst ausübte, die Hemmung der eigenen Handelsregsamkeit; in dem Siege Lübecks über Holland konnten sie nicht mehr so schlechtweg den eigenen Vorteil sehen. Und war nicht dort jetzt eine demokratische Faktion zur Herrschaft gelangt, gegen welche sie eine natürliche Antipathie hatten? Konnte diese nicht verwandte Regungen in ihrer eigenen Umgebung erwecken?

Da ereignete sich, daß König Friedrich im April 1533 zu Gottorp starb und eine ganze Anzahl von Prätendenten der dänischen Krone sich erhob. Die Söhne Friedrichs, von denen der eine, Christian, protestantisch gesinnt, der andere, Johann, im katholischen Glauben erwachsen war, hatten jeder zahlreiche Anhänger, der letztere besonders in der hohen Geistlichkeit. Einen Augenblick hat der Gemahl der Schwester

Christians II., Kurfürst Joachim von Brandenburg, an die Möglichkeit gedacht, den jüngeren seiner Söhne auf den dänischen Thron zu befördern; er hat dabei nicht allein an dessen fürstliche Eigenschaften, sondern auch an die Hilfe erinnert, die er, der Vater, dem dänischen Reiche leisten könne. Andere dachten gar an den Kurfürsten von Sachsen. Noch waren die Erinnerungen an Christian II. keineswegs erloschen; schon eilte das Haus Österreich, an dessen Statt einen neuen Prätendenten aufzustellen, den Pfalzgrafen Friedrich, den der Kaiser mit der Tochter Christians II. vermählte.

In diesem allgemeinen Schwanken glaubten nun auch die Lübecker das Recht zu haben, ein Wort mitzusprechen, und zugleich ihre Interessen wahrnehmen zu müssen. Wullenweber begab sich nach Kopenhagen und wandte sich zunächst in den Angelegenheiten des holländischen Krieges an die Reichsräte; doch fand er keinen Anklang. Er wandte sich an den nächsten protestantischen Prätendenten, Herzog Christian, und trug ihm seine Hilfe zur Erlangung der Krone an; Herzog Christian aber hatte so viel Umsicht und Zurückhaltung, dies abzulehnen. Wullenweber sah wohl, daß es ihm nichts helfen könne, sich mit Holland zu schlagen, wenn er indessen Dänemark verliere. Der Widerstand, auf den er stieß, beruhte vornehmlich auf den alten nachbarlichen Entzweiungen der Stadt mit dem holsteinischen Adel. Die Bürger hatten gar manches Kapital in Holstein angelegt; aber sie klagen,

Der Bürgermeister Wullenweber in Lübeck.

wenn sie nun gekommen, ihre Zinsen einzufordern, habe man sie mit hochmütigen Worten abgewiesen; der holsteinische Adel sei eifersüchtig auf die Macht von Lübeck, so oft ihm dieselbe auch in Zeiten der Not zustatten gekommen; er beschwere den reisenden Kaufmann mit Gefängnissen; hart vor ihren Toren tue er ihnen Gewalt; mit Rat und Tat stehe er den Holländern bei; ihm ohne Zweifel mußte man zuschreiben, daß weder ihr Herzog noch die Reichsräte geneigt seien, verfaßte Rezesse zu besiegeln; ihr Sinn sei, Dänemark und Schweden — denn auch mit König Gustav seien sie im Verständnis — für die Stadt Lübeck zu schließen, derselben ihre Nahrung zu entziehen. In der Tat waren im September 1533 Verträge der dänischen Reichsräte und des Herzogs von Holstein mit der Statthalterin in den Niederlanden geschlossen, durch welche sie in der holländischen Sache gegen die Lübecker Partei nahmen. Wullenweber und seine Freunde schraken vor diesen Verbindungen nicht zurück. Sie faßten den Gedanken, die Verwirrung des Moments zu benutzen und die Herrschaft ihrer Kommune im Norden durchgreifender als jemals zu gründen. Sie glaubten hiebei auf die Teilnahme einer Partei im Innern und zugleich auf die Unterstützung einer europäischen Macht rechnen zu können.

Ein Teil jener lübeckischen Flotte nämlich, die gegen die Holländer in See gegangen, war an die englische Küste geraten; ihr Kapitän, Marcus Meier, hatte sich an das Land gewagt, ohne mit einem Geleitsbriefe versehen zu sein, war aber darüber aufgegriffen und in den Tower gebracht worden. Es war das zu eben der Zeit, in welcher Heinrich VIII. — wie wir noch ausführlicher zu erörtern haben — mit dem römischen Stuhle vollends gebrochen, sich entschlossen hatte, die Gewalt des Papstes in seinem Reiche aufzuheben, und sich auf allen Seiten nach Verbündeten umsah, um sich gegen denselben zu verteidigen. Wir haben einen Beschluß seines geheimen Rates, nach welchem zu diesem Zweck unter anderen auch eine Gesandtschaft an die Hansestädte geschickt, eine Verbindung mit ihnen angeknüpft werden sollte. Bei dem wachsenden Mißverständnis mit dem Kaiser konnte es den Engländern ohnehin nicht gleichgültig sein, ob der dänische Thron im burgundischen Interesse besetzt werde oder in einem entgegengesetzten. Kein Wunder, wenn der König den Kapitän einer Flotte, welche gegen die Niederländer in See gegangen, statt ihn zu bestrafen, an sich heranzog und mit ihm unterhandelte. Soviel wir finden, versprach ihm Marcus Meier, im Namen seiner Partei und seiner Stadt, daß kein Fürst den dänischen Thron besteigen solle, den Heinrich VIII. nicht billige; Heinrich zeigte sich dagegen bereit, Lübeck in seinem Unternehmen zu unterstützen; er dachte auch den König von Frankreich dafür zu gewinnen.

Ganz erfüllt von diesem höchst unerwarteten Erfolge seines Zuges kam der Kapitän nach Lübeck zurück.

Marcus Meier hatte früher zu Hamburg das Hand=

werk eines Hufschmieds getrieben; später hatte er Kriegsdienste genommen. Er diente zuerst in jenem abenteuernden Heere, das Christian II. in Friesland zusammenbrachte, nach Holland und dann nach Norwegen führte. Hier geriet er in Gefangenschaft; allein er benutzte dieselbe sogleich, um sich Dienste bei Lübeck zu verschaffen. Der Zustand dieser gärenden Kommune war gerade ein Boden für ihn: er schloß sich an die emporkommenden Häupter der Bürgerschaft an; schon im Jahre 1532 ward ihm die Anführung der zu dem Türkenkriege bestimmten Mannschaften anvertraut, und er durchzog auf dem Hin- und Rückwege das deutsche Reich an der Spitze derselben; dann war er, gleich fertig zu beiderlei Krieg, auf die Flotte gegangen; jetzt kam er, mit einer englischen Gnadenkette geschmückt, zum Ritter geschlagen, nach Lübeck zurück. Hier fing er nun an, eine große Rolle zu spielen. Er hielt Pferde und Knechte im Überfluß; auf die noch etwas barbarische Weise dieses Jahrhunderts trat er immer so kostbar wie möglich herausgeputzt einher; er war noch jung, ein schöner Mann, tapfer; er gefiel den Augen der vornehmen jungen Bürgerweiber. Indem er sich bald nach seiner Rückkunft mit der reichen Witwe des vor kurzem verstorbenen Bürgermeisters Lunte vermählte, faßte er Fuß unter den einheimischen Geschlechtern. An seinem Vermählungstage holte ihn der Hauptmann der Stadt, von reitenden Dienern umgeben, bei dem Holsteiner Tore ein.

Von jeher war Meier mit Wullenweber in vertrauter Verbindung gewesen; noch enger schlossen sie sich jetzt aneinander. Auf den Hansetagen erschienen sie an der Spitze eines zahlreichen Gefolges, in glänzendem Harnisch, blasende Trompeter vorauf. Doch waren sie da noch so wenig Herren und Meister wie in Lübeck selbst.

Auf der Versammlung von Hamburg zu Anfang des März 1534 fand die gegen Dänemark und Holland zugleich gerichtete Politik Wullenwebers einen Widerstand, bei dem man zugleich auf eine Reaktion gegen die in Lübeck vorgenommenen Neuerungen Bezug nahm. Dort wäre Wullenweber niemals durchgedrungen; auch sein persönliches Verhalten rief Widerwillen und Angriffe gegen ihn hervor. Er ergriff den kecken Entschluß, eigenmächtig von seiner Gesandtschaft nach Lübeck zurückzukehren und sich vor allem seine Stellung zu sichern. In der allgemeinen Aufregung der Parteien, die seine Ankunft erregte, berief er eine Volksversammlung nach der Marienkirche, in der er selbst die Kanzel bestieg, um die Feindseligkeit, die er erfuhr, zugleich als eine Verbindung mit den Gegnern der Stadt und ihrer großen Interessen darzustellen. Er wußte sich nicht allein zu rechtfertigen, sondern die Versammlung für sich zu enthusiasmieren. Die Volksgemeinde billigte seine Politik und forderte ihre Ausführung. Die ausgesprochensten Gegner hielten es hierauf für das beste, zu fliehen. Einige wurden festgenommen, andere ihres Ratsstandes entsetzt. Die unausbleibliche Folge war dann, daß bei der Erneuerung des Rates, Ostern 1534, die wullenweberſche Partei vollkommen die Oberhand behielt und ſeitdem die ſtädtiſche Gewalt repräſentierte.

Eben damals waren die Wiedertäufer in Münſter durchgedrungen. Auch in Lübeck fühlten ſich die lutheriſchen Prediger zwar nicht in ihrem Bekenntnis, aber in ihrer kirchlich-politiſchen Haltung gekränkt. Der Superintendent Bonnus wollte es nicht länger mit anſehen, daß man die Obrigkeit antaſte, abſetze, verweiſe: er forderte und erhielt ſeinen Abſchied.

Dieſer Analogie zum Trotz war doch der Unterſchied unermeßlich. Dort warf ſich die Bewegung auf die Durchführung einer neuen Form des religiöſen Lebens, an die man apokalyptiſche Hoffnungen knüpfte; hier ergriff ſie ein unmittelbar vorliegendes, praktiſches, auf der alten maritimen Stellung beruhendes Intereſſe; Wullenweber konnte auf Bundesgenoſſen von unmittelbarer politiſcher Wirkſamkeit im ganzen Norden rechnen.

In den däniſchen Städten, ja ſelbſt in der ſchwediſchen Hauptſtadt gab es ebenſogut wie diesſeits der Oſtſee Bürgerſchaften, die nach Befreiung von einer ſie beſchränkenden Ariſtokratie trachteten.

In Dänemark hatten die Bürger im Laufe der Zeit erkannt, daß Chriſtian II. nicht ihnen zum Heile vertrieben worden war. Alle Erleichterungen, die ihnen dieſer König gewährt hatte, wurden nach und nach zurückgenommen. Beſonders waren ſie entrüſtet, daß

der Adel, der so große Vorzüge genieße, sich auch den
Vorteil der Kaufmannschaft anmaße. Der Bürger=
meister Jorg Koch, genannt Mynter oder Münz=
meister, zu Malmö und Ambrosius Bogbinder zu
Kopenhagen, beide Deutsche, teilten die demokratischen
Absichten Wullenwebers vollkommen. Koch hatte
unter dem Schirme Friedrichs die Reformation in
Malmö eingeführt und wollte sie nicht wieder unter=
drücken lassen, wie der Reichsrat vorzuhaben schien.
Sie versprachen den Lübeckern, sobald ihre Orlogschiffe
in der Nähe erscheinen würden, von dem Reichsrat
abzufallen und sich offen auf ihre Seite zu schlagen.
Es scheint, als ob die Rede davon gewesen sei, daß
beide Städte dem Hansabunde beitreten sollten; doch
ist man darüber nicht vollständig eins geworden..

Und sehr ähnliche Absichten hegte in Stockholm der
Münzmeister Andreas Handson. Die ganze deutsche
Bürgerschaft und ein Teil der schwedischen scheinen
mit ihm einverstanden gewesen zu sein. König Gustav
hat behauptet, unmittelbar ihm selber habe man an
das Leben gehen wollen: unter seinem Stuhl in der
Kirche habe Pulver gelegen; im Angesicht der ver=
sammelten Gemeinde habe er in die Luft gesprengt
werden sollen.

Erinnern wir uns nun, daß in allen hansischen
Städten, ja in ganz Niederdeutschland ähnliche Be=
strebungen sich regten und da, wo sie auch fürs erste
zurückgedrängt worden, doch keineswegs völlig unter=
drückt waren, fassen wir damit zusammen, welchen

Der Bürgermeister Wullenweber in Lübeck.

Beifall nun nach Westen hin die Wiedertaufe fand, die das demokratische Prinzip nur religiös umkleidete, so sehen wir wohl, welche gewaltige Bewegung noch einmal die nordisch-germanische Welt ergriffen hatte. Es ist eine Gärung, beinahe wie die des Bauernaufruhrs, der in Norddeutschland nicht hatte eindringen können, sondern an dessen Grenzen gescheitert war. Jetzt aber, zehn Jahre später, war Niederdeutschland in einer nicht viel geringeren Agitation. Damals, an dem Bauernkriege, hatten schon einige Städte Anteil genommen; jetzt waren sie die Vorkämpfer. Lübeck, wie Bonnus sagt, eine Hauptstadt der Sachsenzunge, gab nur den Ton an. Was ließ sich erwarten, wenn da die kühnen Demagogen den Platz behielten, ihre Pläne durchführten!

Wie aber einst die Bauern, so konnten auch jetzt die Städte eines ritterlichen Anführers nicht entbehren. Sie gewannen den Grafen Christoph von Oldenburg, der zwar Domherr in Köln, aber nichtsdestoweniger sehr kriegsfertig und ein sehr eifriger Protestant war. Bei seinem Lehrer Schiffholver hatte er einst viel Historien gelesen; dann hatte er sich an den Hof Philipps von Hessen begeben und mit der kriegerisch-religiösen Sinnesweise durchdrungen, die dort herrschte; er hatte die Bauern bekämpfen, Wien befreien helfen; er war nicht ohne inneren Schwung und ein tapferer Degen.

Unmöglich aber konnte ein Mitglied des oldenburgischen Hauses die Fehde einiger Bürgermeister ohne guten Grund, oder wenigstens ohne einen Vorwand, der sich nennen ließ, zu seiner eigenen machen.

Die Lübecker entschlossen sich zu dem Vorgeben, der gefangene König Christian, den früher niemand heftiger gehaßt und wirksamer befehdet hatte als eben sie, solle durch sie befreit und wieder auf den Thron gesetzt werden. Eben diejenigen hatten ihn jetzt in Verwahrung, in denen sie ihre vornehmsten Feinde sahen: vier dänische Reichsräte, vier holsteinische Landräte und der Herzog führten die Aufsicht über das Schloß Sonderburg, wo der Gefangene in dem Gewölbe eines Turmes festgehalten ward. Eine gewisse Beziehung hatten die Lübecker insofern zu Christian, als zunächst nicht von den merkantilen Interessen die Rede war, in denen sich Christian ihnen entgegengesetzt, sondern von den anti=aristokratischen, die er immer geteilt hatte. Aber doch mehr auf den eigenen, als auf des Königs Vorteil war ihr Unternehmen berechnet. Graf Christoph versprach, wenn er siege, den Lübeckern Gotland, Helsingborg und Helsingör zu überlassen. Dadurch würden sie ihr Übergewicht in der Ostsee und im Sund auf immer befestigt haben. Ja, er gab ihnen zugleich die Versicherung, ihnen König Christian überantworten zu wollen, sobald er ihn erledigt habe. Welche Gewalt über die drei skandinavischen Reiche mußte es ihnen verschaffen, wenn sie den legitimen König derselben in ihre Hände bekamen! Denn auch Gustav Wasa wollten sie nicht in Schweden dulden. Sie dachten darauf, ihm den jungen Svante Sture entgegenzusetzen.

Durch einen Stillstand auf vier Jahre, den sie mit den Niederlanden vor kurzem eingegangen und in welchem Dänemark und Holstein begriffen waren, fühlten sie sich nicht gebunden. Bei der Ratifikation ließen sie die Klausel dieser Entschließung weg, und bei der Unterhandlung hierüber hatte die Parteilichkeit der Holsteiner für die Niederländer ihren Widerwillen aufs neue aufgeregt; eben gegen Holstein richteten sie zunächst ihre Waffen.

Im Mai 1534 erschien Graf Christoph im Felde. Die Absicht der Lübecker war vor allem, sich der Güter des Hochstiftes zu bemächtigen, die sie nach dem Tode des Bischofs völlig einzuziehen gedachten. Christoph nahm ohne viel Mühe Eutin ein. Aber er griff auch holsteinische Schlösser an, Trittow, Plön, die er eroberte, und Segeberg, nicht gerade, um sich Holsteins zu bemächtigen, vielmehr um etwas von Herzog Christian in Händen zu haben, ihm zu schaffen zu machen und indes, ungeirrt von ihm, in Dänemark zum Ziele zu gelangen.

Die Kriegsmacht, welche Herzog Christian aufbrachte, und die drohende Stellung, die er sogleich annahm, kümmerten sie wenig. „Ehe wir ihm Trittow wiedergeben, das er fordert, und ehe wir vom Zuge nach Dänemark abstehen", sagt Wullenweber, „wollen wir lieber noch hunderttausend Gulden verfehden; wir wollen uns wahren und ihn reiten lassen." Die Führer meinten, seit tausend Jahren sei keine so gute Gelegenheit gewesen, sich Dänemarks und Schwedens zu bemächtigen, wie jetzt. Am 19. Juni 1534 ging Graf Christoph, begierig, das große Werk zu vollbringen, mit 22 Orlogschiffen in Travemünde in See.

Und nie fand wohl ein einfallendes Heer ein Land besser zu seinem Empfange vorbereitet. Der Bürgermeister Mynter kam der Flotte mit der Nachricht entgegen, daß er Malmö in Aufruhr gesetzt, die Zitadelle der Stadt, die er hernach zerstörte, in seine Hand gebracht habe. Hierauf ging Christoph einige Meilen von Kopenhagen vor Anker. Sowie er sich zeigte, brach der Aufstand in Seeland aus, zu dem alles fertig und der, wie jener deutsche, zugleich gegen Geistlichkeit und Adel gerichtet war. In Roschild plünderte die Menge den bischöflichen Hof und überlieferte die Stadt. Allerwärts überfiel man die Schlösser des Adels und schleifte sie. Nur um ihr Leben zu retten, entschlossen sich die Edelleute zum größten Teil, ihren alten Schwur an Christian II., und zwar in ungewohnten Formen, zu erneuern. Am 15. Juli ging dann Kopenhagen über; Laaland, Langeland, Falster zögerten nicht, dem Beispiel von Seeland zu folgen. Es bedurfte nichts, als der Ankunft des Grafen in Malmö, um ganz Schonen fortzuziehen. In Fünen konnte es einen Augenblick scheinen, als würde der Aufruhr der Bauern, der sich unverzüglich erhoben hatte, von Reichsrat und Adel gedämpft wer=

den; eine mäßige Hilfe des Grafen reichte jedoch hin, um den Bauern den Sieg und dem verjagten König Anerkennung zu verschaffen. Es war nichts übrig als Jütland. Ein Seeräuber namens Clemint, der sich einst in Malmö an Graf Christoph angeschlossen, überfiel Aalborg und sammelte die jütischen Bauern um sich, mit denen er den Adel und dessen schwere Reiterei gar bald aus dem Felde schlug.

Indem man von diesen Erfolgen hörte, durchzog der Syndikus von Lübeck, Doktor Oldendorp, eines der wirksamsten Mitglieder der Partei der Neuerung, ein „Mann von unstillem Gemüte", wie der alte Kantzow sagt, die wendischen Städte, um sie zur Teilnahme an dem großen Unternehmen einzuladen. Er war an sich ein Repräsentant der demokratischen Interessen und schloß jetzt die glänzendsten Aussichten auf, die man jemals fassen konnte: man kann denken, wie er von dem Volk empfangen ward. Hie und da widersetzten sich die alten Ratsherren, aber vergeblich. Die Stralsunder setzten ihren Bürgermeister Klaus Smiterlow gefangen, führten das Wassergeschütz in die Orlogschiffe und wählten einen neuen Rat. Die Kosten des Krieges sollten durch gezwungene Beiträge der Reichsten, ohne Zutun des Volkes, aufgebracht werden. In Rostock wurden die alten Bürgermeister mit Gewalt genötigt, die Kriegsrüstung gutzuheißen. Alle Städte der umliegenden Länder faßten Mut zu großen Dingen; auch Reval und Riga leisteten Hilfe; man hörte von nichts als von Lübeck. „Wäre es den Städten gelungen, wie sie hofften", sagt Kantzow, „es hätte nirgends ein Fürst oder Edelmann bleiben können."

Und indes versäumten die Lübecker nicht, ihre Verbindung mit England zu pflegen. Am 30. Mai schickten sie drei ihrer Ratsherren nach England, um dem König ihre Meinung in seiner Streitsache mit dem Papste zu eröffnen, ihm ihren Bund wider den römischen Stuhl anzutragen und ihn zugleich um Beistand und Hilfe in ihren eigenen Angelegenheiten zu ersuchen.

Wir haben die Abschrift eines Vertrages in Händen, nach welchem sie dem Könige noch außerdem freie Disposition über die Krone von Dänemark zugestanden, sollte er sie nun selbst annehmen wollen, oder auch nur einen anderen dazu empfehlen, dieser dagegen ihnen alle ihre alten Privilegien bestätigte, sogleich eine Summe Geldes vorstreckte und noch weitere Unterstützung versprach. Es erhellt nicht mit Gewißheit, ob dieser Vertrag in aller Form vollzogen worden ist; aber eine Richtung der Politik, in der sich die hanseatischen und die englischen Interessen vereinigten, und die eine Zeitlang vorherrschte, ist darin ohne Zweifel ausgesprochen. Die Lübecker empfingen am 2. August 1534 von dem Könige, der sein Geld nicht wegzuwerfen pflegte, 20 000 Goldgulden. Wullenweber wird von demselben als sein Angehöriger, sein Diener bezeichnet; der Gedanke einer gemeinschaftlichen Politik in den dänischen Dingen erscheint später noch einmal in einem entscheidenden Augenblick.

Welchen Eindruck dieses Verhältnis sogleich in Europa hervorbrachte, sehen wir unter anderem aus einem Schreiben des Erzbischofs von Lund, in welchem er den Kaiser aufmerksam macht, was eine Verbindung der Hanse mit England auf sich habe, wie leicht dann Holland angefallen, ein Aufstand daselbst veranlaßt werden könne, und denselben zuletzt beschwört, etwas dagegen zu tun. Wenn der Kaiser selbst sich durch seine Verträge mit dem Hause Oldenburg gebunden glaube, so möge er den Krieg im Namen Friedrichs von der Pfalz und der jungen Dorothea anfangen. In Lübeck hielt sich ein gewisser Hopfensteiner auf, früher in Diensten des Erzbischofs von Bremen, der dem kaiserlichen Rate auch deshalb, weil das kaiserliche Interesse in den Hansestädten noch immer viel Berücksichtigung finde, eine Unternehmung dieser Art als sehr leicht darstellte. Der Erzbischof von Lund erbot sich, im Notfalle den Krieg in seinem eigenen Namen zu führen.

Ehe sich aber der kaiserliche Hof oder die niederländische Regierung zu einer Maßregel so entschiedener Art entschloß, hatten die Lübecker im Norden selbst einen Widerstand gefunden, der sich ihnen immer gefährlicher entwickelte.

Herzog Christian von Holstein gehörte zu jenen ruhigen norddeutschen Naturen, welche sich nicht leicht regen, aber, wenn sie sich einmal dazu entschlossen haben, ihre Sache mit aller Ausdauer und Umsicht ins Werk setzen. Was er vermöge, hatte er schon durch die glückliche Einführung der Reformation in den Herzogtümern gezeigt. Er war überhaupt durchdrungen von dem religiösen und moralischen Elemente der deutschen Reform: die lutherischen Lieder sang er so eifrig, wie irgendein ehrsamer Handwerksmeister in einer Reichsstadt; den Eidbruch belegte er mit neuen, geschärften Strafen; die Bibel zu lesen, Historien zu hören, bei Tische einen Gottesgelehrten und Staatsmann zu sprechen, den astronomischen Entdeckungen zu folgen, war sein Vergnügen. Seine politische und kriegsmännische Tätigkeit schloß eine höhere geistige Tendenz nicht aus, sondern ward vielmehr dadurch belebt.

Diesem Fürsten nun hatten die Lübecker Volksführer, wie wir berührten, angeboten, ihn zum Könige zu machen; er hatte es abgelehnt, weil er seine Krone der Gewalt nicht verdanken wollte. Eben ihn hatten sie dafür zuerst angegriffen; er aber, nun erst aufgeregt und wie von seinen Untertanen, auch den Nordstrandern, so von seinen Nachbarn, vor allen dem Landgrafen von Hessen, unterstützt, erhob sich endlich mit Macht ins Feld, um den Lübeckern ihre Feindseligkeiten zu vergelten. Im September 1534 erschien er vor der Stadt und schritt, um sie vom Meere abzuschneiden, ohne langes Zögern zu dem entscheidenden Versuche, die Trave zu sperren. Marx Meier vermaß sich, daß ihm das nun und nimmermehr gelingen solle. Allein die Anordnungen Meiers bewiesen nur seine Untüchtigkeit in einem ernstlichen Kampfe. Die Holsteiner nahmen zuerst die Ufer der Trave bei Tremsmühle in Besitz; dann setzten sie sich auch an dem gegenüberliegenden, auf dem Burgfeld, fest, und nun verbanden sie beide durch eine Brücke, welche den Fluß wirklich schloß. Die Lübecker vermochten mit keiner Anstrengung, weder auf dem Flusse, noch zu Lande, die Brücke wiederzuerobern; vor den Augen ihrer Weiber und Kinder wurden sie zu wiederholten Malen geschlagen; auch noch einige andere wichtige Punkte mußten sie aufgeben. Die Stadt, die den Norden an sich zu bringen beschäftigt war, sah sich unmittelbar vor ihren Toren von der See abgeschnitten.

Vor allen Dingen nun mußte sich Lübeck von dieser nächsten Feindseligkeit befreien. Schon zeigten sich Mißverständnisse in der Stadt, die Bürgerschaft war unzufrieden, die Hundertvierundsechzig dankten ab; selbst in dem Rate fanden die Gewalthaber neuerdings Widerstand. Sie mußten zu Unterhandlungen mit Holstein schreiten, wobei sie schon nicht mehr ganz nach ihren Wünschen verfahren durften. Über die inneren Bewegungen der Stadt sind wir nicht so gut unterrichtet, um sie zu durchschauen; aus den Unterhandlungen ergibt sich, daß sie sowohl die dänischen als die holsteinischen Verhältnisse betrafen, und daß man einander ziemlich nahe kam. Herzog Christian schien zu einigen Konzessionen geneigt, und Wullenweber be-

hauptet, er würde auf dieselben Frieden geschlossen
haben, hätte ihn nicht Doktor Oldendorp daran verhindert. Nicht zugleich über die dänischen, sondern
nur über die holsteinischen Angelegenheiten verstand
man sich: die Lübecker gaben heraus, was sie noch von
Holstein in Besitz hatten. Ein sonderbarerer Friede
ist wohl niemals geschlossen worden: indem man sich
über Holstein vertrug, behielt jeder Teil sich vor, den
anderen in den dänischen Angelegenheiten mit aller
Kraft zu bekämpfen.

Auch für diese ward nun die Persönlichkeit des Herzogs Christian entscheidend.

In den Bedrängnissen, in welche sich die dänischen
Stände durch Angriff von außen und Empörung im
Innern gesetzt sahen, hatten sie sich endlich, obwohl
nicht ohne starken Widerspruch von der geistlichen
Seite, entschlossen, den Herzog zu ihrem Könige zu
wählen.

Dadurch geschah nun einmal, daß die Protestanten,
die in dem Reiche schon sehr stark waren, keine Befürchtungen wegen ihres Bekenntnisses weiter zu
hegen brauchten. Wenn die Lübecker in ihrem Mani-
feste die Einführung der reinen Religion als den
vornehmsten Zweck ihres Unternehmens bezeichnet
hatten, so verlor das seine Bedeutung und alle Sympathie, die sie aus diesem Grunde finden konnten,
fiel weg.

Aber überdies trat nun auch ein so wackerer Mann
als Verteidiger der dänischen Interessen auf. Wie

Der Bürgermeister Wullenweber in Lübeck. 611

er im Lager vor Lübeck vielleicht einiges nachgegeben hätte, so ließ er sich auch noch später zu glimpflichen Bedingungen herbei: er hätte den Lübeckern wohl ihre Privilegien aufs neue erweitert; allein sie wollten über das Reich, über die Krone selbst verfügen; nur mit dem Schwerte konnte über diesen Anspruch entschieden werden. Ohne Zeit zu verlieren, wandte sich Christian mit seinen siegreichen Truppen von Lübeck nach Jütland. Noch im Dezember 1534 gelang es ihm, Aalborg wieder zu nehmen, die ganze Provinz in Frieden zu setzen. Seine beiden Schwäger, der König von Schweden und der Herzog von Preußen, rüsteten für ihn, jener zur See und zu Lande, dieser wenigstens zur See. Auch sein Schwager, der Herzog von Pommern, sendete ihm Hilfsgelder, die eben im rechten Moment anlangten. Ein paar hessische Fähnlein waren schon vor Lübeck bei ihm gewesen und zogen mit ihm nach Norden. In einem großen Teil von Norwegen war er bereits anerkannt.

Dagegen gewannen die Lübecker noch in diesem Augenblick einen Bundesgenossen von Bedeutung an dem Herzog Albrecht von Mecklenburg.

In dem mecklenburgischen Hause war es noch nicht vergessen, daß einst die schwedische Krone in seinem Besitze gewesen; Herzog Albrecht stand durch seine Gemahlin, ein Nichte Christians II., mit diesem in nahem verwandschaftlichen Verhältnis und widmete seinem Schicksal lebendige Teilnahme; überdies gehörte er unter den deutschen Fürsten einer Bundesgenossenschaft an, die der entgegenstand, in welcher der Herzog von Holstein sich hielt. Da hatte sich ihm vor einiger Zeit Wullenweber genähert. An und für sich haben sie wenig gemein; denn noch konnte der Fürst von dem Katholizismus nicht lassen, und der Bürgermeister war der eifrigste Protestant; aber die Lage der nordischen Angelegenheiten, in denen noch alles möglich schien, verband sie miteinander. Auch Albrecht zeigte einen unermeßlichen Ehrgeiz. Sich auf Schweden anweisen zu lassen, worüber mannigfaltige Unterhandlung gepflogen wurde, war ihm nicht genehm; wenn er in Dänemark etwas leisten sollte, so wollte er auch daselbst belohnt sein; mit der Erledigung Christians II. wollte auch er zur Macht gelangen. Lange sträubte sich Lübeck, auch aus Rücksicht auf Graf Christoph; in der Zeit der Gefahr gab es nach. Es willigte zuerst ein, daß Albrecht Dänemark so lange innebehalten möge, bis auch Schweden erobert sei: dann möge er selbst zwischen beiden Reichen wählen; später, in einem Vertrag, an dem Rostock und Wismar teilnahmen, erklärte es sich damit einverstanden, daß Albrecht bei Lebzeiten Christians II. Gubernator von Dänemark sein, nach dessen Tode aber daselbst zum Könige gewählt werden möge: denn auch den dänischen Ständen werde es am liebsten sein, beim Hause Mecklenburg zu bleiben. Albrecht versichert, daß er dabei auf die Hilfe seiner deutschen Verwandten rechnen könne, die Dänemark nicht an den anderen Teil kommen lassen wollten.

Der Bürgermeister Wullenweber in Lübeck.

Dabei kam man auch auf die Verbindung mit England zurück, dessen Unterstützung am wenigsten entbehrt werden konnte. Albrecht zeigte sich geneigt, im Namen Christians II. zu versprechen, daß derselbe niemals England befehden, noch mit den Feinden von England gemeinschaftliche Sache machen werde, sich unter einem Vorbehalt, wie er einem deutschen Fürsten zieme, sogar zu einer Art von Unterwürfigkeit zu verstehen, wenn er selbst zur Krone gelange; sein Kriegsvolk sollte nach vollbrachter Unternehmung dem Könige von England zu Diensten stehen.

Die Teilnahme des Fürsten schloß die demokratischen Bestrebungen nicht aus. Der Bürgermeister von Malmö schrieb ihm, er möge nur kommen: man werde das ganze Land gegen ihn in Bewegung setzen. Einer seiner eigenen Beauftragten hält es für notwendig, den Herrn Omnes, wie er sich ausdrückt, d. i. die Menge, für ihn aufzuwecken und den Reichsrat, den er als ein Unkraut bezeichnet, auszurotten.

Sehr auffallend und sonderbar, was noch in europäischen Dingen möglich erschien: Mecklenburg, nicht Holstein, mit Skandinavien vereinigt, das dänische Königtum nicht auf geistliche noch weltliche Reichsräte, sondern auf demokratisch organisierte Kommunen gegründet, diese selbst mit den ebenso konstituierten Hansestädten und vor allem mit Lübeck in engem Bunde vereinigt, Lübeck aufs neue im Besitz der Herrschaft über die Ostsee, die Niederlande von derselben ausgeschlossen, dagegen England mit einer

Art von Oberherrlichkeit über Dänemark und die Hanse selbst ausgestattet!

Zuerst schiffte der Graf Johann zur Hoya als oberster Feldhauptmann, im Namen des Fürsten und der Städte, mit Reiterei und Fußvolk nach Kopenhagen. Auch Wullenweber ging hinüber und erwarb sich das Verdienst, den Grafen von Oldenburg zur Annahme einer Vereinbarung mit Herzog Albrecht zu vermögen. Dieser selbst ging am 9. April von Warnemünde in See. Es war, als wollte er immer in Dänemark bleiben. Seine Gemahlin, die guter Hoffnung war, seinen Hof, ja selbst Jäger und Hunde, um der Jagdlust in den dichten Wäldern von Dänemark auf deutsche Weise zu genießen, führte er mit sich. Die Streitkräfte, die er hinüberbrachte, waren nicht groß; aber etwas trugen sie doch aus; als ein wesentlicher Gewinn erschien es, daß ein namhafter Reichsfürst sich der Sache annahm: seine Autorität gehörte dazu, die schon untereinander entzweiten Führer zusammenzuhalten. Bald darauf führte ein neues Geschwader lübischer Schiffe fernere Verstärkung unter dem Grafen von Tecklenburg herbei.

Und indes hatte auch Marx Meier, der nach Schonen gesendet worden war, sich dort wacker geregt. Er führte da einen seiner verwegensten Streiche aus. Das Unglück, in Gefangenschaft zu geraten, benutzte er, um eben das Schloß, wo man ihn festhielt, Warberg in Halland, in seine Hände zu bringen.

Wir sehen: die beiden Parteien mochten einander

Der Bürgermeister Wullenweber in Lübeck.

wohl gewachsen sein; vielleicht hatte die städtische, lübische noch immer die größere Anzahl von Leuten.

Darum handelte es sich nicht mehr, wie vielleicht früher, ob die kirchliche Reform Dänemark ergreifen würde; deren Schicksal war durch die Thronbesteigung eines protestantischen Königs hinreichend gesichert. Es galt jetzt die Frage, ob die Durchführung der kirchlichen Reform mit einer politischen Umwälzung verbunden sein, ob jene Erhebung des demokratischen Prinzips, die von Lübeck aus sich über den Norden verbreitet hatte, den Sieg davontragen würde oder nicht, — dieselbe Frage, die, seit sie in den karlstadtischen Zeiten zunächst in Wittenberg sich geregt, erst das obere und nunmehr auch das niedere Deutschland in Gärung gesetzt hatte, die soeben auch in Münster entschieden wurde.

An dieser entfernten Stelle des Nordens war jetzt die ganze Kraft des demokratischen Prinzips vereinigt. Hätte es gesiegt, so würde es auf Deutschland noch einmal eine große Rückwirkung ausgeübt haben.

Am 11. Juni 1535, auf Fünen, unfern Assens bei dem Oxneberg, — wo einst Odin mit Opfern verehrt worden, Sagen von der Größe des Hauses Oldenburg, das nur durch seine Zwietracht gelähmt worden, ihren Sitz haben —, kam es zu dieser Entscheidung. Auf beiden Seiten waren Deutsche und Dänen. Die königlichen Truppen wurden von Hans Rantzau angeführt, der sich noch den Ritterschlag von Jerusalem geholt, ganz Europa durchzogen und wohl in noch höherem

Grade als sein Herr protestantischen Eifer, Sinn für Kultur und Wissenschaft mit Geschicklichkeit im Rat und Tapferkeit im Felde vereinigte, die städtischen vom Grafen von Hoya. Rantzau siegte, wie Landgraf Philipp bei Lauffen, wie die Fürsten im Bauernkriege, durch die Überlegenheit der Reiterei und des Geschützes. Er hatte den Vorteil, daß der Feind ihn nicht erwartete, sondern selbst einen Anlauf machte und dabei in Unordnung geriet. Die besten Leute des städtischen Heeres fielen; es erlitt eine vollständige Niederlage.

In denselben Tagen waren auch die Flotten bei Bornholm zusammengetroffen. Die königliche bestand zugleich aus schwedischen und preußischen, die lübeckische zugleich aus rostockischen und stralsundischen Schiffen; es sollte sich entscheiden, ob die Fürsten oder die Städte fortan das Meer beherrschen würden. Die Schlacht hatte schon begonnen, als ein Sturm die Fahrzeuge auseinandertrieb. Offenbar war darauf die Flotte der Fürsten im Übergewicht; der dänische Admiral Skram, der sie kommandierte, nahm allenthalben an den Küsten die lübeckischen Fahrzeuge weg.

Hiedurch bekam nun Christian III. zu Land und zur See das Übergewicht. Fünen hatte sich ihm sofort unterwerfen müssen; er empfing die Huldigung zu Odensee. Mit Hilfe der Flotte, die gerade in diesem Augenblick anlangte, ging er dann nach Seeland über; der Adel nahm ihn mit Freuden auf. Die Schoninger huldigten ihm, sowie er erschien. Schon war auch

Der Bürgermeister Wullenweber in Lübeck.

Warberg wieder genommen und zu einem Pfand des Bundes zwischen Dänemark und Schweden gemacht worden. Im Anfang des August 1535 war die städtische Eroberung wieder auf Malmö und Kopenhagen beschränkt.

Bei alledem hätte der Besitz dieser beiden Punkte wohl noch immer eine Möglichkeit zur Wiederaufnahme der alten Pläne dargeboten, wäre nicht indessen in Lübeck selbst die bei der ersten Ungunst des Geschickes begonnene Verstimmung zu einer vollen Umwandlung gereift.

Endlich nämlich griff auch die Reichsgewalt, wie dies die kaiserlichen Gesandten schon vor zwei Jahren gefordert hatten, ernstlicher in die inneren lübeckischen Angelegenheiten ein. Ein Mandat des Kammergerichts wies die Stadt an, die ausgetriebenen Bürgermeister und alle Ratsglieder, die sich seitdem entfernt hatten, wiedereinzusetzen. An und für sich hätte dies Mandat wohl noch nichts entschieden. Aber es sprach eine Forderung aus, die sich jetzt auch in fast allen anderen niederdeutschen Städten geltend gemacht hatte und von denselben unterstützt wurde. Auf einem Hansetag im Juli und August 1535 wurden von allen Seiten Bitten und stürmische Beschwerden gegen Lübeck erhoben, sowohl wegen der Gewaltsamkeit, mit der es seine Ansprüche auch gegen die Bundesgenossen hatte durchsetzen wollen, als gegen sein unordentliches Regiment. Die meisten Stimmen, einen Artikel des Mandats dahin auslegend, forderten einen Rücktritt der durch die demokratische Bewegung in den Rat eingedrungenen Mitglieder; hierauf, am 15. August 1535, ward die schon durch ihre Unfälle bereits erschütterte Gemeinde zusammengerufen und das kammergerichtliche Mandat ihr vorgelegt. Wohl nicht ohne Absicht hatte man hiezu den Augenblick gewählt, in welchem Wullenweber auf einer Geschäftsreise nach Mecklenburg begriffen war. Die Gemeinde überzeugte sich zuerst, daß in dem Mandat nicht von der Herstellung der alten Kirchenformen die Rede sei; hierauf erklärte sie sich bereit, demselben Folge zu leisten und alle Neuerungen in weltlichen Dingen abzustellen. Bei der nächsten Ratssitzung erhob sich Georg von Hövelen, den man wider seinen Willen zum Bürgermeister gemacht hatte, und setzte sich an seine alte Stelle unter den Ratsherren. Die von der Gemeinde eingesetzten Ratsherren sahen ein, daß auch sie unter diesen Umständen sich nicht behaupten würden; sie verließen den Ratsstuhl und verzichteten auf ihre Würde.

Wie sehr erstaunte Wullenweber, als er zurückkam und diese durchgreifende Veränderung geschehen fand! Schon länger besaß er die Gunst der Gemeinde, die ihn früher gehoben, nicht mehr; kein Versuch, sie wieder zu erwerben, hätte ihm Nutzen schaffen können: auch er mußte abdanken. Von den Bürgern zurückgerufen, von 150 alten Freunden und den Gesandten von Köln und Bremen eingeholt — denn eben in Lübeck selbst war die Hanse beisammen —, kehrte

Nikolaus Brömse zurück. Ein Rezeß ward gemacht, kraft dessen die Lehre des Evangeliums beibehalten, aber auch der Rat in seine alten Gerechtsamen wiederhergestellt werden sollte. Das lutherische Prinzip, das sich mit einer Umgestaltung der geistlichen Verhältnisse begnügte, die weltlichen aber, soweit es irgend möglich war, bestehen ließ, behielt auf die Letzt auch hier den Platz.

Es liegt am Tage, daß sich nun keine eifrige Fortsetzung des dänischen Krieges weiter erwarten ließ. Der Bergenfahrer Gert Korbmacher, der noch einer Unternehmung nach dem Sund beiwohnte, berichtet mit Unmut, wie wenig Ernst dabei bewiesen worden.

Wie schlecht aber auch immer, so ging der Krieg doch fort; zuweilen knüpften sich sogar neue, weitaussehende Pläne daran.

Wenn man das Verhör Wullenwebers liest, so sollte man für unleugbar halten, daß er selber noch einmal daran gedacht habe, seine Sache wiederaufzunehmen. Es standen damals einige Haufen Landsknechte unter dem Obersten Übelacker, im Namen des Grafen von Oldenburg zusammengebracht, im Lande Hadeln. Zu denen machte sich Wullenweber auf den Weg. In seinem Verhör hat er ausgesagt, seine Absicht sei gewesen, diese Truppen bei Boitzenburg über die Elbe und unverweilt vor die Mauern von Lübeck zu führen: seine Anhänger würden ihm das Mühlentor eröffnen, er würde den Rat gestürzt und das entschiedenste demokratische Regiment, ja die Wiedertaufe eingerichtet haben. Schon in dem Verhör erscheinen jedoch diese Pläne als noch nicht völlig gereifte Gedanken; vor seinem Tode hatte sie Wullenweber vollends abgeleugnet; namentlich hat er alle persönlichen Anschuldigungen von Mitwissenschaft, welche man ihm abgepreßt hatte, zurückgenommen. Es ist schwer, ein Bekenntnis zu verwerfen, das doch in seinem wesentlichen Teil ohne die Qual der Tortur abgelegt worden; aber ganz unmöglich ist es, sich auf eine Aussage zu gründen, die der Angeklagte im Momente seines Todes widerrufen hat. Und so mag die Realität dieser Pläne, an welche man jedoch damals weit und breit geglaubt hat, auf immer dahingestellt bleiben. Sie konnten keinen anderen Erfolg haben, als den, welchen sie wirklich hatten. Wullenweber geriet, wovor er gewarnt worden, auf der Reise in die Gewalt eines seiner bittersten Feinde, des Erzbischofs von Bremen, der ihn, weil er als ein geistlicher Herr seine Hände nicht mit Blut besudeln wollte, seinem Bruder, dem Herzoge Heinrich von Braunschweig, überließ. Da eben ward Wullenweber jenem Verhör unterworfen, von Dänemark und Lübeck zugleich angeklagt und, weil er nicht alles ableugnete, was man ihm vorwarf, in den Formen des alten deutschen Rechtes zum Tode verurteilt. Das ehrliche Land fand das recht, „daß er nicht ungestraft dürfe getan haben, was er getan". Er ward enthauptet und dann gebierteilt.

Wullenweber stellt recht eigentlich den verwegenen

Der Bürgermeister Wullenweber in Lübeck. 621

Geist in sich dar, der sich in den deutschen Bürgerschaften jenes Jahrzehntes regte. Er hatte angefangen, wie so viele andere Volksführer in anderen Städten; das Talent, eine leicht angeregte Bürgerschaft nach seinem Sinne zu lenken, und die natürliche Kraft des politisch-religiösen Interesses trug ihn bis auf eine Stelle empor, wo er sich vermessen durfte, selbständig unter die Mächte der Welt einzugreifen. Noch einmal rief er den Geist der alten Hanse auf, überredete deutsche Fürsten zu seinen Kriegen, trat mit fremden Königen in Bündnis. Demokratische, religiöse, merkantile und rein-politische Motive durchdrangen sich in ihm; er dachte das reformierte Lübeck zum Oberhaupt des demokratischen Nordens zu machen; er selbst wäre dann an das Ruder dieser umgestalteten Welt getreten. Allein dies Ziel geradeaus zu verfolgen, war er und war seine Kommune bei weitem zu schwach. Nur einen kleinen Teil des alten Städtevereins vermochte er mit sich fortzureißen; indem er sich andere Verbündete suchte, war er genötigt, das Verschiedenartigste zu kombinieren, Mittel anzuwenden, die seinem Zwecke doch auch zuwiderliefen, wenn es auf dem einen Wege mißlang, einen anderen, oft entgegengesetzten, einzuschlagen. Seine Unternehmungen sind ein meteorartiges Aufflammen des alten maritimen Städtekrieges; die deutsche Geschichte wird dabei immer mit lebendiger Teilnahme verweilen: aber das Gepräge des Genius tragen sie nicht. Es fehlte ihm an

Mäßigung, Vorsicht, gediegener Grundlage; seine Gewandtheit macht den Eindruck der Unzuverlässigkeit; er ist ein Talent, aber kein Charakter. Mit seinen weltumfassenden Plänen stieß er auf unüberwindlichen Widerstand; die Niederlagen, welche die Demokratie überall erlitt, wirkten auch auf seine Vaterstadt ein. So verlor er den Boden unter seinen Füßen; er geriet seinen Feinden in die Hände. Da er den Norden nicht erobern konnte, so geschah ihm, daß er auf dem Schafott umkam.

Es ist überhaupt eine merkwürdige Generation, die wir hier in Kampf verwickelt finden. Kühne Demagogen, die sich selber eingesetzt, und zähe Patrizier, die ihre Sache keinen Augenblick aufgeben, Fürsten und Herren, die den Krieg im Kriege suchen, andere dagegen, welche ein sehr bestimmtes Ziel fest ins Auge fassen und mit beharrlichem Entschluß verfolgen: alles kräftige, gewaltsame, ein allgemeines Interesse mit dem besonderen Vorteil verknüpfende, hochstrebende Naturen. Zwischen ihnen, keinem andern an Fähigkeiten nachstehend, der alte König, dem von Reichs wegen das meiste von dem gehörte, worüber sie sich streiten, dessen Name noch zuweilen wie ein Schlachtruf im Getümmel erschallt, der aber die Sünden seiner Jugend in einem ewigen Gefängnis büßt. Der Sieg wirft sich immer dahin, wo die meiste Kraft ist. Hier konnten ihn weder diejenigen davontragen, welche ihre Sache doch nicht durchaus selber verfochten, noch auch die, welche sich an Bestrebungen

Der Bürgermeister Wullenweber in Lübeck.

angeschlossen, die ihnen fremd waren: der Sieg ward dem zum König ernannten Herzog zuteil, der mit aller Anstrengung für sich selber focht, und der durch seine Politik mit dem Bestehenden und der Vergangenheit, durch seine Religion mit dem Fortschritt und der Zukunft verbündet war. Alle Umtriebe auswärtiger Mächte scheiterten. Er vor allen hat die Vereinigung von Holstein, Schleswig und Dänemark gestiftet. Im Jahre 1536 nahm Christian III. — wir werden noch sehen, unter welchen Kombinationen — seine Hauptstadt ein und behielt den Platz.

Absehend aber von den Persönlichkeiten, darf man auch wohl sagen, daß das Unternehmen von Lübeck nicht mehr an der Zeit war. Jene großen Gemeinschaften, welche im Mittelalter alle Staaten durchdrangen und verbanden, deren Einrichtung gerade zu den bezeichnendsten Eigentümlichkeiten jener Periode gehört, waren jetzt in voller Auflösung begriffen. Einem allumfassenden Priesterorden, einem Rittertum, das den gesamten abendländischen Adel in eine Art von Zunft verband, zur Seite, konnten auch städtische Bünde den Anspruch machen, ihre Handelsmonopole über nahe und ferne Reiche auszudehnen. Allein mit jenen mußten auch diese fallen. Das Prinzip der neueren Geschichte zielt auf eine gegenseitige Unabhängigkeit der verschiedenen Völker und Reiche in allen politischen Beziehungen. Es lag ein welthistorischer Widerspruch darin, daß Lübeck, indem es sich von der Hierarchie losriß, doch die Oberherrschaft

seines Handels behaupten wollte, und zwar nicht durch
das natürliche Übergewicht der Betriebsamkeit, des
Kapitals oder der Ware, sondern durch erzwungene
Staatsverträge.

Man könnte meinen, daß durch diese Ereignisse der
Einfluß Deutschlands auf den Norden zerstört worden
sei. Auf dem geistigen Gebiete wenigstens war das
nicht der Fall; da ward der deutsche Einfluß jetzt
erst wahrhaft stark. Wer weiß nicht, welche Versuche
man in früheren Jahrhunderten gemacht hat, das
Christentum von Deutschland aus in den Norden ein=
zuführen? Eine nähere Betrachtung lehrt jedoch,
daß dies damals bei weitem mehr von England aus
geschehen ist. Was nun Anscharius und dessen Nach=
folger nicht vermocht hatten, eine eigentümliche reli=
giöse Verbindung zwischen Germanien und den nor=
dischen Reichen zu stiften, das geschah, wiewohl in
einem anderen Sinne, jetzt durch die Reformation.
Die Beseitigung des Einflusses von Lübeck schadete
dem Protestantismus nicht: kaum hatte Christian III.
Kopenhagen eingenommen, so schritt er zur Einfüh=
rung der Lehre, wie sie in Deutschland gepredigt
ward, unter der Leitung desselben Wittenberger
Theologen, der so viele niederdeutsche Gebiete re=
formiert hatte, des Doktor Bugenhagen. Dadurch
aber, daß diese Lehre hier ebenso rasch und tief wie in
Deutschland Wurzel schlug, ward der engste Zu=
sammenhang des gesamten geistigen Lebens im Norden
mit dem deutschen begründet. Seitdem haben hier und

Der Bürgermeister Wullenweber in Lübeck.

dort, schon durch die nahe Verwandtschaft der Nationen an sich begünstigt, in der Regel dieselben Strömungen und Entwickelungen der Ideen stattgefunden. Auch in dem Norden löste sich das religiöse und kirchliche Element von den eigentlich politischen Bestrebungen ab; seine Wirkung war nur in den geistigen Regionen.

Wir haben dasselbe Moment in allen Ereignissen dieser letzten Jahre wahrgenommen.

Zwingli, der mit der Reinigung der Lehre zugleich eine Umbildung des Schweizer-Bundes beabsichtigte, überhaupt die demokratischen Ideen beförderte, war gefallen; sein politisches Unternehmen war mißlungen; in seinen letzten Tagen, vielleicht Augenblicken, konnte er sich nur noch der Zukunft der Kirche trösten. Das wiedertäuferische Treiben, das eine so vollkommene Umgestaltung der Welt in Aussicht nahm, war erdrückt, in Deutschland vernichtet worden. Auch jene allgemeine Bewegung der mittleren Klassen in den handeltreibenden Städten, deren wir zuletzt gedachten und die hie und da mit den Wiedertäufern in Verbindung geriet, erreichte ihr Ziel nicht und mußte sich nunmehr beruhigen. Es war, als könne das religiöse Prinzip, das sich in seiner eigentümlichen Kraft erhoben, überhaupt keine so nahe Verbindung mit weitaussehenden politischen Bestrebungen dulden.

In dem Wunsche, die Lehre vor allen Auslegungen, die auf diese abweichenden Bahnen führen könnten, zu bewahren, liegt der Grund der Einführung der symbolischen Bücher bei den Protestanten. Um sich vor der Fortpflanzung anabaptistischer Meinungen sicherzustellen, erkannten die Wittenberger Lehrer die Beschlüsse der alten Kirchenversammlungen, in welchen die Dogmen von der Dreieinigkeit und den beiden Naturen in Christo ursprünglich festgestellt worden, aufs neue feierlich an, wie sie das schon in der Augsburger Konfession ausgesprochen hatten. Sie hielten für notwendig, sowohl bei den theologischen Promotionen an der Universität, als bei den Anstellungen in der Kirche auf diese Lehren zu verpflichten.

Nicht als hätten sie namentlich die Konfession für eine auf alle Zeit aufgestellte Norm erklären wollen. In den Unterhandlungen, welche im Jahre 1535 mit England gepflogen worden, hat man ausdrücklich den Fall für möglich erklärt, daß man in Apologie und Konfession nach Gottes Wort etwas zu verbessern finden könnte. Auch läßt sich, wenn man das Verhältnis zu den Schweizern ins Auge faßt, nicht in Abrede stellen, daß die Lehre selbst noch in lebendiger Fortbildung begriffen war. In der Verbindung, in welche die Sachsen mit den Oberländern getreten, ohne daß diese, bei aller Annäherung, sich doch ganz angeschlossen hätten, lag schon eine Einwirkung ihres dogmatischen Begriffes auf den sächsischen. Bald werden wir sehen, wie ernstlich man nach dem Ziele einer vollständigen Vereinbarung strebte.

Dem Beispiele von Sachsen aber folgten gar bald

die niederdeutschen Städte. Im April 1535 hielten die Prediger von Bremen, Hamburg, Lübeck, Rostock, Stralsund und Lüneburg einen Konvent, worin sie beschlossen, daß in Zukunft niemand zur Predigt zugelassen werden sollte, der sich nicht auf die gesunde Lehre verpflichte, welche in der Konfession und der Apologie enthalten sei. Nur so meinten sie sich der Wiedertäufer und anderer Ketzer erwehren zu können, welche sonst in Staat und Kirche alles in Verwirrung setzen würden.

Und entsprach dies nicht in der Tat dem Prinzipe, von dem die ganze Bewegung ausgegangen?

Die Protestanten dachten nicht daran, der Welt neue Gesetze vorzuschreiben: man wollte die Grundlagen des einmal gebildeten politischen und bürgerlichen Lebens nicht erschüttern; ihr Sinn ging nur dahin, sich von einer einseitigen, verweltlichten und doch eine unbedingte und göttliche Autorität in Anspruch nehmenden Hierarchie zu emanzipieren.

In diesem Unternehmen waren nun die großartigsten Fortschritte gemacht worden; jedoch war es noch lange nicht durchgeführt. Es gab gegenüber noch mächtige Kräfte, welche sich jeder Trennung entgegensetzen mußten; wir werden noch von ernsten Kämpfen und mannigfaltigem Schwanken der Entscheidungen zu berichten haben.